青岛文化研究

中国海洋大学中国传统文化研究中心主办

第六辑

主　　编　刘怀荣

编　　辑　（以姓氏笔划为序）

于成宝　任颖厄　孙文婷　蔡连卫
魏学宝

编辑委员会　（以姓氏笔划为序）

于成宝　王春元　韦春喜　吕辛福

任颖厄　刘飞云　刘怀荣　纪丽真

李　扬　冷卫国　周　潇　赵　伟

宫泉久　郭东明　黄湘金　蔡连卫

熊　明　薛海燕　鞠　岩　魏学宝

图书在版编目(CIP)数据

青岛文化研究. 第六辑 / 刘怀荣主编. —青岛：
中国海洋大学出版社，2023.9
ISBN 978-7-5670-3661-1

Ⅰ.①青…　Ⅱ.①刘…　Ⅲ.①文化史－研究－青岛
Ⅳ.①K295.23

中国国家版本馆 CIP 数据核字(2023)第 181731 号

出版发行	中国海洋大学出版社			
社　　址	青岛市香港东路 23 号		邮政编码	266071
出 版 人	刘文菁			
网　　址	http://pub.ouc.edu.cn			
电子信箱	qdjndingyuxia@163.com			
订购电话	0532-82032573(传真)			
责任编辑	丁玉霞		电　　话	0532-85901040
印　　制	青岛国彩印刷股份有限公司			
版　　次	2023 年 9 月第 1 版			
印　　次	2023 年 9 月第 1 次印刷			
成品尺寸	185 mm×260 mm			
印　　张	14.25			
字　　数	325 千			
印　　数	1～1000			
定　　价	89.00 元			

发现印装质量问题,请致电 0532-58700166,由印刷厂负责调换。

目 录

历史文化研究

学术评论

传统文化
与古典文学研究

汉魏人物品鉴与朝野政治发展

宋亚莉 陈 颖*

摘 要：汉魏之际的人物品鉴，有着较强的现实基础和政治指归。人物品鉴在现实中左右着汉魏朝野政治的走向，人物品鉴的方法、特点始终与汉魏朝野政治纠缠裹挟，与现实的选官举能、党锢之祸、朝野清议等密不可分，产生了《人物志》《世说新语》等理论著作。

关键词：汉魏；人物品鉴；选官制度；党锢；清议

汉末魏初人物品鉴盛行，其标准大致有言貌、才性、情志等，并呈现言高于貌、性高于才、志高于情的特点，这些标准始终与汉末政治发展、人才需求相一致。符合其中之一则指向着将来政治发展的良好前景。如《三国志·吴书》载鲁肃："善谈论，能属文辞，思度弘远，有过人之明。"①鲁肃后来游说孙权联刘抗曹，孙刘联军大败曹操，三足鼎立格局得以形成。《后汉书·袁绍传》载："绍有三子：谭字显思，熙字显雍，尚字显甫。谭长而惠，尚少而美。绍后妻刘有宠，而偏爱尚，数称于绍，绍亦奇其姿容，欲使传嗣。"②袁绍幼子袁尚长相俊美，袁绍"奇其姿容"，认为能使家族更有发展，为此欲废长立幼。

其中最高标准的"志"，暗示人物具有安邦定国、稳定大局的卓越才能。《后汉书》记载薛勤见陈蕃庭院杂芜，问他何不洒扫待客，蕃曰："'大丈夫处世，当扫除天下，安事一室乎！'勤知其有清世志，甚奇之。"③《后汉书·党锢列传》载范滂有清世之志："时冀州饥荒，盗贼群起，乃以滂为清诏使，案察之。滂登车揽辔，慨然有澄清天下之志。"④又载岑晊有董正天下之志："晊有高才……虽在闾里，慨然有董正天下之志。"⑤最具代表性的当属许劭评曹操："曹操微时，常卑辞厚礼，求为己目。劭鄙其人而不肯对，操乃伺隙胁劭，劭不得已，曰：'君清平之奸贼，乱世之英雄。'操大悦而去。"⑥曹操为了自己的政治发展，急需名家品鉴自己，以致胁迫许劭，而"大悦"，则说明许劭的品评与自己的期许相合。汉魏的人物品鉴，有着极强的现实基础和政治指归，更与两汉选官举能、党锢之祸、朝野清议密切相关，具体将在下文论述之。

---

* 宋亚莉，山东青岛人，青岛大学文学与新闻传播学院副教授，研究方向为中国古代文学，古典文献学。陈颖，山东青岛人，青岛大学文学与新闻传播学院硕士研究生，研究方向为中国古代文学。

① ［晋］陈寿《三国志》卷54《吴书·鲁肃传》引《吴书》，中华书局 1959 年版，第 1273 页。
② ［南朝宋］范晔《后汉书》卷74《袁绍传》，中华书局 1965 年版，第 2383 页。
③ ［南朝宋］范晔《后汉书》卷66《陈王列传》，中华书局 1965 年版，第 2159 页。
④ ［南朝宋］范晔《后汉书》卷67《党锢列传》，中华书局 1965 年版，第 2203 页。
⑤ ［南朝宋］范晔《后汉书》卷67《党锢列传》，中华书局 1965 年版，第 2212 页。
⑥ ［南朝宋］范晔《后汉书》卷68《许劭传》，中华书局 1965 年版，第 2234 页。

一、选贤举能与人物品鉴

汉魏官吏的择选与任用,既有从地方到朝廷的层层推举,又有朝廷直接征辟,践行着一套行之有效的制度和标准。人物品鉴的深远影响既体现在朝廷既定的制度和规范之中,也展现于在野名士的评鉴、举荐之中。汉初选官以功臣和文法吏为主,德行是最主要的选官考量标准。汉武帝独尊儒术之后,察举制和征辟制逐渐成为汉代选拔人才和官吏的重要制度。察举制和征辟制都需要对所选官员进行评议和选拔,体现了人物品鉴与选官制度的密切联系。汉代的四科选官取士,大致可归结为:一曰孝廉、贤良方正等,二曰文学、明经等,三曰明法,四曰治剧等,因时制宜或单举一两科,或全举四科。① 其从根本上讲就是"以德取人""以能取人""以文取人""以名取人""以族取人"等。人物品鉴无时不发挥着重要作用。

东汉不少的征辟诏书和举荐人才书,本身就是品鉴人物、举荐人才的范本。如朝廷的《征处士荀爽等诏》记载:"处士荀爽、陈纪、郑玄、韩融、李楷,耽道乐古,志行高洁,清贫隐约,为众所归。其以爽等各补博士。"②朝廷征辟荀爽、郑玄等名士,人物的学问、志行、品德等作为重要的选官条件。再如蔡邕的举荐人才书《被州辟辞让申屠蟠》中记载:"申屠蟠禀气玄妙,性敏心通,丧亲尽礼,几于毁灭。至行美义,人所鲜能。安贫乐潜,味道守真,不为燥湿轻重,不为穷达易节。方之于邕,以齿则长,以德则贤。"③文中,蔡邕希望将州府对自己的征辟让贤给申屠蟠,并着重肯定其气度、孝义、德行等。

东汉末年,吏治腐败,选拔的人才标准控制在宦官势力和世家大族手中,"欲得不能,光禄茂才"④,正常的选官制度难以推进。与此同时,汉灵帝立鸿都门学,以书画尺牍等取代经学,直接冲击了汉末察举制中的"文学贤良"选举。士人之中推崇的名士主持的人物品鉴,在野评议士人,成为选官举能的重要方法,于特殊时期,补充或者代替朝廷的选官,"三公所辟召者,辄以询访之,随所臧否,以为与夺"⑤,人物品鉴的作用于此可见一斑。当时人物品鉴专家许劭、许靖兄弟"并有人伦臧否之称"⑥。此二人主持的月旦评就是其中的代表,据《后汉书·许劭传》载:"初,劭与靖俱有高名,好共核论乡党人物,每月辄更其品题,故汝南俗有'月旦评'焉。"⑦此外,人物品鉴专家还有郭林宗可与之比肩,《后汉书》载:"(许劭)少峻名节,好人伦,多所赏识。若樊子昭、和阳士者,并显名于世。故天下言

---

① 《四科取士诏》载:"方今选举,贤佞朱紫错用。丞相故事,四科取士:一曰德行高妙,志节清白。二曰学通行修,经中博士。三曰明达法令,足以决疑,能案章覆问,文中御史。四曰刚毅多略,遭事不惑,明足以决,才任三辅令。皆有孝悌廉公之行。自今以后,审四科辟召,及刺史二千石察茂才尤异孝廉之吏,务尽实核,选择英俊,贤行廉洁,平端于县邑,务授试以职。有非其人,临计过署,不便习官事,书疏不端正,不如诏书,有司奏罪名。并正举者。"[清]严可均《全上古三代秦汉三国六朝文》第1册,《后汉文》卷2,中华书局1958年版,第483页。
② [晋]袁宏撰,李兴和点校《袁宏〈后汉纪〉集校》,云南大学出版社2008年版,第314页。
③ [南朝宋]范晔《后汉书》卷53《申屠蟠传》,中华书局1965年版,第1751页。
④ [南朝宋]范晔《后汉书》卷61《黄琬传》,中华书局1965年版,第2040页。
⑤ [南朝宋]范晔《后汉书》卷68《符融传》,中华书局1965年版,第2232～2233页。
⑥ [晋]陈寿《三国志》卷38《蜀书·许靖传》,中华书局1959年版,第963页。
⑦ [南朝宋]范晔《后汉书》卷68《许劭传》,中华书局1965年版,第2235页。

拔士者,咸称许、郭。"①

人物品鉴中发挥主持作用的名士,来自不同的士阶层,品议举荐的士人也有士族与寒士之别,在激烈的社会变革之中,汉末官吏阶层结构也在进行大调整,人物品鉴在这选官举才的大调整中发挥着举足轻重的作用。上文谈及的许劭是名门士族利益的代表,他出身东汉名门大族汝南平舆许氏,祖上三世三公,曾祖辈许敬在和帝、安帝时历任高官,祖父辈许训在桓灵之际曾任司空、司徒、太尉。许劭、许靖同属于许敬从孙辈,他们主持的人物品鉴在士族中影响斐然。《魏书·和洽传》转引《汝南先贤传》载:

> 劭始发明樊子昭于鬻帻之肆,出虞永贤于牧竖,召李淑才乡间之间,擢郭子瑜鞍马之吏,援杨孝祖,举和阳士,兹六贤者,皆当世之令懿也……凡所拔育,显成今德者,不可殚记。其探摘伪行,抑损虚名,则周之单襄,无以尚也。②

许劭出身名门望族,他品鉴人物不计出身、年纪,然条件颇为苛刻,"探摘伪行,抑损虚名",对有伪行、虚名之士不留有情面。其人物品评苛刻且不畏权势,自有东汉士人之风骨。郭林宗主持的人物品鉴似乎更倾向于寒门士人的选拔。郭林宗出身寒微,以品性高洁著称于世,"林宗虽善人伦,而不为危言核论,故宦官擅政而不能伤也"③。《后汉书·郭太传》载其选拔庾乘的情况:

> 庾乘字世游,颍川鄢陵人也。少给事县廷为门士。林宗见而拔之,劝游学官,遂为诸生佣。后能讲论,自以卑第,每处下坐,诸生博士皆就雠问,由是学中以下坐为贵。后征辟并不起,号曰"征君"。④

郭林宗看重寒贫士人,推荐诸多寒门士人进入仕途,时人对郭林宗的推崇以及郭林宗对寒士的选拔,从某种程度上昭示了汉末寒士阶层的崛起。郭林宗不以庾乘出身卑微而轻视之,识其才能,帮助其发展,使其在士林中有立足之地。或是缘于郭林宗并非高门出身,其人物品鉴,远不及许劭的苛刻,往往不直言善恶,然颇具预见性:

> 谢甄字子微,汝南召陵人也。与陈留边让并善谈论,俱有盛名。每共候林宗,未尝不连日达夜。林宗谓门人曰:"二子英才有余,而并不入道,惜乎!"甄后不拘细行,为时所毁。让以轻侮曹操,操杀之。⑤

许劭兄弟及郭林宗等的人物品鉴,在实践中逐渐发展成为国家的制度,唐长孺在《魏晋南北朝史论丛》中指出:"许劭所主持的月旦评,以后设立中正(指魏采用的九品中正制度),还沿用此法,《通典》卷三二职官一四中正条注引《晋令》:'大小中正为内官者,听月

---

① ［南朝宋］范晔《后汉书》卷68《许劭传》,中华书局1965年版,第2234页。
② ［晋］陈寿《三国志》卷23《魏书·和洽传》引《汝南先贤传》,中华书局1959年版,第658页。
③ ［南朝宋］范晔《后汉书》卷68《郭太传》,中华书局1965年版,第2226页。
④ ［南朝宋］范晔《后汉书》卷68《郭太传》,中华书局1965年版,第2229页。
⑤ ［南朝宋］范晔《后汉书》卷68《郭太传》,中华书局1965年版,第2230~2231页。

三会议上东门外,设幔陈席。'"①经由士人倡导的品评风气,在社会上发展成为一种人物审美批评方式,在政治上固定成为国家的制度。这是人物品鉴自始至终与政治密切关联的表现之一。

朝野的人物品鉴在选官举能实践中发挥着重要的作用,与此同时,建立在人物品鉴基础之上的指导人才选拔、选官举能的理论书籍也已形成。前述人物品鉴专家郭林宗曾著书总结,《世说新语·政事》引《泰别传》曰:"泰字林宗,有人伦鉴识。题品海内之士,或在幼童,或在里肆,后皆成英彦六十余人。自著书一卷,论取士之本,未行,遭乱亡失。"②既已成书,"论取士之本",必然在书中涉及如何识鉴人物,惜其尚未刊行便遭乱亡失。具体如何取士,今已不详,但从引文可知,其人物品评范围多而广,不以年纪、出身等客观因素为主要标准,有着重才能、性格等的重要标准。

汉末刘劭的《人物志》,则是指导官吏选拔的代表性著作。其代表性主要有两方面,一方面,著者刘劭具有丰富的官吏考核和选拔的实践经验。刘劭生卒年不详,他是汉魏王朝政权的参与者。刘劭著述很多,有《魏国爵制》《新律》《律略论》《都官考课》《孝经注》《法论》等,今存仅《人物志》3卷。另一方面,《人物志》所阐释的官吏选拔任用理论,逻辑性、系统性较强,涵盖内容广泛,是魏晋人才思想理论的代表。

《人物志》中的选官任用标准,重视道德之外,以实际才能性情为最终指归。才性之间,看重才,论及性,则讨论性格、气质、人格等。《人物志》将人才分为兼德、兼材和偏材3类:"三度(兼德、兼材、偏材)不同,其德异称。故偏至之材,以材自名。兼材之人,以德为目。兼德之人,更为美号。"③更将人才以才能细化为"三度""八材""十二流业",按性格细化为"二体""九理"等,逻辑严谨,思辨细密。《人物志》尤其重视经世致用、治国用兵的人才选拔。《流业篇》将才能分为"清节家""法家""术家""国体""器能""臧否""伎俩""智意""文章""儒学""口辩""雄杰"12类,各类特点鲜明。如清节家"德行高妙,容止可法",适合担任"掌之道德,教导胄子"的师氏,代表人物是延陵、晏婴。文章类的人才特点是"能属文著述",适合担任"宪章纪述,垂之后代"的国史,代表人物是司马迁、班固。再如雄杰,人才特点是"胆力绝众,才略过人",适合担任"掌辖师旅、讨平不顺"的将帅,代表人物是白起、韩信。而其中对英雄的论述,更是其才性论之经典,《英雄篇》载:

聪能谋始,明能见机,胆能决之,然后可以为英,张良是也。气力过人,勇能行之,智足断事,乃可以为雄,韩信是也。体分不同,以多为目,故英雄异名。然皆偏至之材,人臣之任也。故英可以为相,雄可以为将。若一人之身兼有英雄,则能长世,高祖、项羽是也。④

文中谈及了英、雄的差异,认为聪明谋见如张良者为英,勇气智力如韩信者为雄。而兼有英、雄能长世者,则刘邦、项羽。可见《人物志》对刘邦、项羽功绩的肯定。此书是汉

---

① 唐长孺《魏晋南北朝史论丛》,商务印书馆2010年版,第87~88页。
② [南朝宋]刘义庆撰,余嘉锡笺疏《世说新语笺疏》,中华书局1983年版,第180页。
③ [三国]刘劭撰,伏俊琏译注《人物志译注·序》,上海古籍出版社2008年版,第25页。
④ [三国]刘劭撰,伏俊琏译注《人物志译注·序》,上海古籍出版社2008年版,第101页。

末人物品鉴实践与理论结合的代表。

二、党锢之祸中的人物品鉴

党锢之祸是东汉晚期清流官僚和士人阶层因反对宦官专权而遭受迫害禁锢的政治事件,宦官以士人结党威胁皇权为由,获得皇帝支持。党锢之祸激发了积蓄已久的宦官与士阶层间的矛盾,朝廷认为士人结党,诽讪朝廷,布告天下,逮捕党人。①《后汉书·党锢列传》载第一次党锢之祸后:

> 自是正直废放,邪枉炽结,海内希风之流,遂共相标榜,指天下名士,为之称号。上曰"三君",次曰"八俊",次曰"八顾",次曰"八及",次曰"八厨",犹古之"八元"、"八凯"也。窦武、刘淑、陈蕃为"三君"。君者,言一世之所宗也。李膺、荀翌、杜密、王畅、刘祐、魏朗、赵典、朱宇为"八俊"。俊者,言人之英也。郭林宗、宗慈、巴肃、夏馥、范滂、尹勋、蔡衍、羊陟为"八顾"。顾者,言能以德行引人者也。张俭、岑晊、刘表、陈翔、孔昱、苑康、檀敷、翟超为"八及"。及者,言其能导人追宗者也。度尚、张邈、王考、刘儒、胡母班、秦周、蕃向、王章为"八厨"。厨者,言能以财救人者也。②

党锢之祸中以"三君""八俊""八顾""八及""八厨"为称号将35位名士囊括在内,从其指称的名号来看,最上为"三君",以"君"蕴涵一世所宗之领袖含义;其后为"八俊",以"俊"蕴涵人中之英含义;其后为"八顾",以"顾"蕴涵能以德行引导人之义;之后为"八及",以"及"蕴涵能导人追宗之义;最末为"八厨",以"厨"蕴涵以财救人之义。"三君""八顾""八及""八厨"有明确的人物对应,指称代号分类清晰、有理有据,排名次序明确,展示这些名士在士人心中的地位,也反映了东汉晚期士人激赏的道德品质。

不少研究者认为,党锢之祸中的人物品评,由于处于初级阶段,指目人物简单而直接。这种观点似缺乏深入的思考。以数字加上能够代表名士才德特点的单字如君、俊、顾、及、厨等,不仅便于记忆、流传,且特色鲜明,富有深意,在政治上可以团结整个士人阶层。

这种品评方式几乎囊括了天下名士,名列其中者引以为傲,不列其中者对位列其中者追慕敬仰,整个士阶层在对抗宦官集团的斗争中实现了最大可能的团结,政治实践目的极强。基于此,第二次党锢之祸中的人物品鉴还是沿袭此种品评方法。《后汉书·党锢列传》载:"又张俭乡人朱并,承望中常侍侯览意旨,上书告俭与同乡二十四人别相署号,共为部党,图危社稷。以俭及檀彬、褚凤、张肃、薛兰、冯禧、魏玄、徐乾为'八俊',田林、张隐、刘表、薛郁、王访、刘祗、宣靖、公绪恭为'八顾',朱楷、田盘、疏耽、薛敦、宋布、唐

---

① 《后汉书·党锢列传》载:时河内张成善说风角,推占当赦,遂教子杀人。李膺为河南尹,督促收捕,既而逢有获免,膺愈怀愤疾,竟案杀之。初,成方伎交通宦官,帝亦颇诛其占。成弟子牢修因上书诬告膺等养太学游士,交结诸郡生徒,更相驱驰,共为部党,诽讪朝廷,疑乱风俗。于是天子震怒,班下郡国,逮捕党人,布告天下,使同忿疾,遂收执膺等。其辞所连及陈窦之徒二百余人,或有逃遁不获,皆悬金购募。使者四出,相望于道。[南朝宋]范晔《后汉书》卷67《党锢列传》,中华书局1965年版,第2187页。

② [南朝宋]范晔《后汉书》卷67《党锢列传》,中华书局1965年版,第2187页。

龙、嬴咨、宣褒为'八及',刻石立墠,共为部党,而俭为之魁。灵帝诏刊章捕俭等。"①还是以数字的方式称号,不同的是这次分3组各8人,似乎在人物品鉴上刻意并列3类名士,而淡化层次和等级。

党锢之祸波及汉末朝野30余年,人物品鉴也在此时蔚然大兴,对名士之品鉴天下流传,世人激赏之,仰慕之,追随之。党人逃亡,有人破家相容,《后汉书》载:"(李)笃因缘送(张)俭出塞,以故得免。其所经历,伏重诛者以十数,宗亲并皆殄灭,郡县为之残破。"②张俭逃亡,为护其性命,被杀者以十计,家亡县破,整个社会自上而下皆与朝廷对抗,名士在世人心中的地位之重于此可见。当时朝廷大臣皇甫规甚至自附党人,以期进入受到品鉴的名士之列。《资治通鉴》载:"时(延熹九年)党人狱所染逮者,皆天下名贤,度辽将军皇甫规,自以西州豪桀,耻不得与,乃自上言:'臣前荐故大司农张奂,是附党也。又,臣昔论输左校时,太学生张凤等上书讼臣,是为党人所附也,臣宜坐之。'"③皇甫规或有以附党获取名誉之意,但也佐证了党锢士人的声望之高。

有推崇仰慕者,自然有批评之。前有李笃因护张俭性命而破家相容,也有拒而不纳者,《后汉书》载:

先是岑晊以党事逃亡,亲友多匿焉,彪独闭门不纳,时人望之。彪曰:"《传》言'相时而动,无累后人'。公孝以要君致衅,自遗其咎,吾以不能奋戈相待,反可容隐之乎?"于是咸服其裁正。④

可见当时人物品鉴也并非褒贬一致。前述皇甫规的附党行为,应劭在其《风俗通义》中就明确批评:"世家纯儒,何独负哉?又以党事先自劳炫。如有白验,其于及己;而形兆求不可得,唯是从,何惮于病?曰'畏舟之危,自投于水,忧难于处乐其亟决',主幸必不坐。"⑤应劭指出皇甫规身为朝廷重臣,未能以国家为先,行为狭隘,挟功念私,扰乱法度。这种批评,也有其合理的一面。

党锢之祸中的人物品鉴有着极强的政治目的,人物品鉴某种程度成为掌握政治舆论的利器,名士清流可用之,宦官佞臣也可用之,这是汉末朝野政治发展之必然,党锢之祸中的不少人物如范滂等毁誉参半,有人推崇备至,有人厌之弃之,这不是人物品鉴准则摇摆不定,而是立场不同,观点有差,是人物品鉴在政治中发挥作用的表现,也是一种正常的态势。

三、朝野清议与人物品鉴

清议的内容起初就是人物品鉴,以儒家的道德臧否人物为主,因此清议与人物品鉴

① [南朝宋]范晔《后汉书》卷67《党锢列传》,中华书局1965年版,第2188页。
② [南朝宋]范晔《后汉书》卷67《党锢列传》,中华书局1965年版,第2210页。
③ [宋]司马光著,[元]胡三省音注《资治通鉴》卷55《汉纪》,中华书局1956年版,第1795页。
④ [南朝宋]范晔《后汉书》卷67《党锢列传》,中华书局1965年版,第2216页。
⑤ [汉]应劭撰,王利器校注《风俗通义校注》,中华书局2010年版,第189页。

关系紧密。《三国志·魏书·邴原传》引《原别传》载："时郑玄博学洽闻，注解典籍，故儒雅之士集焉。原亦自以高远清白，颐志澹泊，口无择言，身无择行，故英伟之士向焉。是时海内清议，云青州有邴、郑之学。"①郑玄以学问著称，邴原以品行扬名，天下评论其为"邴、郑之学"，又有秉正的赞许在内，所谓的"海内清议"，实际就是人物品鉴。《后汉书·臧洪传》载："前刺史焦和好立虚誉，能清谈。"②《后汉书·郑太传》载："孔公绪清谈高论，嘘枯吹生。"③这里的清谈，似乎也包含着人物品鉴的内容。汉末魏初，清议在逐步发展中加入了对社会时政的关注，议的分量逐渐加重，士人通过清议以激浊扬清、引导社会舆论。

人物品鉴的清议发展到议论时政的清议，既有士阶层自身发展的因素，更与汉末魏初社会政治斗争尤其与宦官斗争激烈化相关。国政多失、内官多宠，政治形势日益紧张、士阶层与宦官集团斗争日益激烈，士人"以天下为己任"的责任心被激发，隐藏在经学中的争议、小集团的派系之争逐渐发展成为关涉时政的清议。清议成为士阶层引导天下风俗，力图在舆论上获得主动的利器，《资治通鉴》载：

> 大学诸生三万余人，郭泰及颍川贾彪为其冠，与李膺、陈蕃、王畅更相褒重。学中语曰："天下模楷，李元礼；不畏强御，陈仲举；天下俊秀，王叔茂。"于是中外承风，竞以臧否相尚，自公卿以下，莫不畏其贬议，屣履到门。④

这些议论以臧否人物为主，既有士阶层的互相褒重，如郭林宗、贾彪、李膺、陈蕃、王畅互为推崇，又有对朝廷公卿高下优劣的辩论，使得"自公卿以下，莫不畏其贬议，屣履到门"。这种议论，主要在公卿大夫和太学生之中，《后汉书·申屠蟠传》载："先是京师游士汝南范滂等非讦朝政，自公卿以下皆折节下之。太学生争慕其风，以为文学将兴，处士复用。"⑤进而朝野相和，《晋书》载："是以郭泰、许劭之伦，明清议于草野；陈蕃、李固之徒，守忠节于朝廷。"⑥朝廷清流官僚与在野名士团结一致，以人物品鉴为"武器"。

清议也是党锢发生进而日益激烈的原因之一。《后汉书·党锢列传》载名士范滂下狱受审时："王甫诘曰：'君为人臣，不惟忠国，而共造部党，自相褒举，评论朝廷，虚构无端，诸所谋结，并欲何为？皆以情对，不得隐饰。'滂对曰：'臣闻仲尼之言，"见善如不及，见恶如探汤"。欲使善善同其清，恶恶同其污，谓王政之所愿闻，不悟更以为党。'"⑦宦官王甫审问范滂，所指范滂罪责不外乎品鉴人物、评议朝廷。士人的上议执政，下议卿士，激化了矛盾。

朝野清议，在当时影响甚广，王甫的观点不是一人所持，而所谓的清议能够清议到什

① ［晋］陈寿《三国志》卷 11《魏书·邴原传》引《原别传》，中华书局 1959 年版，第 353 页。
② ［南朝宋］范晔《后汉书》卷 58《臧洪传》，中华书局 1965 年版，第 1886 页。
③ ［南朝宋］范晔《后汉书》卷 70《郑太传》，中华书局 1965 年版，第 2258 页。
④ ［宋］司马光撰，［元］胡三省音注《资治通鉴》卷 55《汉纪》，中华书局 2013 年版，第 1493～1494 页。
⑤ ［南朝宋］范晔《后汉书》卷 53《申屠蟠传》，中华书局 1965 年版，第 1752 页。
⑥ ［唐］房玄龄等《晋书》卷 43《山涛列传附子简》，中华书局 1974 年版，第 1229 页。
⑦ ［南朝宋］范晔《后汉书》卷 67《党锢列传》，中华书局 1965 年版，第 2205 页。

么程度,也是值得思考的,《后汉书》载第五伦《上疏论窦宪》:

> 伏见虎贲中郎将窦宪,椒房之亲,典司禁兵,出入省闼,年盛志美,卑谦乐善,此诚其好士交结之方。然诸出入贵戚者,类多瑕衅禁锢之人,尤少守约安贫之节,士大夫无志之徒更相贩卖,云集其门。众煦飘山,聚蚊成雷,盖骄佚所从生也。三辅论议者,至云以贵戚废锢,当复以贵戚浣濯之,犹解酲当以酒也。诐险趣势之徒,诚不可亲近。①

窦武是窦融的玄孙,其长女又被立为皇后,作为外戚贵臣的窦武,曾被品鉴为“三君”。第五伦的奏疏里,虽有对窦宪的褒扬,重点却落在指责窦宪身为贵戚,结交士人,议论朝野政治。从第五伦奏疏中的“云集其门”“众煦飘山”“聚蚊成雷”等词中,可见当时朝野清议之盛,而这些人,却被朝廷大臣第五伦视为动机不纯,心思险恶的“诐险趣势之徒”。但窦武奏疏之中,观点却与第五伦相反:“臣惟膺等建忠抗节,志经王室,此诚陛下稷、卨、伊、吕之佐;而虚为奸臣贼子之所诬枉,天下寒心,海内失望。”②虽然两方各执己见,但清议的确有力图通过言论团结名士,影响和左右朝廷政治,这点显而易见。清议在东汉晚期斗争日益激烈之中发展为两个极端,一是士阶层中互为人物品评之褒奖越多,声望越高;二是对宦官、奸臣的指责更为严苛,致使其声誉扫地。赵翼在《廿二史札记》中说:“盖东汉风气,本以名行相尚,迨朝政日非,则清议益峻。号为正人者,指斥权奸,力持正论,由是其名益高,海内希风附响,惟恐不及。而为所贬誉者,怨刺骨,日思所以倾之,此党祸之所以愈烈也。”③

东汉晚期的清议,最初的内容可能较为广泛,有文学品论、人物品鉴、时政议论等。随着汉末政治形势的严峻,清议中加入了对时政和朝廷公卿、宦官等的评价。汉末流行于整个社会的清议,有着激荡人心的力量,其盛行之时,极大地激励和团结了士阶层的力量,引导了社会审美风俗的转变。党锢之祸之后,士人多遭迫害,公开评议时政渐少。

清议之风至曹魏渐衰。曹操尚实,袁绍统治下的冀州朋党标榜之风盛行。曹操得到冀州之后明令禁止“更相毁誉”:“九月,令曰:‘阿党比周,先圣所疾也。闻冀州俗,父子异部,更相毁誉……吾欲整齐风俗,四者不除,吾以为羞。’”④整个曹魏政权的统治者大力抑制此风,时代发展之中,清议渐渐与政治疏远,转向了清谈玄理。这在《世说新语》中记载极多,挥麈清谈,空谈争胜者,往往在士林中享有极高的声誉。《世说新语》中,对人物品貌的推崇达到极致,士人沉迷于人物的品貌风神之美,民间百姓围观卫玠,竟有“看杀卫玠”之说。人物品鉴的清议之风与朝野政治分道扬镳,走向了独立审美,为文学批评的独立发展奠定了基础。从《人物志》到《世说新语》,人物品鉴呈现出汉末重实用、魏晋重审美之别。

综上所述,汉末的人物品鉴,有着较强的现实基础和政治指归,动荡的社会政治之

---

① [南朝宋]范晔《后汉书》卷41《第五伦传》,中华书局1965年版,第1400~1401页。
② [宋]司马光撰,[元]胡三省音注《资治通鉴》卷56《汉纪》,中华书局1956年版,第1798页。
③ [清]赵翼撰,曹光甫校点《廿二史札记》卷5《后汉书》,上海古籍出版社2011年版,第93页。
④ [晋]陈寿《三国志》卷1《魏书·武帝纪》,中华书局1959年版,第27页。

中，在野名士主持的人物品鉴与朝廷选官制度互为补充。从实践中总结而成的《人物志》，体现了人物品鉴在选官举能方面的重要作用。汉末人物高下优劣之品鉴兴盛，与党锢、清议纠缠裹挟，虽略显混乱，却展示了汉末人物品鉴与政治密切相关的特点。而其中的清议，到魏晋转向了远离政治的清谈，至《世说新语》，开启了人物品鉴的独立审美之路。隋唐之后，伴随着人才选拔制度的改革、科举制度的推进等，人物品鉴不再是朝野流行的风尚，人物品鉴的容貌、言辞、才性、精神等，逐渐呈现在中华经典书籍之中，内化在历代人物践行的言行事迹之中，深入中华民族的血脉之中，生生不息，代代相传。

《仪礼·丧服传》"妇人何以不杖"析论

石林林*

摘　要：《仪礼·丧服传》有五项问答来解释丧杖之正制和权制,其中作为权制之一的"妇人何以不杖",其"妇人"有童子或成人两种解释,进而导致妇人用杖礼制有多种说法。在《仪礼注疏》中,贾公彦解为"童子妇人",得出童子妇人不杖、成人妇人正杖的庶人女性用杖原则;孔颖达则在贾氏基础上,以出嫁妇人是否为丧主判断其用杖情况。雷次宗解为"成人妇人",认为成人妇人皆不杖,且不可为丧主;贺循则突出出嫁妇人不为主作为其不杖的原因。在《仪礼正义》里,胡培翚解为"成人妇人",不从"女子子在室"为"童子"的郑注;沈彤则将"成人妇人"扩展到贵族有爵者,以尊卑内外之恩情亲疏,判断妇人用杖与否;金榜以庶人成人妇人是否为丧主判断用杖,而贵族阶层又有是否为主人、是否有爵者等原则。在《丧服郑氏学》中,曹元弼则从贾、孔之说,解为"童子妇人",并以"妾为君杖"推导出自天子至庶人皆从"妇人皆杖"。张锡恭解为"成人妇人",认为在整个妇人群体中,相对于"丈夫",成人妇人依照礼制原则有不杖的情况。诸说有关"妇人不杖"的经义分疏,可见人道之仁、义、礼、知的礼制内涵。

关键词：丧杖;童子妇人;成人妇人;杖与不杖

在《仪礼·丧服》的具体服饰形制中,以"斩衰"为例,包括"斩衰裳,苴绖、杖、绞带,冠绳缨,菅屦者"[1]。其中,关于"杖",其分类、材质、用途、正制及权制,《丧服传》曰:

苴杖,竹也。削杖,桐也。杖各齐其心,皆下本。杖者何? 爵也。无爵而杖者何? 担主也。非主而杖者何? 辅病也。童子何以不杖? 不能病也。妇人何以不杖? 亦不能病也。[2]

首先,杖主要有苴杖和削杖两类,其材质分别为竹与桐。关于"苴""削",贾公彦认为:

然为父所以杖竹者,父者子之天,竹圆亦象天……又案变除削之使方者,取母象于地故也。[3]

---

* 　石林林,同济大学人文学院,中国哲学博士生,研究方向为清代经学。本文为国家社科基金重大项目"中国经典诠释学基本文献整理与基本问题研究"(21&ZD055)阶段性成果。

① 　[汉]郑玄注,[唐]贾公彦疏《仪礼注疏》卷28,北京大学出版社2000年版,第625页上栏。
② 　[汉]郑玄注,[唐]贾公彦疏《仪礼注疏》卷28,北京大学出版社2000年版,第628页上栏。
③ 　[汉]郑玄注,[唐]贾公彦疏《仪礼注疏》卷28,北京大学出版社2000年版,第630页下栏。又,《礼记·问丧》云:"竹、桐一也。故为父苴杖,苴杖,竹也;为母削杖,削杖,桐也。"见二杖所用之对象分别为父母。[汉]郑玄注,王锷点校《礼记注》下册,中华书局2021年版,第749页。

苴杖的使用对象是父丧,因父于子为天,故其杖用竹,以其形圆象征天。削杖则用于母丧,以母于子为地,则削之为方。故此,"苴""削"作为一种杖之形制的加工方式①,分别对应着父母双方。孔颖达则进一步指出:

苴者,黯也。夫至痛内结,必形色外章,心如斩斫,故貌必苍苴,所以衰裳绖杖,俱备苴色也。……故断而用之,无所厌杀也。……削,杀也,削夺其貌,不使苴也。②

对于父母之丧,子之悲痛的情绪均在外形上有所表现,但二者当有差别。故而,"苴""削"又有伤情深浅之不同。而竹、桐两种材质的区别,同样也是为了明确父丧、母丧各自的具体内涵。贾公彦疏认为:

竹又外内有节,象子为父,亦有外内之痛。又竹能贯四时而不变,子之为父哀痛亦经寒温而不改,故用竹也。为母杖桐者,欲取桐之言同,内心同之于父,外无节,象家无二尊,屈于父。为之齐衰,经时而有变。③

竹、桐之间不同的自然性质,象征着子对于父母之哀情的程度差异。对于父丧,子不仅有痛于内外,且能四时不改;对于母丧,子哀则因父尊而屈之,无外痛,又历时变化,然其内心之情则与父丧一致。也即是说,关于苴杖和削杖,其"杖"之核心本义是一致的,即表达子对父母的哀痛之情。只是,面对不同的服丧对象,相应的礼情规制又有所差别。

其次,关于"杖"的具体用途,贾公彦疏曰:

杖所以扶病,病从心起,故杖之高下以心为断也。④

又《礼记·问丧》云:

或问曰:"杖者以何为也?"曰:"孝子丧亲,哭泣无数,服勤三年,身病体羸,以杖扶病也。"⑤

子因父母之丧,内心极度悲痛,不断哭泣,加上长时间的服丧,导致身体病变、羸弱,故而需要杖来扶其病体。又,其病实为心哀所伤,杖的长短则通过心的位置来加以判断。也正因此,贾氏认为以心下为断的杖与腰绖在同一位置,确证郑玄以杖之粗细如腰绖的判断。⑥ 除了"扶病"以外,杖尚有吉时年五十以上者"扶老"之用⑦。

---

① 《白虎通·丧服》则又以竹、桐制作的差别,分别对应文质、阴阳、父母。参见[清]陈立《白虎通疏证》下册,中华书局2019年版,第513页。

② [汉]郑玄注,[唐]孔颖达疏《礼记正义·丧服小记》卷32,北京大学出版社2000年版,第1118页上栏。

③ [汉]郑玄注,[唐]孔颖达疏《仪礼注疏》卷28,北京大学出版社2000年版,第630页下栏。

④ [汉]郑玄注,[唐]孔颖达疏《仪礼注疏》卷28,北京大学出版社2000年版,第631页上栏。

⑤ [汉]郑玄注,王锷点校《礼记注》下册,中华书局2021年版,第749页。

⑥ 参见[汉]郑玄注,[唐]孔颖达疏《仪礼注疏》卷28,北京大学出版社2000年版,第630页下栏～第631页上栏。又,清儒徐乾学则认为,表杖形制亦如腰绖为圆,且桐意指制式与父一致,故认同杜预削杖之为圆的说法。参见[清]胡培翚《仪礼正义》卷21,《儒藏(精华编)》第48册,北京大学出版社2016年版,第1010页上栏～第1011页下栏。

⑦ [汉]郑玄注,[唐]孔颖达疏《仪礼注疏》卷28,北京大学出版社2000年版,第631页上栏。

第三，关于"杖"的礼之正制与权制，如前所述，《丧服传》有五项问答来具体呈现，即爵杖、无爵而杖、非主而杖、童子不杖、妇人不杖。又，这五项规制，可概括为"正杖""不应杖而杖""应杖而不杖"等三种情况。①

关于"爵杖"，根据注疏的解释：

【注】爵，谓天子诸侯卿大夫士也。【疏】以其有爵之人必有德，有德则能为父母致病深，故许其以杖扶病。②

杖本为扶病、扶老，但其在丧葬礼制中，其使用对象则与尊卑差等的有爵位者密切关联。在这一礼制背景下，有爵者意味着具有高尚的德行，而唯有德之有爵者，方能在父母之丧时哀痛过甚，因而需要杖来进行"扶病"。③ 若是一般的庶人，则未必有这般痛惜父母的德行，以致身体虚弱患病，无法起身。故此，在丧葬仪式中，所谓"爵杖"，一般是指有爵者方可用杖以助其行礼的礼制规定。例如，《礼记·丧服四制》云：

三日授子杖，五日授大夫杖，七日授士杖。④

当大夫、士丧之时，按照礼制，第三天授予其嫡子杖以辅病。若是国君之丧，则分别于第五天、第七天，授予大夫、士杖。

然而，除了"爵杖"这一杖之正制外，杖仍有权制之变。⑤ 对于庶人而言，其非有爵有德者，本不可使用杖，但是结合注疏的说法：

【注】无爵，谓庶人也。担犹假也。无爵者假之以杖，尊其为主也。【疏】以其虽无爵无德，然以嫡子故，假取有爵之杖，为之丧主，拜宾、送宾，成丧主之义也。⑥

当庶人之丧时，其嫡子为丧主者，可用杖以成丧主之礼、义。也即是说，庶人为丧主者，虽无爵德者可用杖。那么，其他并非丧主的庶子，则不当用杖。对此，注疏曰：

【注】非主，谓众子也。【疏】众子虽非为主，子为父母致病是同，亦为辅病也。⑦

则不做丧主的庶子们，以其为父母病痛之情，而得以杖辅病。可见，杖本为爵者用，但若庶人为丧主，则可用杖成礼，进而非丧主的庶子亦可用杖辅病。从而，无爵丧主、非主辅病构成两种"不应杖而杖"的权制。

同时，在这种新的可杖权制中，又延伸出一种"应杖而不杖"的权制。例如童子，其因不能如成年庶子一样因哀辅病，而不得杖。在相关的传文问答中，郑玄无注，然贾疏曰：

① 参见[汉]郑玄注，[唐]孔颖达疏《礼记正义·丧服四制》卷63，北京大学出版社2000年版，第1954页下栏。
② [汉]郑玄注，[唐]孔颖达疏《仪礼注疏》卷28，北京大学出版社2000年版，第628页下栏、第631页上栏。
③ 张锡恭便主张德爵不二，故有爵者方可因有德而辅病用杖。参见[清]张锡恭撰，吴飞点校《丧服郑氏学》卷1，上海书店出版社2017年版，第59页。
④ [汉]郑玄注，王锷点校《礼记注》下册，中华书局2021年版，第827页。
⑤ 如天子、诸侯病甚，虽有杖仍需人扶，大夫、士不可深病，以杖而起，庶人不可病，有杖不用。参见[汉]郑玄注，王锷点校《礼记注》下册，中华书局2021年版，第827～828页。
⑥ [汉]郑玄注，[唐]孔颖达疏《仪礼注疏》卷28，北京大学出版社2000年版，第628页下栏、第631页上栏。
⑦ [汉]郑玄注，[唐]孔颖达疏《仪礼注疏》卷28，北京大学出版社2000年版，第628页下栏、第631页上栏。

【疏】此庶童子,非直不杖,以其未冠首加免而已。①

又,《礼记·杂记》云:

童子哭不偯,不踊,不杖,不菲,不庐。【注】未成人者,不能备礼也。当室则杖。②

童子因其未成人,则不得如成人一般行完整的丧礼,故而亦不得杖,即不可从成人丧主、辅病之例而杖。童子中的庶童子,便很好地体现这一"应杖而不杖"的原则。但是,若是非庶童子,《礼记·问丧》曰:

或问曰:"免者以何为也?"曰:"不冠者之所服也。《礼》曰:'童子不缌,唯当室缌。'缌者其免也,当室则免而杖矣。"【注】不冠者,犹未冠也。当室,谓无父兄而主家者也。童子不杖,不杖者不免,当室则杖而免。免冠之细,以次成人也。缌者其免也,言免乃有缌服也。③

童子若是当室主家者,其可免冠、缌服,且用杖,以次于成人。由此,构成"应杖而不杖"的变例,即当室童子可如成人杖。在此背景下,庶童子不杖,除了符合童子"应杖而不杖"的原则外,亦不满足"当室可杖"的可能性。换言之,在某庶人家中,仅有一众童子,而无成年之子的特殊情况下,当室童子可不从童子"应杖而不杖",以次于成人主其家丧,符合庶人"不应杖而杖"。与之相应,庶童子,则继续遵循童子"应杖而不杖"。

由上可知,杖因父母丧礼之别,而有苴杖、削杖之分。其礼之正制为"爵制",即有爵者因其德于丧中需以杖扶病。杖之权制,则体现在庶人层面的"不应杖而杖""应杖而不杖"中。即是说,庶人可以丧主成礼、非主辅病之故,用有爵者之杖。童子则因非成人、礼不备,不可从庶人用杖之权制,构成新的庶人"应杖而不杖"之权制。又,若是庶人家中仅有童子,则当室主家者用杖,从庶人用有爵者之杖,庶童子仍从庶人"应杖而不杖"。

然而,问题是,若是庶人女性成员,如成年妇女和幼年女童,其相应的用杖原则是怎样的?在《丧服传》中,有"妇人何以不杖?亦不能病也"一句紧随"童子"之后,作庶人"应杖而不杖"的又一例证。然而,关于这一"妇人",究竟是"童子妇人",还是"成年妇人"的不同判断,则影响了有关庶人女性,乃至贵族女性之用杖礼制的具体规定。本文择采《仪礼注疏》《仪礼正义》和《丧服郑氏学》等三项文本,作为相关问题的研究论域,通过汉唐注疏和清代学者的部分讨论,分析和梳理"妇人何以不杖"的礼制内容及其不同主张。

一、《仪礼注疏》:童子妇人抑或成人妇人

(一)贾公彦:童子妇人不杖

关于《丧服传》"妇人何以不杖?亦不能病也"一句,其后郑玄无注,而贾公彦有疏。在其看来,"妇人"当解为"童子妇人"。《礼记·丧服小记》云:

① [汉]郑玄注,[唐]孔颖达疏《仪礼注疏》卷28,北京大学出版社2000年版,第632页上栏。
② [汉]郑玄注,王锷点校《礼记注》下册,中华书局2021年版,第551页。
③ [汉]郑玄注,王锷点校《礼记注》下册,中华书局2021年版,第748~749页。

女子子在室为父母,其主丧者不杖,则子一人杖。【注】女子子在室,亦童子也。无男昆弟,使同姓为摄主,不杖,则子一人杖,谓长女也。许嫁及二十而笄,笄为成人,成人正杖也。①

按照郑玄注的解释,一方面,当女性童子在家无其他男性兄弟时,其作为长女,可委托同姓族人为不用杖之丧主,而己用杖。另一方面,当女性童子成人时,包括许嫁和二十岁,可用杖。贾公彦据此判断,女性童子亦与男性童子类似,其本因年幼不需用杖辅病,从庶人"应杖而不杖",但因其为在室童子长女之故,可不作丧主、但用杖。(又,在室男性童子,作丧主用杖)由此可知,女性童子不用杖,与传文妇人不杖之意相符合,则"妇人"可解为"童子妇人"。但问题在于,童子又如何能称做"妇人"?《丧服·小功章》云:

为侄、庶孙丈夫妇人之长殇。②

在贾公彦看来,姑称侄、祖称庶孙之男女长殇者,为丈夫、妇人,正可为女性童子称"妇人"之证。同时,关于成人妇人正杖,贾氏根据《丧服》文本的叙述原则,即先介绍服制内容,后罗列相关人员,指出妇人与男子并列在斩衰服制之后,则妇人亦当有苴杖。又,结合礼经多处言及妇人用杖③,其认为成人妇人当有正杖。

概言之,贾氏结合《礼记》郑注,认为《丧服传》"妇人何以不杖"之"妇人",当解为"童子"妇人,进而得出童子妇人不杖(在室童子长女可杖)、成人妇人正杖的庶人女性用杖原则。

(二)雷次宗:成人妇人不杖

然而,雷次宗则以"妇人"即是成人妇人④,其认为:

此《丧服》妻为夫、妾为君、女子子在室为父、女子子嫁反在父之室为父三年,如传所云妇人者皆不杖,《丧服小记》妇人不为主而杖者,唯著此一条,明其余不为主者皆不杖。⑤

在他看来,斩衰服中妻子为丈夫、妾为丈夫、女子许嫁在家及其出嫁返家为父亲等四种情况均当为妇人不用杖。而且,除了妇人不为主时所包含的姑在妻为夫、母为子、女子子在室等三种用杖的情况外,说明其他情况下的成人妇人,都是不为主者而不用杖,更可说明成人妇人不正杖。⑥ 也即是说,雷次宗认为妇人既不正杖,更不可为丧主。基于这种理解,在原本庶人为丧主、非主辅病可用有爵者之杖的权制背景中,除了童子因幼年不能

---

① 〔汉〕郑玄注,王锷点校《礼记注》下册,中华书局 2021 年版,第 442 页。
② 〔汉〕郑玄注,〔唐〕孔颖达疏《仪礼注疏》卷 32,北京大学出版社 2000 年版,第 713 页下栏。
③ 贾氏以《丧大记》君丧妇人用杖说明妇人用杖,似未细分疏庶人与有爵者用杖的区别。参见〔汉〕郑玄注,〔唐〕孔颖达疏《仪礼注疏》卷 28,北京大学出版社 2000 年版,第 632 页上栏。
④ 如贺循认为,一则童子不可称为"妇人",二则"妇人"传文在"童子"之后当特为"成人妇人"。参见〔汉〕郑玄注,〔唐〕孔颖达疏《礼记正义·丧服小记》卷 33,北京大学出版社 2000 年版,第 1157 页上栏。
⑤ 〔汉〕郑玄注,〔唐〕孔颖达疏《仪礼注疏》卷 28,北京大学出版社 2000 年版,第 632 页下栏。
⑥ 雷次宗之解或为以偏概全的误用,其忽略了出嫁妇人为丧主用杖的情况。参见〔汉〕郑玄注,〔唐〕孔颖达疏《礼记正义·丧服小记》卷 33,北京大学出版社 2000 年版,第 1157 页上栏。

病而构成庶人"应杖而不能杖"的例证之外,妇人虽为成人,亦因其为妇人而不能病,提供新的对象。

对于雷次宗的说法,就成人妇人是否正杖而言,如前所述,贾疏则认为一方面这四类情况,都与男子一样,列在斩衰服制之后,明其有苴杖,另一方面关于妇人用杖,《礼记》有许多明确的叙述。① 同时,在贾疏的论证中,主要就童子妇人、成人妇人是否可用杖展开相应的讨论,尚未如雷次宗一般涉及以成人妇人是否为丧主作为用杖核心判例的情况。

(三)孔颖达:妇人为主乃杖

孔颖达同样主张"妇人"为"童子妇人",他在认同贾公彦有关童子妇人不杖、成人妇人正杖之理解的基础上,明确了以出嫁妇人是否为丧主作为判断其用杖的依据。《礼记·丧服小记》云:

> 妇人不为主而杖者,姑在为夫杖。【注】姑不厌妇。【疏】郑义唯谓出嫁妇人礼也。若成人妇人在家为父母,虽不为主亦杖。若在夫家,唯为主乃杖,故为夫与长子虽不为主亦杖,若余非为主,则不为杖。②

按照孔颖达的理解,出嫁的妇人若为丧主则可用杖,不为丧主不可用杖。当妇人为其夫、其长子服丧以及在家为其父母服丧时,或因从父、从夫、从子之义③,故即便不为丧主,亦可用杖。在这意义上,未成年的女性童子自当不可为丧主用杖。又,当家中只有未成年的女性童子时,依照丧事需有丧主的原则,长女仍不可为丧主,需请同姓族人为丧主,然该丧主不能用杖,唯长女可用杖。从而,在室女子子亦构成妇人不为主而杖的一种情况。因此,相较于贾公彦成人妇人皆正杖的笼统说法,孔颖达则以妇人为主与否为原则,进行了具体区分,从而包含了妇人用杖和不杖的情况。

又,贺循亦关注到丧主与妇人用杖的关系:

> 妇人不杖,谓出嫁之妇人不为主,则不杖,其不为主而杖者,唯姑在为夫杖,故此《记》特明之。④

即是说,成人妇人出嫁后一般不为丧主故不杖,其不为主而杖的情况则只有姑在妻为夫的情况。若结合孔氏的解读,单就成人妇人而言,其为丈夫和长子亦是不为主而杖。又,姑在即舅死之时,姑主其子之丧,是妇人可为主用杖之证。故而,贺循之说仍显粗略、疏漏。

---

① 例如《丧大记》《丧服小记》均见成人妇人用杖之文。参见[汉]郑玄注,[唐]孔颖达疏《礼记正义》卷33,北京大学出版社2000年版,第1157页下栏。

② [汉]郑玄注,[唐]孔颖达疏《礼记正义·丧服小记》卷33,北京大学出版社2000年版,第1156页下栏～第1157页上栏。

③ [汉]郑玄注,王锷点校《礼记注》上册,中华书局2021年版,第349页。

④ [汉]郑玄注,[唐]孔颖达疏《礼记正义·丧服小记》卷33,北京大学出版社2000年版,第1157页上栏。

二、《仪礼正义》：成人妇人不皆杖

关于"妇人"是否为"童子妇人"，清儒沈彤、金榜、胡培翚与雷次宗、贺循一样，认为"妇人"是"成人妇人"，但三者对于成人妇人、女性童子的用杖礼制理解，则不同于雷次宗、贺循之说。

（一）胡培翚：妇人为成人妇人

对于"妇人"何以为"成人妇人"，胡培翚曰：

> 盖传层递问下，其间童子者，以男子非主皆杖，童子何以不杖？其问妇人者，以童子未成人非主不杖，妇人已成人，非主何以不杖？此两问，具跟"非主而杖"说下。若童子当室而杖，妇人为主而杖，则其义已该于担主中矣。童子自包女女子在内，若以上句为问童男，下句为问童女，则童男既以稚弱不能病，岂童女又能病乎？①

胡培翚基于传文五项问答的整体语境和内在逻辑，提出两方面理由：其一，传文对于童子的设问当是基于非主而杖，童子因未成年不能辅病，故不杖。那么，相较于童子为成年的妇人，其又何以不能非主而杖，则构成妇人之问的背景。又，在此童子、妇人皆因不能病而不杖的情况，对于当室童子、妇人为主等用杖的情况，则有二者彼时为丧主，符合为主而杖的原则。其二，如果按照童子妇人的解释，在其看来，传文第四问既然已经解释童男因不能病而不杖的原因，则自可推知童女的情况，不需要重复设问。

此外，关于"女子子在室"者，胡培翚认为是女子许嫁仍在家者。因而，在其看来，《丧服小记》所言"主丧者不杖、则子一人杖"是指女子许嫁者不主丧但用杖，则可推出所有童女都不可用杖。② 然而，对于贾公彦而言，其推论正是因郑玄在该处注明"女子子在室"者为无兄弟之作为长女的"童子"，再结合成人妇人主丧者皆用杖的解释，进而认定《丧服传》中"不能病"的"妇人"为"童子妇人"。因此，不同的理解视角，对于相同材料的理解，也是有差异的。

（二）沈彤：妇人恩疏不杖

沈彤云：

> 童子何以不杖，包女子子言。……然则非长女不杖，且有男昆弟主丧者，则女女子皆不杖矣。不能病，以稚弱不能致哀故。妇人何以不杖，承上文言，妇人则成人矣，虽非主而宜杖，故问也。此妇人，谓异姓来嫁之妇人。……然则妇人皆杖者，唯士之丧耳。若大夫之丧，则主妇而外有不杖者矣。君之丧，则夫人、世妇而外有不杖者矣。凡此不杖者恩皆疏，故曰不能病。③

---

① 〔清〕胡培翚《仪礼正义》卷 21，《儒藏（精华编）》第 48 册，北京大学出版社 2016 年版，第 1012 页下栏。

② 〔清〕胡培翚《仪礼正义》卷 21，《儒藏（精华编）》第 48 册，北京大学出版社 2016 年版，第 1029 页下栏～第1030 页上栏。

③ 〔清〕胡培翚《仪礼正义》卷 21，《儒藏（精华编）》第 48 册，北京大学出版社 2016 年版，第 1012 页上栏。

　　在其看来，传文中"童子"已包含女性童子，故而无论童子是男性，还是女性，都因其年幼稚嫩不能因哀致病。在此背景下，对于女性童子来说，唯有《丧服小记》中无兄弟、作为长女的在室女子子，方可以同姓族人为丧主，己可用杖。若是有其他男性兄弟，如《问丧》所云之当室缌服、免而杖的嫡子，女性童子则不可用杖。妇人，是异性来嫁之成人，而传文的设问之意，便是为何成人妇人不能如同庶子一样非主而杖。对于成人妇人因不能病而不杖的理解，结合《丧大记》之君、大夫、士丧中有关妇人用杖差别的内容，认为基于爵位尊卑所规定的内外恩情亲疏关系，相应妇人用杖、不杖的情况也有所不同。其中，因恩疏而不杖的妇人，即是传文所谓的"不能病"。

　　因此，在沈彤的理解中，虽然以"成人妇人"解释"妇人"，但并不认为妇人皆不杖。其以尊卑内外之恩情亲疏，作为判断妇人用杖与否的依据，即内之恩亲者用杖，外之恩疏者不用杖。故而，其说不同于雷次宗、贺循之说。但是，沈彤的说法，似乎突破了传文基于庶人无爵者用杖的前提设定。

（三）金榜：妇人唯为主者杖

　　金榜以"妇人"为"成人妇人"，其曰：

> 妇人唯为主者杖，不为主者不杖。以经校之……《小记》之文正与《丧服传》妇人不杖义相发明。《丧大记》"士之丧，三日之朝，妇人皆杖"，此谓主妇于三日之朝，皆主人而杖，不得下通众妇人；"君之丧，五日，世妇杖"，君之世妇尊同大夫，所谓"杖者，爵也"，不得下通于大夫、士之妾。郑君于《小记》注谓妇人成人者皆杖，违失经意。[1]

　　认为妇人是否用杖，当以妇人是否为丧主来判断，并将《丧服传》中有关成人妇人用杖和不用杖的情况，与《丧服小记》中有关女性童子不杖、无兄弟之在室长女用杖的内容相结合，进行论证说明，即成人妇人为主则杖，不为主不杖；女子许嫁在室者不为主但用杖，女性童子皆不用杖。同时，前述沈彤以恩情亲疏作为判断《丧大记》妇人用杖、不用杖之说，又补充了贵族妇人是否为主人、是否有爵者等原则。

　　此外，金榜虽与沈彤一样，亦基于对成人妇人的判断，对妇人用杖、不用杖依据相关原则进行统合区分，但其主要以妇人是否为丧主为依据，故而与孔颖达的说法较为相似。同时，相较于沈彤以反对妇人皆不杖的说法为论说对象，金榜则针对郑玄及贾公彦等以妇人皆杖说法，展开具体分疏。此外，金榜之说，兼顾到庶人妇人用杖和贵族妇人用杖，未有沈彤以贵族妇人用杖来解释庶人妇人用杖造成混淆的这一问题。

三、《丧服郑氏学》：妾为君是否用杖

　　晚清曹元弼、张锡恭，分别持"童子妇人""成人妇人"的立场，围绕《丧大记》士丧之郑玄注"妾为君"展开解读，得出有关"妇人皆杖"和"妇人不皆杖"的新诠释。

---

① ［清］胡培翚《仪礼正义》卷21，《儒藏（精华编）》第48册，北京大学出版社2016年版，第1012页。

(一)曹元弼:凡妾为君皆杖

曹元弼基于对孔颖达、贾公彦之疏文的理解,对胡培翚、沈肜、金榜三者的说法,从"妇人"不为"成人妇人"、成人妇人用杖不涉及丧主、妾为君杖等三方面,进行充分反驳。

第一方面,关于"妇人"不为"成人妇人",其理由有三:

其一,就"妇人"本身来看,若解为"成人妇人"之"不杖",便无法解释斩衰服制下(有杖)所列众人中为何包含妻子、女子子等妇人。而且,女服与男服虽有差异,但经、杖、带、屦等仍是一致的。又,杖作为丧礼中的重要部分,若是妇人不杖,经文当多处论述见及。

其二,若以"男女童子"为参照,《礼记·杂记》对于"童子"之"不能病"的描述,除了不杖,还有不踊、不菲、不庐等内容,而"成人妇人"只有不庐与之相同,其他包括杖都还是保留的,故而不构成其"不能病"之不杖的条件。

其三,对于《斩衰章》和《丧服小记》中郑玄注对"女子子在室"的解释差异,其认为经文意指用杖当为"成人",记文与"不杖"之意相连则是"童子",故而二者文同意异。其从贾公彦、孔颖达之解,依据《丧服小记》郑玄注"女子子在室"为"童子"、成人正杖,指出"妇人"当解为"童子妇人"。

因此,在其看来,传文五项问答中,两处"不杖"之文体现男女童子因未成人而礼仪不得全备的特征。[①]

第二方面,曹元弼不认同以是否为丧主,作为妇人用杖的判断依据。如前所述,雷次宗、贺循以"妇人不杖"为皆不杖,而胡培翚、沈肜、金榜则以妇人是否为丧主将之解妇人不皆杖。因而,上述曹元弼对于"妇人"不为"成人妇人"的辩驳,主要是以妇人皆不杖为对象,对雷次宗、贺循是有效的,但对后三者则需更多补充:

其一,在其看来,三者基于传文五项问答的内在逻辑,误将"童子""成人妇人"系于"非主"的原则下,进而是否为丧主成为妇人用杖的判断依据。然而,对于传文的问答逻辑,若以成人妇人为解,其认为应当依次是无爵而杖之担主对应用杖之有爵者,非主而杖辅病之庶子对应担主,不能病之童子和成人妇人对应辅病之庶子。因此,成人妇人是否为丧主的判断依据,并不能从传文中推出。

其二,若照成人妇人非主不杖的原则,其认为对于那些与丧者有密切关系的妇人来说,不为丧主便不能病而用杖,无疑是不合理的,而且《丧服小记》明确有"妇人不为主而杖"的内容。又,即便是由于妻为夫的特殊原因,可不为主而杖,但是未嫁的成年女子子为其父,因有兄弟为主却不可用杖,如此显得夫重于父,则更显荒谬。

其三,《丧服小记》中有关"妇人不为主而杖""母为长子削杖""女子子在室为父母"等内容,在其看来,虽均涉及丧主的问题,但"妇人"主要谈的是姑是否如舅对子一样,厌其妇使之对夫不用杖,"母"则对子用"削杖","女子子在室"为长女者为父母用杖。[②]

因而,曹元弼认为,成人妇人用杖与否,与其是否为丧主并无密切关联。然而,问题

① 参见[清]张锡恭撰,吴飞点校《丧服郑氏学》卷1,上海书店出版社2017年版,第53~54页。
② 参见[清]张锡恭撰,吴飞点校《丧服郑氏学》卷1,上海书店出版社2017年版,第53~54页。

在于，如前所述，孔颖达在以"妇人"为"童子妇人"的判定基础上，结合成人妇人正杖的内容，亦主张出嫁的成人妇人为主用杖，不为主不用杖。而且，孔颖达疏明确指出，"若成人妇人在家为父母，虽不为主亦杖"①。可见，以是否为丧主判断成人妇人是否用杖的礼制内容，在孔颖达处已然较为严谨，非如曹元弼辩驳之粗疏无理。在这意义上，曹元弼虽用孔颖达疏之解，但更近于贾公彦疏的观点。

第三方面，其以妾为君杖为依据，论述有爵者之妇人皆杖。关于有爵者妇人的用杖问题，证明妇人皆杖的贾公彦疏、孔颖达疏仅引《丧大记》中有关君丧的内容略作说明，未展开。曹元弼则在《丧大记》涉及君丧、大夫丧、士丧的记文基础上，结合《丧服传》《丧服四制》中的有关内容，以士丧之妇人皆杖中"主妇"所包含的"妾为君"为推论基点，完善了有爵者群体中有关妇人的用杖问题，以及补充其他男性成员用杖的内容。在其看来，士丧中的"妇人"作为主妇，还包含妾、女子子等一众妇人，确实皆用杖；大夫丧中的"主妇"亦包括妾、女子子等人，且室老、士、众臣均用杖；在君丧中，子杖包括女子在室者，大夫世妇人及君之爵如大夫的世妇用杖，其女嫁为外国国君夫人者不杖、嫁为大夫妻者如大夫用杖，又君之士用杖，故其爵如士的御妻亦用杖，其女及宗族之女嫁为士妻者用杖。②

在妇人有爵者皆杖和关注其他男性成员用杖的背景下，曹元弼批评沈彤和金榜对于有爵者用杖的理解。关于沈彤，曹元弼认为在士、大夫、君三者之丧中的用杖情况，其仅涉及妇人③，而并未充分依据《丧大记》《丧服传》和《丧服四制》补充如大夫、室老、士及众臣等男性成员用杖的内容；关于金榜，曹元弼除了指出士丧皆杖之妇人不以是否为主人而判断，君丧其世妇女御皆用杖外，更是补充大夫丧中用杖之"主妇"，当如士之"妇人"一般，包括妾、女子子等更多的妇人。④

因而，曹元弼通过士丧中以"妾为君杖"为例所蕴含的"妇人皆杖"之义，充分推导出从士、大夫到国君之妇人有爵者用杖。并且，其结合先前庶人妇人皆杖之义，一方面进一步认为自天子至庶人皆从"妇人皆杖"，另一方面更加确定《丧服传》之"妇人不杖"所指的对象为"童子妇人"。进而，其以成人的"妇人皆杖"为要义，对传文五项问答所涉及的用杖问题，有了更加完整的解读，即有爵用杖、为主而杖、非主辅病而杖、童男不能病不杖、童女不能病不杖等内容，皆包括男、女。⑤ 从而，曹元弼之说较贾公彦、孔颖达的说法更为完善、周全。

_____

① [汉]郑玄注，[唐]孔颖达疏《礼记正义·丧服小记》卷33，北京大学出版社2000年版，第1157页上栏。

② 参见[清]张锡恭撰，吴飞点校《丧服郑氏学》卷1，上海书店出版社2017年版，第56～57页。又，孔颖达虽认同妾为君、女子子在室皆杖，但其以"妇人"包含"主妇"及前两者，而并非等同"主妇"。参见[汉]郑玄注，[唐]孔颖达疏《礼记正义·丧大记》卷44，北京大学出版社2000年版，第1459页上栏。故而，曹元弼以"妇人"等同"主妇"，借由"妾为君杖"，推ducted大夫、国君，得出所有贵族"妇人皆杖"，未必符合孔颖达之意。

③ 沈彤的论述重点，主要还是结合《丧大记》补充有爵者妇人基于恩情内外亲疏的原则，判定用杖与否这一礼制内容，曹元弼之责难未必合理。参见[清]胡培翚《仪礼正义》卷21，《儒藏（精华编）》第48册，北京大学出版社2016年版，第1012页上栏。

④ 参见[清]张锡恭撰，吴飞点校《丧服郑氏学》卷1，上海书店出版社2017年版，第57～58页。

⑤ 参见[清]张锡恭撰，吴飞点校《丧服郑氏学》卷1，上海书店出版社2017年版，第58页。

(二)张锡恭:妇人有不杖,为礼之不可

张锡恭对传文五项问答的理解,与曹元弼相似,即有爵者、为主者、非主者、童子等四类杖或不杖的人群,都包括男女。① 然而,张氏主张"童子"已包含女性童子,"妇人"则为成人妇人,且着重突出妇人有不杖的情况,并非如曹元弼一般"妇人皆杖"。

第一,在张锡恭看来,传文之"童子"虽未说明具体的性别,但是结合《丧服小记》郑玄注有关"女子子在室"为"童子"的解释,可得出"童子"包含男女的结论。如前所述,胡培翬认为"女子子在室"为许嫁仍在家者,不从彼处无昆弟之童子长女的郑玄注。张锡恭则肯定该处郑玄注的解释,并且以之作为"童子"包含女性的依据,而非如贾公彦、孔颖达以之作为"童子妇人"的核心出处。因而,在这意义上,其十分认同沈彤"'童子'包女子子言"的判断。②

第二,关于"妇人",其亦同沈彤一样,主张"妇人"为成人,并非皆不杖,而是依照一定原则有杖、有不杖。③ 其相应的论证依据,则是同曹元弼一样,同样是结合对"妾为君"的特殊解读,得出有关有爵者和庶人之整个妇人群体用杖与否的礼制内容。其认为,在《丧大记》中,有关士丧"妇人皆杖"的郑玄注中,涉及"妾为君""女子子在室者"二者之"容",当解为不确定的语词。由此,一方面"女子子在室者"便包括成人和童子,也即成人女子和无昆弟之童子长女用杖,女性童子则不用杖,进而对应"童子"不杖之传文。另一方面,"妾为君"的涵义也随之丰富:其一,由于并非所有士都有妾,"妾为君"则专指有妾之士的相关用杖问题;其二,张锡恭结合《丧服小记》中士为有子之妾才服缌的内容,得出士与其妾之间因子之有无而恩情深浅不同的礼制联系,即妾有子者与君恩深而能病用杖、妾无子者与君恩浅而不能病不杖。④ 因而,成人士妾之无子者,其不杖的情况,与传文所指不能杖的无爵"妇人"一致。

第三,基于"妾为君"之士妾以有子与否判断是否用杖的理解,张锡恭进一步将其扩展到大夫、诸侯等有爵者之妇人群体中。在其看来,相较于士以妾有子为其缌,大夫则因其妾之贵而缌。进而,可知大夫之妾为贵者用杖,非贵者不杖,即在大夫层面,妾之用杖与否以其身份贵贱为据。在诸侯层面,其认为诸侯之女嫁于大夫、士者则可因有爵用杖,若未能嫁给大夫、士,则不具备有爵用杖的礼制资格,只能不杖。若是诸侯之内宗、外宗的女性嫁人者,虽然为诸侯服斩,但因礼制限定不得用杖。故而,在张锡恭看来,自士至诸侯的有爵者群体,其妇人如妾、女子子等,都因各自相应的礼制原则,而有杖与不杖的结果呈现。⑤

在上述背景下,传文中的"妇人不杖",便并非仅限于庶人无爵者层面的成人妇人,而是指在整个从诸侯至士、庶的群体中,相关成人妇人依照礼制原则有不杖的情况。进而,

---

① 参见[清]张锡恭撰,吴飞点校《丧服郑氏学》卷1,上海书店出版社2017年版,第59~60页。
② 参见[清]张锡恭撰,吴飞点校《丧服郑氏学》卷1,上海书店出版社2017年版,第51页。
③ 参见[清]张锡恭撰,吴飞点校《丧服郑氏学》卷1,上海书店出版社2017年版,第52页。
④ 参见[清]张锡恭撰,吴飞点校《丧服郑氏学》卷1,上海书店出版社2017年版,第52页。
⑤ 参见[清]张锡恭撰,吴飞点校《丧服郑氏学》卷1,上海书店出版社2017年版,第60~61页。

张锡恭指出，传文如此特问"妇人"，便是与"丈夫凡服斩者皆杖"相对应，以见"妇人"有因礼之不可而不杖的情况。① 故此，相较于曹氏从上至下、与男性相似的成人"妇人皆杖"，张锡恭基于传文为"成人妇人"的立场指出，成人妇人有"不杖"，这与男性是不同的。

结语

《丧服四制》曰：

> 夫礼，吉凶异道，不得相干，取之阴阳也。丧有四制，变而从宜，取之四时也。有恩有理，有节有权，取之人情也。恩者仁也，理者义也，节者礼也，权者知也。仁、义、礼、知，人道具矣。②

在天地四时的自然时空里，古人展开其福祸吉凶的礼教生活。其中，丧礼因其事之凶，对应着天道之阴。其相应的礼制节文，则又依据丰富、动态的人情，遵循着恩、理、节、权等四项礼制原则。

"妇人不杖"，本属丧服之权制，但因诸儒针对"妇人"有"童子妇人"或"成人妇人"的不同解读，导致相应的从权对象产生一定差异。同时，众家围绕着"妇人不杖"所进行的蕴含着不同原则的众多讨论，如成年未成年、是否为丧主、恩情亲疏、尊卑嫡庶、男女差别等，逐渐呈现出从女性童子到成人妇人、自庶人女性至贵族女性这一有关古代"妇人"群体用杖与否的整体礼制样态。进而，恩、理、节、权的丧服制度原则得到充分体现。在此意义上，从有关"妇人不杖"经义的历代分疏，可大致窥见人道之礼制内涵。

---

① 参见[清]张锡恭撰，吴飞点校《丧服郑氏学》卷1，上海书店出版社2017年版，第60～61页。又张锡恭认为，妇人有杖、不杖的礼制规定，同样是出自人情之定分。参见[清]张锡恭撰，吴飞点校《丧服郑氏学》卷1，上海书店出版社2017年版，第52、60～61页。

② [汉]郑玄注，王锷点校《礼记注》下册，中华书局2021年版，第826页。

再谈"夺胎换骨"的具体含义

李巴克*

摘　要："夺胎换骨"为中国传统诗学中重要概念,但学界对其内涵的辨析历来不甚明确,且有将"夺胎换骨"混同于"用典"及将"夺胎"与"换骨"不加区分而笼统言之的倾向。本文通过对两者不同语源的考察,参考金圣叹关于"半借法"的相关论述,将其含义界定为"夺胎"指"承袭古人之语而阐入自家之意","换骨"则指"不易古人之意而造自家之语"。并以若干诗词文本为例证,进一步阐释二者在实际创作中的区分。

关键词：黄庭坚；金圣叹；夺胎；换骨；半借法

中国诗学中"夺胎换骨"一法,当起源于黄庭坚。惠洪《冷斋夜话》引黄氏语曰："不易其意而造其语,谓之换骨法；窥入其意而形容之,谓之夺胎法。"关于惠洪此文原貌究竟如何(如日本五山版"窥入其意"作"规模其意"①),及其所派生的"夺胎换骨"之具体理解问题,学界至今仍颇有争论,如张昌红认为原文即作"规模",而"窥入"系毛晋之妄改。② 然则二者虽字面微有区分,但皆意味以古人诗意为主当无疑义,故其理论内涵亦无显著差异。就前引文本之字面理解,似可引汪涌豪、骆玉明主编《中国诗学》之说作为典型："夺胎法是指用自己的语言比较委婉含蓄地形容出前人的意象,使人不易察觉；换骨法则是比较直接地转述前人作品中的意象,但语言则自出新貌。"③这种说法,虽然较为忠实地转译了《冷斋夜话》的原文,但读来终究稍显含混,两种方法之分界亦不甚清晰。

黄伟豪认为"'换骨''夺胎'在实际批评上又很容易与黄庭坚的'点铁成金'混淆""点铁成金意谓'取古人之陈言入于翰墨',即沿袭古人的'语言外壳'……批评家如果要从文学理论'批评论'上来剖析某句究竟是'换骨''夺胎',抑或'点铁成金',便会堕入此一文学批评的误区"。④ 黄伟豪指出"换骨""夺胎"甚至"点铁成金"等概念容易"混淆",是很有见地的。但将"点铁成金"释为"沿袭古人的'语言外壳'",则仍不免启人疑窦:如此而言,则与一般意义上的"用典"又有何区别？钟锦《词学抉微》一书中,曾对二者之分别有过极为精当的阐述：

　普通用典大致是希望借用典故的内在含义,帮助我们更为方便和凝炼地表达不太容

＊　李巴克,中国海洋大学文学与新闻传播学院2022级博士研究生,研究方向为中国古代文学。

① 张伯伟《稀见本宋人诗话四种》,江苏古籍出版社2002年版,第17页。
② 张昌红《"夺胎换骨"误传误解辨》,《文艺理论研究》2019年第6期。
③ 汪涌豪、骆玉明《中国诗学》第4卷,东方出版中心2008年版,第347页。
④ 黄伟豪《苏轼"夺胎换骨"现象平议——兼论文论术语"夺胎换骨"的流传演变》,《文学评论丛刊》2013年第2期。

易直接表达的意思,因此典故的意思和我们所要表达的意思是相同的。黄庭坚的"点铁成金"只是强调利用学问的素养能够灵活地袭取古人的现成字面,然后在与古人并不一致的用意之中来使用它,于是两种异质的东西因为被放在一个相同的原则之下,其中的一致性就使人不期而然地得到一种愉悦。①

钟锦此书并非诗学领域之专门著作,但他对"点铁成金"之内涵阐释却令笔者深为击节。他又举《寄黄几复》中"我居北海君南海"句,与《左传·僖公四年》之"君处北海,寡人处南海"对比,指出:

他的用意和《左传》的原意没有太多的关联,只有字面上的相同。这后一种写作技巧造成的美感,不仅依赖于我们从异质的东西中发现一致性时的愉悦,而且依赖于学问素养;如果我们不知道这句诗的字面出自《左传》,虽然同样能够理解作者的意思,却失去了那种特有的美感。②

我们不妨暂且搁置黄庭坚(或者说在他人转述之下的黄庭坚)这几种易于混淆的诗学范畴,而寻找一种歧互较少的语汇来表达此类现象。笔者注意到,金圣叹在评点欧阳修词时,曾提出"半借法"这一概念。欧阳修《减字木兰花·歌姬》云:"柔润清圆。百琲明珠一线穿。"金圣叹评曰:"用累累贯珠,又用百琲明珠字,谓之半借法。"③很显然,所谓"半借法"指的是一种用典方式。在此例中,欧词字面采用的是"百琲明珠",语出晋王嘉《拾遗记》卷9:"(石崇)又屑沉水之香,如尘末,布象床上,使所爱者践之,无迹者赐以真珠百琲。"然此语本形容珍珠之多,借以描写石崇生活豪侈,与歌姬"柔润清圆"之歌声自无干系。此处欲表达之含义,实本《礼记·乐记》之"故歌者上如抗,下如队,曲如折,止如槁木,倨中矩,句中钩,累累乎端如贯珠",形容歌声之圆润清亮。

准此,我们或许可对"半借法"之名有一更佳理解:欧词中心语实在"贯珠"之"珠"字,"百琲"乃从他典借用而来,且只借用其字面,而并不借用该典故在其原生语境中所表达之含义。二典皆有一"珠"字,故欧词可如金圣叹所评,视为兼用二典。我们亦可设想另有一种情况,即作者实际只借用一典之字面,而表达另一重含义。此重含义,未必源于其他相关典故,而可能源于作者之当下实感。如黄庭坚"我居北海君南海",不过实指他与黄几复一居德州、一居四会,切合二人所处之地而已。此恰与《冷斋夜话》所谓"换骨法"为"不易其意而造其语"相反,乃是"不易其语而改其意"了。

准此,我们似乎可对所谓"半借法"的应用作一点分析。前文已述及,"半借法"之应用乃兼用二典,其中一个语典A(如"百琲明珠")提供字面,另一语典或事典B(如"累累乎端如贯珠")则提供诗句之思想内涵。因此,这一手法的使用实际包含两个过程:首先是对B典故含义的提炼,随后则是将其字面表达置换为A典故的形式。

再回到"夺胎换骨"的问题。笔者素疑"夺胎"原当指与上述"半借法"之前半过程相

---

① 钟锦著《词学抉微》,华东师范大学出版社2008年版,第110页。

② 钟锦著《词学抉微》,华东师范大学出版社2008年版,第110~111页。

③ 李敖主编《顾炎武集·二曲集·唱经堂才子书》,天津古籍出版社2016年版,第344页。

似的手法,方可与"换骨"对举,相反相成。前者改换内在之"胎",后者改换外在之"骨",如此二者之分界始明。钱钟书曾敏锐觉察到前人论述并未对"夺胎"与"换骨"二法予以清楚辨析的缺憾,见《容安馆札记》第230则:

　　《钝吟杂录》卷四云:"夺胎换骨,宋人谬说,只是向古人集中作贼耳!《冷斋》称荆公《菊诗》,谬也。荆公诗多渗漏,上句'彫零'二字不妥,下句'一枝'似梅花,'闲人'牵凑。"……定远指摘荆公是也,而于"夺胎""换骨"之别,不屑置辩。夫皎然《诗式》"三同"节有"偷语"(如傅长虞"日月光太清";陈后主"日月光天德")、"偷意"(如柳恽"太液沧波起,长杨高树秋";沈佺期"小池残暑退,高树早凉归")、"偷势"(如嵇康"手挥五弦,目送归鸿";王昌龄"手携双鲤鱼,目送千里雁")之别:"'偷语'无处逃形;'偷意'事虽可罔,情不可原;'偷势'从其漏网。"夫"偷语"为笨贼,无足道者。"偷意"则"换骨","偷势"则"夺胎"是也。盖"骨"者仍就原身,"胎"者别孕新体。①

　　钱钟书以"夺胎"对应皎然之"偷势",谓其"别孕新体";而以"换骨"对应皎然之"偷意",谓其"仍就原身"。钱钟书随后继续举出"夺胎"与"换骨"的具体例证:

　　《唐摭言》卷十三"矛盾"门云:"元和中,有沙门善病人文章,尤能捉语意相合处。张水部颇恚之,冥搜愈切,因得句曰:'长因送人处,忆得别家时。'径往夸扬,乃曰:'此应不合前辈意也。'僧微笑曰:'此有人道了也:"见他桃李树,思忆后园春。"'籍因抚掌大笑"云云,此亦"夺胎"佳例。

　　……《韵语阳秋》卷二:"诗家有'换骨'法,谓用古人意而点化之,使加工也。李白诗云:'白发三千丈,缘愁似个长。'荆公点化之则云:'缲成白发三千丈。'刘禹锡云:'遥望洞庭湖水面,白银盘里一青螺。'山谷点化之云:'可惜不当湖水面,银山堆里看青山。'孔稚圭《白苎歌》云:'山虚钟磬彻。'山谷点化之云:'山空响管弦。'卢仝诗云:'草石是亲情。'山谷点化之云:'小山作友朋,香草当姬妾。'学诗者不可不知。"②

　　钱钟书所引葛立方《韵语阳秋》中"换骨"之例未必全然准确,如王安石化用李白诗一例,大概只能算作皎然《诗式》中所抨击的最为拙劣之"偷语"现象。然则其他二例,阐释"换骨"之内涵则甚精当。如谓"见他桃李树,思忆后园春"乃夺胎自"长因送人处,忆得别家时",其原因何在?盖从"尝因"二句中,可提取出某种句法模式:见到某一场景,而回忆起另一时空中之相似场景。而"见他"二句,亦由此种句法模式构思得来,唯其已有不同。前者谓送人时与己离家时同为别离场景,唯诗人主客之身份已颠倒;后者则谓所见之园林与记忆中之家园,同有桃李树生于其内。此乃"骨"即躯壳,亦即诗歌之句法结构未加变化,而思乡之"胎"已暗夺伤别之"胎"了。二者之相通,乃在于外在之句法,而非内在之思想感情。至于谓黄庭坚"银山堆里看青山"系"换骨"自刘禹锡"白银盘里一青螺",则恰巧相反:二者之"胎"即思想内核,同为描绘"青色之山立于银色湖面之中"这一场景;唯其

----

① 钱钟书《钱钟书手稿集·容安馆札记》,商务印书馆2003年版,第361页。
② 钱钟书《钱钟书手稿集·容安馆札记》,商务印书馆2003年版,第361~362页。

"骨"即诗歌之句法结构已加以变化，化后者之比拟为前者之白描，其相通之处乃在"神"而非在"形"了。

由上述讨论，我们可将惠洪的表述略作修正：承袭古人之语而阑入自家之意，谓之夺胎；不易古人之意而造自家之语，谓之换骨。然而作此种区别之根据何在？欲避空口无凭之讥，则恐怕还要向"夺胎""换骨"二语出处寻找根据。周裕锴曾指出："事实上，黄庭坚与惠洪都是禅宗信徒，熟悉禅门掌故，因此其'换骨法'与'夺胎法'均当取喻于禅典。"周裕锴深于禅学，其对"夺胎""换骨"二语出处的抉发是很有见地的。"换骨"出《祖堂集》卷2《慧可禅师》：

本名曰光，光因见神现，故号为神光。至于第二夜，忽然头痛如裂，其师欲为灸之，空中有声报云："且莫且莫，此是换骨，非常痛焉。"师即便止，遂说前事见神之由，以白宝静。宝静曰："必是吉祥也，汝顶变矣，非昔首焉。"①

"夺胎"则出日本曹山释元恭禅师《俗语解》：

夺胎，夺他人所托之胎也。按，象海印这样的人托生，本来应当为男子。然倘若于迁化之日出生，因无结胎之时日，亦恐会暂夺女子所托之胎也。又，依十二因缘之次第，三为识，四为名色，五为六入，此三者皆胎内之位也。识者乃托生之一念也，名色之位则六根尚未具也，六入之位则六根具足，然后出生也。朱家之子六根既具，因已成女身之故，海印夺其一分之识，则转成女子矣。②

由此观之，"夺胎"与"换骨"之分界已很明显。"换骨"谓躯壳之改换，从意识角度而言，仍是本来之人；"夺胎"则为高僧转世托身之形式，乃用己之意识替换原有胎儿之意识，躯壳虽同，其精神则实已为另外一人。就诗而言，"胎"为内在之意蕴，"骨"为外在之文辞，当无疑义。可再略举例说明之。前引黄庭坚"我居北海君南海"，仅承袭《左传》"君处北海，寡人处南海"之文辞，而原有之"风马牛不相及，为何远来讨伐"之意蕴，则已被抛至九霄云外，而换上黄庭坚"距离遥远，音讯不通"之意蕴：此谓"夺胎"。韩愈《八月十五夜赠张功曹》谓"一年明月今宵多""有酒不饮奈明何"，苏轼《中秋月》则云"此生此夜不长好，明月明年何处看"，虽然将外在文辞改头换面一番，而其"珍惜中秋之夜，赶紧饮酒赏月"之内涵则未尝略作更动，此谓"换骨"。

本文所谓之"夺胎换骨"，即就上述讨论而言，其外延及内涵乃与钱钟书之界定相近，而与前人诸种理解略有不同。析言之，"夺胎"指"承袭古人之语而阑入自家之意"，"换骨"则指"不易古人之意而造自家之语"；而金圣叹所标举之"半借法"，实际可视为两种手法的综合应用，若以"夺胎换骨"之名浑言之，可谓虽不中亦不远矣。

关于"半借法"也即"夺胎""换骨"二法的具体应用，可以清末词人郑文焯《樵风乐府》中所收录之作品为例进一步申说。如卷9《浣溪沙·春雨渡江有忆》：

① 周裕锴《"夺胎换骨"新释》，《文史知识》2000年第9期。
② 周裕锴《"夺胎换骨"新释》，《文史知识》2000年第9期。

一雨春江遍绿莎，去帆风疾晚生波。乱流欲渡奈愁何。　　　长是人情不如鸟，青禽填海鹊填河。纵成遗恨也情多。①

"乱流欲渡奈愁何"一句，语本汉乐府《箜篌引》"公无渡河，公竟渡河。堕河而死，当奈公何"句，而添一"愁"字，作为不能渡河之原因。此意则来源于李清照《武陵春》："只恐双溪舴艋舟，载不动许多愁。"此即"半借法"应用之显例：借用汉乐府之字面，而表达李词之将抽象的愁绪具象化为有重量之物体的含义。唯其并未明言"载"字，故词意较为曲折深隐，但其与前人作品之间丰富的互文性仍极易引发读者的丰厚联想。此种情况即"半借法"应用之显例，其意蕴之"胎"源于《武陵春》，而字面之"骨"则源于《箜篌引》。

再如卷7《惜红衣·泾上幽居，览古悲秋，有江山摇落之感。叠用旧韵，寄慨于言》：

侧帽高秋，题襟胜日。旧狂才力。倦赋登临，松关卧荒碧。江空岁晚，天付与、樵风园客。清寂。沧海梦还，觉龙吟波息。　　珠尘绮陌。栖老年芳，如今草堪藉。高楼望断旧国。渺西北。依约废陵衰柳，犹识越兵来历。对小城烟树，红入夕阳无色。②

其中"高楼望断旧国。渺西北"二句，字面承自《古诗十九首》其五："西北有高楼，上与浮云齐。"然与"望断"搭配，则实当取李商隐《北楼》"此楼堪北望，轻命倚危栏"或辛弃疾《菩萨蛮·书江西造口壁》"西北望长安，可怜无数山"之意。同时，《古诗十九首》之"浮云"意象，又往往引发读者更丰厚之联想与感悟。如《古诗十九首》其一："浮云蔽白日，游子不顾返。"李白《登金陵凤凰台》："总为浮云能蔽日，长安不见使人愁。"在传统批评语境下，此"浮云"意象又常作为小人蒙蔽君王之象征，遂使词中之政治寄托色彩益为深厚。《古诗十九首》、李白诗、义山诗及稼轩词皆为熟典，经此番熔铸，互相汇通，便觉"死蛇弄得活泼泼"也。

当然，《樵风乐府》中亦存在并非使用"半借法"，而单纯属于"夺胎"或"换骨"之一者。其"夺胎"者，可举卷8《踏莎行》为例：

曳柳蝉疏，黏莎萤小。过云流响初鸿到。上灯花影隔窗深，下帘月气侵阶悄。琴思吟销，茶香梦袅。露床滴翠凝清篠。年光有味是新凉，不堪独夜悲秋早。③

上片末韵之"上灯花影隔窗深，下帘月气侵阶悄"二句，其句式结构与晏几道之"迎风朱户背灯开，拂檐花影侵帘动"二句全然雷同。晏词亦为《踏莎行》调，且二句所处之位置亦与郑词相同，甚至"灯""花影""侵"等字面仍多有重复之处，应是郑文焯对晏词有意识的摹仿。然郑文焯虽袭用晏几道词的面貌，所营造之词境则与小山对"前时"之热烈"清欢"的回忆全然不同，一变而为秋夜幽深清冷的境界。此即以郑文焯个人生命体验夺晏词之"胎"。

单纯"换骨"者，如卷9《阳春曲·忆梅西崦》：

①　[清]郑文焯《樵风乐府》卷9，民国二年(1913)双照楼刻本。
②　[清]郑文焯《樵风乐府》卷7，民国二年(1913)双照楼刻本。
③　[清]郑文焯《樵风乐府》卷8，民国二年(1913)双照楼刻本。

晚来风，朝来雨，心事问春谁托。一坞雪垂垂，西崦路、梦地经惯被花觉。暝寒犹恶。看未足、野桥疏萼。须信旧识青山，胜伤春、等闲篱落。　　记歌绕珍丛，行云暮，曾倚竹、空怜翠薄。而今遗芳独坐，怨书期、诉与辽鹤。扁舟奈有素约。怕笛里、江城萧索。待扶醉、满把东风影，沉沉夜酌。①

"梦地经惯被花觉"一句，自晏几道鹧鸪天"梦魂惯得无拘检，又踏杨花过谢桥"二句夺胎而来，谓己虽受某种限制无法前往西山探梅，而在更为自由的梦境中则得以恣意入山赏梅。词人复能于小山词意基础上透过一层，以"惯"字见其梦中经行花下次数之多；"觉"字亦以移情笔法赋予花以生命与灵性，以见词人与花之精神有所会心。二者并观，其"骨"即字面虽有所变化，但其内在情感、用意的一脉相承则是显而易见的。

另有一种情况须提请读者注意。金圣叹所谓"半借法"之艺术作用，实际并不复杂：被借之典并不提供意义，而只提供字面之修饰，使其句更显博雅，"无一字无来处"而已。然亦有兼用二典而不偏废其意义，形成语典意义叠加或"分庭抗礼"之状况者。既借用字面，又借用含义，当然不能再谓之"半借"。今以"熔铸"名之，似更恰切。《樵风乐府》中之例，如卷5《贺新郎·秋恨》，其末二韵云：

夜半有人持山去，篲崩舟、坠壑蛟龙泣。还念此，断肠直。②

此句初读来甚觉不合逻辑。"断肠"为诗词中常语，其出处为《世说新语·黜免》："桓公入蜀，至三峡中，部伍中有得猿子者。其母缘岸哀号，行百余里不去，遂跳上船，至便即绝。破视其腹中，肠皆寸寸断。"肠既已寸断，又如何有曲直之别？然"直"与"肠"之连用，出李贺《秋来》诗："思牵今夜肠应直。"此句亦表达极悲苦之情绪，词人熔铸二典，乃形成悲哀之叠加，强化了词句的抒情力度；同时又能起到什克洛夫斯基所谓"日常语言陌生化"之效果，使人读来有不落窠臼之感。

或许读者读至此处，会产生另外一个疑问：作者即使字面并未用典，却仍有可能在字面上表达一层意思，实际所蕴含的又是另一层意思。此种情况，是否属于以上诸种手法之一？笔者认为，这一类型的手法仍可细分为两种：一种为所言之事相近，而行事之主体不同；一种为所实际表达之意，与字面理解之意相反。前者谓之双关，后者谓之反语。此两类例子，于《樵风乐府》一集中指不胜屈。双关者如卷4《秋思耗·半雨楼闻雁，和梦窗》：

衰帽西风侧。骤雁声、催送暮城寒色。灯院雨昏，晚花中酒，愁浸肠窄。倚歌扇高楼，四弦和泪诉掩抑。见数峰、江上碧。想故国云横，几行归尽，又作早秋南旅，有情堪忆。　　残夕。檐铃断滴。唤素娥、澹洗铅饰。怕闻邻笛。明朝窥镜，鬓华暗白。误旧约、青鸾信乖，春梦如过翼。念远客、应惯识。漫岁晚稀逢，重门无字寄得。恨隔霜榆塞北。③

---

① ［清］郑文焯《樵风乐府》卷9，民国二年（1913）双照楼刻本。
② ［清］郑文焯《樵风乐府》卷5，民国二年（1913）双照楼刻本。
③ ［清］郑文焯《樵风乐府》卷4，民国二年（1913）双照楼刻本。

　　此词作于清光绪二十四年(1898)，郑文焯入京会试落第，自北京南返苏州居所之初。"想故国云横"诸句，字面似叙雁之迁徙轨迹，然亦与己之行迹暗合。郑文焯北人，"故国"则正谓北方之京都；而"又作早秋南旅"者，鸿雁固然，人又何尝不然？至于"有情堪忆"云云，则很明显是词人自身心境的折光了。

　　反语者如卷2《浣溪沙·清明载酒山塘，重记所见》：

　　花气温温趁檐柔，禁烟晴昼水如油。酒边残梦十三楼。　　暂见不如成久别，旧欢无计破新愁。来时春草去时秋。①

　　"暂见不如成久别"，岂谓郑氏不愿与斯人相见？恰恰相反，乃因相处时欢乐短暂，更反衬别后痛苦之漫长。故以反语出之，方见相思之深。类似例子，《樵风乐府》中尚为数不少，为免过多枝蔓，此处不拟详述。

_____

① ［清］郑文焯《樵风乐府》卷2，民国二年(1913)双照楼刻本。

从形神关系看谢灵运山水诗中的"形似语"与"玄言尾巴"

李　准*

摘　要：晋宋时期的形神关系注重对"形"的强调，谢灵运的山水诗在其影响下对山水之"形"投入大量的笔墨，玄言成分相对减少。形神观念之下的"形"更多指的是"实相"，谢灵运诗歌中的山水描写同样更多地指向了真实景物，而非后人所说的细腻、具体的写实性。在形神观念影响下，"神"即佛理的悟入是山水描写所要达到的终极目标。

关键词：形神关系；山水诗；谢灵运；形似语；玄言尾巴

　　谢灵运（385—433）为晋宋时期谢氏家族成员，是当时著名的诗人，在中国古代文学史上有着重要的地位，尤其是他的山水诗在当时便受到很多人的重视。据顾绍柏《谢灵运集校注》，谢灵运山水诗有 40 余首，占其全部诗歌的 60% 以上，也可见谢灵运在山水诗创作方面的用力之勤。《南史·颜延之传》曰："延之尝问鲍照己与灵运优劣，照曰：'谢五言如初发芙蓉，自然可爱。君诗若铺锦列绣，亦雕缋满眼。'"[1]汤惠休也曾评谢灵运的诗"如芙蓉出水"[2]。南朝梁钟嵘《诗品》更认为谢灵运是"元嘉之雄"。同时，晋宋之际贵族阶层将山水引入庄园使山水生活化，山水审美及其写作也逐渐成为潮流，刘勰《文心雕龙·明诗》曰："宋初文咏，体有因革，庄老告退，而山水方滋。俪采百字之偶，争价一句之奇，情必极貌以写物，辞必穷力而追新，此近世之所竞也。"[3]在一定程度上来说，谢灵运的山水诗也正是此时的诗歌典范。他的山水诗与之前的玄言诗相比，诗歌之中的谈玄成分大为减少，大量的山水描写开始占据主导地位，并且这些山水描写更加细腻，为山水诗的发展做出了贡献。

　　但是，他的诗歌并不是完美的，其中谈玄的成分并没有完全消除。虽然他的山水描写清新、自然，但山水诗中的玄理成分大多被后人讥讽为玄言尾巴，很少有如元朝诗人方回在《文选颜鲍谢诗评》中对他的"情理"的较为肯定。这与谢灵运的身世和当时的社会潮流是分不开的。魏晋时期，佛玄合流。晋宋之际，佛教与文学相互渗透，其时佛教对文学创作有着很大的影响。汤用彤在《汉魏晋南北朝佛教史》中将南朝佛教称为"佛教之南统"。在宋元嘉时期，佛家义学与国家文治相配合，谢灵运在推进佛教传播和发展中起到了重要作用。与此同时，庐山名僧惠远等人对形神关系的讨论也产生了很大的影响。谢

---

　　* 李准，中国海洋大学文学与新闻传播学院 2022 级博士研究生，研究方向为中国古代文学。

　　① ［唐］李延寿《南史》卷 34，中华书局 1975 年版，第 881 页。
　　② ［梁］钟嵘，曹旭集注《诗品集注》，上海古籍出版社 1994 年版，第 270 页。
　　③ ［梁］刘勰，范文澜注《文心雕龙注》，人民文学出版社 1958 年版，第 67 页。

灵运也曾与惠远、竺道生、法显等名僧有过交游,并且谢灵运个人曾参与很多佛事活动,改治经文并注解佛经,而且写了《佛影铭》《辨宗论》等文章阐发佛家义理。从一定程度上来说,佛教思想也影响了谢灵运的山水诗歌创作。以往的研究大多从谢灵运山水诗中提炼出般若、性空等思想①,较少进一步从形神关系的角度出发来分析谢灵运的山水诗的结构及其玄言尾巴的成因。另有学者单纯对于谢灵运山水诗玄言尾巴的评价进行再讨论②,如果从形神关系入手我们或许可以能够更好地理解其山水诗所包含的佛教思想之外的层次结构问题及后人对谢灵运山水诗诗歌接受中的现象与问题。

一、形神观中对"形"的强调

形神关系是中国古代哲学的一个重要命题,中国哲学对于形神关系的论述,在不同时期有不同的表现。③ 从先秦时期开始,管子、文子、荀子等人以及《淮南子》等书便已经开始讨论形神关系。管子认为"气"是万物生成的本源,"形"具备了以后"神"才得以具有。文子则认为"夫形者生之舍也,气者生之元也,神者生之制也,一失其位,即三者伤矣。故以神为主者,形从而利,以形为制者,神从而害"④。荀子则认为"形具而神生",肯定了"形"的地位和作用。《淮南子》中认为"以神为主者,形从而利"⑤,并认为形神相依,两者不可分离。东汉时期,佛教盛行,关于形神关系的讨论从两者的构成和关系转向了"神"的存灭问题,并对之后的形神讨论产生了很大的影响。桓谭、王充等人对此皆有论述。之后的名僧惠远主张"神不灭论",在当时产生了很大的影响。他认为,"神也者,圆应无生,妙尽无名,感物而动,假数而行。感物而非物,故物化而不灭"⑥。神是具有永恒性的,并且可以独立自由地存在,形则只是神得以短暂寄存的躯壳,"火之传于薪,犹神之传于形;火之传异薪,犹神之传异形"⑦。但是,惠远并没有完全否定形的作用,相反,在由"形"入"神"的层面上来说,他认为形是入神的重要途径,同样不可忽视。在此基础上,他

① 这方面的研究主要有李炳海《惠远的净土信仰与谢灵运的山水诗》(《学术研究》1996年第2期)、陈道贵《从〈山居赋〉看佛教对谢客山水诗的影响》(《文史哲》1998年第2期),普惠《大乘涅槃学与谢灵运的山水诗》(《陕西师范大学学报(哲学社会科学版)》2000年第4期),周铁项、齐文榜《东晋佛徒的山水诗与谢灵运》(《中州学刊》2001年第1期),马晓坤《论谢灵运山水诗的佛学意蕴》(《社会科学战线》2002年第4期),尹邦志《谢灵运山水诗的般若理趣》(《学术月刊》2004年第9期),杨晶晶《佛教与谢灵运的山水观》(四川师范大学2011年硕士学位论文),裴健伟《谢灵运的佛道思想与其诗文》(中南民族大学2013年硕士学位论文),李真真《般若"色空"观视阈下的谢灵运山水诗》(《重庆三峡学院学报》2015年第4期)。

② 这方面的研究主要有尹邦志《谢灵运山水诗的般若理趣》(《学术月刊》2004年第9期),许芳红《谢灵运山水诗"玄言尾巴"之再探讨》(《河北学刊》2008年第3期),韩国良《论谢灵运山水审美的发生机制——兼论当下学界对谢诗"玄言尾巴"解读的失据》(《南昌大学学报(人文社会科学版)》2008年第6期),刘宇舒《试论"玄言尾巴"在谢灵运山水诗中的作用》(《汉字文化》2018年第7期),蔡丹君《理来情无存:谢灵运山水诗的篇体思想》(《文学遗产》2022年第5期)。

③ 朱琳、陈耿镖《从"形神之辩"到"理气之争"——中国哲学的话语转向》,《枣庄学院学报》2019年第6期。

④ 王利器《文子疏义》,中华书局2000年版,第163页。

⑤ 何宁《淮南子集释》,中华书局1998年版,第87页。

⑥ [南朝梁]僧祐,刘立夫、胡勇译注《弘明集》,中华书局2011年版,第246页。

⑦ [南朝梁]僧祐,刘立夫、胡勇译注《弘明集》,中华书局2011年版,第248页。

所构建的"形象本体"之学，对晋宋的思想文化乃至文学艺术都产生了深刻的影响。① 在实际的宗教活动中，惠远认为通过铸造的佛像能够体悟佛性，外在的形象塑造是不可或缺的，所以他在《襄阳丈六金像颂》序文中也提到道安铸造佛像的缘起与用意，"每希想光晷，仿佛容仪，寤寐兴怀，若形心目，冥应有期，幽情莫发，慨焉自悼，悲愤靡寄。乃远契百念，慎敬慕之思，追述八王同志之感，魂交寝梦，而情悟于中。遂命门人，铸而像焉。"并且认为"夫形理虽殊，阶涂有渐，精粗诚异，悟亦有因。是故拟状灵范，启殊津之心；仪形神模，辟百虑之会"②。人们可以通过庄严辉煌的佛像体悟到形而上的佛法义理，进而达到由"形"入"神"的境界修为。因此我们也便不难理解，在美学思想层面，惠远同样对"形"给予了很高的重视。"理玄于万化之表，数绝乎无形无名者也。若乃语其筌寄，则道无不在"③。神虽然永恒不灭，但却是寄身在万物的形象之中，我们需要通过万物之形来加以体悟。

惠远对于"形"的重视与强调在美学史上具有重要的意义，李泽厚、刘纲纪《中国美学史》认为："慧远以世界万物的美为佛的精神的感性的表现，显然还包含着一个重要的思想，那就是认为美是'神'表现于形的结果。这同时也意味着美包含两个相互联系的方面：一个是'形'，另一个是'神'，而'形'是'神'的表现，美为'形'与'神'的内在的合一。"④同时也总结了惠远的形神观念的美学意义："慧远基于形神关系对美与艺术的认识，应当说是中国美学史上的一大进展，因为它在理论上明确区分了构成美的感性（形）与理性（神）两大要素，并指出美与艺术是这两大要素的统一，感性的东西只有在它成为内在的精神性的东西的表现时才可能成为美。"⑤同时代的谢灵运也受到惠远的深刻影响，《高僧传》中记载谢灵运到庐山一见慧远"肃然心服"，之后他又为惠远作了《佛影铭》，申述了惠远的形神观，"摹拟遗量，寄托青彩。岂唯像形也笃，故亦传心者极矣"⑥。并赞美佛影及其周边的具体环境，认为通过佛影可以感悟佛理："激波映墀，引月入窗；云往拂山，风来过松。地势既美，像形亦笃。彩淡浮色，群视沉觉。若灭若无，在摹在学。由其洁精，能感灵独。"⑦这种以形传心的思想与惠远的形神观念十分契合。

随着晋宋之际山水诗的兴起，以及佛教对文学或多或少的渗透，在同时代的文学创作中，很多人开始注重对外在事物进行细腻的刻画，刘勰在《文心雕龙·物色》中也总结到："自近代以来，文贵形似，窥情风景之上，钻貌草木之中。吟咏所发，志惟深远；体物为妙，功在密附。故巧言切状，如印之印泥，不加雕削，而曲写毫芥。故能瞻言而见貌，印字而知时也。"⑧《文心雕龙·明诗》中也提到"情必极貌以写物，辞必穷力而追新，此近世所

① 蔡彦峰《慧远"形象本体"之学与山水诗学的形成和发展》，《文艺理论研究》2011年第3期。
② ［清］严可均校辑《全上古三代秦汉三国六朝文》第3册，《全晋文》卷162，中华书局1958年版，第2402页。
③ ［清］严可均校辑《全上古三代秦汉三国六朝文》第3册，《全晋文》卷162，中华书局1958年版，第2403页。
④ 刘纲纪《中国美学史》下册《魏晋南北朝编》，东方出版中心2021年版，第915页。
⑤ 刘纲纪《中国美学史》下册《魏晋南北朝编》，东方出版中心2021年版，第915页。
⑥ ［宋］谢灵运撰，顾绍柏校注《谢灵运集校注》，中州古籍出版社1987年版，第247页。
⑦ ［宋］谢灵运撰，顾绍柏校注《谢灵运集校注》，中州古籍出版社1987年版，第248页。
⑧ ［梁］刘勰著，范文澜注《文心雕龙注》，人民文学出版社1958年版，第694页。

竞也。"①钟嵘也曾在《诗品》中评价谢灵运诗歌多"尚巧似"。众所周知,谢灵运作为元嘉之雄,他的山水诗则是这一时期追求细腻刻画(即形似)的典型代表。除了对山水景物的细致描写之外,我们也可以看到谢灵运山水诗中山水成分大量增加,玄言成分往往缩短为最后的两句诗。在诗歌结构层次方面,我们也可以看到谢灵运受到形神观的影响注重对"形"的倾注。与此同时,后人对谢灵运山水诗的评价也较为准确地把握到了这一点,多从他善于雕琢的特点入手进行诗歌接受,往往与中国古典诗学特有的概念如"工""雕琢""经营"等相联系。如皎然《诗式》认为谢诗的"风流自然"是"尚于作用"的结果,黄庭坚则认为谢诗"炉锤之功不遗力也"②,张戒则从谢诗"雕镂"的特点来贬抑谢诗,刘克庄评价谢诗"极天下之工巧组丽"③,王世贞在《艺苑卮言》中则认为谢诗"固自琢磨而得"④,沈德潜认为谢诗"经营而反于自然"⑤,等等。

二、对"形"的辨析

总的来说,与之前的建安诗人相比,谢灵运在对山川草木的观察上更加细致,这在诗歌中则表现为细腻真切,清新自然。在文本表现层面,谢诗也不同于陶渊明山水田园诗的不假雕琢的淳朴自然。与陶渊明相比,谢灵运通过对外在物象的细致描摹使诗歌意味进一步提升,这与陶渊明的不假雕琢的写意手法是不同的。从这个比较的角度上来说,我们可以认为谢灵运的山水诗具有细腻刻画、细密真切、尚巧似等特点。但是,关于谢灵运山水诗是否算得上是"形似",也引起了一定的争论。如蒋寅《超越之场:山水对于谢灵运的意义》中并不认为谢灵运的山水描写是细致的刻画,"而主要是整体性的陈述,它们与记叙游踪的句子相配,构成了诗的主体——旅行或游览过程,发挥玄理的感慨和议论则镶嵌于其间,形成一种夹叙夹议的章法结构,诗的末尾更是很少例外地归结于对玄理的体会。它们叙述的过程和感触可能都是真实的,但诗人坚持原原本本地陈述这种过程,却不能不说是出于一种记录和展示其日常生活状态的动机,借此表明自己的生活态度及为此不懈追求的姿态,这就是前面提到的超越"⑥。由此,谢灵运的山水诗并不是在着重描写山水,而是重在描述徜徉其间的感觉,更多的是对日常生活的展现。如果要弄清这个问题,我们首先需要明确当时所说的"形似"的具体所指,进一步来讲,关于谢灵运诗歌接受中的"形",我们需要更加明确它的内涵和外延。

从形神关系的角度来看,惠远的"形"最初由宗教活动中的佛像生发而来,目的是达到体悟佛理的"神"这一终极目标。在某种程度上来讲,惠远所认为的"形"是真实存在的,用佛教的术语来说即为"实相"。所以张伯伟《钟嵘〈诗品〉谢灵运条疏证》便对"形似

① [梁]刘勰著,范文澜注《文心雕龙注》,人民文学出版社1958年版,第67页。
② 郭绍虞《宋诗话辑佚》下册,中华书局1980年版,第616页。
③ [宋]刘克庄,王秀梅点校《后村诗话》,中华书局1983年版,第5页。
④ 丁福保《历代诗话续编》卷1,中华书局2006年版,第960页。
⑤ 丁福保《清诗话》第2册,上海古籍出版社1978年版,532页。
⑥ 蒋寅《超越之场:山水对于谢灵运的意义》,《文学评论》2010年第2期。

语"作了这样的解释："谢灵运为山水诗大家，其诗中写景之句，均为实相，而非虚设。"①在此，以往谢灵运诗歌接受中所言的"尚巧似""形似"实际上指的是山水描写的真实性，指的是山水景物大多为目前所见之景，而非指的是可以通过虚构达到的写实性。由此看来，景物描写的真实性与后人评价谢灵运诗的细致、细密有着一定的差距。因为景物的真实并不一定保证诗歌描写的细致入微，细腻的描写也并不一定通过眼前所见的实景来达到，而可以是虚设的象征之景、心中之景。与元嘉之前的诗歌相比，谢灵运的诗歌确实更加具体、细腻，但是这只是一种相对的比较，在与之后的山水诗描写相比较时，其诗尚在过渡的时期，从移步换景的游览视角来进行山水描写确实并不够细腻、具体、可感。

同时，谢诗中这些真实山水的条件在当时来说也较为充足地具备。从大的历史背景来看，南渡的士族高门，"不但热衷游赏江南秀美的山光水色，还纷纷抢占各地的山水佳处，兴建山居别业"②，将山水引入庄园。对于谢灵运个人来讲，他的山水诗集中创作在两次隐居和被贬为永嘉太守时期，其间，他热衷于山水游览，不仅写下了大量的山水诗，还写出了《游名山志》等山水散文。由此，我们便不难理解蒋寅认为谢灵运山水诗描写不够细致具体的观点。更进一步来说，随着诗歌接受的层层累积，我们或许已经对谢灵运的山水诗形成了刻板、典型性的印象，这种印象使我们自动遮蔽掉了具体的、历时性的因素，也忽略了有关这些诗歌的评价内涵也处在动态流动的过程中。由此看来，当确定了"形"的具体所指之后，我们便对谢灵运山水诗的特点及其接受有了一个更清晰的认识。

三、由"形"入"神"

了解谢灵运山水诗中对"形"的侧重以及"形似"的具体所指之后，我们可以自然而然地认识到在这些山水诗背后所指向的"神"的终极境界。后人讥谢灵运的山水诗有玄言的尾巴，钟嵘也认为谢灵运诗"颇以繁芜为累"③。但是，从形神关系角度来看谢灵运的山水诗，这些玄言成分的存在则是顺理成章、合情合理的。谢灵运本人正是通过对眼前的山水实景的观赏，达到明悟佛理的"神"的终极目标。在他的四十多首山水诗中，大多或明或暗地通过观赏山水景物进而阐发出佛教义理。

首先，谢灵运通过山水实相表现出自己的弥陀净土信仰。他往往在排遣山水的过程中将所得到的解脱与乐趣引向假想自己已身在净土之中的理想状态，通过具体可感的山水达到了向往净土的状态。净土是大乘佛教所谓的佛所居住的世界，又称"净刹""净界""佛国"等，即所谓的极乐世界。《无量寿经》用大量的篇幅对净土世界做了详尽的描绘，净土世界里有无尽的快乐与幸福，没有人间的种种疾苦。谢灵运对净土学说抱着虔诚的向往之情，并写下《净土咏》表现自己的强烈渴望，在他的山水诗中也不乏表现出这种愿望。如他的《过瞿溪山饭僧》，通过沿途所见所闻表现出僧人朴素、清寂的山居生活，"迎

---

① 张伯伟《钟嵘诗品研究》，南京大学出版社 1999 年版，第 368 页。
② 傅晶、王其亨《魏晋南北朝园林史探析》，天津大学出版社 2018 年版，第 112 页。
③ ［梁］钟嵘，曹旭集注《诗品集注》，上海古籍出版社 1994 年版，第 160 页。

旭凌绝嶝,映泫归溆浦。钻燧断山木,掩岸堨石户。结架非丹甍,藉田资宿莽。同游息心客,暧然若可睹。清霄飏浮烟,空林响法鼓。"①并自然而然地由眼前山水联想到自身所向往的净土,眼前的山岭在诗人眼里显然与灵鹫山有着某种相似性,进而表现出自己的净土信仰:"望岭眷灵鹫,延心念净土。若乘四等观,永拔三界苦。"灵鹫,山名,在古印度摩揭陀国(今印度比哈尔邦南部)都城王舍城东北,为释迦牟尼讲经处。另如他第一次归隐始宁所作的《石壁立招提精舍》:"敬拟灵鹫山,尚想祇洹轨。绝溜飞庭前,高林映窗里。"②此处将精舍的环境与灵鹫山、祇园等讲经之处相提并论,同样在对山水的观赏之中注入了自己的净土信仰。

其次,谢灵运也通过山水表现出佛家顿悟的思想,主要表现为顿悟思想的诗语表达和顿悟式的诗歌创作理路。晋宋时期,竺道生提出顿悟学说,主张一切众生皆可成佛。竺道生的顿悟义一方面是"宗极妙一,理超象外。符理证体,自不容阶级",另一方面认为"佛性本有,见性成佛,即反本之谓。众生禀此本以生,故阐提有性。反本者真性之自发自显,故悟者自悟。因悟者乃自悟,故与闻教而有信修者不同"。③ 谢灵运著《与诸道人辨宗论》进一步申述竺道生的顿悟义:"有新论道士以为,'寂鉴微妙,不容阶级,积学无限,何为自绝?'今去释氏之渐悟,而取其能至;去孔氏之殆庶,而取其一极。一极异渐悟,能至非殆庶。故理之所去,虽合各取,然其离孔、释矣。"④在他的山水诗歌中,其玄言成分也会出现很明显的顿悟之义,如他的《从斤竹涧越岭溪行》:"情用赏为美,事昧竟谁辨?观此遗物虑,一悟得所遣。"⑤在经过一系列的山水景物观赏之后,一个"悟"字直接点明了他通过观赏山水感悟到了佛理,排遣了自己的忧愁。此外,谢灵运山水诗中的顿悟不仅仅是文本上的单纯呈现展示,在方法论的层面,也正是在形神观的影响下不自主地将其由"形"入"神"佛家观物悟理的过程渗透进文本之中,在他的山水诗玄言成分之中,我们经常看到在山水描写之后自然地进入佛理感悟的展现。如《石壁立招提精舍》的"禅室栖空观,讲宇析妙理"⑥,《石壁精舍还湖中作》的"虑澹物自轻,意惬理无违"⑦,《于南山往北山经湖中瞻眺》的"孤游非情叹,赏废理谁通?"⑧等等。沈德潜在《说诗晬语》中也评论谢灵运的诗:"匠心独造,少规往则,钩深极微,而渐近自然,流览闲适中,时时溇洽理趣。"⑨

最后,谢灵运山水诗中也时常流露出般若空观的思想。谢灵运《与诸道人辨宗论》中说"灭累之体,物我同忘,有无壹观。伏累之状,他己异情,空实殊见。殊实空、异己他者,入于滞矣;壹无有、同我物者,出于照也"⑩。谢灵运主张在外物的体悟中要达到物与我的

① [宋]谢灵运撰,顾绍柏校注《谢灵运集校注》,中州古籍出版社 1987 年版,第 90 页。
② [宋]谢灵运撰,顾绍柏校注《谢灵运集校注》,中州古籍出版社 1987 年版,第 110 页。
③ 汤用彤《汉魏两晋南北朝佛教史》,商务印书馆 2015 年版,第 540 页。
④ [宋]谢灵运撰,顾绍柏校注《谢灵运集校注》,中州古籍出版社 1987 年版,第 285 页。
⑤ [宋]谢灵运撰,顾绍柏校注《谢灵运集校注》,中州古籍出版社 1987 年版,第 121 页。
⑥ [宋]谢灵运撰,顾绍柏校注《谢灵运集校注》,中州古籍出版社 1987 年版,第 110 页。
⑦ [宋]谢灵运撰,顾绍柏校注《谢灵运集校注》,中州古籍出版社 1987 年版,第 112 页。
⑧ [宋]谢灵运撰,顾绍柏校注《谢灵运集校注》,中州古籍出版社 1987 年版,第 118 页。
⑨ [清]沈德潜《说诗晬语》,人民文学出版社 1979 年版,第 203 页。
⑩ [宋]谢灵运撰,顾绍柏校注《谢灵运集校注》,中州古籍出版社 1987 年版,第 288 页。

相互融合与同一，最后达到物我两忘的境界以"灭累"。而他的山水诗也正是在这种般若空观的思想指导下完成的，最后达到了排遣自己忧愁的"灭累"目的。除此之外，谢灵运山水诗中也常常出现"空""无""虚""旷""净"等字，构景过程中更多地体现出山水本身的空灵性质，无形中流露出他的般若空观思想，为其山水诗营造出空旷、空净的诗歌意境。如：

> 海岸常寥寥，空馆盈清思。（《游岭门山》）
> 虚馆绝诤讼，空庭来鸟雀。（《斋中读书》）
> 徇禄反穷海，卧疴对空林。（《登池上楼》）
> 洞庭空波澜，桂枝徒攀翻。（《石门新营所住四面高山，回溪石濑，修竹茂林》）
> 空翠难强名，渔钓易为曲。（《过白岸亭》）
> 三江事多往，九派理空存。（《入彭蠡湖口》）
> 禅室栖空观，讲宇析妙理。（《石壁立招提精舍》）
> 牛山空洒涕，瑶池实欢悰。（《行田登海口盘屿山》）
> 野旷沙岸净，天高秋月明。（《初去郡》）
> 中园屏氛杂，清旷招远风。（《田南树园激流植援》）

从般若空观的角度来看，诗人描写了各种各样的山川草木与形形色色的山水形态，最终诗人也能够观察到这些多种多样事物之后空灵的本质，并在诗中多次用"空""无""虚"等词语来形容。外在的事物之"实"与内在的事物之"虚""空"形成了一种对比，既增强了诗歌艺术审美上的张力，又具有深刻的哲理思辨，富有理趣。在诗歌整体的山水意境营造时，谢灵运的诗更加突出不同山水物象之间的距离感和空间感，并与无形的事物相结合，因此"空馆"之内充盈的是清寂的思索，禅室之内存在着"空观"佛理，天空是高高在沙岸之上的，从而衬托出四野的空旷，"清旷"的中园招来的也是无形的"远风"，由此营造出空灵的诗歌意境。细读文本之后，我们不难发现，这些描写和用字都和谢灵运的般若空观思想有着或多或少的联系。

结语

通过从形神关系的角度看谢灵运的山水诗歌，我们发现谢灵运的山水诗创作和当时佛教思想发展有着千丝万缕的联系，其时对形神关系中"形"的强调也影响了谢灵运山水诗中对山水描写的倾注。通过形神关系之下对"形"的界定我们也发现谢灵运的山水描写更多指向的是真实、实相，而不是后人所说的细腻、具体，这样对谢灵运山水诗之"形"的理解不仅可以使我们结合具体、历时的因素准确把握其诗歌特点，也在很大程度上消除了以往文学风格类型带给我们的刻板印象和文学接受过程中引发的"形似"争论的弊端。谢灵运山水诗中最后的玄言成分在以往的文学批评中被指为是创作的弊端，被讥为玄言尾巴，但通过从形神关系的角度分析之后可以发现，其玄言成分是对由"形"入"神"的终极目标的佛理阐释，这是在当时形神观念影响之下的结果，从这个角度来说，其山水诗中的玄言有存在的合理性，甚至是必不可少的。

纪念高凤翰诞辰
340周年专栏

高凤翰诗文集的版本、递藏及出版情况略述

高师之*

摘　要: 高凤翰是清中期"扬州画派"领军人物,影响深远。以往学界对其书画、篆刻、刻砚、收藏等均有较多研究,而对其自己特别看重的诗文集缺乏认识。本文通过对高凤翰诗文集各版本的梳理,对他诗文创作的大致历程、诗文集各分集的交叉递承关系,以及对学界一直比较模糊的早期和晚期版本的具体内容等予以揭示,尤其对新发现的早期诗集《春草堂诗订》内容首次全面披露,这为进一步研究作者早年在家乡的学习、生活、创作、交游等创造了条件。同时,本文对各版本在递藏过程中牵扯到的学者和辗转收藏情况略作考证,对成书后的《高凤翰全集》内容、结构和编辑次序予以说明。

关键词: 高凤翰;诗文集;版本;递藏;出版

　　高凤翰(1683—1749)的诗文集从结集到出版,在其生前身后经历了近三百年的艰难曲折历程,至2014年10月,北京大学出版社《高凤翰全集》①(图1)的出版终于画上句号。

图1　《高凤翰全集》书影,北京大学出版社2014年出版

---

　　* 　高师之,中央文史研究馆馆刊《中国书画家》编辑。
　　① 　刘才栋、郑文光、高石主编《高凤翰全集》,北京大学出版社2014年版。分《高凤翰诗集》(上、下)、《高凤翰文集》、《高凤翰书画题跋印识》(上、下)、《高凤翰砚史摹本铭跋印识》《高凤翰书画集》《高凤翰印谱》和《高凤翰编年录(增订本)》等9分集。本文所引资料未注明出处者,均引自《高凤翰全集》。

　　高凤翰的诗文总集,他生前亲自编定的,有《南阜山人全集》(以下简称《全集》),原打算刻板印行,后来未果。

　　《全集》分《南阜山人诗集》和《南阜山人敩文存稿》两部分,有甲子本、燕京本等版本之别;《南阜山人诗集》后又称《南阜山人诗集类稿》,除上述甲子本、燕京本之外,还有诗选本等版别。

　　大致来讲,甲子本(图 2)系高凤翰 62 岁时亲自组织编选抄录的一部比较准确的版本,现藏山东博物馆;燕京本(图 3)系高凤翰去世后,由其家人、朋友和学生将其 62 岁之后的诗文稿并入甲子本以后,再抄或三抄而成,现藏哈佛大学燕京图书馆善本书库;诗选本(图 4)系高凤翰去世 14 年后,由其族弟高元质主持编选、宋弼为名誉编选,在《南阜山人诗集类稿》燕京本祖本的基础上,加上搜集到的部分佚诗,选编了 437 首诗作而成,该集曾收入《四库全书存目》。今国家图书馆、清华大学图书馆、山东博物馆、山东省图书馆、青岛市图书馆等均有收藏。

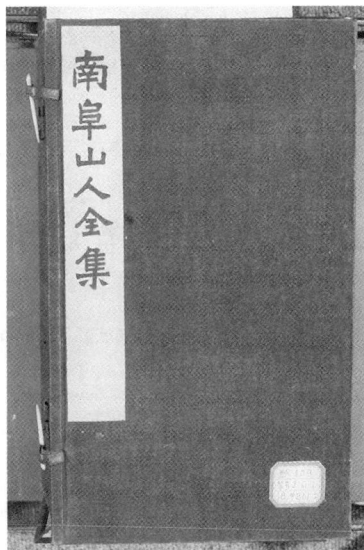

图 2　《南阜山人全集》甲子本书影,
山东博物馆藏

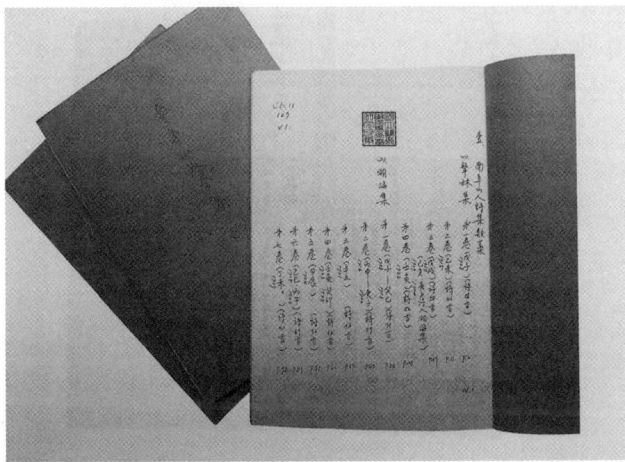

图 3　《南阜山人全集》燕京本书影(庄素娥先生复制本)

图 4　《南阜山人诗集》诗选
本书影,山东博物馆藏

　　《南阜山人诗集类稿》中,第一分集《击林集》与第二分集《湖海集》在时间跨度上大致并行,而内容互有参差。《击林集》大致是困居乡山的内容,《湖海集》大致是游历四方的内容。此二集之后的其他各分集《岫云集》《鸿雪集》《归云集》《归云续集》和《青莲集》基本是按照时间顺序编辑的。

　　《南阜山人敩文存稿》中,甲子本将表状、志铭、题跋、书后、碣的后三者(题跋、书后、碣)错编在《皖江纪行》之后,现存燕京本同,说明燕京本的祖本即是甲子本;在甲子本《南阜山人诗集类稿》中还附有作者堂兄高凤举诗集《夷白草》，以示继承父辈高曰恭、高曰聪春草堂联句的精神，燕京本一并抄入，但把《夷白草》移到了《杂著》之后，说明《杂著》是甲子本结集之后补入的。

根据甲子本和燕京本以及诗选本等版本汇总情况，《全集》在高凤翰去世后，最终完成的全貌应是：

《南阜山人诗集类稿》依次为《击林集》（4 卷，210 首）、《湖海集》（7 卷，449 首）、《岫云集》（1 卷，51 首）、《鸿雪集》（21 卷，1151 首）、《归云集》（8 卷，469 首）、《归云续集》（5 卷，271 首）、《青莲集》（1 卷，8 首），共计 47 卷，收诗 2609 首。①

《南阜山人敩文存稿》依次为《序》（1 卷，15 篇）、《传》（1 卷，6 篇）、《记》（1 卷，22 篇）、《书》（四卷合一，48 篇）、《表状志铭题跋书后碣》（1 卷，7 篇）、《文》（1 卷，7 篇）、《说》（1 卷，11 篇）、《赈荒八议》（1 卷，1 篇）、《修城条议》（1 卷，1 篇）、《江干日记》（1 卷，1 篇）、《南行日记》（1 卷，1 篇）、《皖江纪行》（1 卷，1 篇）、《赋》（1 卷，7 篇）、《尺牍》（三卷合一，51 篇）、《杂著》（二卷合一，12 篇）、《夷白草》（1 卷，44 首）、《骑竹集补遗诗》（12 首）、《补遗诗附》（4 首）、"杂文"（21 篇）、《南村杂集别稿》（111 篇），计长短文章、诗歌、赞颂铭辞共 15 卷，外附 5 种，收 384 篇（首）。

现将《全集》中各分集、各版本之间的关系以及近 300 年来的递藏和出版情况具述如下：

高凤翰生前所编的诗集，在《击林集》之前还有《骑竹集》，系少年习作，集已不存，部分诗作收入《骑竹集补遗》中。从目前资料看，在《骑竹集》之后、《击林集》之前，作者还辑有《春草堂诗订》，并撰《春草堂诗自叙》（文附后）。从自叙中知，当时意欲刊印，但之后作者从未提及刻成，迄今亦未见存世刻本，故笔者认为这个诗集订成后以种种原因并未刊印，曾传该集已亡佚。王绍曾《山东文献书目》有："《春草堂诗订》一卷，《江行草》一卷，《竹西亭稿》一卷，《鸡肋编余》一卷。"②但未载明藏处。该诗集近年在南京博物院获见③（图 5）。

春草堂是高凤翰父辈高曰恭、高曰聪兄弟读书联诗的地方，后高凤翰与堂兄高凤举也在此处吟咏，故继续沿用此堂号，后又改称"春草续梦之堂"，更有继承父辈精神之意。《春草堂诗订》分上、下辑，共 6 卷，录诗 211 篇，时

图 5　《春草堂诗订》书影，南京博物院藏

---

①　高凤翰在甲子本后跋中云："总生平所为诗，起戊子，止甲子，三十八年中，凡得诗二千三百六十有六首，订为六册，共三十九卷，为一帙。"而目前甲子本实存 41 卷，收诗 2330 首，这多是撰跋时间与统计时间的错位所致，但也不排除甲子本在钞录期间个别篇章的调整所致。

②　王绍曾主编《山东文献书目》，齐鲁书社 1993 年版，第 384 页。

③　《春草堂诗订》详细内容，参见金实秋《高凤翰遗珍——南博孤本〈春草堂诗订〉述评》，载赵昌智主编《扬州文化研究论丛》，广陵书社 2016 年第 1 辑，第 161～184 页。

间跨度为康熙三十七年(1698,高凤翰时年 16 岁)至康熙五十二年(1713,高凤翰时年 31 岁)。大致来看,该集六卷的前后顺序是按诗作创作时间先后编辑的。经鉴定,《春草堂诗订》为高凤翰亲笔所抄,且为孤本。

《春草堂诗订·上》第 1 卷录诗 20 首,后依次为第 2 卷《题画》11 首,第 3 卷《南州草》60 首,第 4 卷《江行草》27 首;《春草堂诗订·下》为第 5 卷《竹西亭稿》75 首,第 6 卷《鸡肋编余》18 首。经与《南阜山人诗集类稿》比对,《春草堂诗订》中有 21 首见于《击林集》,有 8 首见于《湖海集》,其余 182 首为《南阜山人诗集类稿》所未收,在迄今所见高凤翰其他诗文集中亦概未见。可以说,这部《春草堂诗订》是在《南阜山人诗集类稿》之外的重要遗著,该集对研究高凤翰青少年时期的生活、学习、交游等意义重大。

从甲子本、燕京本、诗选本以及其他馆藏版本中概无上述 182 首佚诗来看,《春草堂诗订》是早在高凤翰在世时即流于外地了,很可能是高凤翰宦游江南期间即已脱手赠人。

由上述可见,《春草堂诗订》是包含《江行草》《竹西亭稿》《鸡肋编余》的,另外还包括《题画》和《南州草》各一卷,而《山东文献书目》所载目录似有出入。

经初步研究认定,《春草堂诗订》为高凤翰在康熙五十二年春天亲自抄录编定的。他在最后一卷《鸡肋编余》有小序云:"癸巳春,既以省试放还,闭门无事,因从长昼偃卧中收拾残稿,略为删次。"而收入诗篇的时间也止于癸巳年。再者,是年春,高凤翰省试归途,至安丘专访张在辛兄弟,得张氏兄弟治印 30 余颗,这在第 5 卷《竹西亭诗》中数首诗作均有反映,而《春草堂诗订》中的多枚钤印如"凤翰""西园""墨农髯伧""海上诗伧""高凤翰印""仲威亦字西园"等,正是这次张氏新刻,钤于新编的诗集,更合乎情理。以上几项证据足以确认《春草堂诗订》的编定时间。至于《春草堂诗叙》中所言"余之学诗也,于今且十余年,意自九岁受书,即从先君子窃声律,时以意为小词……岁丁丑春,先君子以公车走都门,余已生十四年差长……得唐人集读之,虽意未了了,然自是颇知体制矣。"只能说,《春草堂诗叙》是作者诗作陆续积累过程中所撰,并不能认定系"癸巳年"六卷编成后所撰。因为如从作者所称的"九岁受书"开始,至癸巳年 31 岁时,其习诗已 20 余年;即便从"十四年差长"算起,其读唐诗"颇知体制"到癸巳年也已十六七年了。故作者的"于今且十余年"一语,从有关内容比对来看,更可能是指《春草堂诗订》第 1 卷所言。

现在来认识《春草堂诗订》,其实就是《南阜山人诗集类稿》的雏形。其中的第 1 卷、第 2 卷《题画》、第 5 卷《竹西亭稿》是居家研习课艺、书画和交游所作,不仅其中的 21 首诗收入后来的《击林集》,还是《击林集》的雏形;第 3 卷《南州草》、第 4 卷《江行草》是外出游历所作,不仅其中的 8 首诗收入后来的《湖海集》,也是《湖海集》的雏形;第 6 卷《鸡肋编余》则是剩余或辑佚诗稿,即与后来的《杂著》《骑竹集补遗诗》《补遗诗附》《南村杂集别稿》等相类。所以说,积作者 50 余年诗文创作成果的《南阜山人全集》,是作者早在青年时期就已经形成编辑思路和雏形的了。

《南阜山人诗集类稿》中《击林集》和《湖海集》之后的《岫云集》是高凤翰于雍正五年(1727)年底至雍正六年应清廷"孝友端方"荐举科试期间近一年的诗作,共 51 首,寓"云无心以出岫"意,所以后来他从江南罢官回胶州之后的诗集名为《归云集》和《归云续集》。

《鸿雪集》分为两部分，第1卷至第16卷为"类之四"，第17卷至第21卷为"类之五"。高凤翰曾于雍正十二年(1734)七月二十四日，把《击林集》《湖海集》《岫云集》和《鸿雪集》的第1卷至第4卷，结成一个初步总集，名《四部类稿》，其目的是想雕版印刷，因为此时他在泰州坝监掣任上，俸禄比较优厚，时间比较从容，心情也畅快。此时他雄心勃勃，还初步编辑成了《砚史》，准备适当时机雕版印刷。但之后由于公务繁忙、调动频繁，他在扬州、泰州、仪征、歙县、镇江、安庆等地奔波，没能腾出时间操持雕印事宜。

到乾隆二年(1737)五月二十五日，突然的中风导致他右手残废，随后罢官，偿还公私亏欠，料理官司，一连串的打击使他不可能再有精力考虑诗文集的出版问题。年底，《鸿雪集》又从第四卷增至第七卷，作者准备在讼案了结后回故乡胶州，故准备把《鸿雪集》暂作结束。但由于讼案迟迟未结，作者滞留苏州等地一年多，没能及时回乡，《鸿雪集》继续增至第8卷，就有了后来的《鸿雪集》第1卷至第7卷为上集，自第8卷以后为下集的分称。《鸿雪集》在乾隆三年(1738)增至第8卷时，应故乡老友、时任六安州知州的沂水高淑曾之约付梓。高淑曾，字鲁如，号椅园，山东沂水人，明末大臣高名衡四世孙，雍正五年(1727)进士，由知县历官常德知府，长于吏治，诗才尤为敏捷，与高凤翰交谊最深，曾续联宗，故高凤翰称其为"家椅园"，高凤翰罢官后受高淑曾帮助最大。

高淑曾为高凤翰出版诗文集事，见此时高凤翰《与孔丽九书》："家六安既许为弟刻诗文，更有欲为刻砚谱者……"他又在《与家六安》信中与高淑曾商量刻版事宜："拙诗全稿甚荒，一时不能芟薙，故且刻南来数年所作，尚事净易于检点耳。但其中丁巳诗稿，只得一半，今又抄补前节，可选择入之，以免残缺。更一小像题语，并求勒之前页，能再得弟与雪萝先生一题语，尤妙。此前项未及明白，并此番斟酌剞劂事也。"显然所欲雕版的部分仅限"南来数年所作"，故命名为《江干集》，亦即后来的《鸿雪集》第1卷至第8卷。定稿后，作者左手书《南阜山人小刻〈江干集〉序》，该集不久后终于刻成。见此时前后高凤翰《寄汪无缺》信："道远囊空，无可寄意，小刻二种，是一向客中过活，并世途局面亦在其中……"又有《与冷仲宸》信："小刻二种，是宦局中不得不为应酬所作，四册奉寄，自赏外或有同志可赠者赠之，切勿漫掷也。愚生平所作诗古文词，近订成集，居然四十余卷矣。"但已经出版的《江干集》可能当时印量较少，目前没有发现藏本。

到乾隆四年(1739)，高凤翰把《江干集》的整个内容，加上《江干集》刊印后一年来的诗作，就合称《鸿雪集》。见高凤翰《鸿雪集》下集小序："自丁巳废斥，止戊午，客踪荒落，悲诧相随，对簿治辞，药裹寄命，舟车所涉，恍惚梦境而已。今年己未，事渐平，病渐已，稍稍出游，亦复渐有生趣。……总括南来所作诸诗，统名之曰《鸿雪》。"可见《鸿雪集》之名是在乾隆四年才最终确定的，意即到处漂泊所留的雪泥鸿爪。

之后，作者仍行踪无定、漂泊流离，至乾隆五年(1740)端午前后，又拟返故乡胶州，《鸿雪集》也从第8卷增至第16卷，于是收拾行囊，将原《四部类稿》初集加上《鸿雪集》的第9卷至第16卷，完成了完整的《四部类稿》全集。之后，因种种原因（主要是生病），作者这次返乡计划再次落空，继续流寓各处，直至一年后的乾隆六年(1741)端午后始得返乡。这整整一年的时间，《鸿雪集》又由第 16 卷增至第 21 卷，因《四部类稿》已结集，于是将第 17 卷至第 21 卷(共 5 卷)归为"类之五"。其中，《鸿雪集》第 21 卷除最后一首《早行即目》外的 22 首诗，因系作者辗转返乡途中所成，故又名《归舟草》。见高凤翰《鸿雪集》第 21 卷题记："自此入吴江，复由吴门还扬州赴淮，取道北还，至《渡河》为《归舟草》。"

高凤翰归里后，于乾隆九年(1744)春天，由其亲自编选校订，将《四部类稿》加上《鸿雪集》第 17 卷至第 21 卷(类之五)，再加上《归云集》8 卷(类之六)、《骑竹集补遗诗》(12 首)、《补遗诗附》(4 首)，共 41 卷，分 6 类，订为 6 册，成 1 帙，定总名为《南阜山人诗集类稿》，加上文集《南阜山人敩文存稿》，由其外甥王泰来(静思)抄录，表侄宋汉庭续抄，成书于是年冬天，共约 32 万字，即我们所见到的《全集》甲子本。该本因系作者生前亲自编选校订，编辑抄录时间也比较从容，故是一部真实可据、几无错讹的本子。

这部甲子本《全集》中的《南阜山人诗集类稿》共 41 卷，为何作者在《后跋》中称"三十九卷"呢？经研究认为，作者撰跋之时是在甲子秋后，这时，《归云集》只有六卷，所以《南阜山人诗集类稿》统计为 39 卷，自秋后至年底，《归云集》又成 2 卷，即《后跋》中所谓"其第三十九卷奇零未完者，则又倩宋表侄汉庭所补抄而成者也"，而作者于次年(1745)将《后跋》誊入时亦未更改。从作者《归云集》原稿题签可知，《归云集》原名《课锄集》，但其收稿本题跋则称《归云集》(图 6)。因为之前的《岫云集》为出山之作，所以归山之作就更名为《归云集》，并有其后的《归云续集》。

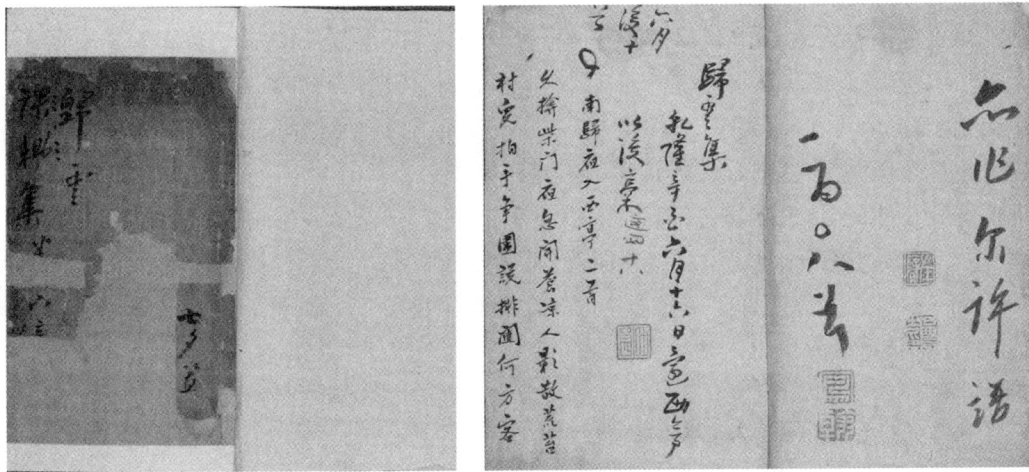

图 6　《归云集》手稿本封面(左)、题跋首页(右)，诸城市博物馆藏

《南阜山人诗集类稿》甲子本，加上《归云续集》五卷和《青莲集》1 卷，共计 47 卷，即是《南阜山人诗集类稿》的全部，亦即我们见到的燕京本《南阜山人诗集类稿》的祖本。

乾隆九年《全集》甲子本在抄录过程中，大约当年秋天，高凤翰老友、时任杭州府海防通判的胶州人宋云会就来信要为其付梓。宋云会(? —1745)，字需苍，号梦溪，别号澹秋。雍正四年(1726)进士，授浙江云和知县，后调江山知县，官至杭州府海防通判，卒于官，著有《须江近艺》《澹秋诗草》等。乾隆九年（1744）冬天，高凤翰《全集》甲子本抄成，宋云会来信要为刊印，高凤翰立刻寄去。但不幸的是，次年年底，宋云会去世，这部诗文集没有刻成。高凤翰甲子秋诗《宋霈苍别驾书来，有寄，兼索拙稿，将谋付梓，因并寄余〈生圹志〉石搨本，奉谢二首》；宋云会去世后，高凤翰有《宋霈苍哀词》，其自注："面许为刻拙集，已寄全稿，竟以捐馆不果。"

没有刻成的甲子本从杭州退回来后，以高凤翰的意思，是想留给儿子高汝魁和孙子高攀麟作为家藏，但又似乎不放心，因在后跋中惴惴不安地说："嗟乎，盲子顽孙，箧笥谁付？……尚有人拾取于蛛丝蠹腹之余，以少得流传人世否？"唯有寄希望于后来。作者卒后，该本为诸城刘墉（1719—1804，字崇如，号石庵）所收藏。这可能与高攀麟密切相关，因为高攀麟母即诸城李氏，李氏后又再嫁高攀麟叔父高汝魁。研究表明，诸城所藏高凤翰文物甚多，应与此密切相关。

刘墉卒后，甲子本于道光二十八年（1848）夏，为刘墉侄孙刘喜海购得。刘喜海（1793—1852，字吉甫，号燕庭，诸城收藏家）喜不自胜，决定付梓。他在题跋中说："'晋人墨迹十一字，气压邺侯三万签。'吾于是书亦云。因其踏破铁鞋而竟得之较易也。先生诗集刊印行世，人尽得而读之，独文集闻之未见，常憾甚。前闻先十一叔祖（按：即刘墉）言，亲见底本，抄写整善，诗亦多载，秘托友人购之不得，访之杳然。忽于今夏有携此来者，不必详其所自，得读父执书，胜获连城宝，且喜先人之手印犹新，洵所谓呵护有灵，天花覆盖，欢不自禁，为识数言。不即装订者，为旋付剞劂，公诸同好尔。"从刘喜海比较隐晦的叙述中，约略可知他是得自刘墉家人，而非从外人所购，而最后这句话证明，当时有钱有势有识见的刘喜海就要出版这部甲子本了。然而，不久刘喜海去世，甲子本又未刻成。刘喜海去世后，该本不知流落谁手。1930年左右，日照王献唐（1896—1960）任山东省图书馆馆长期间，大力抢救山东地方文献，从刘喜海后人手里收购了部分遗书，该本可能就是此批被抢救图书之一，最后辗转为山东博物馆收藏。

值得说明的是，王绍曾主编《山东文献书目》将该甲子本注为"清诸城刘氏嘉荫簃抄本（清刘喜海题跋）"[①]，显然不妥。从上述刘喜海题跋看，刘墉言"亲见底本，抄写整善，诗亦多载"语，即可知该本即甲子本底本，并非刘喜海抄本。倒是《青岛历代著述考》所载北京大学图书馆藏《南阜山人诗集类稿》稿本十卷，有"高氏家塾藏本"字样，当是甲子本的选钞本。[②]

燕京本系哈佛大学燕京图书馆善本书库所藏钞本。

其实，完整的《全集》当系乾隆十三年（1749）由作者亲属和门人将上述甲子本补入甲子年以后诗文作品而成的（有的系早年作品，甲子年后补录，如《南村杂集别稿》等）。经研究认定，补入甲子本的《归云续集》和《南村杂集别稿》以及部分杂文，系作者逝前，于乾隆戊辰十月底（1749年初）由其诸城门人徐克明（字龙光，号凤墩居士，小桃源主）手抄。

---

① 王绍曾主编《山东文献书目》，齐鲁书社1993年版，第383页。
② 窦秀艳、潘文竹、杜中新《青岛历代著述考》，中国社会科学出版社2010年版，第204页。该稿本计录《击林集》1卷、《湖海集》2卷、《岫云集》1卷、《鸿雪集》4卷、《归云集》2卷，共10卷。

《青莲集》系作者戊辰腊月诗稿,止于腊月二十一日作者逝前三日,共 8 首,作者逝后抄入。因徐克明与五莲佛寺熟稔,是年冬,病重的高凤翰遂将画像《归云和尚像》托徐克明送五莲山佛寺寄名祈寿,并有转赠五莲若虚和尚诗,[①]故此腊月诗稿命为《青莲集》。燕京本显系过录本,有数种笔迹,且字迹潦草,当系再钞本或三钞本。该本中有"鹤泉吟定""鹤泉过目"等收藏印,并有"咸丰二年(1852)六月十三日校过""癸丑(1853)十月二十日校毕"等字样,显系经匡源(1815—1881,胶州人,咸丰"顾命八大臣"之一,字本如,号鹤泉)收藏并校阅。该本又有"燕京大学图书馆"收藏印,证明继匡源收藏之后,又被燕京大学收藏;1949 年以后,燕京大学图书馆藏书并入哈佛大学燕京图书馆,该本被收入善本书库。

　　从匡源校阅的时间(1852—1853)与刘喜海去世的时间(1852)前后重叠或相接,以及燕京本《归云集》之前的内容及顺序与甲子本一致等现象来看,燕京本的祖本当系甲子本补足后的《南阜山人全集》,但现存燕京本《南阜山人诗集类稿》比甲子本少《鸿雪集》第 17卷至第 21 卷和《归云集》全部 8 卷,而目录中却有"鸿雪集全第四,凡一千一百四十首"和"归云集全第五,凡四百六十七首"等字样,显然燕京本并非漏抄,而系传抄或递藏过程中部分失散。燕京本祖本因系作者逝后钞本,与甲子本的相互参校补充,正可完整地反映《全集》的全貌,尤其是后面诗文各分集的排列顺序。

　　燕京本比甲子本多出的《归云续集》《青莲集》和《南村杂集别稿》以及部分杂文,共约 3 万字,所以作者完整的诗文集当在 36 万字左右。

　　诗选本系山东博物馆所藏《南阜山人诗集类稿》甲子本的选本。高凤翰去世后的第十四个年头,即乾隆二十七年(1762),由其族弟高元质(字研村)、次子高汝魁(字慕阳)、侄高汝灂(字岱青)、孙高攀麟(字雷鲤)等,在作者生前自定诗稿 2366 首的基础上,又于其漂泊游历各处广泛搜集,得佚稿 200 余首,汇总后经"择其精英",计选诗 437 首,编为 7卷,书名《南阜山人诗集》,由作者生前好友德州宋弼(号蒙泉)审阅定稿后,次年(1763)刻版印刷行世。

　　高元质(1703—1771),清胶州人。原名元禛,因避雍正讳,易名元质,字鹤汀,高凤翰族弟,居北三里河村,后迁居胶州北乡砚里庄村,遂号研村,与高凤翰情同手足,高凤翰卒后,刻其遗诗流传,收存其书画遗文甚多。其名、字皆高凤翰所命。

　　宋弼(1703—1768),清德州人。字仲良,号蒙泉,乾隆十年(1745)进士,改庶吉士,授编修,历官《续文献通考》纂修官、甘肃按察使等。著有《蒙泉诗集》《思永堂文稿》《州乘余闻》,编有《广川诗钞》和《山左明诗钞》等。宋弼之舅孙勷(字莪山)是高凤翰在德州的老师。

　　诗选本分别有宋弼序并诗、德州卢见曾(号雅雨山人)序并诗、吴兴沈荣昌序、胶州知州辽阳李瀚序以及高元质序。由于该次刻版印刷系私人出资,筹资维艰,故印数寥寥,但

---

① "五莲佛寺""五莲方丈"究竟为五莲或五莲山哪一佛寺,待考。相关史事可参高凤翰《题归云和尚像送留五莲方丈》《题梅花赠若虚和尚》。刘才栋、郑文光、高石主编《高凤翰全集》,北京大学出版社 2014 年版,第 400 页。

编选得还是基本成功的。宋弼序中有"余少习于山人，岁丙午，言别济南，遂不复见"语。高凤翰数次客德州随孙勷读书时，宋弼尚小，故时得随从。见诗选本宋弼眉批："题《醉禅图》，南阜先生以诗画名，画尤绝俗。昔年屡游吾州，予少恒侍坐。"

　　诗选本的精印本现藏山东博物馆，由胶州王克捷于"辛巳冬月"（1941）重订并收藏。

　　王克捷（1902—1977），字少岑、子先，胶州城关人。德国柏林大学毕业，1941年起任胶县县立中学校长，1948年后，先后任青岛昌乐中学以及青岛二中、十九中、三十八中教师。是早期共产党人王尽美、邓恩铭的同学和好友。1977年病逝于当时的胶县铺集公社牛沟大队。出于对乡贤的热爱和历史古籍的重视，王克捷在胶州和青岛工作期间，尽最大努力收集和保存了很多高凤翰的资料，诸如上文所提到的诗选本的精印本以及下文提及的《南阜山人有声画》题画诗集等。另外，他在认真研究的基础上，撰写了部分高凤翰研究文章和简略年谱，这些研究成果在后来由青岛出版社出版的《高凤翰编年录（初订本）》中大部分被采用。

　　山东博物馆所藏诗选本的精印本分上、下两册，册首有"辛巳（1941年）冬月少岑重订于伴云阁"字样，并钤有"王少岑"阳文印、"王克捷印"阴文印、"无量卷楼藏书印"阳文印等收藏印，册中并转录有多位阅读者（包括宋弼）的朱墨眉批、夹批数百条，对进一步研究作者艺术思想、社会影响、佚事逸闻等，具有极其重要的价值。但诗选本所载诗句，较甲子本和燕京本略有不同，有的诗题也作了相应更改，此恐系编选者所为。

　　诗选本刻版又经百余年，至咸丰年间，因捻军之乱，部分原版毁失，高元质玄孙高业伟于咸丰十一年（1861）出资将残缺部分补刻，于同治元年（1862）再版，印数不详，目前仅收藏于国内几家博物馆和图书馆。

　　民国《增修胶志》卷48有《高业伟传》："高业伟，字小堂，邑增生，侨居高密。为人急公好义，尤风雅，尝与诸文士作诗酒会。后援例牧耀州，值岁饥，赈济有法，民为位祀之，以劳瘁卒于官。"

　　高凤翰诗文集除以上诸版本外，还有诸如德州卢见曾（字抱孙，号雅雨山人）所编、乾隆二十三年（1758）雅雨堂刻版印行的《国朝山左诗钞》，计收入高凤翰诗作40余首。原藏王克捷无量卷楼，今藏山东博物馆的王克捷钞本《南阜山人有声画》诗集一卷，共收诗57首（图7）。

　　还有无锡邓元鏶搜集，并于光绪二十一年（1895）印行的《高西园诗画录》一卷，共收诗文题句约60首（条），附录

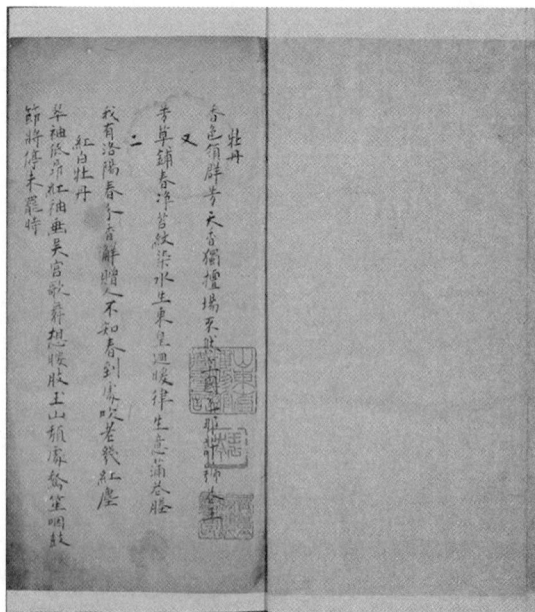

图7　《南阜山人有声画》王克捷钞本首页，山东博物馆藏

时人或后人有关题句 30 余条。原藏用直俞子良,1968 年为谢国桢(字刚主)借阅并收藏,1983 年收入上海古籍出版社出版的"瓜蒂庵藏明清掌故丛刊"《南阜山人敦文存稿》钞本较甲子本和燕京本少若干内容,且错讹较多。1981 年由青岛出版社出版,由马述祯、蔡铁源、郑文光编辑的《高凤翰诗集》系据诗选本重新整理并以现代版式出版的。

　　此外,在一些文献书目或地方著述辑考中,还罗列了一些高凤翰诗文集的其他版本或钞本。如《南阜山人诗集类稿》28 卷本,山东博物馆藏;《高南阜诗刻》不分卷等①。再如:国家图书馆藏稿本《击林集》4 卷、《湖海集》7 卷、《岫云集》1 卷、《鸿雪集》21 卷、《归云集》8 卷、《骑竹集补遗》1 卷,这 6 部诗集与甲子本的规模基本一致,应归于甲子本系统中;国家图书馆藏还有《南阜文钞》1 册,山东省图书馆藏《南阜山人文》15 卷(1965 年钞本)等②。这些著录或馆藏的版本有待进一步研究。

附:《春草堂诗》自叙(引自《高凤翰全集·文集》)

　　诗必有叙,叙必当世知名且显贵有力者。序之言,大略同,非人人李,则人人杜,高、岑、王、孟且贱若舆隶厮卒,卑卑不屑意顾,不必其有当于诗。余之学诗也,于今且十余年,意自九岁受书,即从先君子窃声律,时以意为小词,咏之,颇自喜,每就草,藏衣带间,未尝敢以示人。岁丁丑春,先君子以公车走都门,余已生十四年差长,知人事,因得假以书笥管钥。于是,乃大搜所藏书,得唐人集读之,虽意未了了,然自是颇知体制矣。是年秋,从先君子以薄宦游般阳,般阳固名胜地,又去新城王司寇不远,以故其乡人往往能诗,一时名士如李希梅尧臣、高梓岩之潩、张殿传元、刘世琦肇昌,皆卓荦有才气,而余以世好故,得从之游。风晨月夕,尊酒论文,酬唱既多,颇难自掩,盖先君子亦知小子弄笔饶舌矣,虽复时有指授,然恒禁不许作,虑荒举子业也。余学诗,从唐人入,顾性独不甚深好,见放翁诗,遂一读不去手,此十余年来,大约与剑南一脉精神相跌宕耳。乙酉、丙戌间,余友人高密李思伯若皋来读书于余家春草堂,长夏无事,因教余读长吉、青藤两集,复大好之,如曩者得放翁诗也。思伯亦能诗,其胜余当数十倍,风雨连床,切劘最久,而余师霞裳先生亦于是时结诗社,相与磨砻成就之。呜呼,束发读书,半生辛苦,师友得力之处,余安忍没哉?今诗之刻也,从石村弟订吾乡王秀才无竟诗,以工便付剞劂者也。镌成之日,投我奚囊,高秋风起,挂帆归来,山园十亩,茅屋一区,出我新诗,则有山僧溪友,野老村童,杯酒欢赏,如街头鼓,如田间歌,烘然共笑,而余亦用以自乐,非敢问世人也。嗟乎,余生而固陋,僻处穷乡中,故于当世学士大夫少结纳,而二三知已又复零落天涯,无从索其序余诗者,余自序之如此,亦期其有当焉而已。

①　王绍曾主编《山东文献书目》,齐鲁书社 1993 年版,第 384 页。
②　窦秀艳、潘文竹、杜中新《青岛历代著述考》,中国社会科学出版社 2010 年版,第 200~202 页。

潍坊市博物馆藏高凤翰作品缕析

谭霭岚　武夫强 *

摘　要：高凤翰是清代著名的书画家、篆刻家、治砚名家、诗人，"扬州八怪"之一。其少年时便交友四方、才华横溢，却于科举之途屡遭挫折。入仕后又遭官场倾轧，并致右手病废，及至归里后的余生更是穷困潦倒。坎坷的命运厚重了其文化艺术创作之路的底色，困境下的重重磨难也彰显着其精神的不屈和生命的昂扬，而艺术上的出奇制胜则更赋予了其"领异标新"的深刻表达，成就了其诗、书、画、印、砚全能的文化艺术成就。因潍坊自古金石书画之风昌盛，加之高凤翰与安丘张贞家族、曾任潍县令的郑板桥等交游甚广等原因，今潍坊市博物馆藏高凤翰诗文书画与砚拓十数种，现略作缕述并试为简析，俾可窥其不同时期之创作心境与艺术风貌。

关键词：高凤翰；诗文；书画；篆刻；砚铭

高凤翰（1683—1749）生活于文化艺术繁盛的清代中期，作为"扬州八怪"之一，其在根植传统文化的深厚沃壤之上，既遵循古法筑基，又顺应时代艺术变革的潮流，以"不立一格""不留一格""领异标新""不同流俗"的艺术追求与实践，着力打破传统固有的审美认知，不断拓展艺术创新的技巧与表现力，创作了数量众多且独具特色的诗、书、画、印、砚等艺术文化精品，尽展其深刻的思想、鲜明的个性、耐人寻味的笔墨情趣和清新狂放的艺术格调。

高凤翰的诗文极负盛名，少年时便被淄川著名诗人张历友赞誉"佳儿弱冠弄柔翰，笔阵横扫千人军"。青年时更为诗坛首领王士禛（王渔洋）称赏，遵王士禛遗命，许为私淑门人。平生得诗3000余首（其中部分散佚民间），是"扬州八怪"中存世诗文作品数量最多的诗人，有《南阜山人诗集类稿》传世，并收入《四库全书存目》。其书法篆、隶、楷、行、草无所不精，所书功力深厚，严谨流畅；绘画山水、人物、花鸟等各科皆能，且工细、写意兼擅，所画离奇超妙，脱尽笔墨畦径；又痴迷收藏汇集汉印5000方，编有《汉印谱》《南村印辑》等；篆刻亦为世人所重，一生治印数千方；并嗜砚制砚成癖，藏砚2000余方，手制《砚史》四巨册。其55岁时因风痹，右臂病废，遂以左手挥洒篆刻，而风格崎岖生辣、苍劲老拙。58岁时，其将生平搜罗整理的山左前贤书画真迹辑集《桑梓之遗》书画册。

由于历史地缘与戚友交游等原因，今潍坊市博物馆藏高氏诗文书画与砚拓十数种。而于书画则分其早年右笔与晚年左笔。现对其略作缕述并试为简析，俾可窥其不同时期

---

　　* 谭霭岚，潍坊市博物馆副研究馆员，主要从事文物保护修复、博物馆藏品研究工作。武夫强，潍坊市博物馆馆员，主要从事博物馆藏品及区域历史文化研究工作。

之创作心境与艺术风貌。

一、《柱石长春图》折扇册页(图1)

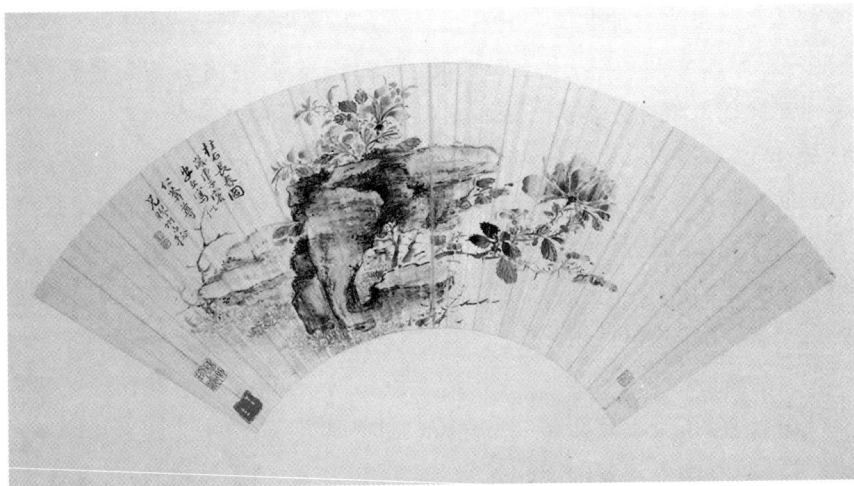

图1　纵 16 厘米、横 49.7 厘米,纸本设色

画中用淡墨绘巨石横亘,造型奇峻,石上以浓墨点苔,墨华苍润。石后的月季,一枝斜伸石右,一枝掩映石后,花叶正盛。胭脂色花朵用没骨法绘出,色彩大胆鲜丽,枝叶用淡墨、汁绿勾染,更显轻盈柔美、秀逸动人。画中色美鲜纯的花朵与墨色醇厚的巨石形成了鲜明映照,给人以强烈的视觉冲击。左侧以赭石色辅以矮石,用墨青勾勒小草,相依相偎,突显柱石的质感。其构图简洁,笔法劲挺,又绘写随性,笔致虚实相生、刚柔相济。左上处为行楷书题款,古朴厚重亦不乏灵动。画面秀润雅洁,文气俱足。款署"柱石长春图,岁庚子客安丘写,似仁荄尊兄,胶州弟翰。"右下角钤"画意"白文印,后钤"南""邨"白文连珠印。左下角钤"晋卿珍秘"鉴藏朱文印。"庚子",即康熙五十九年(1720),时高凤翰 38 岁。

高凤翰早期的笔墨花鸟受历代名家影响,主要取法陈淳、徐渭、恽寿平、陆治等,后吸收各家所长,将没骨法和水墨写意法相结合,工整之处又有写意,尽呈清雅秀逸之象。晚年他在笔墨上愈加挥洒自如,意境上愈发趋于性情和品格的率性表达,注重"意""韵""神"的自然抒写,作品气韵灵动,异趣天成。因其早年崇尚写实画风,故此时工稳一路的作品师法恽寿平。高凤翰爱石成癖,自号有石道人、石痴、石顽老子、石之奴等。他一生画石、刻石、藏石、铭石、颂石,以"石"喻人,以"石"自喻,以一拳之石取其坚,显示其坚贞和傲骨,表现其高尚的品格。其书画常用印鉴有"石奴""石僻""石拙""怪石供"等。他传世的画石作品不计其数,除纯以石入画外,亦擅将石与常见的花卉题材相融合,以见其匠心独运。"石"有坚贞、长寿之意;"月季"又称"长春花",因四季常开被视为吉祥平安、富贵长春的象征,二者相配,寄寓了富贵长寿的良好愿景。

仁荄,即王寿长,字仁庵,又字仁荄,号静山,山东安丘人。雍正五年(1727)进士,任福建邵武知县，在官时，除陋例，禁溺女，锄除恶势力，政绩显著。后辞官回乡侍母。著有《白云庐诗》。①

高凤翰出身书香门第，自幼聪颖过人，少时即锐意科举仕途，19岁考中秀才，但从20岁至44岁曾8次赴济南参加乡试，②皆科场失意。虽未考中，但借机巡游齐鲁、遍访文友的经历使他的眼界大为开阔，结识了如张贞、张在辛、朱岷等诸多文人名士及书画篆刻家，对他艺术之路的发展和艺术水平都起到很大的启示和激励作用。

张贞（1636—1712），字起元，号杞园，别号渠亭山人，山东安丘人。康熙年间拔贡，举鸿博，授翰林院孔目不就。出身书香门第，其伯父张嗣伦、父亲张继伦、叔父张绪伦，人称"渠丘三张"，曾于明末为官且皆饱学之士。他本人更是熟通经史，饱读诗书，治学严谨，著述颇丰。又精鉴别，家有墨宝楼，广储文物古籍书画；善书法；尤工篆刻，其篆刻曾学周亮工技法，后另辟蹊径，独树一帜，创立了山东印学风格。他性直豁达，疏狂不羁，喜结交天下名士，以文会友，文声载誉南北，为朝野名流尊崇，思想家黄宗羲评曰："张贞问学四十年，俯仰无谦，成名于天下。"周亮工为官山东时将其列入"四才士"之一。

张贞世家是当时山东知名的文化家族，以学术、书画和篆刻闻名，印人众多，其家除张贞外，其子张在辛（卯君）、张在戊（申仲）、张在乙（宣安）皆是清初最具代表性的印人，人称"渠丘后三张"，兄弟三人中尤以张在辛成就最大。张在辛（1651—1738），字卯君，号柏庭。幼承家学，擅书画、篆刻。康熙二十五年（1686）拔贡，授观城教谕不就。早期拜郑簠为师学习隶书，后又精研汉碑，取古法之韵，形成了端庄古朴、雍容雅致的书风；篆刻、印法，始学张贞，后学周亮工，复上追秦汉，与弟在乙、在戊及子侄辈敬舆、扶舆、重舆、金舆、广舆、兹舆等全家人皆学篆习刻，蔚成风气，形成了具有相当规模，以兼收江南流派之长，冲切兼用，融离奇于平实清真、苍深雅健风格的山东印派③；绘画除随意点染山水、松石、梅竹、兰草外，也钟爱人物画，鹅翎画尤为精到，独具匠心，被视为"神品"。著有《篆印心法》《隐厚堂印谱》《相印轩印谱》《渠亭印选》《画石琐言》《隐厚堂诗集》等。作为后生的高凤翰慕张家显名，曾十数次来往其家，学习书法和篆刻。他们以文会友，友情极深。

高凤翰初次至张家是在康熙五十年（1711），是年高凤翰第四次应毕乡试，仍名落孙山，自济南东归至安丘，客居张家春岑阁，访张贞于病榻之前。此时有诗作《过安丘留别张卯君昆仲，即题春岑阁壁》，中有"郭外长河野水秋，斜阳驴背到安丘"句。其与张在辛兄弟书画唱酬，月余始返里，又有《赠张卯君》《赠张申仲》《赠张宣安》等诗作，《赠张宣安》

---

① 李连科、周庆武编《安丘百名进士录》，香港天马出版社2002年版，第155页。

② 刘才栋、郑文光、高石主编《高凤翰全集》之七《高凤翰编年录》，北京大学出版社2014年版，第12～45页。

③ 编者按：今人或称安丘派、齐鲁派，百年前徐埴即说山东派。1912年10月徐埴在王石经著《西泉印存》中题云："先生通六书，工篆刻，其作印也，力主复古，取法秦汉。故潘文勤、王文敏、窦斋、意园皆亟称之。先生尝言：凡刻印当先取吉金猎碣秦汉碑刻，临橅数百遍，再读三代秦汉印谱百数十种，覃精研思，心领神会，自无一切俗书伪体犯其笔端。若但摹元明以来诸家所刻，则每况愈下矣。旨哉言乎？顾世俗乃目先生所作为山东派，以侪于邓派、浙派。埴初闻之，窃窃为之不平，继思周情孔思，亦山东派也。山东派庸何伤？世之不能学山东派久矣。岂独摹印也哉！岂独摹印也哉！"[清]王石经著，陈进整理《西泉印存》，天津人民美术出版社2014年版，第141～147页。

诗中还提到张在乙以印、高凤翰以画，互为馈赠交流。① 自此开始，高凤翰频繁来往张家，在此居住时常至二十几日或月余。康熙五十八年（1719）十二月，高凤翰至安丘张家做客，并在其处过春节，康熙五十九年春，其又在此居住一月多才离开。客居期间，他不仅为张在辛兄弟写诗作画，又为安丘曹氏兄弟作了很多诗，同时还为当地乡贤作画。② 该扇册即高凤翰为安丘王寿长所作，《柱石长春图》之寓意正与王寿长之名相契合。

"晋卿珍秘"之晋卿，即山东潍县陈介锡，字晋卿，清代著名金石学家陈介祺堂从弟。擅书，嗜好收藏名人书画，晚年将创始于高凤翰的《桑梓之遗》书画册续成百册之巨，并编订了《桑梓之遗目录》10 卷、《桑梓之遗录文》10 卷、《桑梓之遗人物考略》100 卷，又有《文石杂识》《文石山房诗钞》等。该作由陈介锡辑于《棠梓清芬》书画册中。《棠梓清芬》系《桑梓之遗》副册，内收周亮工、崔璞、张端亮、郑板桥、王士祯、赵执信、刘以贵、高凤翰、郭廷翁、刘墉、窦光鼐等 11 位邑侯或乡贤的书法绘画作品而成，所收虽为小幅，但笔墨精妙，堪为上品。该册由他本人题签、族兄陈介祺所书册目及题跋，然后赠与了当时离任潍县县令之职的靳昱，以示友敬留念。现藏该册又由陈介祺曾孙陈秉忱代为购买征集而来。陈秉忱（1903—1986），原名文璘，字邻丞或邻臣，1939 年到延安，1941 年加入中国共产党，新中国成立后曾担任中共中央办公厅秘书室副主任，他秉承家学，在历史学、古文字学、图书管理学等方面均有很深造诣，并擅长书法、绘画。③

二、郑燮题《风荷图》轴（图 2）

该画以写意与写实相结合，又以写意为主，绘荇草、荷花、芦苇。绘荷叶五片，或刚刚长成，或由盛渐衰，或贴败水面，高低错落，交相呼应；莲花三朵，或含苞，或挺然而上初开，或在荷叶簇拥中盛开，俯仰有致，婀娜多姿；芦花二支，一支冲天而上，刚刚盛开，一支在荷花丛中，芦花已四处飘散，亦是两相对比。可见构图内容丰富，层次分明，且遥相呼应，透出作者的精心与匠心。水面上的荇草，出水的荷叶，挺然的芦花皆以"泼墨"绘出，用墨的浓淡干湿来表现荷叶的荣枯翻卷，三朵莲花则用极浅的墨线勾出轮廓，再敷以淡淡的浅曙红色，来提高墨色的鲜明度和丰富性，于酣畅的墨色中飘荡出清风逸气，具有浓郁的书卷气息。荷叶、芦苇、荇叶、莲花都微微向右倾斜，让人感到清风正徐徐吹来，晶莹的露珠在碧绿的荷叶上微微颤动，雪白的芦花随风飞扬，淡淡的清香弥漫在池塘上，给人一种生机盎然的感觉和雅逸清淡之感。荷花高洁临风的美仪姿容与曼妙脱俗、出淤泥而不染的真性灵魂鲜活地呈现在观者面前，表现出作者深厚的艺术功底和清浊分明的高尚情趣。行书署款"辛丑初夏南村居士写意"，下钤"南邨"朱文印、"高凤翰印"白文印。画幅左上角为郑燮（1693—1765，字克柔，号板桥）题七言诗二首："济南城外百池塘，荇叶荷花菱藕香。更有苇竿堪作钓，画工点染入沧浪。苇花秋水逼秋清，画舫江南旧日情。最

① 刘才栋、郑文光、高石主编《高凤翰全集》之七《高凤翰编年录》，北京大学出版社 2014 年版，第 20 页。
② 刘才栋、郑文光、高石主编《高凤翰全集》之七《高凤翰编年录》，北京大学出版社 2014 年版，第 31 页。
③ 参见李虎强、高伟、陈景蓍《毛泽东图书管理小组负责人陈秉忱》，《春秋》2006 年第 2 期；曾自《父亲田家英与陈秉忱忘年之交》，《世纪》2023 年第 3 期。

是采莲诸女伴，髯高风郑笑呼名。观故人高西园画故感赋二首，板桥郑燮。"钤"郑燮之印"白文印。高凤翰所题款式为明末清初画家所惯用的"一炷香"，位置居画上中偏一侧，字体隽秀瘦劲，流美端正。郑板桥题跋的位置则及其考究，巧借左侧余地，高凤翰之印上部空隙，虽不得已，却又不犯主款。所题每行字首皆至顶端，中间两行字尾则正好止于荷叶上方，与下方荷叶气韵相连。施用的"六分半书"体，纵横错落，率性奇崛。远观整幅作品，款识、题跋与右侧绘画混溶一体，毫无扞格违和之感，达到了奇局题款的极致。彰显了郑板桥高超的书学美学修养和驾驭画面的能力，实为两人合作之精品。"辛丑"，即康熙六十年(1721)，时高凤翰39岁。

图 2　裱纵 240 厘米、横 92 厘米，芯纵
142.5 厘米、横 69.2 厘米，绢本设色

从以上高凤翰落款与郑板桥题诗知该画为高凤翰于康熙六十年初夏游览济南郊外时所绘。高凤翰晚年北归后，与郑板桥再次相聚时，郑板桥为其作的题跋用的是其书画艺术成熟时期之代表书体"六分半书"。

郑板桥所题前诗以"百"字尽写泉城济南城郊池塘之多，又用"荇叶浮水、荷花出水"的视觉、菱藕之香的味觉、摇曳可作钓竿的芦苇、风起的沧浪之水，展尽初夏时节池塘盛景。后诗则是借景抒情，由观高凤翰之画而追忆起当年两人于江南画舫采莲之景，并用"髯高风郑"点出了他和高凤翰当时的气质特征。高凤翰蓄长须，曾治"髯高"之印，郑板桥亦曾有"郑疯子"之印。此诗正是描述了两人当时际遇江南，一起放浪形骸、情趣相投、忘形江湖的情景。表达了郑板桥对过往的眷念和对与高凤翰之间情谊的珍重。

高凤翰所作此图，于挥洒脱放中见规矩，不拘形式中得天趣，配上风格独特的郑板桥"六分半书"体的题跋，更是锦上添花、相得益彰，可谓诗、书、画三者达到了完美的统一，亦是两人深厚友谊的佐证。同时，从两者的落款、题跋中，亦可窥见两人之交集及该作流传之源由。

高凤翰从 20 岁至此的 20 年间，乡试六次均不第，对于科举不免产生悲观失望，遂有意投笔艺术之路。自是年起，遂漫游山东名胜，至德州、平原、济南、安丘、诸城、日照、登州、莱州等地，慕名拜师，广会文友，切磋学问与艺术。又因之前频繁往来济南、胶州之间，更与济南结下了长久的情缘，结交了大批济南文人和朋友，他们皆或多或少对其后来的艺术成就有所影响,而朱岷、朱筱园、朱叙园、朱祐存等其家族父子叔侄多人则成了高凤翰的至交。朱岷,字仑仲,号客亭,山东济南人,画山水得米法,工治印,兼善指画,高凤翰每到济南必与其相聚,以诗酬唱,书画相结,其早期指画创作即深受朱岷影响。高凤翰在济南期间还曾与历城指画家朱伦瀚、诗人朱令昭(字此公,号漆园)、淄川张元(字殿传,号榆村)、义乌方启英结"柳庄诗社"相互交流诗词,其诗画作品中多有吟咏济南的诗词。

高凤翰虽志从艺之路,但未彻底放弃对仕宦的追求,然直到雍正五年(1727),45 岁时才得胶州知州黄之瑞举荐应"贤良方正科",赴京应试,考列一等,授徽州歙县丞,始踏入官途。此后近十年辗转于歙县、绩溪、泰州之间为官,其为官清廉,关心民事,颇有政声。由于高凤翰才华出众,得到时任六安州知州卢见曾的赏识,屡得其推举,并与之结下深厚友谊。乾隆二年(1737),时任两淮盐运使的卢见曾以"结党列款"罪遭人诬告,高凤翰被诬为同党牵连入狱,受尽折磨,突发风痹症,致使右臂病废。之后案件虽得澄清,但官职却被免去。他饱尝官场黑暗,誓不再涉足仕途,遂浪迹江南,以鬻艺为生。

高凤翰宦游江南十余年,江南诗情画意般的景色及众多的名胜古迹,陶冶了他的性情,丰富了其创作题材,诸门艺术都达到了炉火纯青的境界,且声誉颇高,求索收藏者甚多,其为此创作了大量的艺术作品。他性情豪迈,交友甚众,与金农、郑板桥、高翔、李鱓、李葂、边寿民、马曰琯、马曰璐等经常联袂绘画,相互切磋,极为投契,尤与郑板桥交谊最笃,来往密切。雍正十二年(1734)正月,高凤翰调任泰坝监挚后,初与客泰州的郑板桥相识。道光七年(1827)《泰州志》卷 20 载:"高凤翰,字南阜,山东人。雍正年间,官泰坝监挚。……喜吟咏,暇日与兴化郑燮、邑中王家相、田云鹤辈相唱和",[①]自此结为挚交。此后数年间二人时常相会于扬州、泰州等地,书画联谊,相得甚欢。高凤翰年长郑板桥十岁,成名较早,郑板桥对高凤翰的诗书画极为推崇,赞其"笔在云中,妙在天外"。他自谦自己画的墨菊与高公赭墨菊花相比"真是王恺珊瑚,不足当季伦铁如意一击也",又说高凤翰的画"其笔墨之妙,古人或不能到""已极神品、逸品之妙"。高凤翰病残后,郑板桥曾作诗赞美安慰他:"西园左笔寿门书,海内朋交索向余。短札长笺都去尽,老夫赝作亦无余。"并题"高凤翰,号西园,胶州秀才,荐举为海陵督灞长。工诗画,尤善印篆,病废后,用左臂书画更奇。"[②]后又有诗作:"有明一代得天池,铁岭兴朝直接之。想是二公魂未散,赴君左腕作离奇",将高凤翰左笔书画的力度,比作明清两朝开国皇帝的魄力,足见郑板桥对高凤翰书画艺术的高度认同与欣赏。乾隆六年(1741),高凤翰身病日益加重,遂告别江南,返回故乡胶州。他在北归前曾作《三君咏》诗留郑板桥、金农、马曰璐,以示惜别,为郑板桥作《忆郑板桥》:"郑板桥,名燮,兴化名进士,才艺奇而中理,不为苟作者,余弟蓄之。澹如我辈成胶漆,狂到老奴有性情。便去故乡寻旧迹,断碑犹爱板桥名。胶州为唐之板桥镇,至今尤有遗刻。"[③]胶州在唐代谓之"板桥镇",而郑板桥故里又有一古板桥,郑

① 王咏诗编《郑板桥丛书·郑板桥年谱》,文化艺术出版社 2014 年版,第 37 页。
② 王咏诗编《郑板桥丛书·郑板桥年谱》,文化艺术出版社 2014 年版,第 95 页。
③ 刘才栋、郑文光、高石主编《高凤翰全集》之一《高凤翰诗集·鸿雪集》,北京大学出版社 2014 年版,第 260 页。

系"板桥郑"一支派，因喜爱板桥，故取号"板桥"。"狂"与"有性情"的共同人格特点，使他们成为情如"胶漆"的朋友，"印里联居"的实证成为两人感情的纽带。

乾隆七年（1742），50 岁的郑板桥被授予山东范县县令兼署朝城县，四年后改任潍县县令，居官山东 12 年，二人交往仍很密切，虽不常晤面，但诗画笔札往来频繁。郑板桥初任范县兼署朝城县时，曾画石三幅，分寄高凤翰、图清格、李鱓三友人，同时画卧石一块于朝城县壁并题款："今日画石三幅，一幅寄胶州高凤翰西园氏，一幅寄燕京图清格牧山氏，一幅寄江南李鱓复堂氏。三人者，予石友也。昔人谓石可转而心不可转，试问画中之石尚可转乎？千里寄画，吾之心与石俱往矣。……"①

乾隆十一年（1746），郑板桥调任潍县，遂与高凤翰交往密迩，联系更多了，其后对高凤翰的接济亦甚多。高凤翰老友法坤宏在所著《迁斋学古编·书事》中述及"潍县知县郑板桥燮，扬州人。乾隆丙辰进士，与吾胶南阜老人高凤翰善，余曾于南阜处见郑往来笔札，心慕其人……"②郑板桥居官潍县后，请高凤翰为己刻过多枚印章。济南市博物馆所藏合订的郑板桥、高凤翰、陈馥三人来往的《书画三友册》中"郑板桥请高凤翰刻印信札"称："'鸡犬图书共一船''爽鸠氏之官''耕田谷口人家''师造物'。兄有是印求如式为之，或别出手眼亦可。弟郑燮求西园老痹老兄刻此四印。北海卖饼潍夷长。"从信札中郑板桥对高凤翰"老痹"的称呼可以看出，二人非同一般的关系，亦证实以上印章皆为高氏左手所刻。③ 乾隆十三年（1748）四月十九日，高凤翰又将孙高攀鳞为郑板桥所刻"耕田谷口""谷口人家""臣师造物""生硬千古""北海卖饼人""板桥阿燮""家在沧溟日月边"七枚印拓成一纸，加上自用印"起卧半亭云"，为之题跋："……孙儿能篆印，太朴破而荒……请为乞一言，于其大父行……"遣高攀鳞去潍县郑板桥处请教。郑板桥为其作了题跋："不顾时目，直入汉室；乃祖乃孙，自成一队；亦可谓堂堂之阵，正正之旗矣……"④另外，郑板桥之"七品官耳"印亦为高凤翰左手刻，⑤深得郑板桥喜爱，成为其作品代言人。

正因二人相似的性情，相同的生存空间，形成了共同艺术主张，使他们的感情更加挚深。二人不仅书信来往频繁，亦曾相会共叙旧话。当代学者刘靖基藏有高凤翰的左手书对联一副，即"苏秦六国都丞相，罗隐西湖老秀才"，款署为"乾隆丁卯清明后二日于松筠桐荫馆"。⑥"松筠桐荫馆"是当时潍县郭氏世家子弟郭伟勣（字熙虞，号芸亭）的斋号。潍县郭氏是有名的名门望族、诗书之家，明清两代，诗书传承，科甲连绵，官宦文人才士层出不穷。郭伟勣与兄郭伟业（字贻昆，号质亭）皆能诗工书，乐结交文人名士。其又好印篆，与高凤翰最为友善。高凤翰年长郭伟勣27 岁，早年曾同师张在辛学习篆刻，故以兄弟相

①　王咏诗编《郑板桥丛书·郑板桥年谱》，文化艺术出版社 2014 年版，第 100 页。

②　刘才栋、郑文光、高石主编《高凤翰全集》之七《高凤翰编年录》，北京大学出版社 2014 年版，第 159 页。

③　崔胜利《抱残守缺亦妙品——郑板桥、高凤翰、陈馥书画三友册赏析》，载《收藏家》2018 年第 9 期，第 9～14 页。

④　刘才栋、郑文光、高石主编《高凤翰全集》之七《高凤翰编年录》，北京大学出版社 2014 年版，第 120 页。

⑤　卞孝萱《郑燮〈板桥先生印册〉注》："七品官耳，高西园名凤翰，号南阜，又自号老阜，胶州人。泰州坝上亭长。疾发，用左手刻。"

⑥　苏樵《高氏晚年潍县之行有无辩》，载《高凤翰研究》第一集，青岛出版社 2002 年版，第 14 页。

称。乾隆十一年秋,高凤翰有诗作《题〈春山白云红雨图〉寄郭芸亭》,中有"当秋写怀人,却借春山好"句。① 郭伟勋在乾隆四十二年(1777)脱稿所辑的《松筠桐荫馆集印》之序中云:"安邱(丘)张氏三先生则以平妥见长,远近篆刻家悉宗之,遂为当时印学师范。余自幼数过渠邱(丘),谒卯君、申公、亶安三先生,观其全谱,因求其操刀之法,先生乐引后学,一一指示无倦色。……昔李阳冰言摹印之法有四:一曰神,二曰奇,三曰工,四曰巧。'功侔造化谓之神,笔墨之外得凝妙法谓之奇,艺精于一谓之工,繁简一定布置不烦谓之巧。而胶西南阜兄亦云:'平、方、正、直,与隶相通。'余于数者毫无所得,欲求奇而反害于奇,趋巧而反伤于巧,是则余之所除戒也。"② 其印谱中收有高凤翰自用印章 14 枚。

"乾隆丁卯"即乾隆十二年(1747),为郑板桥任职潍县的第二年。郑板桥任职潍县时,与郭伟业、郭伟勋兄弟二人的交谊亦最深。"(郭氏兄弟的)母亲刘氏是扬州附近人,与郑板桥有'大'同乡之谊。郭伟业'赋性纯朴,为人正大无私',素孚雅望,凡是地方绅士兴办善事,包括县令提倡设粥厂、修城墙、筹措钱粮、佣工开支、监理工程,大家都推举他来承担",因此深得郑板桥器重。"郭伟勋则是风雅多才,能诗文,精篆刻,亦喜书画",与郑板桥雅兴相投,志趣相同。③ 郑板桥休闲空暇时常光顾郭家南园,赋诗品茗,赏竹作画,与其商讨文事。其为郭氏家族题名唱酬流传后世的诗文有十多篇,如"连云甲第尚书府,带宅园林太守家。是处池塘秋水阔,红荷花间白荷花。""我辈为官困煞人,到君园馆长精神。请看一片萧萧竹,画里阶前总绝尘"等。④ 郭伟勋书屋"松筠桐荫馆"即由郑板桥题写。⑤ 郭伟勋也曾为郑板桥篆刻多枚印章,深得郑板桥喜爱。其所辑刊行的《松筠桐荫馆集印》封面题签及首页"北海郭伟勋芸亭氏辑"亦为郑板桥题写⑥,他们结下了深厚的情谊。乾隆十七年(1752)秋,郑板桥离官,曾搬入郭家南园留居半年并度岁,直至第二年春天才惜别南归。郑板桥在离潍时,特意作《南园丛竹图》,并题诗:"留别质亭先生、四弟芸亭先生:名园修竹古烟霞,云是饶州太守家。饮得西江一杯水,至今情趣满林遮"。之后又作《巨幅竹图》题曰:"七载春风在潍县,爱看修竹郭家园。今日写来还赠郭,令人长忆旧华轩。"⑦临行前郭伟勋又为郑板桥篆刻"板桥居士"印章相赠。郑板桥归乡后,也念念不忘潍县郭家园,与郭氏家族仍有书信往来,诗画相赠。郑板桥归里 10 年后,郭氏族人郭伦升前去拜访他,即作《怀潍县二首,送郭伦升归里》诗书相赠,首句即为"相思不尽又相思,潍水春光处处迟"。窥探三者之交集,悉知高凤翰当于乾隆十二年(1747)清明前后至潍县与郑板桥相会并畅游郭家南园,题署于松筠桐荫馆。

乾隆十三年(1748)七月十七日,郑板桥借勘察水灾,自潍至胶到三里河村探望高凤

① 刘才栋、郑文光、高石主编《高凤翰全集》之七《高凤翰编年录》,北京大学出版社 2014 年版,第 113 页。
② [清]郭伟勋辑《松筠桐荫馆集印》,乾隆四十二年(1777)。
③ 孙敬明《潍坊古代文化通论》,齐鲁书社 2009 年版,第 299 页。
④ 孙敬明《潍坊古代文化通论》,齐鲁书社 2009 年版,第 299 页。
⑤ 牛鹏志《潍上历代著述考·子部》之《松筠桐荫馆集印》6 卷,2021 年 12 月,第 242 页。
⑥ 吕金城《明清山东印学编年史》,载《印学研究·第一辑〈山东印学研究专辑〉》,山东大学出版社 2009 年版,第 92 页。
⑦ 孙敬明《潍坊古代文化通论》,齐鲁书社 2009 年版,第 299 页。

翰,时高凤翰病重且生活十分困难。郑板桥从自己的薪水中,挪出十二两银子送给高凤翰,高氏感激之余,把手头珍藏的王蓍所作《松石图卷》题写了跋文,赠送与郑板桥。题跋诗文曰:"持赠松石卷,新诗托四章。好存今日意,永矢幸无忘。乾隆戊辰秋七月我板桥郑使君弟以勘水恙来胶西,相见病次,四诗将意题此卷后,充赠使君,其勿吐乎。即日令生同学愚弟高凤翰左手书。"

后又题:"天留不死艰难眼,来看荒唐劫后城。惭愧故人逢郑侠,流民图里证三生。不画凌烟容上人,却从入告画监门。虽无盖世留勋绩,也许惊心动至尊。君来忽遭勘荒病,此病唯余识所由。一股腾腾真热血,肝风激火出鼻头。邻县远来二百里,清俸分颁十二金。我识临风脱手处,前时不尽故人心。七月十有七日同学老弟阿痹即日左手拜具。"①

之后,又有诗作《对新额走笔自赠,兼谢郑板桥作题二首》。再后,又作《冰雪心肝寄故人卷》并题诗寄之。② 其对挚友在极其困难时期的送金探望,表达了由衷感激,从此看出二人情谊之深。此次也是二人的最后一次会面,从此再未相晤。乾隆十四年底,高凤翰在贫病交加中离世。乾隆二十三年(1758),高凤翰故后 9 年,其长子(为名义)及次子为其立墓碑。③ 郑板桥为其题写墓碑"高南阜先生之墓。赐进士出身、潍县知县、广陵郑燮拜题。乾隆二十三年岁次戊寅仲春榖旦。"④乾隆二十六年(1761),高凤翰故后 12 年,郑板桥又为其画册题写《书画鉴影》,⑤凡此昭示了二人的生死交情。

自乾隆十一年末郑板桥调任潍县,至乾隆十三年(1748)底高凤翰去世的两年中,从现存资料看,高凤翰与郑板桥有过两次相逢。高凤翰于乾隆十二年清明后二日题写于松筠桐荫馆的左手书对联一例,证明高凤翰到过潍县,此时离郑板桥始至潍县不到半年,应该是郑板桥至潍后二人的首次相聚,从二人之交集可以肯定此时重逢汇聚于郭氏南园,会有一番诗酒书画酬唱胜况;一年多之后的乾隆十三年七月,郑板桥借勘察水灾自潍县至胶州三里河探望病重的高凤翰时所留的诗画证明二人在胶州再次相聚,是二人的最后相见。从以上两例来看,二人在间隔一年多的时间里,在当时高凤翰身体不便、来往交通不便且两地相距二百多里之遥的情况下,其间当不会再有相聚的可能。而该画作之所以流传在潍县,从以上二人之交谊、交集经过判断,二人或于乾隆十二年在潍县重逢时,郑板桥对该画作的题跋,此与二人交集潍县郭氏南园之特殊因缘有极大关系。

---

①　高荣主编《扬州博物馆藏·扬州八怪书画集》,文物出版社 2013 年版,第 32 页。
②　刘才栋、郑文光、高石主编《高凤翰全集》之七《高凤翰编年录》,北京大学出版社 2014 年版,第 121 页。
③　刘才栋、郑文光、高石主编《高凤翰全集》之七《高凤翰编年录》,北京大学出版社 2014 年版,第 129 页。
④　王咏诗编《郑板桥丛书·郑板桥年谱》,文化艺术出版社 2014 年版,第 180 页。
⑤　刘才栋、郑文光、高石主编《高凤翰全集》之七《高凤翰编年录》,北京大学出版社 2014 年版,第 130 页。

三、右手自书诗册页(图 3)

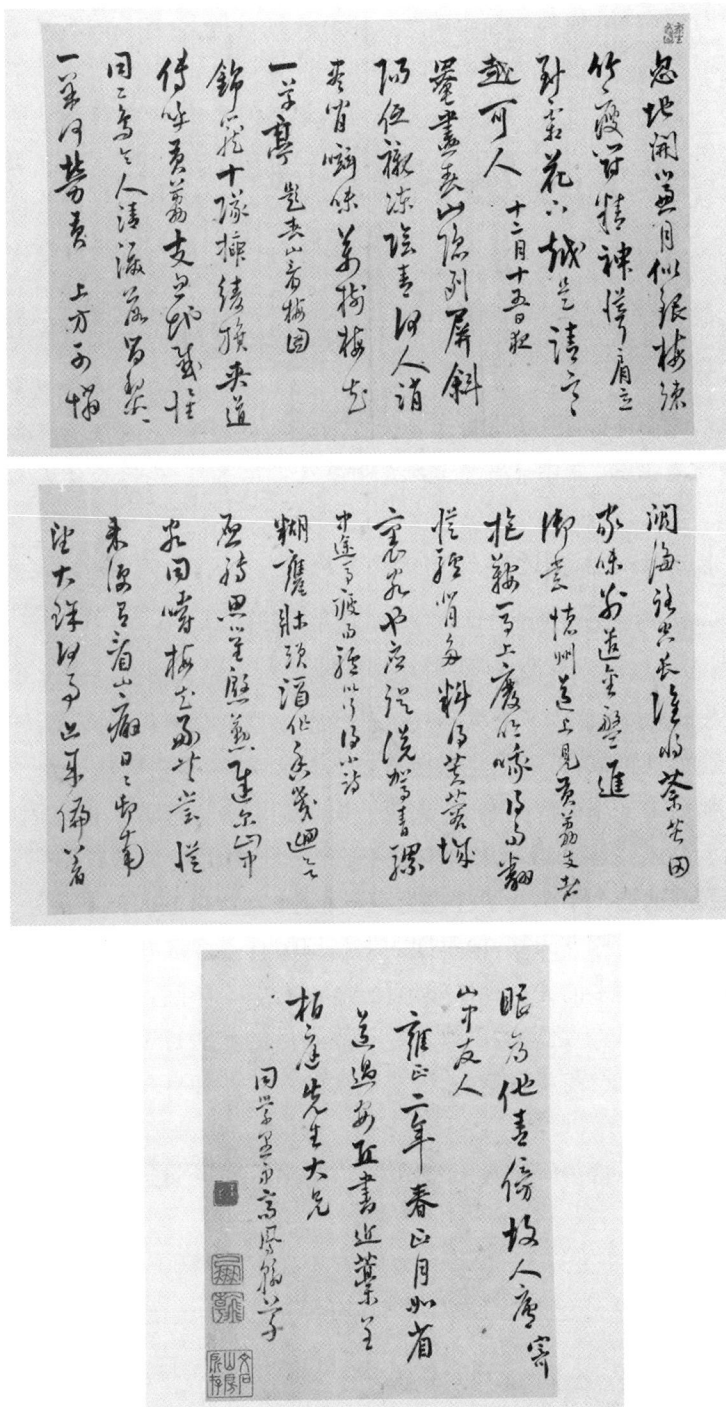

图 3　纵均为 25.8 厘米,横 40.2 厘米(上)、40.6 厘米(中)、20.4 厘米(下),
纸本墨笔,行草书七言绝句诗五题七首

释文如下：

1. 忽地开帘月似银，梅疏竹瘦斗精神。耸肩立对霜花下，越是清寒越可人。

十二月十五日夜。

2. 卷画春山隐列屏，斜阳低衬冻阴青。何人消尽闲滋味，万树梅花一草亭。

题春山看梅图。

3. 锦笼十队插绫旗，夹道传呼贡荔支。忽地感怀同二鸟，令人清泪落昌黎。

4. 一果何劳贡上方，可怜闽海路空长。谁将茶苦田家味，别遣金盘进御尝。

德州道上见贡荔支（枝）者。

5. 抱鞍马上废吟哦，得句翻从驴背多。料得芙蓉城里客，也应误说驾青骡。

中途马疲易驴以行得小诗。

6. 糊瓮床头酒作香，几回欲启转思量。殷勤迟尔山中客，同嚼梅花好共尝。

7. 从来便有看山癖，日日村南望大珠。何事近来偏着眼，为他青傍故人庐。

寄山中友人。

雍正二年春正月如省，道过安丘，书近稿呈柏庭先生大兄，同学愚弟高凤翰草。

尾钤"凤""翰"朱文连珠印。后钤"文石山房所存"鉴藏朱文印。

雍正二年（1724），时高凤翰42岁。从其结识张在辛兄弟至此已十多年，受张在辛兄弟引领熏染激发，艺术上得到了极大提高。他的隶书早期学自冯景夏，后转师张在辛，学习郑簠，遵循汉法，神形兼得；篆刻经张在辛指教上追秦汉，得古人精髓，张在辛均衡平稳的印风为高凤翰后来篆刻的广泛融合、独树一帜奠定了坚实基础①，他也因此成了山东印派的代表人物。高凤翰客居张家时，亦得见张家珍藏的历代金石碑帖书画，眼界大开。而高凤翰与张在辛的两个弟弟及子侄也是声气相投的益友，他们朝夕共处，或赋诗题作、书画唱酬，或切磋书艺、探究印篆，他早期的书画用印有一百多方为张氏兄弟子侄所治，②成为得安丘张氏印作最多的人。高凤翰出仕江南前的16年间，得益于与张在辛交游，其诗书画印诸艺已臻成熟，为之后的创作及晚年废右后的变法打下了深厚基础。张在辛年长高凤翰32岁，是其南行前关系最密，得益最大的一位益师良友，其忘年交的情谊，在书画史上被传为佳话。

上引《右手自书诗册页》即为雍正二年（1724）正月，高凤翰赴济南路过安丘时呈示张在辛而作。

第1首，或作于雍正元年（1723）十二月十五日夜，正是天寒月圆之时。诗人夜不能寐，忽开帘见月，但见月色如银、皎洁无瑕，而月光之下，疏落的梅花和清瘦的翠竹似

① 吕金成《安丘印派概论》，载《印学研究》第八辑，文物出版社2016年版，第32页。
② 刘才栋、郑文光、高石主编《高凤翰全集》之六《高凤翰印谱》收入张在辛兄弟子侄为高凤翰刻印103方（张在辛刻40方，张在戊刻15方，张在乙刻19方，张重舆刻4方，张氏刻25方），北京大学出版社2014年版，第129～158页。

乎正在相争谁更具昂扬向上的精神。霜花满地，寒意侵身，诗人只能耸肩相看。可这会越是霜寒清冷，诗人却越觉得它们值得敬赏。诗人取自己冬日夜间偶然所见之景入诗，并以"斗"字赋梅、竹以人格化，尽展寒冬之下梅、竹的坚韧与挺拔，可谓逸情雅致、妙趣横生。其赞梅、竹不畏严寒，实是自喻，是诗人自我心境与外物的相融，也正是借梅竹的坚韧与高洁，表达了自己虽仕途屡挫、人生亦艰，却不畏磨难、愈挫愈勇的坚定信念。

第 2 首，为《题春山看梅图》诗。画中之景，是群山绵延无际如屏风林立，斜阳西下更显料峭春寒。虽此时已是早春，但于此寂寞空山，萧索之境，让观者不禁试问"何人消尽闲滋味？"诗人对此未作直答，却笔锋陡转，以"万树梅花一草亭"的点睛之笔，暗喻那植万树梅花、居一草亭的闲适隐者，正可消尽这万般闲滋味。诗为心声，画为心象。这画中隐者正是诗人所希冀的自我画像，其时科举仕途不顺正如群山相阻，人生落寞更胜萧索春寒，如何消尽这现实中的万般苦闷？放情于千山之间，结草庐而居，与万树梅花相伴，并以此求得精神上的无尽自由与洒脱，也正是诗人所思、所念、所想、所求。

第 3、4 首，两诗是高凤翰在德州道上所见进贡荔枝队伍时的景象后之有感而作，深刻表达了诗人怀才不遇的感慨和忧国忧民的情怀。前诗：他以"锦笼""十队""绫旗"显示了德州道上所遇队伍的规模与奢华，又以"夹道传呼贡荔支（枝）"，写出了这支队伍此行主旨与故作张扬和招摇喧闹的情景。见于此景，诗人顿时想起了唐代大文学家韩愈（字昌黎）《感二鸟赋》中的二鸟。那两鸟只因为羽毛不一般，虽完全无益于社稷苍生，却得到皇上的恩宠，而饱学之士又心忧天下的韩愈却怀才不遇，不禁让人感伤落泪。诗人以"进贡荔枝"所见，对当权者的奢靡生活进行了抨击与嘲讽，又化用韩愈《感二鸟赋》典故，既对怀才不遇的韩愈给予了同情，也感同身受地抒发了自己仕途不顺、报国无门的愤懑。后诗：其用"一果""何劳""可怜"等平实的语言，承载着自己"哀民生之多艰"的深厚爱民情感，并发出了"荔枝也不过只是一种水果罢了，何须路途遥远、耗费大量民力去进贡给当权者呢。谁能将农家的粗茶淡饭，用金盘盛上让皇上尝尝呢"的感慨与无奈，由此将全诗的格调提升到了心忧家国天下的维度，表达了诗人对普天之下困苦百姓的同情和对统治者应摒弃奢华腐奢生活的讽谏，其立意与用字可直追唐杜牧的"一骑红尘妃子笑，无人知是荔枝来"。

第 5、6 首，所写内容为诗人骑马途中，一路推敲琢磨诗句，却未能想到佳句。但不曾想，因中途马疲易驴而行后，却意外得到了许多。此意外之喜，令其不禁心想，要是芙蓉城里的人看到我现在的模样，也应该说我骑得不是驴，而是青骡了。诗人以"唐贾岛推敲故事"和"宋欧阳修《六一诗话》中芙蓉城石曼卿的鬼故事"入诗，语言平实，用典自然，兴之所起，笔之所至，显示了诗人率直的性格、非凡的才华和此时欢快的心情。

第 7 首，前诗所写内容是自己床头的酒瓮时常飘着醇厚的酒香，自己多次想排开封泥畅饮一番，却又琢磨着，还是多热情地邀请这山中的友人过来，一起嚼着梅花，再一块好好品尝吧。高凤翰以"酒香""几回""欲启转思量""殷勤""同嚼""共尝"等数组颇富情感和画面的词语，生动诙谐地展现出了对山中友人的深深想念，对"同嚼梅花、共尝美酒"的期盼。后诗题写的是自己有看山的喜好，每天都会在村南远望大珠山。但近来却生出一丝怀疑，不知道自己为什么却看偏了眼，原来是多看了山中友人的草庐啊。诗人以"看山癖"不敌看"故人庐"的转折，再次淋漓尽致地表达了对山中友人的眷念之情。

观以上高凤翰诸题诗，正应其"诗有异境，与奇为趣，寻常耳目，不足穷其变也。诗有妙境，与苦为极，握月担风，拈花狎酒，不足尽其旨也。顾是两境者，必非株守荒村，目对常妻孥可得"①之言，虽皆取其惯常所见之景、之事入诗，却于语言平实中见意趣，于典故的信手拈来中呈其心志，不管是借景抒情，托物言志，还是借古抒怀，尽展其此时虽境遇困顿，却依旧怀有乐观向上的心志，及对故人无限牵挂的眷念和放眼天下忧国忧民的情怀。

高凤翰的书法从帖学入手，楷书借助锺繇浑厚、古朴的结体，用笔上多取黄道周犀利、果敢、灵活的笔法；行书上从结体及用笔均以欧阳询为根基，旁涉其他历史诸名家如苏轼、黄庭坚、赵孟頫、徐渭等，而在不同的时期，根据其取法的不同表现出与所学书家相结合的不同面貌。此时高凤翰的书学面貌受两方面影响：一是绘画师法，其花鸟学习恽南田画风，因恽南田书学褚遂良、赵孟頫，高凤翰亦自然受其书风影响；二是交友，高凤翰与张氏家族交往密切，因张在辛及二个弟弟张在乙和张在戊行书均取法赵孟頫，受张氏兄弟等人家学的熏染，其行书上亦多取法赵孟頫儒雅、甜美的书风，用笔娴熟、技法精湛的特点，并将其充分反映在这时期的作品中。该作汲取诸家之长，糅合形成了既儒雅隽美又古朴厚重的书风，整体法度严谨而富有活力，线条圆润，笔法娴熟。全篇结字自然和谐，长、扁、收、放、斜、正皆自然穿插，随心而发；行笔过程中行草夹杂，中侧互用；用笔恣肆果敢，遒劲洒脱；章法灵活，错落有致。所观通体疏朗，既各自成章又通篇谐和，分段自然，清晰可见，文气俱足。其右手行草已达到相当精熟的地步，可为中年时期右书的代表作。

该作也被陈介锡辑于《棠梓清芬》书画册中，并钤其收藏印"文石山房所存"。基于高凤翰与潍县昔日书画同道中人千丝万缕的联系，陈介锡辑成《棠梓清芬》，将《桑梓之遗》续辑成百册之巨，又为高凤翰与潍县增添了弥深的渊源。

---

① ［清］高凤翰《客谈拟诗二章》，参见刘才栋、郑文光、高石主编《高凤翰全集》之一《高凤翰诗集·击林集》，北京大学出版社2014年版，第12页。

四、左手草书十二条屏(图 4)

高凤翰左手书十二条屏(1～6)

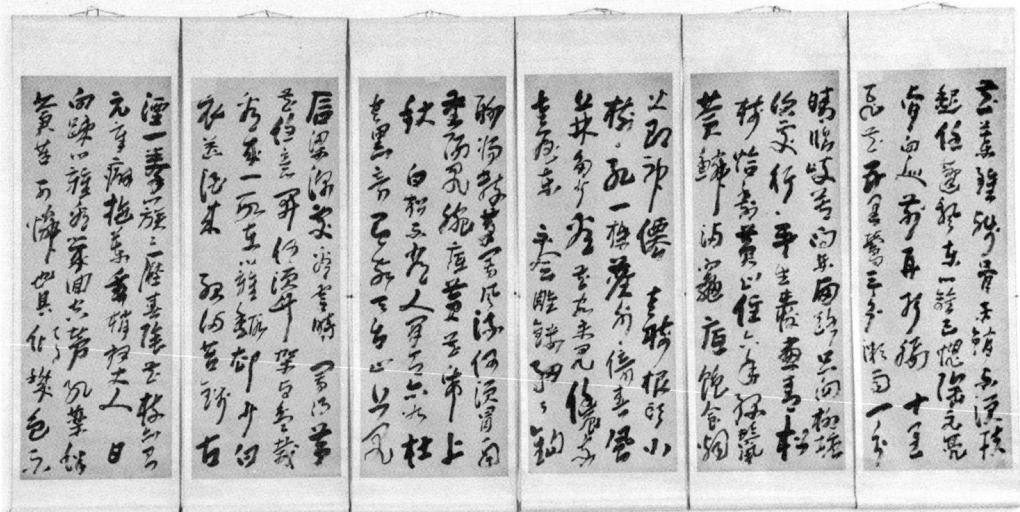

高凤翰左手书十二条屏(7～12)

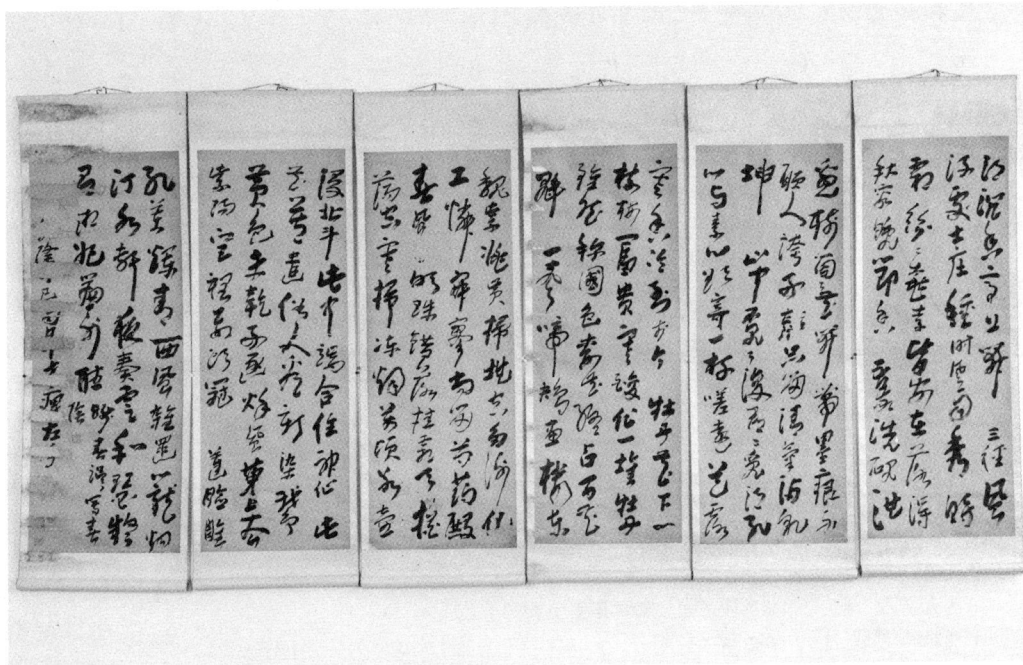

图 4　裱纵 157 厘米、横 53 厘米,芯纵 127 厘米、横 48 厘米,纸本墨笔

(左手草书前人或他人及自作七言诗十七首。第十二条署款处经水浸,款识有残缺)

释文如下：

1. 花叶虽残骨未销，不须扶起任蓬飘。东篱已愧陶元亮，肯向人前再折腰。①

2. 十里飞花五里莺，三分微雨一分晴。临岐莫问东西路，只向柳塘深处行。②

3. 平生爱画青松树，恰对黄山住六年。绿鬣苍鳞满灶底，饱食烟火即神仙。③

4. 老树根头小树红，一株尘外倚春风。上林多少看花客，未见侬家老屋东。④

5. 不会雕镂细细钩，聊将数笔写风流。何须冒雨重阳见，腕底黄花纸上秋。

6. 白松不当人间有，亦如杜老黑（鹰）⑤奇。有客天台山上见，石梁深处看云时。⑥

7. 写得黄花任意开，何须竹架与盆栽。看成一段东篱趣，却少白衣送酒来。

8. 缘满苔钱古（口）湮，一拳簇簇压春阴。花枝亦有元章癖，拖叶垂梢拜丈人。

9. 日向疏篱看几回，空劳红药伴苍苔。可怜也具倾城色，不得沉香亭上开。⑦

10. 三径风流处士庄，种时风雨秀时霜。纷纷桃李皆安在，落得秋容晚节香。

11. 吾家洗砚池边树，个个花开带墨痕。不愿人夸好颜（色）⑧，只留清气满乾坤。⑨

12. 山中觅觅复寻寻，觅得红心与素心。欲寄一枝嗟远道，露寒香冷到于今。⑩

13. 牡丹花下一枝梅，富贵寒酸作一堆。牡丹虽然称国色，梅花终占百花魁。

14. 一声啼鸠画楼东，魏紫姚黄扫地空。多谢化工怜寂寥，尚留芍药殿春风。⑪

15. 明珠错落挂霜天，摇荡空寒扫冻烟。万顷冰壶浸北斗，此中端合住神仙。

16. 此花莫遣俗人看，新染鹅黄色未乾。好逐秋风天上去，紫阳宫里要头冠。⑫

17. 蓬脸雕红叶烂青，西风杂沓笼烟汀。水轩夜奏云和瑟，疑有湘妃帘外听。⑬

残春漫漫写春阴，乾隆丁巳南阜老痹左手。

---

① 〔清〕高凤翰《风菊·之二》，见刘才栋、郑文光、高石主编《高凤翰全集》之一《高凤翰诗集·鸿雪集》，北京大学出版社 2014 年版，第 181 页。

② 〔清〕高凤翰《自长山归，道中杂诗十首·之八》，见刘才栋、郑文光、高石主编《高凤翰全集》之一《高凤翰诗集·湖海集》，北京大学出版社 2014 年版，第 45 页。

③ 〔清〕高凤翰《题画松》，见刘才栋、郑文光、高石主编《高凤翰全集》之一《高凤翰诗集·鸿雪集》，北京大学出版社 2014 年版，第 152 页。

④ 〔清〕高凤翰《古木杏花》，见刘才栋、郑文光、高石主编《高凤翰全集》之一《高凤翰诗集·归云续集》，北京大学出版社 2014 年版，第 384 页。

⑤ 编者按：此处缺"鹰"字。

⑥ 〔清〕高凤翰《题画杂诗五首·白松》，见刘才栋、郑文光、高石主编《高凤翰全集》之一《高凤翰诗集·归云续集》，北京大学出版社 2014 年版，第 384 页。

⑦ 〔清〕高凤翰《庭中芍药数本，花残不能赏，悼之以诗》，见刘才栋、郑文光、高石主编《高凤翰全集》之一《高凤翰诗集·击林集》，北京大学出版社 2014 年版，第 4 页。

⑧ 编者按：此处缺"色"字。

⑨ 〔元〕王冕《墨梅》。

⑩ 〔清〕郑燮《画兰寄呈紫琼崖道人》；紫琼崖道人：康熙子允禧。

⑪ 〔北宋〕邵雍《芍药四首·其三》。

⑫ 〔唐〕李涉《黄葵花》。

⑬ 〔清〕高凤翰《题画杂诗五首·秋荷》，见刘才栋、郑文光、高石主编《高凤翰全集》之一《高凤翰诗集·归云续集》，北京大学出版社 2014 年版，第 384 页。

引首钤"海上归云"白文印,后钤"老阜""高凤翰印""西园"白文印,第一幅右下角、第十二幅左下角皆钤"胶州海上庐法氏珍藏"鉴藏朱文印。乾隆丁巳,即乾隆二年(1737),时高凤翰55岁。

因卢见曾案,高凤翰受牵连入狱,遭陷害折磨,于五月二十五日突发风痹症,右臂病废,加之数十年科考的煎熬及十年坎坷仕途的打击,给他内心造成极大的痛苦,但依然没有放弃对学术和艺术的追求。其感元人郑遂昌尚左的故事,遂更号"后尚左生""丁巳残人"等,开始使用左手练习书画、篆刻诸事。此刻,诗文、书画成了其唯一所宣泄的渠道,他将郁结、愤懑的情感倾注到书画中去。此时,高凤翰离官后漂泊于扬州,正值书画艺术变革思潮盛行,时风所宣扬的艺术创作应富有创造性的鲜明的个性,给了高凤翰变法极大的可能和充足的理由,在这个大的艺术氛围熏染下,他开始顺应并接受碑学洗礼之后而形成的"怪异"书风。同时,生理上带来的诸多不便,对其书写面貌、字体取势等产生了极大的影响。他凭借自己对书法艺术的深刻理解和巧妙运用,将左笔书风加以夸张改变。

高凤翰右臂病废前书写的行草多取纵势,洒脱流丽,结体修长,笔法严谨。其病废后,初以左手书写的这套草书十二条屏,则发生了彻底的改变。从中可以看出,此刻他对左手的控制能力尚显不足,执笔较为生疏。在运行时,由于缺乏像右手一样的长期练习,表现出了拙笨与迟钝,行笔生硬,使转不甚灵活,字的结体歪斜、重心不稳的情况。所书线条较为迟滞,提笔表现不甚明显,使转生猛、倔强,有时出现下压而导致线条较为粗壮,故所书大多字字独立,互不连属。虽然左笔难以书写缠绵相连的草书,但其书至兴致极高之时,亦有连绵的字体出现,如"有客天台山上见""心与素心"等,看得出整幅作品中行笔生涩、努力为之的痕迹较重。他在《题怪石图》中曾记录自己病废右臂以左手书写带来的不便,"自丁巳右手废后,一切笔墨之役,惟以左手供驱使,细宛所在,多不能曲折如意。而于纵掣□□急赴促节以合天妙,则右手反让专长矣……"[1]在《自题〈左手卷〉后》记载:"两手其一解写字,并夺其一可能之?怪渠倔僵顽筋骨,抵死仍将左手持。南向侧身东走笔,角巾斜拂额弹棋。三年黑海沉沦孽,越到精熟越可悲。"[2]虽有诸多缺憾与瑕疵,但他有意借助"生拗涩拙"之不便,变劣势为优势,恰到好处地表现出"纯朴天真"的稚气墨趣。此作与其病臂之前的书风相较更多为浑厚、古朴的因素,奇崛、恣肆的意味置于其中。纵观全书,完全自性情中来,直书胸中意气,可以看出其沉雄豪迈,富有倔强不屈之气,也深深感受到愤世嫉俗、郁愤不平的悲壮气概。

梅、兰、竹、菊被古人称为花中"四君子",分别寓意傲、幽、澹、逸的品格,是人们感悟喻志的象征,也是咏物诗和文人画中常见的题材,用以标榜君子的清高品德。以上高凤翰所书17首诗,其中诗11引元代王冕《墨梅》、诗12引郑板桥《画兰寄呈紫琼崖道人》、诗14引宋代邵雍《芍药四首·其三》、诗16引唐代李涉《黄葵花》外,其余当是自作,并皆以

① 刘才栋、郑文光、高石主编《高凤翰全集》之四《高凤翰书画题跋印识·济南市博物馆藏怪石图》,北京大学出版社2014年版,第177页。
② 刘才栋、郑文光、高石主编《高凤翰全集》之一《诗集》,北京大学出版社2014年版,第265页。

其往日或常居所见菊花、杏花、芍药、兰花、牡丹、梅花、黄葵花、荷花及柳絮、松树等寻常之景入诗立意,并常化典入诗,以此借景抒情或托物言志,充分展现了自己"病里单凭左臂撑,犹能笔阵破纵横"的倔强之心和傲然风骨。

该书作中钤印"胶州海上庐法氏珍藏"之"海上庐法氏",系胶州法氏家族之法坤宏(1699—1785)。胶州(今山东胶州市)法氏家族是著名的仕宦门第、文学世家,自明末至清代中叶,法家科甲蝉联不绝,先后有多人中进士和举人,家族文化积淀沉厚,有清一代其家族中著名诗人、书画家、经学家辈出,闻名海内。

法家最具代表的人物是法若真(1613—1691),字汉儒,又字师百,号黄山、黄石、黄山衲等。其少时即具异才,顺治三年(1646)中进士,官至安徽布政使,后举博学鸿词不就,隐居胶州南乡黄山(今青岛市黄岛区宝山镇)。法若真是清初山东地区最为知名的诗文书画皆有成就的文人,他的诗超然脱俗,自抒性情,自成一格;文章奇崛,直追上古,且感情真挚动人。其书法功力深湛,行、草、楷各体皆风格独特;绘画亦不拘一格,笔有奇趣,光绪年间即墨文人黄肇颚题其《浅绛山水图》曰:"黄山先生画气势巍然,魄力雄健而清超俊爽,风趣在笔外自行,墨自止,不为先哲所拘,盖神品也,宜推为山左第一云。"其恣肆雄健,独树一帜的书画风格,对后世影响较大,被后人称为"黄山画派"。① 法若真"隐居20余年间,诗文著述、书画创作,从未间断。有《黄山诗留》《黄山文留》《驱病足文》《黄山年略》等传世"。② 潍坊市博物馆亦藏有法若真的作品行书《五律诗》轴和《松鹤图》轴。

法若真之后,其子法坛、法樟,孙法光祖、法辉祖,曾孙法坤宏、法坤厚等,皆文学、书画累累有名。法坤宏(字直方,又字镜野,号迁斋)承袭家学,经学造诣极高,深得方苞、赵国麟赏识。壮年时他与潍县韩梦周、昌乐阎循观、莱州毛其人、诸城王木舟被时人称为"山左五子",曾与韩、阎商订《经史大义》《古文提要》诸书,名震海内。其早年被赐大理寺评事职,后辞职归里,在胶州东南沿海筑"海上庐",自称"海上庐主人",教授生徒,著书立说。著有《迁斋学古编》《春秋取义测》《胶志通纪》《介亭待徵录》等。

法坤厚(字黄裳、南野,号西峰、白石山人等)与高凤翰性情投合,结为莫逆之交。他是杭州沈廷芳(椒园)的弟子,与献县纪昀(晓岚)、平原董元度(曲江)、历城周永年(书昌)等在泰山结海岱诗社,公推法坤厚为首。他书法学黄山谷,画传曾祖法若真家法,得其神似,被誉称为"小黄山"。法坤厚娶高凤翰兄高凤举之女为妻,后又与高凤翰儿子高汝魁结为儿女亲家,二人在晚年经常一起挥洒书画、诗酒唱和。③ 另有曾孙辈法克平、法重辉、法重谟等亦继承了法若真的艺术风格,以诗画篆刻名重一时。除以上诸人外,法允华、法伟堂、法金寿等诗人、书画家、篆刻家,皆能传其家法,文脉一直延续到民国时期。④ 当时作为同邑姻亲晚辈的高凤翰的书画风格也受法若真影响较大,乾隆九年(1744),在其所

① 参见高师之《法若真的书画交游及其家族书画传人》,《中华书画家》2019年第5期。
② 参见高师之《法若真的书画交游及其家族书画传人》,《中华书画家》2019年第5期。
③ 参见高师之《法若真的书画交游及其家族书画传人》,《中华书画家》2019年第5期。
④ 参见高师之《法若真的书画交游及其家族书画传人》,《中华书画家》2019年第5期。

作之山水画中题跋曰："(甲子)夏日,用黄山笔法仿徐文长《夜渡扬子江图》。黄山即法若真。"①

　　胶州法家与高家系世代姻亲,家族之间来往频繁,高凤翰出仕江南前,即与法若真孙辈交往密切。康熙五十九年(1720)九月十五日,高凤翰游历陵州(今德州陵城区)时,②曾以小楷录《陵州九日振河阁登高十首》成册,赠与自京师取道陵州回归的安丘好友张在乙。其后回胶州又重录其中 8 首,成小楷《陵州九日振河阁登高八首》册,赠与法若真孙法辉祖。③康熙六十年(1721)七月,又作《章草书七言古诗》赠之,题曰:"古诗一章,题画奉赠季修老弟清政。高凤翰笔。辛丑七月。"雍正六年(1728)九月,高凤翰为法若真曾孙法重辉自都门北上画《烟树秋声图》赠之,后又为其作《竹石枯木图》。④

　　高凤翰归里后,与法氏家族成员来往愈加密切。乾隆六年(1741)秋,法坤宏举乡荐,中"亚元",高凤翰有诗作《贺法敬野以高文得乡荐第二人》。⑤此后诗词书画往来唱和不绝。⑥数代人的文化交游,使得两家族结为累世姻亲,关系更为紧密,在一定程度上促进了家学传承。该十二条屏是少见的高凤翰病痹右手后篇幅巨大的左笔书法,作于江南,乾隆六年高凤翰北归后带回胶州,最初由其晚辈老友和姻亲的法坤宏收藏,据此可见该作分量之重。

五、左手书七缀集横披(图 5)

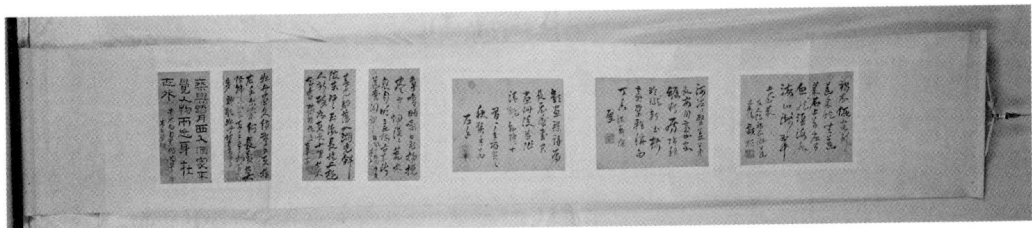

图 5　裱纵 38.5 厘米,横 232.5 厘米,纸本墨笔,左手书作七则
(第一至第三则:纵 21.50 厘米,横 26.50 厘米;第四至第七则:纵 25.80 厘米,横 12.50 厘米)

释文如下:

1. 褐衣假客到蓬莱,饱坐蓬莱石上苔。应有鱼龙荡海水,海山灭翠上衣来。

　　　　　　　　　　　　　　　　友人借褐衣游蓬莱归戏赠。钤"南阜"白文印。

①　刘才栋、郑文光、高石主编《高凤翰全集》之七《高凤翰编年录》,北京大学出版社 2014 年版,第 105 页。
②　刘才栋、郑文光、高石主编《高凤翰全集》之七《高凤翰编年录》,北京大学出版社 2014 年版,第 32 页。
③　刘才栋、郑文光、高石主编《高凤翰全集》之七《高凤翰编年录》,北京大学出版社 2014 年版,第 32 页。
④　刘才栋、郑文光、高石主编《高凤翰全集》之七《高凤翰编年录》,北京大学出版社 2014 年版,第 50 页。
⑤　刘才栋、郑文光、高石主编《高凤翰全集》之七《高凤翰编年录》,北京大学出版社 2014 年版,第 96 页。
⑥　刘才栋、郑文光、高石主编《高凤翰全集》之七《高凤翰编年录》,北京大学出版社 2014 年版,第 97、107、108、111、112、114、115、118 页。

2. 河泥泥壁盖茅长，安用豪家蜡粉房。恰种玲珑新玉树，黄垩雅称白丁香。

泥斋院壁。钤"一臂思扛鼎"白文印。

3. 题画杂诗为长元侄书其画册后并作清玩。

乾隆十有一年，丙寅之秋檗琴翁左手。钤"齐伧"朱文印。

4. 争鸣聒噪日飞扬，搅尽寒烟漠漠荒。太息月明三匝树，古来断送几周郎。

戏题寒鸦图，老阜左手。钤"南阜"朱文印。

5. 春光骀荡入湖光，斜绾东风玉线长。堤上游人新醉好，更吹十里菜花香。

西湖杂忆之一，南阜左手。钤"南阜"朱文印、"萧洒"白文印。

6. 牡丹画久伤右手，更换左手尔奈何。长贫莫怪韩夫子，两手争抛富贵多。

戏题牡丹诗，老阜左手。钤"萧洒"白文印、"一丘五岳"朱文印、"高子凤翰"朱文印。

7. 乘兴踏月，西入酒家，不觉人物两忘，身在世外。

李太白自书帖，南阜老痹左手学隶。钤"老阜左手"朱文印。

第1首为《友人借褐衣游蓬莱归，戏赠》。诗中所写是友人借穿自己的粗布衣裳去游蓬莱，高凤翰猜想友人在蓬莱岸边必定长时间坐于长满青苔的石头上，这时应该会有鱼龙跃起，激荡起大海之水，形成波涛，波涛撞碰到海山之后，清澈的海水就溅到了友人的衣裳之上。其以"鱼龙荡水""溅翠上衣"二句，既赋予了全诗极具想象力的画面，又平添了与友人相戏的无限乐趣。

第2首为《泥斋院壁》。诗中所写为高凤翰用河泥来刷斋院墙壁，并在其上盖上长长的茅草，这自然不是豪富之家所常用的珍贵材料了。正好他还要种如同神话里的仙树的梅花，那这黄土他就且文雅地称之为白丁香了。黄垩即黄土。白丁香，是古时的一味中药，实为麻雀的粪便。诗人以"安用"二字表达了自己的穷且益坚，又用"雅称"呈现了自己的童心未泯和意趣。

第3首仅书《题画杂诗为长元侄书其画册后并作清玩》，并未见诗。

第4首为《戏题寒鸦图》。乌鸦在传统绘画的表达和诗词歌赋的创作中，常以孤独、寂寥、萧瑟的形象出现，又自然地在凄清苦楚的意境营造中被赋予一种人格化的自我观照，让作者与观者都不禁陷入一种愁绪之中。此诗是高凤翰化用明代徐渭的《题〈古木寒鸦图〉诗》"莫学曹瞒三匝树，汉阳江上有周郎"之句，却一改前诗之意，赋予了寒鸦在寒意弥漫的清冷孤寂的境遇中仍固执地坚守的倔强风骨。

第5首为《西湖杂忆之一》。此诗为其回忆当年畅游西湖之景时而作的其中一首。当时明媚的春光正舒缓地融入湖光之中，岸边趁着东风放风筝的人正拉扯着长长的线。岸堤上的游人们则又像是醉了一般，因为十里的菜花香气浓郁，正不断吹来。此诗落笔轻快，当年的如画风景历历在目，恍然在昨，尤其是"十里菜花香"，更是将视觉的广度与嗅觉的冲击一同激发，充分表达了诗人对往日西湖良辰美景的眷念。

第6首是《戏题牡丹诗》。高凤翰自言自己因画牡丹太久伤了右手，没有办法只能更换左手了。"长贫"句典出唐人许尧佐《柳氏传》柳氏对韩翊"韩夫子岂长贫贱者乎"的评语，感叹自己"长贫"实因主动放弃了许多富贵。诗人在风趣的自嘲中亦流露出几分达观。

第 7 首是引自唐代《李太白自书帖》。原意：于月下缓缓漫步，西入酒家长饮，全部身心都溶于月色、醉于美酒，以致"不觉"忘了身在俗世。此处以月、酒入诗，空灵又炽热，所营造之境空灵、静美至极，亦高妙、洒脱至极。高凤翰引用此四句，既表达了对诗仙李白的敬仰之情，也展现了其自身对脱离俗世羁绊，追求自由、忘我境界的渴盼。

以上 7 首诗为后人汇集而成。从其尺寸大小、笔致书风观看，第 1 至第 3 首的行草是同一时间书写，第 4 至第 6 首的行草与第 7 首的隶书为另时所书。前 3 首书于乾隆十一年（1746），是年高凤翰 64 岁。此时使用左手书写已近 10 年，其所书用笔、线条走向、结字规律、章法控制已臻娴熟。行草是高凤翰改用左手后最主要的书体，其中吸纳了许多章草的成分。他将自己由于左手自然写出扁方的体势与本为扁方体势的章草巧妙地融合在一起，加之左手的挑出是顺势，章草的某些用笔就为其所用，而后又借左手书写生涩、厚拙的"拗势"，成为他晚年行草书最主要的表现手法。这三则作品用笔犀利果敢，线条坚韧刚劲，书风较之前老辣古拙。

除以上章草意味的行草外，因高凤翰早年的行书师法对象最多，面貌多变，晚年在吸取诸家之长后，融会贯通，兼有多种风格的书体。相较前三则，第四至第六则的书风又有不同，其杂糅各体，较前所作更为古朴厚重，体势上欹侧变化丰富，用笔简洁果敢，线条浑厚圆润，行笔更为流畅，似有山立雷奔之势，章法错落，得天然之趣。从此看出，高凤翰始终在不断地探索、思考自己的书风走向问题。

高凤翰早年的隶书师从张在辛，取法郑簠之"草隶"，用笔放纵肆逸，结字扁平舒放，笔画飞动灵活。后又追摹汉隶之厚重、古穆，汲取张在辛隶书之工稳的特点，使之形成了浑厚质朴，恣肆老辣的书风。病臂之后，浑厚古朴仍是其追求的风格，左手书写使其增添了生涩古拙之气。第七则隶书，所作不失严谨又有少许随性，在追求生拙的同时又显现出天真之趣，使之奇趣横生，为时人所尚。郑板桥在为高凤翰所作的《寒林鸦阵图》中题跋曰："高西园……后病废，用左手，书画益奇，人但羡其末年老笔不知规矩准绳，自然秀异绝俗，于少时已压倒一切矣。"[1]他自己说："……瘕废以来，书画更易左手，颇自许，窃谓右手有弗逮者，天趣横溢，以拙合道，非浅赏人所知也……"[2]可见其不同寻常。

高凤翰晚年右臂病废后，因势利导，借左手执笔之不利变自然书写，追求"本色"为长，所书纵横不羁，以气势取胜，全在法度之外，然"无法而法，乃为至法"，实为深厚传统书学修养的体现，因此形成了其独有的金石气且具奇趣性，造就出了天然质朴的书风，正所谓"言有尽而意无穷"。

① 周积寅《扬州画派书画全集·高凤翰》，吉林美术出版社 1996 年版，第 83 页。

② 刘才栋、郑文光、高石主编《高凤翰全集》之二《高凤翰文集·为汝灏作〈左手书画册〉题后》，北京大学出版社 2014 年版，第 191 页。

六、精拓《砚史》四条屏（图6）

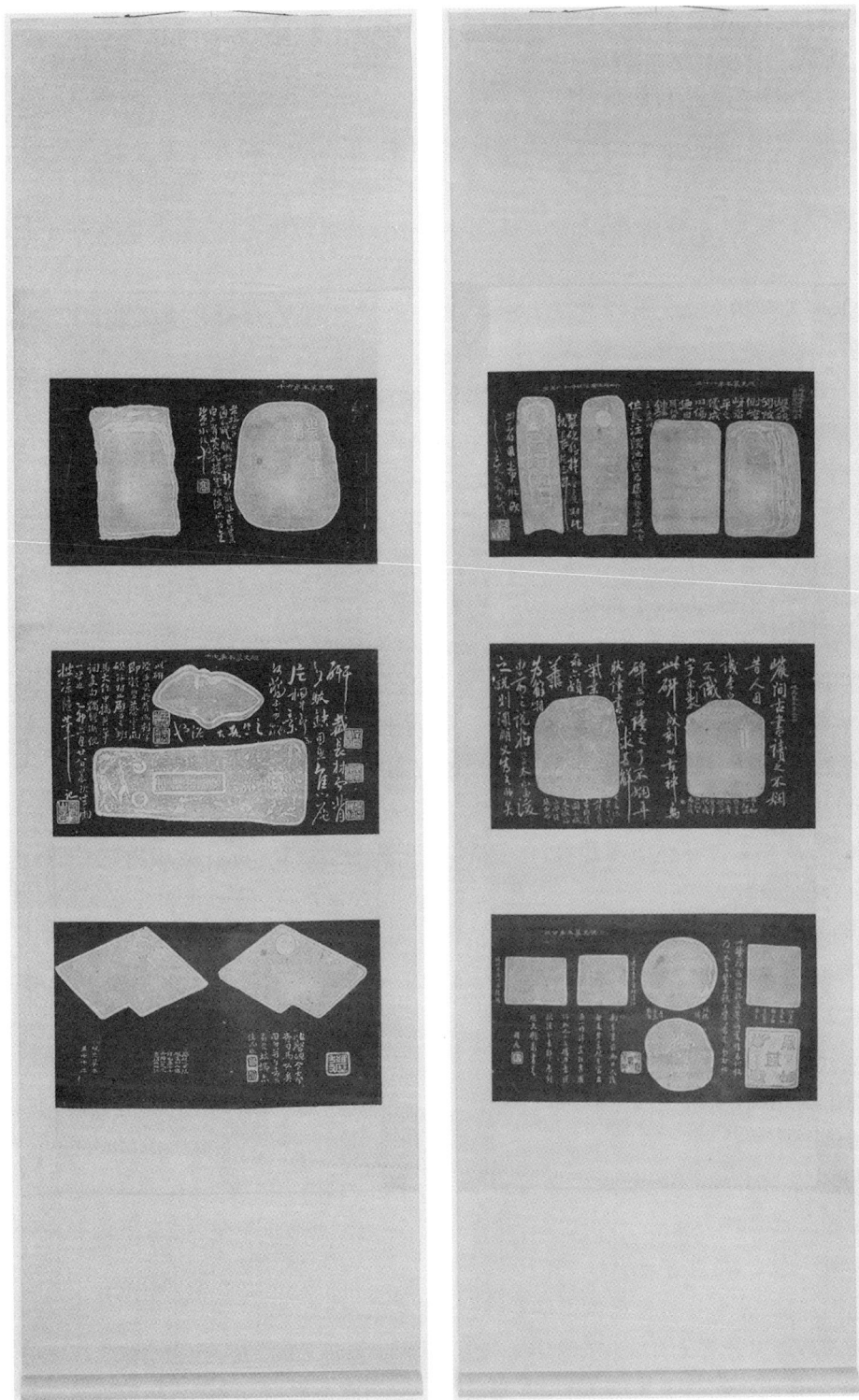

图 6　裱纵 141.5 厘米、横 53.8 厘米,芯纵 27.5 厘米、横 49 厘米,纸本墨拓

此为拣选高凤翰所铭，王曰申、吴熙载摹刻《砚史》中 12 幅 18 方砚拓装裱而成，罗列如下：

1.《砚史》摹本第十七

雍正十二年（1734）十二月二十三日，为金陵方咸亨后裔方少尹处得到的遗砚《钟砚》，刻砚铭。

砚铭：钟砚铭，甲寅腊月，大叩大鸣，小叩小鸣，然则砚固无心，其常视叩者以为功乎？南村。

题识：此研为故上元方少尹藏山珍品，余在金陵识藏山，未逾月而没于官，濒死，嘱其子贻余以志永诀，至今摩挲，犹为车过腹痛也。

方，桐城人，善山水，笔墨苍润，余犹藏其半幅云。甲寅腊月祀灶日泰州坝署识。凤翰。

○附注：余藏别册阜老与荔亭书，有云："昨在江干所云钟砚，不识可得见否？如有寄示，不出二十日内即完赵璧，不敢假以抵十五城也。"书后无年月，未审与此制孰相先后。而公之随处搜辑，苦心亦可见矣。相记。"自隐"（葫芦形阳文印）。

2.《砚史》摹本第二十七

雍正十一年（1733），于歙县索郑兰谷砚制铭。

砚铭：云根月窟，老蟆所龁，作文字蠹。南村居士铭。苦竹山人篆。

题识：此砚买之金陵，为端石上品，特体不廓大耳，然刻制精妙，足供登临。余更有诗云：老蟆蚀不尽，半规露清冷；携上万峰头，山河补全影。惜研小字多，无能手刻之。"老呆"（阴文印）、"西亭收阅"（阳文印）、"凤""翰"（阳文连珠印）。

砚铭：芝英云叶，雍正癸丑贻南村。兰谷藏研。古竹山人刻字。

题识：此皖上兰谷郑山人蓄砚，色苍黄，如澄泥之鳝鱼腹，而刻纹朴拙，如云如芝。山人倩余作铭，余既以"芝英云叶"四字篆之矣，而爱不忍舍，竟强为识而夺之，山人遂一笑相推，记此以博后来一笑。南村戏书。"拾得"（阴文印）、"髯"（阳文印）。

○附注：苦竹、古竹皆张吾未，两号一人也。吾未制砚为先生所最心许。禹畴。"禹畴"（阳文印）。

3.《砚史》摹本第三十一

雍正十二年，将雍正四年（1726）济南朋友朱潜园赠儿子高汝延的砚台，因汝延病故，再铭后转赠攀鳞孙。

砚铭：云镂月铺，文字骊珠。潜园铭研赠念堂。丙午。

遗者夫，砺尔节；教者子，研尔血；铭者尔翁翁心裂。雍正甲寅，南村老人铭砚付李氏妇代儿藏。念堂，延儿字也。

题识：砚上月晕作粉绿色而无层旋，疑所谓象眼也。

朱五弟潜园昔寄亡儿此砚，常护惜之，今余亦不忍更用，留以付鳞孙。此儿倘得成立，尚能不负此研也。临笔怆怀不已。南村老人。"高凤翰"（阴文印）、"南阜之印"（阴阳合文印）。

4.《砚史》摹本第四十八

(1)雍正十三年(1735),亲家李廷彝来泰州探视高凤翰,高氏为其制《廷彝砚》。

砚铭:廷彝。

脉望,书则蠹,砚则蛀,墨精化规,神仙之窟。雍正乙卯为廷老亲家二哥铭研。姻愚弟高凤翰制。

题识:廷彝亲家来泰相探视,适余制澄泥砚颇夥,因从索去此石,与余同手凿成之。既成,复索铭语,铭以"脉望",识廷兄之嗜学也。天根穿而月窟蹋,将亦犹书蠹含灵三食神仙字时矣。凤翰记。

(2)雍正十三年,制《节砚》留给长儿媳李氏传攀鳞孙。

砚铭:节研。

雍正乙卯,抱坚节,长龙孙,不饱霜雪,安得凌云? 南村翁付李氏媳儿。

题识:李氏儿妇即吾廷兄女也。归余长男,长男未登三十而不禄,遗孤孙攀鳞,氏奇爱而严督之。素未读书,至是发愤,取四子书,乘闲辄从阿翁受句读,不经年便能通大义,复学书,书亦清楷。见余制砚,亦乞一枚,遂作此节研勉之,亦以怜其苦,哀其志也。既拓付册,与其老亲研合辑之。南村翁记。

5.《砚史》摹本第五十四

雍正十三年三月二十九日正值高凤翰生日,制北斗《魁杓》紫泥砚。

砚铭:魁杓。

雍正乙卯三月廿九为南村生日,客有遗紫泥者,磨之得北斗状,惠而铭曰:瑞出魁杓,我愧文豪。

题识:此紫泥于史中所载诸品皆异,初得时几误以为紫石弃之,磨得魁杓,始共叱叹。人之抱异怀奇,不经涤洗而老死泥途中者如此砚,正恐不少耳! 题竟为之一慨。南村。"高凤翰印"(阴文印),"南阜山人"(阴文印)。

○附注:南阜得此异品,几误弃之,既而嗟叹之。若此,此砚诚遇矣。人之感遇,又岂可胜叹耶? "相印"(阳文印)。

6.《砚史》摹本第五十八

乾隆二年(1737)冬,高凤翰客扬州长寿庵,用左手刻第一方砚台《夔龙池砚》,赠泰州张刺史还任江宁。

砚铭:夔龙池,南阜并题。

出歙中,归河东,无功掷还效包公,文章千古领宗风。凤翰左手书铭。丁巳。

题识:此余病痿后,左手书铭刻砚第一方也。研赠泰州张刺史,今还任江宁矣。乾隆二年丁巳冬客扬州长寿庵镌铭,越明年戊午,苏州泮环巷寓舍左手记。"己未"(阴文印),"邂卦象"(阳文印),"左手"(阴文印),"天禄外史"(阴文印)。

7.《砚史》摹本第六十

(1)雍正十三年,制《云峦金碧砚》。

砚铭:云峦金碧,石道人,乙卯获。

题识：老坑石子,通体腻嫩如新截肪,色半蕉白,上有黄龙,卷云披缕,所谓金碧山水纹也。"高"（阴文印）。

（2）砚铭：天池。

8.《砚史》摹本第七十

（1）雍正十三年,制《古调自弹砚》。

砚铭：古调自弹。

题识：研截长材而背多驳缺,因思焦尾片桐,中郎不弃,何独不可施之此一段古泥也?"南阜农"（阴文印）,"园客"（阴文印）,"高凤翰印"（阴文印）。

（2）雍正十三年,六月廿八日制《朱蝠砚》

砚铭：朱蝠研,乙卯夏四月。

题识：此研原委,具于背面刻字,即"凝碧""蒸云"两砚余材也。譬之班、马大作中,摘其单词只句,犹堪傲倪一世也。乙卯六月廿八日,晨起生雨披凉随笔记。"游戏神仙"（阴文印）,"开卷有益"（阴文印）,"鲁田之章"（阴文印）。

9.《砚史》摹本第七十二

雍正十三年,高凤翰于泰州制《声砚》,赠查司马。

砚铭：通州澄泥,雍正乙卯泰州成。

小浮玉,羽拂有声,是相弱翰而致文明。麋翁,收以卑,无不宜。石道者。

题识：此磬砚,今奉查司马公矣。同时并奉者尚有老坑端,亦佳品也。"维摩方丈"（阳文阴刻印）,"凤、翰"（阴文印）。

○附注：磬砚次于琴砚,为例入乐律也。第七十六幅一足之意同此。相记。

10.《砚史》摹本第八十三

（1）雍正十三年制《三台岩砚》,送高河宪归京师。

砚铭：三台岩,乙卯。

天之象兮辉辉,山之岩兮巍巍,助文章之璘丽兮,羌磊落而崔嵬。雍正乙卯制并铭。高凤翰。

○附注：此砚池原本有"奉高河宪归京师"六字。（编者按：实是七字）

题识：凿砚得陂侧崎岈者,平之便成两伤,乃因其势镂三渠,以作长注深池,遂为层堑,而名以此。

（2）《赠祥峰和尚砚》

砚铭：使河如带,泰山若厉,国以永宁,爰及苗裔。

古券,功臣封爵铭。

题识：制砚时,誓无弃材,此就长片而中凹者用券形成之,亦近儿戏矣。"采芝馆"（阳文印）。

○附注：此砚池有"赠祥峰和尚"五字。

11.《砚史》摹本第九十四

砚铭：古禹碑,用锡元圭,告厥成功。石道人仿古。

题识：用圭邸作砚池，既可受水养砚，亦供点笔，仍与碑相比附，不为添设也。

古篆依方氏墨谱。此砚背古斑陆离，不减大瀛海，亦澄泥底面也。

岩间古书，读之不娴，昔人因讥李白不识字。余制此研成，刻以古神禹碑，亦正读之了不娴耳。然读书不求甚解，柴桑翁亦颇善为解嘲。由前之说，将学太白；由后之说，则渊明又为吾师矣。

12.《砚史》摹本第百三

（1）雍正十三年，高凤翰手书，其侄汝冀代刻《五岳四渎之英砚》。

砚铭：五岳四渎之英，雍正乙卯，南村手制。

题识：汝冀侄为余刻铭字极多，制此劳之。

（2）雍正十三年，为祝荔亭所蓄砚刻王羲之"鹅"字为铭。

砚铭：大令书，南村铭。鹅，雍正乙卯。

题识：此鹅砚，为润州祝荔亭所蓄，倩为作铭，乃以大令"鹅"字镌其背以当之。南村记。此端溪石片，质亦颇佳。

（3）雍正十三年，七月七日制《乞巧砚》

砚铭：小支机石，七月七日成。

织女之石支机，当于乞巧得之。付二女学字。雍正乙卯在泰州。

题识：二女学书，笔性清洒，授此片石，以示鼓励。"和雪嚼梅花"（阳文印）。

○附注：南阜书，前无古人，后无来者，蓄砚甚富，名噪一时，得女又能书，乐何如也！小支机石，竟从银汉分来耶？为刻《砚史》，艳美书之。惜庵。"夕庵"（阳文印）。

高凤翰多才多艺，性情豪放，其不但精于诗、书、画、印，对于制砚也不同凡响。他凭借任职歙县的经历和家乡山东盛产红丝砚、尼山砚、淄石、范公石等制砚佳材的有利条件，竭尽心力收集古砚及各种名贵砚材，根据长短、大小、纹路、凹凸等形制，雕成诗、书、画、印俱佳，形态各异的砚台，并加以制铭撰记，以致蓄砚千余方。又从中选出精品165方，拓出砚图112幅，加之跋语、题记共135幅，以人名、产地、时间、形式等命名，并附刻题跋诗文佳作，或记录友情，或寄托思绪，编成《砚史》4册。其在《砚史》自记中曰："南阜山人有志史氏而无所用，作砚史窃慕司马子长之书，仿之作志、书、表、本纪、世家、列传。"仿照《史记》例，取名《砚史》又名《西园砚史》。册中每篇砚铭、题跋均言简意赅，情真意切，书迹五体皆备，图文并茂，是集篆刻、书法、绘画、诗文于一体的艺术珍品。

铭砚，宋代即开始流行，曾有米芾、苏东坡等书家铭砚；明代铭砚之风盛行，多为楷、行两种书体；清代则更盛，刻砚、铭砚最多，从高凤翰始篆、隶、楷、行、草五体俱全，开风气之先河。清代钱侍辰所辑《高南阜先生〈砚史〉年谱》载：高凤翰从康熙五十九年（1720）始铭《冷云砚》，至乾隆四年（1739）最后铭《寿门砚》，历时19年。该时段正是高凤翰书法的黄金时期，他的书法风格亦完全呈现于铭砚中。雍正十一年（1733）至雍正十三年是高凤翰集砚、铭砚的高峰期，仅雍正十三年竟铭刻60方砚。[①]该四条屏中，雍正十三年的就有11方，又有雍正十一年、雍正十二年的3方。从以上《砚史》拓本中看到，这时期的书法，既有直接取法宋元明诸名家直白的书写风格，又有博取众家之长，将其融汇所形成的较为独特而成熟的风格，所施篆、隶、楷、行、草五体混用娴熟，已然达到其右手书法艺术的高峰。砚铭中行、草笔法灵活飞动，字数较多者可见酣畅淋漓，字数较少者，则显得散淡幽深。篆书风格多样，用字与其刻印相近，既有汉印缪篆的风格，又有汉玉印之风，或线条圆转，劲挺瘦硬，或结字稚拙，笔画流美。亦有隶书，结字恣肆灵活，书风浑穆厚拙。

摹本题跋中使用最多的是楷书、行书且面貌多样，多取法钟繇，结体古趣，又受黄道周影响，古朴而不失灵动；或取黄庭坚之法，长枪大戟，洋洋洒洒，令人满目充盈；又有取诸家之长，糅合各体，自成面貌者。

摹本第五十八《夔龙池砚》，是乾隆二年高凤翰废右后左手刻的第一方砚。该砚与其左手书作中结体多取横势之不同，结体取纵势，线条生动流畅，无生疏之感。周边的行草题跋则与之大不相同，结体取横势，恣肆随性，东倒西歪，显示出放荡不羁的性格。

精拓《砚史》四条屏，砚石部分用淡墨拓出，题记、题跋部分用浓墨拓出。最难得者砚石本身的斑纹、彩晕等，也能从拓本上显现出来，由此可见摹刻之精，拓制之别具匠心。书刻砚铭和题跋皆依砚石之形制及周边空间，随形布势，巧妙运用各种书体，施以各种不同形态的结体、笔画；妥当把控节奏之疾涩、收放、快慢；悉心安排字与字、行与行之间的连贯和呼应，追求通篇的平衡和协调。章法之错落、疏密、虚实、开阖均把握得恰到好处，使之整体显得和谐有序。

高凤翰在字法、章法完成的前提下，又利用恰到好处的刀法来表现不同的意趣和美感，以刀代笔，刀带笔意，冲切互动，混融一体。其追韵味，求古意，驰涩有力，极富个性趣味。他还将绘画创作运用到制砚当中，依据砚面上的天然纹理、斑痕，利用巧雕创制出山岳、水云、日月之形，使诗、书、画、印结合的完美无瑕，体现了极高的艺术造诣和综合修养。陈振濂对此评曰"高凤翰的《砚史》价值绝不在他的印章和书画之下，或有过之。"[②]

高凤翰故后，江苏宿迁王相（字惜庵）于道光年间重金从高氏族孙手中购得《砚史》原拓本。得此墨宝后，其再三展读，爱不释手，认为《砚史》"此于艺苑中，前无古人，后无来者，藏之则人莫得睹，脱散佚则无别本，安得摹勒上石，拓千百本以公诸斯世邪？"，遂请太仓雕刻高手王曰申（字子若）摹刻《砚史》。王曰申接受委托后，谢绝一切书画篆刻应酬，"求精不惜费"，倾其全力摹刻《砚史》。因所用砚石是易于雕刻的苏州灵岩山挖皴石，石质光洁细腻，故原册之神韵在摹本中得到保留，称"下真迹一等"。可惜王曰申仅刻完51石就病殁了，然而所刻却用二年余载，足见其用心程度。5年后，王相又请仪征篆刻家吴熙载续刻《砚史》。吴氏知名海内，名高事繁，无暇全力以赴。其又因石硬吃力，遂手钩定本，指授扬州刻工，改用枣木板续刻了八十余方。因木板刻出的效果比不上石板，加之刻

————————

① 刘才栋、郑文光、高石主编《高凤翰全集》之五《高凤翰〈砚史〉摹本铭跋印识》，北京大学出版社2014年版，第338～339页。

② 陈振濂《品味经典——陈振濂谈中国篆刻史》，浙江古籍出版社2007年版，第37页。

工艺术造诣不高,木刻效果与前半部差距较大,王相有意重刻,无奈精力、经费不足,只能设法补救,利用早期摹刻后又留存的断裂之石,另邀刻工以青石刻之,但难以尽善。咸丰二年(1852),王相在完成摹刻《砚史》后过世。之后经过战乱,原拓手迹已孤本难寻,摹刻的枣木板也几乎损失无踪,仅剩余摹刻石版五十余块现珍藏于南京博物院。因此,王曰申、吴熙摹刻的拓本成为后人研究高凤翰《砚史》的宝贵资料。《砚史》拓本分两种,全拓本有彩拓、墨拓,此种只作为赠送亲友爱好者之用,拓本极少,彩拓更为稀有;又有选拓本,选其中砚图十数种裱为屏条,赠送外人,现存世亦不多。潍坊市博物馆馆藏《砚史》拓本四条屏为后者,可弥补《砚史》拓本存世不足的缺憾,为研究《砚史》提供借鉴资料。

结语

潍坊地区自古以来金石书画之风长盛不衰。潍坊市博物馆得益于此,多藏有高凤翰诗文书画与砚形铭拓等,但与高凤翰毕生难以数计的各类作品相较,实不过沧海一粟。然依上所缕述,仍可从中窥见其不同时期的交游、心境与诗、书、画、印、砚等创作风格的流变历程。观其一生,论其交友,出仕之前,安丘张在辛是对他影响最大的益师良友;出仕以后直至终老,曾任潍县令、"扬州八怪"之一的郑板桥则是他的知己;而与胶州法氏众人的交游,则为高凤翰悲怆的晚年平添了许多欢悦。这些人物都对高凤翰的艺术成长、风格发展变化和人生经历产生了极为重要的影响。高凤翰一生坎坷偃蹇,虽才华横溢,常怀一腔济世报国之志,却于仕途之上屡遭重挫,右臂病废后又郁之不得发,但他不甘颓废,以极大的勇气和毅力,用左手出奇制胜,创作了大量的艺术作品,并将此发展到了新的高度,在文学、艺术上达到了极高造诣,成为诗、书、画、印、砚全能的巨匠,在中华民族源远流长、博大精深的艺术长河里谱写下了绚丽篇章,为后世艺术的发展繁荣提供了丰厚滋养。

诗画合璧　左右逢源
——高凤翰右手画与左笔诗研究

王南冰*

　　摘　要：高凤翰诗画题材丰富，意象别具新意，在寄情、言志与抒怀中体现出强烈的自我意识。画风富有诗意，气韵生动，题画诗为画体赋予深意和别趣，尤其是右手画上的左笔诗感时伤事的意味分外强烈，独具艺术特色，是高凤翰坎坷经历和人格精神的写照。右手画与左笔诗分属高凤翰创作的前后两阶段，二者汇集于尺幅之间，彼此观照、互补互融，形成令人耳目一新的诗画合力，这既是对传统文人画的继承和创新，也为近现代国画的进一步发展提供了思路和借鉴。

　　关键词：高凤翰；右手书画；左笔题画诗；诗画同构

　　扬州画派代表高凤翰是清代杰出的左手书画家和指画家，他工书画，善诗印，作品意境深远、富有神韵，在诗画互渗互融方面臻于化境。高凤翰创作分前后两期，以乾隆二年右手病废为节点，之前为前期，基本是右手常规书画兼习指画，秀丽淡雅；之后是他苦练左手，以左笔创作，张扬恣肆，风格大变。55 岁以后，他自号"后尚左生""丁巳残人"等，不断用"一臂思扛鼎"激励自我，竟于绝处逢生之际推陈出新，别开艺术新境，人称西园左笔。高凤翰诗意象丰富，诗境高远；画则不拘成法，花卉、山水、竹石园林等各体皆擅，文墨灿然，内蕴高迈，奇异有天趣。

　　高凤翰并非天生左利手，左手题诗作画也绝非一时兴起，迫于风痹症，虽年过半百他也只能改弦易辙，以左手挥毫泼墨，确属无奈之举。实际上，他在右废之前甚至年少之时，右手画已颇具风格，这能够从郑燮《题高凤翰寒林鸦阵图》文中得到证实："高西园，胶州人，初号南村，此幅是其少作。后病废，用左手书画，益奇。人但羡其末年老笔，不知规矩准绳自然秀异绝俗于少时，已压倒一切矣。"[1]可以说，西园左笔书画的突出成就离不开他深厚的右笔画功底。

　　高凤翰的左笔诗共分两种，一种是高凤翰右废之后题写在前期右手画上的左手题画诗，也包括《南阜山人诗集类稿》中的这类题画诗，这是本文分析的着眼点，目的是对高凤翰左右手的诗画进行直观的对比。另一种是高凤翰后期左手画中的题画诗以及诗集中后 3 卷（病废后所作）中的题画诗，这一类大都与右手画并无直接关系，因此并非本文讨

---

　　*　王南冰，文学博士，青岛农业大学人文社会科学学院副教授，主要从事文献与文化研究。本文为 2020 年度青岛市哲学社会科学规划项目（QDSKL2001178）、2021 年度青岛农业大学高层次人才科研基金项目"高凤翰题画文学研究"的阶段性成果。
　　①　王咏诗《郑板桥年谱》，文化艺术出版社 2014 年版，第 24 页。

论的重点,本文只就后一类中与第一类左笔诗题材相同的左笔题画诗予以讨论。①

高凤翰在病废右手之后,时常翻检温习右手旧作,还会特意用左笔在右手画上题诗作跋,形成了这样一种右手绘画与左手诗、跋相映成趣的诗画精品,这是高凤翰最不同寻常的诗画创作,由此可以探讨高凤翰诗画合璧的独特之处和前后期不同的艺术造诣,也可借此进一步分析其诗画的相互关系。

一、题材与立意:右手画中的左笔诗

高凤翰诗画取材广泛,妙合物理,无论人物、花鸟还是山水都被艺术化地呈现出来,体现了他对自然细致入微的观察和热爱。他将自然界中的山川、草木、鸟兽、虫鱼视为生命个体,当它的某个生命状态被捕捉和定格凝固到诗画当中,就被赋予了作者的主观情感,形成天人合一的境界,正如高凤翰笔下所谓的"写我心曲""寄我素心"。从根本上来说,诗画的艺术生命是由艺术家某个时空的审美心态和情感思想决定的,艺术作品在特定的时代背景中体现艺术家的三观及其隐含的象征意义。

(一)花卉

花卉类诗画常见的创作题材有梅、兰、竹、菊、松、荷以及牡丹、海棠、芍药、梧桐、芭蕉等,既有中国传统具有比兴意味的花卉和树木,也有生活中随处可见的蔬果和山珍,这些花草意象在其艺术作品中动感十足,呈现出富有生机的动态美。他描摹的往往是各传统意象在风中、雪中、水中、雨后、月下、光影间等不同外部环境和天气状态下的风姿,带着含蓄清逸的别趣,有着扬州画派特有的印记。作为沉沦下僚的基层官员,宦游南方 10 余年,他深刻了解百姓疾苦,曾作《田家诗》《卖姜翁》《苦灶行》《捕蝗谣》等纪实诗以反映民生多艰的世情,绘画中则以荒寒、孤傲、清冷和寂寥为意境进行创作。宦海浮沉中,他曾因被诽谤和受牵连两度下狱,受尽折磨和屈辱,而囹圄的禁锢成为他风痹症的直接诱因,致使其右半身连同右臂麻木,右手无法执笔,愤世嫉俗的思想情感在政治高压之下,只能通过花鸟诗画间接流露出来。伤感之余,为纾解苦闷,他常翻检旧稿,慨叹世事,温故知新,给曾经的部分右手之作加上新的诗、跋,以此留下了一些左右手合璧的艺术精品。诗人由物观心,傲骨、坚贞和顽强力透纸背,右手画上的左笔诗感时伤事的意味浓烈而又深沉。

风荷

荷花,历来被骚人墨客拟化为少女、雅士或君子,而在高凤翰水墨写意画《素袜凌波图》中,通过题画诗和诗意图表现出的风中之荷却独具文人风骨。题画诗曰:

荷叶荷花五尺长,墨痕托出水中央;纵然折断玲珑骨,不恋汙泥也自香。②

据题跋所述,《素袜凌波图》作于雍正十年(1732),题画诗却是在作画五年之后的乾隆二年的补题之作。此年,刚刚病废右手的高凤翰,"邂逅"了往年的右手之作,感慨万千

---

① 高凤翰左笔题画诗,本文简称左笔诗,与右手画相对应,下同。
② 刘才栋、郑文光、高石主编《高凤翰全集·高凤翰书画题跋印识》,北京大学出版社 2014 年版,第 48 页。

的他遂在题诗中以风荷自喻，抒发出了当时的心境。诗中的"折断玲珑骨"暗指手残，结句"不恋污泥也自香"表达了诗人在遭遇到人生重大变故之后，不向命运屈服，顽强向上的人格魅力。画中荷苇交错而生，苇叶顺势而动，体现出风势的强劲，高低错落的荷花在强风之下倾斜，荷叶也随之翻转呈现出明暗相间的光影色彩，这令荷花的凌波仙子形象在一池吹皱的湖水中更显得卓尔不群。此右手画和左手诗之间虽有五年流转时光的间隔，但整体来看却浑然天成、相得益彰，画中之风荷在题画诗的注解下别具风致，意蕴十分丰富，体现出他自强不息的人格精神，打下了他坎坷人生经历的个性化烙印，对深入了解高凤翰文艺创作具有一定的史料价值。

甘菊

东篱寒菊象征淡泊明志，也有秋菊晚香之义，乾隆三年（1738）高凤翰作有花卉图册，其中一幅左手画便是东篱菊色图，有题："莫嫌老圃秋容淡，恁看黄花晚节香。"①高凤翰曾以艺菊、墨菊、雪菊、黄菊和甘菊为题材进行过诗画创作，但对甘菊题材尤为偏爱，有诗《题〈甘谷菊实合写图〉寿壮母七十》，有画《幽涧丛菊图》和《香流幽谷图》等。

河南南阳郦县甘菊谷，人称郦县菊潭，是历代文人墨士心目中的桃源圣地。在康熙五十九年（1720）和雍正二年（1724）祀灶日，他分别创作了《甘菊图》和《甘谷图》通景，描绘神往的南阳甘菊谷的风光，两图均有题跋，对作画背景进行了介绍。据称，南阳郦县有一处甘菊谷，谷水甘美，谷中长有大菊，长年浸没在甘甜的谷水中，得到了天地雨露的润泽和滋养，菊开之时，香溢山谷。环谷而居的有数百户人家，常饮甘菊谷水的，往往能活到百岁以上，有南阳寿之称。因此，画作中的甘菊意象常带有延年益寿的含义，而《甘谷图》就是借此美好寓意为王青霞祝寿所作。高凤翰表兄张谦宜和安丘张在辛、在戊、在乙三兄弟及其子侄敬舆、扶舆、重舆皆有题跋。高凤翰《甘谷图》题诗曰：

> 画家无小品，文家无小事。只争落笔前，眼界与胸次。画菊以菊求，所得有何味？点染篱落间，蜂蝶皆小致。昨从琅琊回，海山挟奇气。泼为甘谷图，卓荦写大意。削壁泂长川，飞瀑破空翠。花叶缀晚香，余始及细碎。譬如画伟人，气骨尚雄贵。磅礴出谨言，变色作游戏。嗟嗟弄笔人，花卉勿轻易。②

高凤翰借画菊来阐述为文作画，眼界要高远，胸怀要宽广，要从山海自然间汲取奇伟之气，所以提笔落笔时就不能拘泥于一花一蝶，运笔时要能大开大合，泼墨写意时则要以气骨和雄贵为重，把卓荦不凡的气魄外化于笔端。高凤翰在画菊时，特别注重汲取周静香厚重古质的老笔之法，同时他有意识地提炼总结傲霜劲草类花鸟画法，曾作《画菊茎蒂卷》，以正仰式、迎风侧面式、侧卧兼全翻式、半垂式、正面式、倚风侧面式、斜倚横卧半仰式、两枝并倚式、三枝掩式、正面、菊梢出石倚斜取势式、石根半掩倒垂式、花掩石式等多种菊花形态为例，不厌其烦地为其允绍妹丈（匡继武）逐一介绍种种画菊之法，可以说对菊花形态的描摹既细致又独到，这种从练笔中揣摩出的真知灼见对当今花鸟画创作仍有

---

① 刘才栋、郑文光、高石主编《高凤翰全集·高凤翰书画题跋印识》，北京大学出版社 2014 年版，第 95 页。

② 刘才栋、郑文光、高石主编《高凤翰全集·高凤翰书画题跋印识》，北京大学出版社 2014 年版，第 19 页。

借鉴启发意义。

需要特别说明的是,关于甘菊题材的创作,有一幅《甘菊残幅》的题跋看似与众不同,原因在于它能直接判定高凤翰创作前后期的具体时间分割点,在乾隆二年五月二十五日。题跋称《甘菊残幅》是在他还未感到右手有恙,也就是瘰病还未完全发作之时所作的最后的右手画。乾隆七年(1742)冬至日该画被翻检出来,作者这才意识到此画对自身创作具有的标志性意义,即右手绝笔之作①,不禁慨叹自己的右手书画就此在人间绝迹,特意再用左手题记,郑重地交给自己的孙子高攀麟收藏留念。

雪竹

翠竹或凌云而起或在风雨雪中挺立,象征具有高节的谦谦君子。高凤翰画雪竹时有自己独到的见解和处理方式,曾作题画诗《烘墨作雪竹,中留白晕一团如月影》,他常取浓淡之墨勾出竹竿与竹叶,利用背景烘染塑造挺立在冰天雪地中的茂竹形象,与郑板桥瘦劲孤高的墨竹有着显著区别。高凤翰自号竹西生,竹西亭是其斋名,家乡胶州也有同名故园。在南方为官时,竹西亭成为高凤翰进行诗画创作的重要题材之一,《西亭晚坐》《西亭雪后》《西亭归兴》《西亭言怀》《北归夜入西亭》《西亭对雪图》《西亭诗思图》《西亭烟雨图》等诗画,都与西亭的竹园联系紧密,绿竹就此也寄寓了高凤翰作为宦游人的乡思和乡愁,思乡之情在画竹时会不经意地流露出来,有诗为证:

画竹忽忆家园竹,久别清阴自闭门。记得年年三四月,樱桃风里看龙孙。②

另有纸本设色《蕉竹文石图》也是高凤翰左右手合作的见证,据题跋所称为经年右手旧作,乾隆六年于画篋中搜寻得到之后,他左手提笔将老友郑板桥的诗句题写于画作之上,诗云:

芭蕉叶叶为多情,一叶才舒一叶生。自是相思抽不尽,却教风雨怨秋声。③

题诗之年,正是高凤翰结束南方游宦生涯回到故乡之时,年老体衰的游子选择叶落归根,终于不再异乡漂泊,此刻再次展玩蕉竹图,感受自然不同往昔。画上的芭蕉和绿竹经过岁月变迁,依然茂密苍翠,焕发着无限生机,但那个创作蕉竹的诗画家已是病骨支离,满面沧桑,满腹愁绪。蕉竹的一枝一叶都缱绻关情,枝枝叶叶舒卷不尽,迸发出生命的活力,无奈外部生存环境却极为恶劣,秋雨如注摧打芭蕉,竹叶在狂风中飘摇。在暴风骤雨的裹挟之下,多情的蕉竹似孤人一般哀号不止,仿佛发出连绵不尽的秋声,又勾起诗人无限的秋思,萧瑟之感顿生。

通观高凤翰的花卉诗画代表作,相关题材比较集中并呈系列分布,其中的意象往往

---

① 另据陈丙利《病树着奇花——高凤翰的左笔书画》文中所述,现存山东省胶州市文化局文化志办公室的《睡莲图》也是右手绝笔之一,题记曰:"此丁巳年五月二十五日末,感瘰病右手前一刻作也。右手书画如此绝迹。壬戌冬至,检旧纸有感,记之。归云老农南阜左手。付麟孙留之。"陈丙利《病树著奇花——高凤翰的左笔书画》,《中国书画》2016 年第 11 期,第 46 页。

② 刘才栋、郑文光、高石主编《高凤翰全集·高凤翰诗集》,北京大学出版社 2014 年版,第 57 页。

③ 刘才栋、郑文光、高石主编《高凤翰全集·高凤翰书画集》,北京大学出版社 2014 年版,第 244 页。

关联着特定的处所：风荷对应南斋池，甘菊对应甘菊谷，雪竹对应竹西亭等，它们既是高凤翰念念不忘的乡野故土，也是他追寻不止的精神家园。

（二）山水

除精于花鸟创作之外，高凤翰也擅长山水，其画兼有宋人雄浑之神和元人静逸之气。乾隆十二年九月三十这天，高凤翰见到了自己阔别二十多年的旧作《雪景山水》，由此他回想起当年在济南时的一段往事，那是布衣时与好友朱潜园在湖上堂筱园的亲密过往，诗集中的《再用筱园即席韵一首》和《新晴，雅集湖上堂，诸同人分赋，戏成拗体》两诗就与此经历相关。与旧作的不期而遇亦引发他对世事无常、物是人非的感慨，他在题跋中称：

> 此余未如江南时，在济下为朱潜园所作于湖上堂者。湖上堂者，潜园阿仲筱园也。未几，筱园且即世，而潜园家亦中落，此画竟流落市肆，为好事者转手收弄，世间事亦安可执着把玩哉？临笔太息不已。①

交代完这幅右手冬景山水画的相关人事、创作背景及其在市井间流离辗转的概况之后，他用左手满怀深情地写道：

> 余自废右后，凡题余旧时右手画者数四，唯此更深好友之思，忱然忱然。②

另一幅《罨画溪山图》为右手山水春景图，系雍正元年（1723）长至日高凤翰于自家石鳌山馆画成，同时上题绝句一首：

> 罨画春（山）隐列屏，斜阳低衬冻阴清；何人消尽闲滋味，万树梅花一草亭。③

多年后，高凤翰应其族弟高研村所求，左手再题这幅未病时创作的右手画，在其装裱后于诗塘处另题诗一首：

> 已见三生石上形，圆公何必旧精灵；不知眼黑翻觔斗，还识今生老竹亭。④

两首题诗的内心感受迥然不同，前一首突出一个"闲"字，后一首更多出三生梦幻泡影的意味，是诗人苦难经历的影射。从布局和书法风格上来看，前期原题诗位居画中，规规整整，与画最高处持平，字体娟秀，犹如山间题壁，自然又巧妙。后期再题诗句则遒劲疏放，笔端透出不平之气，呈现出峻拔倔强的姿态，飒野有天趣。两种诗书风格熔铸于一画之中，在对比中体现了一种超乎寻常的参差错落之美。

（三）人物

55 岁是高凤翰的一个重要的人生节点，疾病让他有看破红尘之感，《玉屏清照》与《题松籁阁雪中对镜图》都是创作于同一年的肖像画，由其门人虹溪李龙瞻和震泽陆音画像，高凤翰布景，合作完成。《题松籁阁雪中对镜图》小像的显眼位置，他特意用左手做出莲

---

① 刘才栋、郑文光、高石主编《高凤翰全集·高凤翰书画题跋印识》，北京大学出版社 2014 年版，第 34 页。
② 刘才栋、郑文光、高石主编《高凤翰全集·高凤翰书画题跋印识》，北京大学出版社 2014 年版，第 34 页。
③ 刘才栋、郑文光、高石主编《高凤翰全集·高凤翰书画题跋印识》，北京大学出版社 2014 年版，第 270 页。
④ 刘才栋、郑文光、高石主编《高凤翰全集·高凤翰书画题跋印识》，北京大学出版社 2014 年版，第 270 页。

花指动作轻拈霜髯,右手却藏而不露,暗示此时右手已不力,但姿态不失潇洒。此图由高凤翰左手题名,是高凤翰五十五岁时的写真,由其得意门生陆音主笔,形神兼备,得到了高凤翰的高度认可,画成之后被送回胶州用以消解家人的相思之苦。据题记称此画像逼肖,凡与他有过一面之交的都能识得画中之人,即便是未曾谋面的神交也能见画如晤。画像是乾隆二年正月高凤翰在泰州所作,此时还未废右。同年十二月,高凤翰在苏州是用左手补画了松雪背景,又于次年人日(农历正月初七)再用左手题识:

> 碌碌江干,十年牛马,头上星霜老至也。嚼尽黄檗与甘蔗,酸甜苦辣归聋哑。镜里雪涧春梦婆,虚空一笑谁真假。[1]

自题画赞中,高凤翰对十年仕宦生涯做出了阶段性总结,也用左手题识表明心志。在他看来,自己兢兢业业,十年如一日,牛马般勤耕不辍,但老之将至回首往事时却恍如一梦,劳而无功。对于他来说,人世间的一切,无论真假,都如镜花水月般虚空,只能让人带着莫名的伤感一笑置之。期间所有的酸甜苦辣皆成过往,个中滋味,老病之身只能深埋心头,自我消解。废右之后,想要继续题诗作画,只有尚左一途,内心固然有诸多无奈,但作为厚德自强的君子自会以此明志,发奋图强,回归初心。画像用松雪作衬景,暗喻内心洁白似雪,身姿挺拔如松。图中多处题跋,用隶书、行书、草书等字体分段题写,书法错落有致,章法有度。

二、经历与情感:左笔诗中的右手画

高凤翰乾隆二年之后创作的所有绘画和题画诗均为左手诗画。《南阜山人诗集类稿》按时间顺序共分为七卷,分别是《击林集》《湖海集》《岫云集》《鸿雪集(上)》《鸿雪集(下)》《归云集》和《归云续集》,前5卷卷首均有南阜山人自序。据诗序所言,其中前4卷是诗人丁巳年之前所作,《鸿雪集(上、下)》为宦游南方所作,由此可推知《归云集》及《归云续集》为北归之后所作,故后3卷中的诗歌均为高凤翰废右之后的左笔书诗。

在高凤翰人生最后阶段的系列左笔诗中,寒鸦是其最为钟爱的创作题材,有诗《乌鹊谣》《题画寒林鸦阵》《题〈河上晚鸦图〉》《题寒鸦》《苦鸦诗,题〈苦木寒鸦图〉》《题画枯木寒鸦三首之一》《慈鸦哺乳篇,拟古乐府,赠摄州青郡司马海宁陈立斋先生》等。此外,还有数幅与此相关的描写荒落景色的绘画,兼涉右笔、指画与左笔,贯穿于南阜先生人生的不同阶段。

枯藤老树昏鸦,一片伤心景色,寒鸦归巢极易让人产生乌合之众的联想。天寒日暮,乌雀翔集在疏枝间飞鸣不已,这一场景也用于讽喻黑暗的社会现实。高凤翰作画只用寥寥几笔勾出枝丫,再用干笔枯墨赋鸟雀以形体和羽毛,使之形态各异,有倒挂、展翅、飞翔之姿,仿佛一帧帧动态图,捕捉到了禽鸟的瞬间姿态,灵动传神。与前期相比,后期诗画中寒鸦意象的讽喻意味才渐次增强。而在前期,诗人描绘的是家乡三里河畔,鸦阵在冬

---

① 刘才栋、郑文光、高石主编《高凤翰全集·高凤翰书画题跋印识》,北京大学出版社 2014 年版,第 441 页。

日的朝霞暮霭间盘空的场景，表达更多的是对故乡的感怀和自我的感慨。他在康熙五十八年（1719）创作了水墨《寒林归鸦图卷》，雍正六年（1728）又作设色《寒林鸦阵图轴》，画中题跋交代了创作背景，曰：

> 余家河村，背枕古岸，横塘斜出，远带长林，时于朝霞暮霭间，鸦阵盘空，点破山翠，推窗旷望，答以苦吟，每拈此景作图，分贻同志，摩挲笔墨之余，庶几想见蜗庐耳。①

可见，早年间画跋中寒鸦的讽刺意味是微乎其微的，在作者看来，慈乌昏黑求食为哺其雏，而小乌长成又会反哺老乌，其间蕴含一种慈悲情怀。高凤翰借归鸦、晚鸦用以描绘的多是乡间野趣和散淡心态，由此寄托思乡之情，与传统寒鸦题材有所不同，类似的如《题画枯木寒鸦三首之一》："一株老树分槎出，两个山鸦相对啼。此景君从何处见，南村村北野桥西。"②雍正十三年（1735）山水花卉册中也有题识："几个飞鸦林际影，暮烟想煞竹西亭。"③诗跋中的"蜗庐""南村""竹西亭"指的都是高凤翰魂牵梦绕的故乡。

后期寒鸦题材的创作应大有隐意，众所周知，在中国民间传统中，乌鸦是不祥之鸟，也有"天下乌鸦一般黑"的俗语，而郊野铺天盖地的乌雀更是能以动衬静，平添了几分荒寒。高凤翰病废当年的乾隆二年创作的《指画古木寒鸦图》连同之后创作于乾隆十年（1745）的《古木寒鸦图卷》与《鸦阵图轴》等系列寒鸦图，描绘暮色苍茫中的寒鸦，并将寒鸦与古树、枯木及怪石元素叠加组合，带有孤独、萧瑟和寂寥的情绪。诗集中的《题画寒林鸦阵》以及乾隆十一年创作的《古树寒鸦图轴》和《寒鸦图》杂画册都语含讥讽，均提到徐文长《寒鸦图》中的题识"莫学曹瞒三匝绕，汉阳江上有周郎"④，南阜嫌其中含芒带刺过于直白，新翻其意，和诗一首：

> 争鸣聒噪日飞扬，搅尽寒烟漠漠荒；太息月明三匝树，古来断送几周郎。⑤

苍茫暮色中的点点寒鸦，绕树三匝，始终不能安定，作为一个落魄的文人，会对此情此景感同身受，顾影自怜，有壮志难酬之叹。而昏鸦即使形销骨立，始终不肯栖息于一枝，体现的是执着，是倔强，是文人的风骨。正因如此，晚年的高凤翰对于寒鸦、苦鸦题材寄托遥深，诗画间流动着意难平的惆怅之意和伤感之情。

高凤翰病废右手后养成了重题旧画的习惯，造就的集右手画与左笔诗为一体的诗画成为他特有的绘画类型。综合考察不难发现，此类左右开弓的诗画是记录和表达高凤翰内心情感以及外在经历的一个出口，诗画的组合某种程度上蕴含着诗人的些许遗憾，但他对与旧画老友冥冥中机缘巧合下的再次会晤又有着一丝惊喜，内心有隔世之感。所画之物以"岁寒三友""四君子"等蕴含人格节操的物象居多，借此抒发胸臆。诗歌表达上则用比喻和象征，甚至刻意提到自己的废右之病，把一时间涌上心头的悲喜与缺憾，借绘画

---

① 刘才栋、郑文光、高石主编《高凤翰全集·高凤翰书画题跋印识》，北京大学出版社 2014 年版，第 46 页。
② 刘才栋、郑文光、高石主编《高凤翰全集·高凤翰诗集》，北京大学出版社 2014 年版，第 388 页。
③ 刘才栋、郑文光、高石主编《高凤翰全集·高凤翰书画题跋印识》，北京大学出版社 2014 年版，第 67 页。
④ 刘才栋、郑文光、高石主编《高凤翰全集·高凤翰书画题跋印识》，北京大学出版社 2014 年版，第 234 页。
⑤ 刘才栋、郑文光、高石主编《高凤翰全集·高凤翰书画题跋印识》，北京大学出版社 2014 年版，第 450 页。

和诗歌化作了一股狂放之气宣泄而出,正所谓"老夫失右偏倔强,左臂支离转不同"①。

诗集中有《旧为好友张温如画册,未毕而右痿病作,遂用残本寄还。越岁庚申,再会吴阊,此本仍携行笑,出索,左手作题了之,赋二诗》:

人是淮南旧徒侣,春逢吴苑又莺花。万事云飞失眼角,百年萍聚得天涯。深杯呼处同怜客,硬饼啖时各忆家。回首风尘成底事,朱颜空换鬓边华。

画经右手留残本,此日重翻左手悲。五六年间如隔世,百千劫里更题诗。客怜短发春同老,酒放狂歌醉不辞。拂砚梅花落香雪,风帘相对把疏枝。②

题画诗中称,乾隆五年(1740)春,淮南老友张温如来到吴地,二人喜获重逢,去年赠给好友的书画册虽因右废并未真正完成,但好友仍将之视若珍宝,随身携带。经历了重重劫难后的自己,面对故交和残本,一时悲从中来,五六年前开始作画册时的意气风发早已在艰难生活中消磨殆尽,尽管如此,对家乡的思念之情和心底的疏狂之气丝毫不曾改变,他乡遇故知的时候还是会忍不住想家,还是会不顾一切狂歌痛饮。

另一首《画兰叶一丛,未及着花,以病弃去。偶从纸堆中捡得,感而题诗》:

王者名香草,孤生江水涯。天寒余病叶,空老未成花。③

高洁的兰草独生幽谷,孤寒病老,在异常艰苦的环境下生存。这首题画诗借兰草以自喻,"天寒"指社会环境,"病叶""空老"指诗人身体现状,"未成花"指老无所成。高凤翰借诗画作内心剖白,他可以肯定并且坚信,尽管天寒地冻,尽管老病缠身,虽然无所成就,但自己孤寒高标的本性永远不会改变,那是兰草般傲洁的王霸之气,也是岁月磨蚀后作者高昂的头颅和不屈的灵魂。

三、特色与风格:左笔诗与右手画的统一

高凤翰是传统文人画家,具有深厚的诗学修养,能兼诗画之所长,故能在两者之间自由切换,为画赋予诗情,为诗增添画意。内涵方面,他把诗家慨叹以题画诗载体形式对绘画作出了进一步的挖掘和阐发,是绘画的注脚和重要组成部分。构图方面,他以书法为媒介把画家笔法与诗歌神韵融为一体,构思巧妙,造型凝练生动,章法有序。后补的左手题跋是有感之作,或咏怀言志,或讽喻人间世情和百态人生,在综合考虑绘画布局的前提下,不失其整体平衡,也没有背离创作初衷,更没有破坏早期的绘画成品,而是为绘画赋予了新时期的内涵。

乾隆二年春,高凤翰创作了四季花卉纸本设色立轴,乾隆六年(1741)七月廿一日,他用左手在画上题诗 3 首:

当年画作儿曹戏,此日题成戏却真;记取他年苦老子,已经五十九年人。

①　刘才栋、郑文光、高石主编《高凤翰全集·高凤翰书画题跋印识》,北京大学出版社 2014 年版,第 456 页。
②　刘才栋、郑文光、高石主编《高凤翰全集·高凤翰诗集》,北京大学出版社 2014 年版,第 245 页。
③　刘才栋、郑文光、高石主编《高凤翰全集·高凤翰诗集》,北京大学出版社 2014 年版,第 358 页。

自从尚左分丁巳，万事皆如转世人；忽见三生旧影子，拈花已省梦中身。

宛转身轻一鸟过，当时快活定如何？看来拗势翻奇处，毕竟天成左手多。①

诗集中有题名为《题右手画梅、牡丹、莲、菊供置一副，付儿曹辈》的题画诗是此 3 首中的第一首。从这 3 首左笔诗可以看出，59 岁的高凤翰用了 5 年时间，以诗画等解压排遣方式基本完成了对自我内心的疗愈，他逐渐接受了半身不遂的病症，也慢慢认识到用左手代替右手创作是不可更改的现实。当然，接受的过程是很艰难的，其间有着难以言表的悲苦和坚持，《自题〈左手卷〉后》有此时心态的流露：

两手其一解写字，并夺其一可能之？怪渠偻僵顽筋骨，抵死仍将左手持。南向侧身东走笔，角巾斜拂额弹棋。三年黑海沉沧蕣，越到精熟越可悲。②

可想而知，那时的他内心免不了会有抚今追昔的心酸，也有怀才不遇的痛楚，正如《检得往时右手所作残画，左手戏题以诗》中对此复杂心绪的披露：

我爱包山子，支硎老画仙。昔时有抚笔，回首已茫然。转眼成尚左，旧梦三十年。临风一拈句，心碎电光前。③

显而易见，病废右手后内心曾经有诸多的挣扎、无奈和愤懑，但随着时间的推移，加之他参悟禅理并广开交游，负面的恼恨情绪已经变得淡然，取而代之的是别开蹊径的惊喜，即右手始终无法达到的稚拙状态竟让左手得以成就。他认为左右手创作相比，右手运用固然自如，但难免于规范中略显刻意，而左手急赴促节，难于把控，却胜在自然天成，含更多生机妙趣。当他了悟天机之后，曾在《怪石图》题记中狂笑戏谑：

此册即余放手取机，成之天倪者，及画成题毕，展玩再四，忽不禁发狂自笑，漫语弟侄辈之从事学画者曰：汝曹亦且搁起右手，何如？④

也正是在临近耳顺之年，高凤翰涅槃重生，完成了自我的重塑。他对过往不再纠结，果断结束了十余年南方的游宦生活，北归至故乡胶州，心态平和地度过了他人生最后的 8 年，这也是他在内心进行自我和解之后创作力最为旺盛的 8 年，真正做到了由一介残人向左笔创作的突破。

结语

可以说，能够被高凤翰在有生之年拿来再题补题的绘画，本身就说明它们是受到作者珍视的，时时翻检也体现出他对往昔右笔画及右手创作的留恋之情。他的右笔画善于从物象到物候把握和描摹物性，画中的意象在他的诗笔下被用语言符号重组和表达，令人耳目一新。后期左手题跋用笔较为随意，偏左侧下笔，笔体神采飞扬，在有意无意之间

① 刘才栋、郑文光、高石主编《高凤翰全集·高凤翰诗集》，北京大学出版社 2014 年版，第 448 页。
② 刘才栋、郑文光、高石主编《高凤翰全集·高凤翰书画题跋印识》，北京大学出版社 2014 年版，第 265 页。
③ 刘才栋、郑文光、高石主编《高凤翰全集·高凤翰诗集》，北京大学出版社 2014 年版，第 358 页。
④ 刘才栋、郑文光、高石主编《高凤翰全集·高凤翰书画题跋印识》，北京大学出版社 2014 年版，第 177 页。

游走,给人酣畅淋漓之感,看似矛盾的稚拙和老辣竟毫不违和地统一于书画之中。

右手画与左手诗左冲右突,左右逢源,无论工笔和写意,水墨或重彩,没骨或双勾,均有造诣。其书法气息娟秀、设色明净雅致,题诗意境深远,引人无限遐思。他也从民间美术中汲取灵感,从金石书法上吸收营养,融入草书笔法,把抽象语言与意象情感有机结合,体现出笔墨精神。他偏向于描摹处于恶劣自然环境中的万物,将去官后的喜怒哀乐、穷困潦倒抒之以风雨飘摇的环境中,映射着他自身的坎坷人生际遇。前后期的诗画在意境和情趣上形成了鲜明对比,既是前后期不同风格的体现,也是前后期不同人生状态的反映。总之,前期右手画章法简洁明快,赋色清丽淡雅,造型生动含蓄,画面虚实相生。生活的苦难、病痛的折磨加上对现实人生的思索,一并反映在他后期的左笔诗中,笔势狂逸奔放,风格随意老辣,自有一种夺魂摄魄的气势,令人过目难忘。

画是无声诗,诗是有情画,高凤翰右手画与左笔诗体现了文人诗画同构的传统,具有诗画间相通相融、互参互补的特质,可谓诗中有画、画中有诗的典范。他的毛笔在诗画间游走,诗与画通过借力、打力,使画面形象更加鲜明,题诗也新添几多生命力。基于立意,画家以诗情入画景让无声的画具有了诗的灵性。即便没有后期的左笔诗,高凤翰也几乎无画不题,留下了数百首题画诗,这些原本抽象的诗句以画景入诗情,具有了生动的画面感。此外,同一幅画,上题不同的诗句,画的意境完全不同,如《甘谷图》。而同一首诗,题于不同时期寒鸦题材的画幅,诗的神韵也大相径庭,这是诗画间相互补充的体现。

扬州画派在院体画和文人画相互作用下促成并发展,在清初"四王"正统派画风的基础上,清中期的诗画别开生面,由雅入俗,注重抒发"性灵"。高凤翰诗画亦借笔墨和语言符号托物言志,注重光影交错、明暗对比和动静相融,雅俗共赏。他前期的右手画汲取各派名家精华,仿陈白阳最简之笔画荷、写菊、画牡丹,法陆包山画意,用拗势作折枝花卉、画荷,仿恽南田墨法作猗兰,拟石涛和尚画法作梅兰图,临徐天池之笔作牡丹花和竹石图,用周静香粗散之笔作双清图等。后期的左手诗言之有物,能融己于诗,融诗于画,借画言志,形成诗画合力,张力十足,能够让不同时期和风格的异质文艺形态得到相互借鉴与生发。更难能可贵的是,他在不幸的人生中以奋斗的英姿在诗画艺术领域求新求变,造就了独属于高凤翰个人的西园左右手诗画,体现了传统文人画家在机缘巧合之下的古今贯通,更体现出扬州画派在诗画方面探索求新的时代意义。

高凤翰与胶州文化圈

姜春铁 *

摘 要：高凤翰一生游历南北，交游颇多，与当世许多著名文人、学者都有过交集，他一生的交游圈子大致可以分为 3 个时期，即早期与胶州文化圈的交游、中期与济淄文化圈的交游、后期与扬州文化圈的交游，这些交游经历对其文学创作产生了重要影响。本文选择其前期的交游网络，尽可能细致、全面地对高凤翰在此时期的交游情况进行分析，探究其早年于胶州时主要的交游对象及诗文往来，为研究高凤翰和地域文人尽微薄之力。

关键词：高凤翰；交游；地域文学；胶州文化圈

高凤翰，字西园，号南村，晚号南阜山人，是清代著名文学家、书画家、篆刻家，他本是胶州人，出身"世代文士，一门书生"的胶州高氏家族，其家族是一个亦盐、亦农、亦儒、亦官的世家，族中才学之士甚多，如高凤翰之父高曰恭、叔父高曰聪、堂兄高凤举、表兄张谦宜等人都是当时能诗能画的名家，这自然带给高凤翰很大的影响。除了这些家族文人，他还与当时许多重要的胶州著名人物，如李世锡、纪汝奭等都有交往，这些都为高凤翰将来的发展奠定了基础。

一、高凤翰与高氏家族

高凤翰生于胶州南三里河村，本就是胶州人，又因为高氏家族时间久远，人物众多，结交名流甚广，自然为高凤翰在胶州文化圈的活动奠定了基础，与这些名流人士交往中所接受的启蒙教育也为高凤翰一生价值观和创作观的形成做了铺垫。

高家世代为官，人才辈出，高凤翰之祖父高志清，号还亭，《先王父诰封公家传》中云："公天性慈祥，慷慨好施与，多隐德""以故生平尝数致千金，皆散去""公所居河村，邻烟相望百余家，往往以公为重。公之殁，里人促跣哭之，至今颂遗爱云。"[①]可见高家门风仁厚清冽。

高凤翰之父高曰恭，字作肃，号梅野、雪怀居士，是高凤翰祖父高志清的长子，康熙十四年（1675）中举人，曾担任过诸城、淄川等地的教谕，《先府君广文公家传》中有"公以康熙乙卯举于乡，累上春官不第，已乃出就广文，得诸城。三年，以外艰归。服除，再补淄川……"[②]他著有《雪怀居士集》，是当时能诗能画的高手，《诸城县志》卷 28 载："高曰恭字作肃，胶州人，康熙二十九年由举人任教谕，有文名，工诗善书画，诸生皆喜得师，奔走门

＊ 姜春铁，山东威海人，青岛大学文学与新闻传播学院中国古代文学硕士研究生。
① ［清］高凤翰撰，刘才栋、郑文光、高石主编《高凤翰文集》，北京大学出版社 2014 年版，第 16 页。
② ［清］高凤翰撰，刘才栋、郑文光、高石主编《高凤翰文集》，北京大学出版社 2014 年版，第 17 页。

墙,曰恭与之讨论风雅,指授不倦,三年以忧归。"①《淄川县志》说:"诗歌、文词、书法、画意无不精到,学者得其片纸,珍若拱璧。"②可见其才学甚笃。高凤翰 9 岁时就跟随高曰恭学习诗律,偶尔也能作小诗,其《春草堂诗》自序云:"意自九岁受书,即从先君子窃声律,时以意为小词,咏之,颇自喜,每就草,藏衣带间,未尝敢以示人。"③正是父亲的教导让高凤翰在文学上成长迅速,10 岁已经正式开始作诗,其诗作《家兄四十始学为诗,奉呈绝句》中有"阿弟十龄能缀词"④句,后《家兄四十学诗,喜其诗意致佳,雨中呈四绝句柬之》中"学语当时已缀词"句,自注"余十许岁即学为小诗"⑤,这些皆能证明这一点。

除了教习高凤翰诗文艺术,高曰恭还曾带高凤翰前往淄川任职,由于高曰恭本就与蒲松龄、张庆笃等为好友,高凤翰自然通过父亲认识了这一批当世的名流学者,更是与蒲松龄成了忘年交,后来高凤翰有诗作《题蒲柳泉先生〈聊斋志异〉》,又为《聊斋志异》写了跋语,收录在铸雪堂抄本的《聊斋志异》中。这些经历让高凤翰开阔了视野,增长了见识,也为他后来在济淄一带的学习和交游奠定了基础。

高凤翰的叔父高曰聪,字作谋,是其祖父高志清的次子,康熙十二年(1673)中进士,是清代初年的著名官员,授中书舍人;又典试广东,以政绩擢刑部员外郎,迁户部郎中;后又任福建督学使,政绩卓著。高曰聪不仅政绩斐然,而且在诗文方面亦有成就,有《温泉扈从恭记诗》。高凤翰在《先叔父学使公家传》中云:"然其居心坦白,不为溪刻,久与处则又坐其光风霁月中,心醉不能去。"⑥高曰聪的长子高凤举,字翔紫,号愧逸,是高凤翰的堂兄,亦是著名的诗人、画家、篆刻家,长高凤翰 13 岁,高凤翰 8 岁时便跟随高凤举学习篆刻,晚年在整理《南阜山人全集》时,将其兄的遗诗《夷白草》整理并附于内。

总的来说,高家深厚的家学渊源、良好的家学底蕴不仅培养了高凤翰忠诚仁厚的性格,让他在后来的为官生涯中切切实实为百姓谋得一方净土,做了许多实事,还为高凤翰在文学艺术上的进一步发展打下了深厚的根基,对其一生成就的取得有重要作用。

二、高凤翰与张谦宜

张谦宜,名垵,字稚松,号山农,晚号山民,胶州人,系清代初年的文学家、文学评论家和诗人,著有《绲斋诗集》《绲斋诗谈》《山农文集》等,其诗文作品与诗学理论在清初诗坛具有重要影响。由于高凤翰之母出身胶州松山张氏,因而张谦宜与高凤翰实为姑舅表兄弟,两人的年龄实际上差了 33 岁,虽在家族中属同辈,而于年龄上几乎是长幼两代人,但也正是因为年龄悬殊,高凤翰自幼便能够习读张谦宜壮年以后的成熟诗作,学习张谦宜的文学思想与创作观念,19 岁时还曾跟随张谦宜学诗,这些经历对高凤翰的文学创作有

① 刘才栋、郑文光、高石主编《高凤翰编年录》,北京大学出版社 2014 年版,第 5 页。
② 刘才栋、郑文光、高石主编《高凤翰编年录》,北京大学出版社 2014 年版,第 8 页。
③ [清]高凤翰撰,刘才栋、郑文光、高石主编《高凤翰文集》,北京大学出版社 2014 年版,第 3 页。
④ [清]高凤翰著,马述祯编《高凤翰诗集》,青岛出版社 1989 年版,第 16 页。
⑤ [清]高凤翰撰,刘才栋、郑文光、高石主编《高凤翰诗集》,北京大学出版社 2014 年版,第 5 页。
⑥ [清]高凤翰撰,刘才栋、郑文光、高石主编《高凤翰文集》,北京大学出版社 2014 年版,第 18 页。

重要的启发作用。年龄的差距并没有让两人的关系变得疏远，反而由于相似的人生经历，使两人成为忘年知己，且张谦宜娶的妻子又正是高凤翰的族姐，两家关系交好亦为他们的交往提供了前提条件。这些在高凤翰的《〈菊味集〉序》和《张稚松先生偕配高孺人墓表》中皆能够得到证明。

《〈菊味集〉序》有云："山南张翁稚松者，余戚里中表兄弟也。齿长于余三十有三年，余严事之。意自童子时，即尝受读其诗古文词，盖先生壮岁以后作也。"①

《张稚松先生偕配高孺人墓表》有云："吾从舅石闾先生第三子，舅母江太孺人出也。"②

两人人生经历相似、才华相当，相互之间诗文往来频仍。当高凤翰北上参与科举、会见友人时，张谦宜在《柬竹西表弟二首》其一中写道："疝发难骑马，低徊懒出门""何时重见过，看我抱诸孙"③，于病中表达对高凤翰的思念之情。在《拟送高西园自济上如德州吊赵慎菴》中有"知心游息处，一别易生哀""同人伤久别，车马促归来""我欲登高望，嗟无北极台"④，通过登高望远，希望能够看到高凤翰身处的济南，表达对高凤翰归来的期盼之情。

高凤翰 34 岁这年，张谦宜从河北回到胶州，将自著的《菊味集》送给高凤翰，高凤翰便为之作《〈菊味集〉序》："中间南北别去，忽忽辄二十年。丙申春，先生自燕中以倦游还里，复出近岁所作百余篇相示……"可见此时两人已经有 20 年未见，在外经历了人世沧桑的张谦宜，诗文风格已经有异于往昔，高凤翰评价道："盖先生昔时之文雄于才，而今进于道；昔时之文雄于史，而今本于经"，对此高凤翰亦提出了自己的看法："吾愿先生归于荒山，静坐时，自捡生平所作……则虽今之日不能以爵位烜赫，与当代巨公争旦夕之名，千载而下，其必有得于蛛丝蟫腹之余。"⑤他希望张谦宜能够潜心学问，将生平所作整理刊刻，如此，尽管当世仕途多有不顺，命途亦多坎坷，但千载之后，人们依然能够学习到先生的才思，从而表达他对张谦宜的宽慰和期盼之情。

在高凤翰南下做官之前，两人还常常相聚，或是饮酒赋诗，或是题赏花卉，高凤翰就有为张谦宜题画芭蕉并附以小诗，如《题画芭蕉为张山农作》。偶尔他也会去张谦宜家做客，并写下诗篇，如《过山南，候张稚松表兄于新作内斋，明日诗来，依韵奉答》，其中记录了他曾经"留连到晚炊，烹鸡共围食"⑥。高凤翰还为张谦宜作《隶书张谦宜赞句》，几乎是同时又作了《古诗一首赠山翁》，其中有"尔我骨肉亲，行次久论定。中表二十年，今始浃情性"⑦句。当年发榜，高凤翰又一次未中，张谦宜有书信寄高凤翰表达劝慰之情，对此，高凤翰亦于同年作《张山农表兄山中书来，念我良切，寄意二章报之》二首，其中"天涯踟蹰怀知己，何日山中读著书"一句，表达了对张谦宜的思念，将张谦宜视作生平知己，希望

①　[清]高凤翰撰，刘才栋、郑文光、高石主编《高凤翰文集》，北京大学出版社 2014 年版，第 2 页。
②　[清]高凤翰撰，刘才栋、郑文光、高石主编《高凤翰文集》，北京大学出版社 2014 年版，第 76 页。
③　[清]张谦宜撰，魏学宝、伊强点校《絸斋诗集》，齐鲁书社 2016 年版，第 276 页。
④　[清]张谦宜撰，魏学宝、伊强点校《絸斋诗集》，齐鲁书社 2016 年版，第 359 页。
⑤　[清]高凤翰撰，刘才栋、郑文光、高石主编《高凤翰文集》，北京大学出版社 2014 年版，第 2 页。
⑥　[清]高凤翰撰，刘才栋、郑文光、高石主编《高凤翰诗集》，北京大学出版社 2014 年版，第 72 页。
⑦　[清]高凤翰撰，刘才栋、郑文光、高石主编《高凤翰诗集》，北京大学出版社 2014 年版，第 97 页。

终有一日能与其隐居山中侍弄学问。同年年底,亦是新年伊始,高凤翰于正月骑驴访张谦宜于大珠山南,又有诗作《山中访旧感怀》《题张氏山民老年诗后》等,其中"著作有大手,掇拾差字句。混茫元气流,黄河自天注""人老见地深,浸灌浥衷愫"①等句,赞赏张谦宜晚年诗作意境浑成。

当高凤翰准备南下做官时,曾在外为官多年、深知官场沉浮不定的张谦宜来书劝高凤翰不要应荐,并郑重指出官场种种险恶,他在书中说道:"从此将举业理学,卷付高阁,别从孽海中头出头没……""蹭蹬风尘,百无一得,亦为可知……""素与荐主有何恩德,便信我之深如是,异日何以报之……"②张谦宜之言诚意恳切,可见对高凤翰的仕途之路万分担忧。但最终还是在《西园书到有试职婺源之荐遥赠以诗》中有云"书札经年到,全家喜欲狂。今为民父母,不愧汉贤良"③,表达对高凤翰被授职的喜悦兴奋之情,为他祝贺。

后来高凤翰辞官客居扬州时,张谦宜写下许多表达对高凤翰思念的诗篇,如《雪中贻西园表弟》中写道:"但使残冬容易度,漫劳痴想到扬州。"④也曾叮嘱高凤翰要勤于政务,勿念家乡,《有怀高西园》一首云:"他乡行乐须及时,莫念家园频搔首。"⑤

在诗论方面,张谦宜作为清一代的经学家,对于诗歌创作,自然有自己的一套体系。一方面,他突破了传统的怨而不怒、温柔敦厚的诗教观点,强调真实的、真挚的情感抒发,即表达现实生活中的真切感受,这一点被张谦宜重视为"诗家祖宗";另一方面,他还站在传统的儒家立场,重视诗歌气骨,要求诗歌合乎儒家"忠孝大节",这些诗歌理念都潜移默化地渗透到了高凤翰的诗歌创作和为人处世中。

张谦宜最终没有等到高凤翰辞官归来的那一天。1728 年底,高凤翰刚刚踏上南下的路途,经过张谦宜家时且留宿一日与亲友话别,张谦宜还曾以诗赠别。"相送出柴门,怅望江南路。含情不可留,故人别我去""临岐欲有言,哽咽不成句"⑥,悲苦不舍之情令人感叹。

1729 年 2 月,高凤翰刚刚抵达安庆不久,张谦宜曾有《怀髯仲二首》相赠,以担忧的心情嘱咐高凤翰在日后仕途中应该注意的事项,这是张谦宜写给高凤翰最后的诗篇,这之后,张谦宜去世。

张谦宜去世 5 年后,他的三子张柞村不远千里到达泰州,求高凤翰为其父母撰《张稚松先生偕配高孺人墓表》,在表中,高凤翰除了对张谦宜的出身、容貌、性格以及生平加以简单介绍外,亦表达了对这位表兄兼老友的悲痛悼念之情,通过这篇表文,千载之下,仍能令我们能够感受到张谦宜的品貌风采。

纵观高凤翰与张谦宜的一生,两人家世背景相似、仕途经历相似、才华品性相似,尽

---

① [清]高凤翰撰,刘才栋、郑文光、高石主编《高凤翰诗集》,北京大学出版社 2014 年版,第 103～105 页。
② 刘才栋、郑文光、高石主编《高凤翰编年录》,北京大学出版社 2014 年版,第 48 页。
③ [清]张谦宜撰,魏学宝、伊强点校《絸斋诗集》,齐鲁书社 2016 年版,第 525 页。
④ [清]张谦宜撰,魏学宝、伊强点校《絸斋诗集》,齐鲁书社 2016 年版,第 317 页。
⑤ [清]张谦宜撰,魏学宝、伊强点校《絸斋诗集》,齐鲁书社 2016 年版,第 332 页。
⑥ 刘才栋、郑文光、高石主编《高凤翰编年录》,北京大学出版社 2014 年版,第 50 页。

管年岁差距较大，但并不妨碍两人交好。从他们一生的诗文往来之中就能够看到依依相惜的兄弟情义，高凤翰更是通过跟随张谦宜学习，继承并发扬了其诗文品格，将之潜移默化地运用到了自己的诗篇之中。

三、高凤翰与李世锡

在高凤翰早年的从教学诗的经历中，李世锡可谓是另一位对高凤翰有启蒙作用的导师。李世锡，字帝候，号霞裳，胶州人，24 岁中进士，任湖广嘉鱼知县，后辞官，游历海内，结交名士，著有《绮存集》4 卷，高凤翰的《卖菊翁传》写的就是这位启蒙恩师，附于《绮存集》之后，他还写有多首诗作，表达对李霞裳的怀念、敬重与赞美之情。

高凤翰与李世锡的相识过程亦是十分有趣，他 10 岁那年在去外祖家的路上，于墨水河桥上遇见了李世锡，由于高凤翰举止得体、言谈恭谦，得到了李世锡的赞赏，这件往事被高凤翰记录在《卖菊翁传》中：

余犹忆识翁之初，即相遇桥上时，方新秋，翁露顶草履，着白裕，扶一长藤，伫南岸上，意望望然有所待，盖宛然拖筇入画时也。余时才十许岁，不知谁何，然颇意其非常人，下马趋拜，拱立桥侧。翁顾余家老仆曰："是何孺子，乃知敬我？"仆前具道所以，翁领之而去。①

除此之外，在高凤翰诗《题霞裳师〈绮存集〉》小引中也有关于这段小事的记述："读师遗集，中间感旧极多，而尤为动心者，忆余年十一二时，一日从老仆如外家，遇先生于墨河桥……"，并配以诗句"风度惊心识老仙，侧行却立小桥前"②，表达对初见恩师时的敬慕之情。

第二日在高曰恭举办的宴会上，酒过数行，高曰恭叫高凤翰出来拜见，指着李世锡，问高凤翰："你所遇到的那个人，是这位老翁吗？"高凤翰便尊敬地应着，其父与李世锡皆笑，满座宾客询问这件事，亦是大笑。此时李世锡叫高凤翰来前，坐于其膝上，手抚着高凤翰的额头，赠予高凤翰板栗数枚。高凤翰在文中谈起这段往事时，已经距高曰恭去世 10 年，李世锡亦是刚刚离世，高凤翰感慨尤多，字里行间无不充斥着对亡者往昔音容笑貌的怀念和对恩师亡故的悲恸之情。

《卖菊翁传》中载：

其明日，老父招客，同人咸集，则翁俨然来堂上拥高座矣。酒数行，老父乃呼童子出就揖，因以手指翁，顾余而言曰："若所遇者，非此翁乎？"余敬诺，老父大笑，翁笑。坐客询之，亦大笑。翁呼余前，置膝上，以手抚余额，取案上新栗啖之。呜呼，风景依稀，犹然昨日，而老父谢世已十余年，今复扢泪泚血，为翁作传，放笔长号，又不独为知己之感与友生之痛而已。③

———————————

①　［清］高凤翰撰，刘才栋、郑文光、高石主编《高凤翰文集》，北京大学出版社 2014 年版，第 14 页。
②　［清］高凤翰撰，刘才栋、郑文光、高石主编《高凤翰诗集》，北京大学出版社 2014 年版，第 309 页。
③　［清］高凤翰撰，刘才栋、郑文光、高石主编《高凤翰文集》，北京大学出版社 2014 年版，第 14 页。

高凤翰 19 岁时,作诗赠同邑人、书画家姜器山。该诗得到了李世锡的赞赏:"是曩者桥上孺子也,今已能为小言,楚楚撩人乎?"也就是在这之后,同一年高凤翰拜李世锡为师:"余得诗大喜,因即日驰翁所,伏拜床下,遂授业。"①

二十三四岁时,李世锡结诗社,高凤翰因而能与众多文人相互切磋、交流学习,对高凤翰的诗歌创作有重要促进作用,其于《〈春草堂诗〉自叙》中言:"余师霞裳先生亦于是时结诗社,相与磨砻成就之。"②且在这一时期,高凤翰有《小诗代柬,奉迓李霞裳老师过赏西亭木香》及《送酒李霞裳老师兼乞花瓶磁斗三绝句》两首诗作,其中"十年学唱杜陵诗,拜得禅翁是本师""譬如高生与李叟,两家臭味总相宜"③等句,记载与恩师李世锡之间日常生活的点滴小事。

李世锡诗风豪迈,如飘鹰野鹤,不受笼络,这与其早年游历山川,以诗文结交海内名士的经历有关,返乡后晚喜禅学,论诗以"绝空辟境,自抒性灵为宗",王夫之就对其诗甚为称赞。这些人生经历和创作观念被高凤翰多有吸收,后来高凤翰同样四处游历,遍交名士,可以说有其恩师李世锡的影响在其中。

1714 年 5 月,即高凤翰 32 岁时,李世锡逝世,"今年甲午,翁年七十有七,以夏五月十三日示疾……又二日,而翁遂殁",闻此消息,高凤翰十分伤心,"悲夫! 翁之殁,余闻讣即踉跄往哭",后又为李世锡作墓铭曰:"生也吾亲,死也吾邻。荒村北去,落日孤坟。赋我新诗,载我旨酒。何以哭翁? 不哭而吟。何以求翁? 断霞流水,红树白云。"④50 年后,回忆起李世锡,高凤翰在诗中写道:"当时看画儿童队,旧梦重寻五十年。"⑤

四、高凤翰与纪汝奭、张存仁

高凤翰一生转益多师,其中幼年时期还跟随过纪汝奭学习,在高凤翰写给友人李栎村的《与李栎村书》中云:"因念当年八九岁时,从师早起,薄日凌窗,急以冷水沃面,抱书赴馆……。"⑥此时高凤翰的老师中就有纪汝奭。

纪汝奭,字景召,康熙年间胶州文人、教育家,是书画家纪之石、纪之竹侄,在《胶州志》中有《纪汝奭传》。而当时跟随高凤翰一同学诗文于纪汝奭的,有高凤翰的好友张存仁。张存仁是高凤翰的堂姐夫张沅之子,由于高凤翰的堂姐与其年龄差距较大,因而高凤翰与张存仁年纪相仿,他是胶州漕汶人,号虚斋,别号愚亭,有《愚亭诗集》《岱游草》《府乐轩吟》等,后来高凤翰 19 岁中秀才时,补博士弟子员,同学中还是有张存仁。

张存仁与高凤翰的友谊持续了几十年,直到高凤翰从扬州北归,两人还仍然有书信和绘画赠答。高凤翰《归云集》中就有《题张伯刚〈岱麓课子图〉》,为张伯刚的画作题诗,

①　[清]高凤翰撰,刘才栋、郑文光、高石主编《高凤翰文集》,北京大学出版社 2014 年版,第 14 页。
②　[清]高凤翰撰,刘才栋、郑文光、高石主编《高凤翰文集》,北京大学出版社 2014 年版,第 3 页。
③　[清]高凤翰撰,刘才栋、郑文光、高石主编《高凤翰诗集》,北京大学出版社 2014 年版,第 7 页。
④　[清]高凤翰撰,刘才栋、郑文光、高石主编《高凤翰诗集》,北京大学出版社 2014 年版,第 15～16 页。
⑤　[清]高凤翰撰,刘才栋、郑文光、高石主编《高凤翰诗集》,北京大学出版社 2014 年版,第 309 页。
⑥　[清]高凤翰撰,刘才栋、郑文光、高石主编《高凤翰文集》,北京大学出版社 2014 年版,第 41 页。

还有《和张伯刚耐冬诗》，在小引中与其探讨诗歌音韵："学诗以来，戒作和韵，四十年未尝有改。日者新编忽投，累累盈把，同声异响中变调百出，不觉技痒效颦，一时漫有此作，持戒不严，请自罚一大斗。"①

结语

高凤翰自 20 岁开始北上参与科考，后又游历南北、南下做官、客居扬州，与胶州文化圈联系逐渐减少，而与济淄一带、安徽江苏一带、扬州一带的文化圈交流逐渐增多，直至他 59 岁自扬州北归，才再次与胶州一带联系起来，自此养疾于三里河故乡，未再出游。因而高凤翰的一生中，实际上与胶州故乡的交集并非时间最长，交往人物亦非最多，更非最著。但正是其家族和胶州师友给予了他基本的价值观和丰厚的学养，除了为其之后的诗、书、画、印各方面的成就奠定了基础，还教会了他仁厚的为民之心、清明正直的人格、穷且益坚的精神，这些在高凤翰之后的为官生涯中发挥了重要作用，当其被诬入狱、右手病废时，仍能够以超越常人的顽强力量自创"西园左笔"，甚至还一度声名鹊起、名扬海内，都与其年少时在胶州接受的文化熏陶息息相关。

---

① ［清］高凤翰撰，刘才栋、郑文光、高石主编《高凤翰诗集》，北京大学出版社 2014 年版，第 298 页。

明清胶州高氏家族散文创作探赜
——以高弘图、高凤翰为例

隋丽阳 *

摘　要：胶州大行高氏家族明清两代科举发达、书香继世，在散文创作上多有建树，以高弘图、高凤翰等人为代表。高氏文人所作散文体裁多样，疏、书、记、序、题、跋、行状等体式皆备，大致分为杂记、志传、序跋文 3 类，内容丰富，不乏佳篇，从中不仅可以窥见其家族精神和价值追求，也可以体悟到作家个体的性情品格与艺术个性。总体上表现出情志统一、语言简洁、文为世用的特征。

关键词：胶州高氏；家族文学；高弘图；高凤翰

　　胶州高氏家族也称大行高氏，是胶东地区著名的世家望族，自元末高伯通从利津迁于胶州大行行上店村后，明清以来人才辈出，几乎遍及所有领域，在政治、文化、艺术及军事诸方面均有突出成就。高氏家族文化的崛起准确来说是始于明代万历年间，历经两朝，在文学创作方面取得了重要成就，培养出几位杰出的文人作家，创作出大量颇具文学价值的作品。高氏文人在(道光)《胶州志》中皆有传可考，其作品也收录在《国朝山左诗钞》《清代诗文集汇编》《四库全书存目丛书》等丛书和总集中。胶州高氏在散文创作上多有建树，以高弘图、高凤翰等人为代表。依据高弘图《太古堂集》中收录的序、记、说、简、报等文体与高凤翰《南阜山人教文存稿》中收录的序、传、记等文体，以及《高氏族谱》中记录的族人序跋，可将高氏家族的文章创作大致分为杂记、志传、序跋类 3 类。

一、杂记类

　　薛凤昌在其《文体论·杂记体》中说："杂记一体，所包甚广。凡浚渠筑塘，以及祠宇亭台，登山涉水，游宴觞咏，金石书画古器物之考订，宦情隐德，逸闻轶事之叙述，皆记也。或施之刻石，则近于碑记；或侈为考据，又近于序跋；虽综名为记，其体不一，是诚杂也。"[①]

　　这类文章主要记叙旅途见闻和某地政治生活、社会面貌、风土人情、山川景物及名胜古迹等，也有一部分是普通的叙事性散文或者杂记。高弘图现存记 2 篇，为《崂山九游记》《僧饭我记》；高凤翰现存记 22 篇，有《印存自记》《六印山房记》《重修胶州城隍庙寝殿记》等。这些杂文从内容上看大致可分为记事类和写景类，其中高凤翰的文章偏重记事

　　* 　隋丽阳，山东潍坊人，青岛大学文学与新闻传播学院中国古代文学硕士研究生，明清文学方向。本文为山东省社科规划重点项目《明清山东文学世家与齐鲁文化》(18BZWJ02，2018—2022)、青岛市社科规划课题《青岛地区明清文化家族研究》(QDSKL150714，2016—2022)的阶段性成果。
　　① 　薛凤昌《文体论》，商务印书馆 1934 年版，第 88 页。

类的多,例如记录修祠、建桥等活动,记载某人的事迹等,写景类文章较少。高弘图现存两篇文章均属于写景类,文章为隐居崂山时所作。具体分类如表 1 所示:

表 1　高弘图、高凤翰杂记类文章

	记事类		写景类
高凤翰	《印存自记》《六印山房记》《重修胶州城隍庙寝殿记》《单贞姬臧氏殉节记》《丁未保举题名记》《于忠宣公墓工告成碑记》《张节妇立额记》《黄夫人血影石新龛记》《王将军战马记》《蚁车记》《二猫记》《阅帆楼记》《泰州重修三贤祠记》《苏州胥门复建万年桥记》《帘蛛记》《跳铊子记》《褚千峰搜古遗文石刻记》《千峰后记》《戏用顷刻帖法双勾摹制〈西岳华山碑〉记》	高弘图	《崂山九游记》《僧饭我记》
		高凤翰	《〈篛亭图〉记》《原麓山庄记》《人境园腹稿记》

(一)记事类

高凤翰的记事类文章共有 19 篇,这些文章不仅记载了其为官经历、友人交往、作品收藏,还记录了一些节妇的忠烈与动物的灵异,从内容上可以看出高凤翰杂记创作的题材多样。而关于高凤翰记事类杂记创作的艺术风格,可以《丁未保举题名记》为代表:

今上皇帝御极之五年,实为雍正丁未,百度修明,饬纲肃纪,薄海内外,咸思效命。乃犹恻念士类,遗佚或多,用是仿古贤良方正法,下诏所司,内自五府六部,外及制抚方伯连帅,下逮州郡师儒令长,奉行德意,罔不钦钦。我东省御史大夫大中丞塞公,承宣布政使岳公,前后两荐,自李征熊、孔传檩而下凡十有二人。越岁戊申,公车会济,将如京师。四月吉日,因相见于西城逯氏之园,以纪姓名,用昭齿序。呜呼,新知旧好,孰非我辈之欢?海滋山陬,尽是王家之彦。各期努力,共答圣明,自兹以往,凡我同人,无或捐弃,亦无偏党,道义之好,永失无斁。谨记①

《史记·孝文本纪》记载:"汉文帝下诏云:举贤良方正能直言极谏者,以匡朕之不逮。"②雍正丁未(1727),为饬纲肃纪,薄海内外,下诏仿古贤良方正之法,选拔人才。薛福成在《应诏陈言疏》中言:"诚法圣祖高宗遗意,特举制科,则非常之士,闻风兴起。其设科之名,或称博学鸿词,或称贤良方正,或称直言极谏,应由部臣临时请旨定夺。"③高凤翰在这篇文章的前半部分先介绍了"贤良方正"这一制度,从内、外、下三方面表明该制度选拔人才的范围,不仅具有文学价值,更有史料价值;接着作者点明自己被"前后两荐"录取,"自李征熊、孔传檩而下凡十有二人",也侧面烘托了高凤翰的能力得到众人赏识;到"如京师",作者心中满是一腔抱负,盼望能"共答圣明,自兹以往"。文章短小精悍,但结构完

---

① [清]高凤翰著,刘才栋等编《高凤翰文集》,北京大学出版社 2013 年版,第 29 页。

② [汉]司马迁《史记·孝文本纪》,中华书局 1959 年版,第 222 页。

③ [清]薛福成《应诏陈言疏》,《庸庵文编》卷 1,文海出版社 1966 年版,第 30 页。

整,作者分为 3 个层次,用极其简练朴素的语言来展现自己终于得到重用时内心的激动,最后点明主旨,表达自己的人生理想。

除《丁未保举题名记》这种展现现实生活和个人经历的小记之外,高凤翰还有兼具现实性与说理性的记事小记,如《蚁车记》《帘蛛记》等,都是从现实小事出发,引发自己的理论感想。试以《帘蛛记》为例:

高子病瘵,不出内户者旬月,客散拥榻,目无所寄,则常属之窗与帘。帘附窗而妪于壁,壁之穴虫多缘而游。有蛛初来,登帘若陟大险,帘有界隙,动辄失足,失足辄惊,惊辄退缩不敢前,则惴惴而行,帖帖而蹲,其势若不终日者。已乃戏令撤其窗扉,使去壁远而绝其归,夺其所安而重困之。意初不堪,久且苦饥无所食,则强起而掠帘蝇。一日而坦,二日而跃,三日则投掷如飞矣。高子曰:"嘻,世间夷险,安有定形?视所挟而处者何如耳?神完于危,技精于熟,能成于有逼,势反于绝援,置之至危而后安,置之必亡而后存,色沮气死,神乃来告,精神寂寞,大道以通。"①

高凤翰写病中观蛛的小事,借事说理,由蜘蛛置之死地而后生的举措引发感想:若有退路,则"惊辄退缩不敢前",若毫无退路,便"强起而掠帘蝇"。最后得出"能成于有逼,势反于绝援,置之至危而后安,置之必亡而后存"的结论。

高凤翰的记事类杂记皆紧紧依托现实,短小精悍,简练朴素,说理性与现实性相结合,从中可见他的为官理想与人生态度。

(二)写景类

高弘图与高凤翰均有写景类的小记,语言多清新自然,同时寓情于景,将秀丽的自然风光、园林设计描绘得淋漓尽致。但两人创作也有一些个性需要我们探究。

高弘图的《崂山九游记》写于崇祯十二年(1639),是年五月,高弘图与友人纪二秀才、庄老生及仆从等,历时 15 天游览了崂山东南景胜,他们一行止宿王家村,偃仰鹤山洞,观日太平宫,穿行乱石滩,凭吊憨山迹,观海八仙墩,问取试金石,闻异上清宫,登临巨峰顶,饱览了崂山 9 处名胜,归来后他撰写了这篇 5000 余字的长文为记②:

客曰:"记居亦不可少也,记游诚如子言,亦不可不先也。"遂许余记游。游断自鹤山始,余实先一夕抵太平村,以为今日游故,用以冠,游必村,此下寻向上去之说也。游仅旬日,长空贡碧,助以鸣涛,山川之常也,不记;稍即人境,则晨汲暝春,悠然与耳目谋,而适然与心遇会者,亦游人之常也,不记;记第记其发轫某,次某,又次某,税驾某,约之为九。③

这篇文章具有极高的文学水平,他不局限于写景,同时还隐含著作者的志向节操,但据文章表现方式,可将之归于写景一类。首先,文章详略得当、层次条理地记述游历崂山的过程,选择最奇美的 9 处景观多用笔墨,铺排做到了纤徐有致;其次,叙事状物的功力

---

①　[清]高凤翰著,刘才栋等编《高凤翰文集》,北京大学出版社 2013 年版,第 35 页。
②　孙克诚《明末清初崂山隐逸文化研究》,山东师范大学 2020 年博士学位论文,第 214 页。
③　[明]高弘图《太古堂集》,北京图书馆分馆藏清乾隆刻本,第 71~72 页。

高超。描绘鹤山至太平宫旅途景色时写到："此十里，遽得涌潮荡其胸，杜鹃桃李花杂万松林中，以余之故，连夜报烂漫，海喉花气逼人，皆鹤山所未有。"①语言清新自然，娓娓道来，万物与人相呼应，使自然有了灵性；最后，文章叙事杂以理趣。攀登欲至峰顶时，他写道，行进愈加艰难，"递进递披，十手可作千万手用也。"②同行者以劳累"减游兴"，为振奋精神，作者出言："行百里半九十，末路固从来不易。既幸而至此，虽欲不百里不可得。"③激励大家终达顶峰，一览高处绝胜风景。这些思想光彩耐人品味，使得文章意蕴由此得以丰富。

高凤翰的《〈箶亭图〉记》是为《箶亭图》所写的小记，但文章大部分内容均在写作者亲游箶亭所见到景物风貌，因而将其归于写景一类，试以"自余来济南"一段进行分析：

自余来济南，乃真得斯亭而由之，陟其址，披其华，揭其森秀，沉酣跌宕于其郁郁葱葱菁菁莪莪之美且茂者，盖不啻日数十至也。亭于何所？非山非水。可与把臂而游、鼓箧而嬉者，亭而人者也。人为谁？谓朱君若谷、若邃也。邃为深，取诸箶，箶为竹，竹君子也，虚心坚节，岁寒不凋，取以亭吾。若谷者，以象德也。象而图之者谁？友人高南村也。图且记，记且效颦古人以为体者，游戏之余也。所效伊何？欧阳《醉翁亭》也。④

就高凤翰个人来说，他的写景类小记与记事类小记的不同之处在于记事类语言多平铺直叙，而写景类语言多清新自然，作者在介绍箶亭所处环境时说"包山络谷，含孕万千，吐纳云物，烟蒸霞蔚，而其出不穷者，天下之大观也"，四个词语的使用将环境的幽深浩渺描绘出来。同样是叙述环境，作者在《帘蛛记》中说："帘附窗而妪于壁，壁之穴虫多缘而游"，仅是简单的介绍背景而已。但不管是哪种小记，高凤翰都能在叙述的同时表达自己的情感与理想。

综上，高弘图与高凤翰写景类小记的创作共性在于语言清新自然，同时寓情于景。而他们的创作个性在于，高弘图的小记多为长篇，层次划分极为细致，明朗有节，同时在写景中蕴含理趣；高凤翰的小记篇幅较短，语言简洁，洒脱利落，但可从小记中发现他乐观向上的人生态度。

二、志传类

志传，指撰述传记一类的文字，本文所涉及的志传主要是高氏家族成员所作"传""墓志"与"祭文"。高弘图现存志传1篇，为《黄御史传》，收录在《即墨黄氏家承》中。高凤翰现存志传8篇，大多为亲友所作，如《先王父诰封公家传》《卖菊翁传》等。具体分类如表2所示。

---

① ［明］高弘图《太古堂集》，北京图书馆分馆藏清乾隆刻本，第74页。
② ［明］高弘图《太古堂集》，北京图书馆分馆藏清乾隆刻本，第84页。
③ ［明］高弘图《太古堂集》，北京图书馆分馆藏清乾隆刻本，第84页。
④ ［清］高凤翰著，刘才栋等编《高凤翰文集》，北京大学出版社2013年版，第26页。

表 2　高弘图、高凤翰志传类文章

高弘图	《黄御史传》
高凤翰	《卖菊翁传》并墓铭
	《先王父诰封公家传》
	《先府君广文公家传》
	《先叔父学使公家传》
	《高墨阳小传》
	《李希梅传并赞》
	《惕庵窦公传》

《黄御史传》的主人公为黄宗昌,崇祯元年升任监察御史。高弘图与黄宗昌交往甚密,二人同在崂山隐居数年之久,其间两人多有往来,高弘图的《崂山九游记》就记载黄宗昌多次来往鹤山、青山等处探望伴游,《即墨黄氏家乘》中亦存有高弘图写给黄宗昌的书简 13 封。《黄御史传》记录了黄宗昌的生平,对他为官期间的政绩记录尤为详细,黄宗昌的刚正节操得以突显。文章叙事张弛有度,语言朴素凝练,颇有汉代史传散文风格。①

高凤翰现存志传作品相对较多,文章主人公多为亲人师友,带有浓厚的人文情怀,传记中所涉人物对于我们研究高氏家族历史及作者自身经历具有很大的价值。如《卖菊翁传》这篇文章,是高凤翰为其授业恩师李世锡所写,文章前半段写李世锡的个性及生平,后半段写其与作者的相识与交往,不仅有助于研究李世锡个人,对于高凤翰的早年研究也有一定帮助:

翁生而宿慧,七月即能言,甫周岁,即能了了记事……又,往者十五六岁为举子业,其封君道乾患其不专,独闭一室,反扃之。读书之暇,即好为禅家观想法,往往不学而能。一夕结跏注香,垂目定去,仿佛如摄云入霄汉间,以手掬月精吞之,清寒彻骨。②

李世锡学佛,为人倜傥,好酒任侠,以为世间种种色相,"无非冥鸿雪爪,了无住着"③,但却不能忘情于诗,得高凤翰为徒,二人以游以息,以酒场诗坛,歌咏嬉笑。而高凤翰清冷空寂、孤傲豪放的诗风,除受当时尚佛社会风气的影响外,与老师李世锡的熏陶更是分不开的。

此外,高凤翰这篇传记完全由真情而来,写他与老师的初识、重逢、交往,感人肺腑,彰显了作者对老师的尊敬和缅怀:

余犹忆识翁之初,即相遇桥上时,方新秋,翁露顶草履,着白袷,扶一长藤,伫南岸上,意望望然有所待,盖宛然拖筇入画时也。余时才十许岁,不知谁何,然颇意其非常人,下马趋拜,拱立桥侧。翁顾余家老仆曰:"是何孺子,乃知敬我?"仆前具道所以,翁颔之而

① 孙克诚《明末清初崂山隐逸文化研究》,山东师范大学 2020 年博士学位论文,第 217 页。
② [清]高凤翰著,刘才栋等编《高凤翰文集》,北京大学出版社 2013 年版,第 14 页。
③ [清]高凤翰著,刘才栋等编《高凤翰文集》,北京大学出版社 2013 年版,第 14 页。

去。余问仆,仆村中人,亦不知其为翁也。归白老父,老父独心识之。其明日,老父招客,同人咸集,则翁俨然来堂上拥高座矣。酒数行,老父乃呼童子出就揖,因以手指翁,顾余而言曰:"若所遇者,非此翁乎?"余敬诺,老父大笑,翁笑。坐客询之,亦大笑。翁呼余前,置膝上,以手抚余额,取案上新栗啖之。呜呼,风景依稀,犹然昨日。①

高凤翰为文极其细致,通过"趋拜""拱立"等词语的使用,描绘出幼子对文人的尊敬,同时也从侧面反映出李世锡虽"露顶草履",但其气质仍不同寻常。由此可见高凤翰为文有着极高的成就,虽语言朴实自然、简洁晓畅,写的也只是日常题材,但天然去雕饰,比富丽堂皇的语言更能打动人心。

综上,高弘图与高凤翰的文章均尚朴素,但高弘图笔力雄浑,行文不事雕琢,抒发磊落豪放之情,而高凤翰的文章则于平淡中见率真自然。

三、序跋类

序跋,作为中国古代出现较早的文学体例,往往体现著作者的著述思想,在文学的创作、研究过程中扮演了重要的角色。姚鼐(1732—1815)《古文辞类纂》将古文划分为论辩、序跋、奏议、书说、赠序、诏令、传状、碑志、杂记、箴铭、颂赞、辞赋、哀祭等 13 类,强调序跋可以"推论本原,扩大其义"。《高氏族谱》中有序 5 篇,是高氏族人为族谱所作序;高弘图有序 2 篇,收录于《太古堂集》中,除其为隐居地"太古堂"所做堂序——《吾堂序》外,还有一篇《族谱序》,同样收录于《高氏族谱》中;高凤翰有序 15 篇,收录于《南阜山人教文存稿》中,大多为自己或友人作品所做序。具体分类如表 3 所示。

表 3 高氏家族序跋类文章

《高氏族谱》	高弘图《重修高氏家谱原序》
	高文熠《续修高氏家谱原序》
	高曰恭《续修高氏家谱述略》
	高蔚斗《续修高氏家谱述略》
	高埔《续修高氏家谱序》
高弘图《太古堂集》	《吾堂序》《族谱序》
高凤翰《南阜山人教文存稿》	《南阜山人小刻〈江干集〉序》、《〈菊味集〉序》、《〈懒翁诗〉序》、《〈春草堂诗〉自叙》、《〈梓岩遗诗〉序》、《〈闲斋诗〉序》、《〈长山王原长遗文〉序》、《连理山人〈关河集〉序》(为徐中丞代作)、《〈蟫余集〉序》、《〈蟫余集〉序》(代沈作)、《徐大中丞〈寿诗〉小叙》、《明文小题〈尊闻录〉序》、《〈试牍培风〉序》(为徐大中丞拟稿)、《〈惟酒是务图〉序》、《〈哭汪孝子诗〉序》

① [清]高凤翰著,刘才栋等编《高凤翰文集》,北京大学出版社 2013 年版,第 14～15 页。

高文�,字旦复,清初名将,也是高氏明清两代武将中官位最高的一位。他心系族人,为避免"族几几乎散矣"的情况,与高曰恭一起对高弘图祖所修之谱分别进行了详细的增订。高凤翰功名不就时,也求助于族伯高文�,其《江干日记》记载:"康熙岁次在己丑,余有豫章之游,留总戎伯幕府数月。"①高文�对族人的惦念,可从《续修高氏家谱原序》中得出:

自太傅公尽节而后至今六十余年,生齿日滋,或名字不相通,或吉凶不相告,族几几乎散矣。粤溯中间,类多士夫,或法曜西台,或握兰建节,或郎宿分符,顾王事鞅掌经理,未遑收族,亦若有命数焉。一二素修之士,惟谨守先太傅遗编,其生而不获登谱,与谱而不及详其子姓者,亦多矣。畴昔护戎河间,实与学宪弟聪手书,谆复共议补辑。学宪君业已立为条约,务矢详慎,已而河上之役,仆仆南北,及庚辰调监永定埭,相与丁宁斟酌,又历寒暑,而学宪君仙游九原。岁癸未,予有江西之擢,则禄入稍裕,可以虔供剞劂。会孝廉弟恭以外翰致仕旋里,又学宪君之胞兄也,厚德文学兄为宗望,予千里敦启,少捐薄俸,其编订核正,惟我孝廉君偕子弟之秀良者,实殚心力,岂予一人是藉是赖。抑以代乃弟学宪君之责,以竟先太傅之业书成,予得盥手受读,以告我始祖。②

高文�的这篇序浅白如话,内容取自现实,情感发自肺腑,"族几几乎散矣"却"未遑收族",组织修谱后遭高曰聪仙游九原,但仍有高曰恭代弟之责,"以竟先太傅之业书成",作者将家族分散的悲痛、族人竭力修谱的感激表达得淋漓尽致。高氏家族为文多以情感取胜,3 篇为族谱所作的序均表现出了对先辈的尊敬与对族人的关切之情,例如高弘图对其祖高迪的继承、高垍对高蔚斗的赞赏等。除族谱序之外,高弘图与高凤翰所作序同样以情感取胜,试以高凤翰的《〈菊味集〉序》为例进行分析:

吾愿先生归于荒山,静坐时,自捡生平所作,断自某年留稿,某年焚弃,其焚其留,以道为衷,千不为多,一不为少,苟不合道,文词虽工,可祛也。诚准此义,勒成一书,付托所属,不必亲戚子姓,惟能传吾文者是与。而更平其心,易其气,痛洗从前少年光焰,使此心与道合,文与心应,卓然为后世可传者一二事,则虽今之日不能以爵位烜赫,与当代巨公争旦夕之名,千载而下,其必有得于蛛丝蝉腹之余,摩挲唏嘘,为之表章而不能没者已!③

山南张翁稚松者,张谦宜也,是清初有名的文学家和诗人,与高凤翰有大量的诗文赠答。这篇序从真情而来,作者从自己的人生经验出发,给予张谦宜一定的建议,望其能"平其心,易其气,痛洗从前少年光焰,使此心与道合",此抱诚守真之心,感人肺腑。高凤翰序跋以议论为多,这篇文章也不例外,作者先介绍张翁及其文章,接着追忆先生昔时之文,并进行今昔对比,最后提出自己的观点,结构上层层递进,引发"文章至是,为老境,为实地,为羽翼经传有用之物,而不同于风云月露,词人流玩之作"的观点,从这一角度可见

①　[清]高凤翰著,刘才栋等编《高凤翰文集》,北京大学出版社 2013 年版,第 108 页。
②　高蔚斗《胶东高氏族谱》,萃涣堂藏板,第 10～13 页。
③　[清]高凤翰著,刘才栋等编《高凤翰文集》,北京大学出版社 2013 年版,第 2 页。

高凤翰的文学主张，即经世致用，以有用于世为目的。此外，这篇散文在语言上质朴简练，行文上自然流畅，将张谦宜的文章特点与自己的观点作了详尽论述。

高氏家族的散文创作，总体来看表现出 3 个方面的特征：一是情志统一。无论是杂记、志传还是序跋文，均具有重情的特点，写人与记事都穿插着作者自身的情感理想。高凤翰的记事类杂记表达自己的为官理想与人生态度，高弘图的写景类杂记隐含着他的志向节操，高文熠的志传充满他对家族的惦念，等等，甚至在细节上，通过言行举止表现作者或主人公深厚的情感，例如上文提到的高凤翰《卖菊翁传》，写高凤翰与老师的初识，作者通过回忆老师将他置于膝上的动作、众人大笑的氛围来表现对于故人的思念。刘勰在《文心雕龙·情采篇》中写道："言以文远，诚哉斯验。心术既形，英华乃赡。吴锦好渝，舜英徒艳。繁采寡情，味之必厌。"①文章需要文采，但空有繁丽的文采却缺乏深刻的思想情感，也会"味之必厌"，而高氏家族的文章多能做到简练的文辞与真挚的情感交相辉映。二是语言尚简洁。高弘图的《崂山九游记》语言朴素自然，娓娓道来，景色空间感顿现，状物栩栩如生。高凤翰的《印存自记》《〈春草堂诗〉自叙》等各体文章同样是作简洁的叙事，但又雕琢的浑然天成，同时蕴含着情感与说理。高墭的《续修高氏家谱序》将前人修纂历史与今人增订过程作详尽叙述，简洁流畅。三是文为世用。最突出的表现是高凤翰在《〈菊味集〉序》中所说的"文章至是，为老境，为实地，为羽翼经传有用之物，而不同于风云月露，词人流玩之作"的理论主张，这与高凤翰作为儒者的忧世伤情与务实作风相吻合。文为世用的观点在高弘图身上还有更突出的表现，他的《吾堂序》展现其隐者情怀，但求道、学道是借以慰藉其失意落寞心怀，出则为儒归则为道更是诸多隐逸文人的心态写照。

综上，高氏家族兴起于明清两代，本文以族人散文创作为侧重点，对高氏族人创作特征进行总结，即语言简洁朴素，自然流畅，均是有为而作，或用于世，或抒于己，使高氏家族文章得以百年流传。但从文学角度来看，个体创作各有不足，高弘图现存散文作品较诗歌来说题材狭窄，这或许与其文零落散亡有关；而高凤翰题材多记录日常小事，较少涉及重大严肃主题，这就造成他的作品缺乏社会性与现实性。然而，在清代流派林立的时期，高氏族人能坚持自己一脉相承的创作原则，力求表现最真实的情感与人生经历，这从某种程度上来说也是难能可贵的。

---

① ［南朝梁］刘勰《文心雕龙》，明弘治十七年刻本。

齐鲁文化研究

《芗他君石祠堂题记》字句疏解

伊 强*

摘 要：《芗他君石祠堂题记》虽经学者的考证研究，但其中有些字句仍有进一步探讨的空间。从文字训诂的角度，结合汉代石刻文字辞例来看，"结僮"即结发儿童之意，"湮教"即"垂教"。"监蕑案狱贼决史"当是几个官职名称。"叚（假）钱"读为"价钱"似无必要，"假"当为雇赁之意。"天恩不谢，父母恩不报"用的是反问的修辞手法，表达的是肯定的意思。

关键词：时加；结僮；湮教；监蕑案狱贼决史

　　芗他君石祠堂画像石，1934 年发现于山东省东阿县西南铁头山，现藏故宫博物院。原为石祠堂的门柱石，三面为画像，一面为题记。有题记的一面，文字在上方，下方为伏羲画像。题记有标题两行，位于上方的中间位置，类似后世的碑额。其下是正文十一行，每行字数不一，共 430 余字。整体而言，此题记的文字刻写比较草率，多有字形减省、讹混等。虽有陈直、罗福颐、孙贯文、毛远明等学者在文字上做了不少整理疏通，[①]但仍有一些难解及可商讨之处。下文将对题记中的几处字词试做考释与疏通。为方便讨论，先把题记全文移录于下。释文是在上述诸家研究的基础上，依据更为清晰的拓片[②]，参诸己意综合而成。原石正文的行次，在行尾以方括号内的阿拉伯数字标示。

　　东郡厥县东阿西乡常吉里芗他君石祠堂

　　永兴二年七月戊辰朔廿七日甲午，孤子芗无患，弟奉宗顿首，家父主吏年九十，岁时加寅[1]，五月中卒得病，饭食衰少，遂至掩忽不起。母年八十六，岁移在卯，九月十九日被病，卜问奏解，不为有[2]茝〈差〉，其月廿一日，况忽不愈。旬年二亲早去明世，弃离子孙，往而不反。帝王有终，不可追还。内外子孙，且至百人，抱持啼呼，[3]不可奈何。惟主吏执性忠孝，少失父母，丧服如礼，修身仕宦，县诸曹市主簿、廷掾、功曹，召府。更离元二，雍养[4]孤寡，皆得相振。湮教儿子书计，以次仕学。大子伯南，结僮在郡，五为功曹

　　* 伊强，历史学博士，山东大学文学院副研究员，主要研究方向为古文字学、历史文献学与秦汉史。本文为山东社科一般规划项目"汉代墓葬题记的文字整理与综合研究"（21CYYJ119）的阶段成果。

　　① 陈直《汉芗他君石祠堂题字通考》，《西北大学学报（哲学社会科学版）》1979 年第 4 期；罗福颐《芗他君石祠堂题字解释》，《故宫博物院院刊》1960 年第 2 期；孙贯文《芗他君石祠堂考释》，北京大学考古文博学院编《考古学研究（六）》，科学出版社 2006 年；毛远明《汉魏六朝碑刻校注》（第一册），线装书局 2008 年版。本文所引以上诸家之说，不再出注。

　　② 陈阳静、侯东菊《汉代刻石》，河南美术出版社 2021 年版，第 168～173 页。

书佐。数在门阁上计，守临邑尉，监旧案狱贼[5]决史，还县廷掾、功曹、主簿，为郡县所归。坐席未竟，年卅二，不幸蚤终，不卒子道。呜呼悲哉，主吏蚤失贤子。无患[6]、奉宗克念父母之恩，思念忉怛悲楚之情，兄弟暴露在冢，不辟晨夏，负土成墓，列种松柏，起立石祠堂，冀二[7]亲魂零有所依止，岁腊拜贺，子孙欢喜。堂虽小，径（经）日甚久。取石南山，更逾二年，这〈適〉今成已。使师操毅、山阳虾丘[8]荣保、画师高平代盛、邵强生等十余人，段（假）钱二万五千，朝暮侍师，不敢失欢心。天恩不谢，父母恩不报，兄弟共居[9]，甚于亲在。财立小堂，示有子道，茬〈差〉于路食。唯观者诸君，愿勿败伤，寿得万年家富昌。[10]

此上人马皆食太仓。[11]

以下的疏解主要针对碑文某行中有争议或难解的部分展开。

第1—2行："岁时加寅""岁移在卯"。

孙贯文解释说："汉桓帝即位改元，和平元年庚寅。罗振玉《石交录》卷一页廿：镇墓铭为：'熹平元年四月己卯朔十九日丁酉时加午。'"将"岁时加寅"的"寅"理解为庚寅年，当无问题，但所举镇墓文的例证则不当。镇墓铭中的"时加午"，"午"指一天中的时段，与纪年无关。"时加"的说法在上古文献也不鲜见，李学勤先生已指出其后所接的词语与时分有关，[1]时分即一日之中时间的分段，如：

《吴越春秋·勾践入臣外传》："今年十二月戊寅之日，时加日出。"
同上："今年三月甲戌，时加鸡鸣。"
同上"今三月甲辰，时加日昳……"

在秦汉时又见"日加"的说法，其后所跟的时分词则用地支表示，如：

《汉书·翼奉传》："乃正月癸未日加申……"
《说文·食部》："餔，日加申时食也。"

但需要注意的是，从此题记前后文看，"岁时加寅"当指岁在寅之意，指主吏去世之年，即和平元年庚寅（150）。下文的"岁移在卯"指岁在卯，其母去世之年，即元嘉元年辛卯（151）。后文说"更踰两年"，正好是题记开头的永兴二年甲午（154），亦即此刻石的建成之年。

第4—5行："更离元二，雍养孤寡，皆得相振。潍教儿子书计，以次仕学。"

"振"后一字原作，目前研究者多释为"浊"，读为"独"，但从字形及文意看，皆难信从。汉代文字里，以"垂"为偏旁的"郵"或写作（曹全碑）、（尹宙碑）、（武梁

---

① 李学勤《时分与〈吴越春秋〉》，《当代学者自选文库·李学勤卷》，安徽教育出版社1999年版，第625~632页。

祠画像题字），①因此从原字形看，![图]当释写为"湴"，从文意看当读为"垂"。"垂"在古汉语里有一种表示尊敬别人行为的用法，犹言"俯""惠"。如《越绝书·外传纪策考》："寡人垂意听子之言。"曹植《求通亲表》："愿陛下沛然垂诏，使诸国庆问，四节得展。"在这篇题记中，芗无患、奉宗兄弟二人称述其父"湴教儿子书计"云云，从文意及语气上来说皆非常合适。只是从词汇发展的角度看，这里的"垂教"似尚未凝固成词，后世作为教训、赐教义的"垂教"一词当由此发展而来。

第5—6行："大子伯南，结僮在郡，五为功曹书佐，数在门阁上计，守临邑尉，监菁案狱贼决史。还县廷掾、功曹、主簿，为郡县所归。"

这几句话，主要记述"大子伯南"的仕宦履历。下面结合汉代行政制度，对个别文字及相关的职官名称试作解释。

"结僮"，陈直、罗福颐释为"结僮"，并认为是"接踵"之假借，近来王挺斌对此又有所申说。② 孙贯文则释为"结僮"，古书多有用例，即结发儿童之意。汉代文字里，作为偏旁的"重"字常写作"童"，因此将此字释为"僮"是没有问题的。王子今曾指出，在两汉史籍里常有"少为郡吏"的情况，且常见"少仕州郡""少为州郡吏"一类的记载，③从辞例及文意看，类似"结僮在郡，五为功曹书佐……"的记述方式也见于汉碑，如：

《郎中郑固碑》："弱冠仕郡，吏诸曹掾史、主簿、督邮、五官掾、功曹。"④
《严䜣碑》："幼为郡掾史，会稽诸暨尉，守乌程、毗陵、余暨、童安、山阴长。"⑤

"结僮"与上引碑文中的"幼""弱冠"句法位置比较一致，因此将"结僮"理解为结发儿童之意是可以讲通的。

"数在门阁上计"，"数"字，罗福颐、孙贯文都释为"毃"，读为"数"，毛远明认为即"毊"字。此字原作![图]，当可直接释写为"数"。在汉代简牍草字里，"数"字左下角的"女"有挪至右下角或直接省去的例子，如![图]（肩水金关汉简 73EJT5：120）、![图]（居延新简EPT20·31）、![图]（银雀山汉简·壹668）。⑥ 对比可知，![图]字实是"数"字省去了左下角的"女"。汉代郡县属吏常冠以"门下""阁下"之名，如"阁下书佐"（《汉书·朱博传》）、"门下掾"（《后汉书·公孙述传》）等。此处的"门阁"当与"门下""阁下"义近。"上计"作为汉代重要的考绩制度，分郡国上计于中央、县道上计于郡国两级。⑦ 负责上计的掾史多由高

---

① 汉语大字典字形组编《秦汉魏晋篆隶字形表》，四川辞书出版社1985年版，第426~427页。
② 王挺斌《战国秦汉简帛古书训释研究》，中国社会科学出版社2022年版，第86页。
③ 王子今《插图秦汉儿童史》，未来出版集团2020年版，第252~263页。
④ ［宋］洪适《隶释·隶续》，中华书局1986年版，第77页。
⑤ ［宋］洪适《隶释·隶续》，中华书局1986年版，第307页。
⑥ 字形见李洪财《汉简草字整理与研究》，吉林大学2014年博士学位论文，第142~143页
⑦ 参见严耕望《中国地方行政制度史——秦汉地方行政制度》第八章，上海古籍出版社2007年版，第257~268页。

级属吏担任,地位比较尊崇,所以在传记及碑志中多特意书之,如刻于东汉建安十七年(212)的《王晖石棺铭文》:

故上计史王晖伯昭,以建安拾六,岁在辛卯九月下旬卒,其拾七年六月甲戌葬。呜呼哀哉。①

因此,从字形及文意看,"数在门阁上计"也是很通顺的。

"监蒨案狱贼决史",目前未见研究者有专门解释。先来看词义较为清楚的"案狱贼决史"。汉代郡县的属官有诸曹之分,大致来说曹的长官称为"掾",其下属为"史",故汉代古书及石刻等文献常有"某曹掾""某曹史"的称呼,其下尚有"属""书佐"等,研究者已多有归纳总结。② "案狱贼决史",不见于其他文献记载。"案狱"则见于古书及汉碑,《后汉书·百官志五》注引《汉官》记载"河南尹"属吏有"案狱仁恕掾三人",立于汉灵帝中平五年的《巴郡太守张纳碑》,碑阴题名有"中部案狱"。"贼决史",汉代郡县属官诸曹中有"贼曹""决曹",③"贼曹史""决曹史"在文献中常见,但未见"贼决史"之名称。陈直曾疑这个"贼决史"指贼曹史、决曹史,似有一定道理。至于"监蒨",在古书及汉代碑刻中尚未检得。陈直释为"监补",从原文字形看不可取。我们认为"监蒨""案狱"为二职官名。在古书及汉碑中有"监某"的职官名,《后汉书·百官志五》注引《汉官》"河南尹"属下有"监津漕渠水掾二十五人",《巴郡太守张纳碑》有"监市掾"④,因此从辞例上说把"监蒨"理解为职官名也未尝不可。"蒨"字在上古文献中用例较少。作为草名,其根可用来染色,《尔雅·释草》:"茹藘,茅搜。"晋郭璞注:"食之蒨也,可以染绛。"陆德明释文:"蒨,本或作茜。"《文心雕龙·通变》:"夫青生于蓝,绛生于蒨。""监蒨"的执掌或与此有关。汉代郡县长官及丞、尉等重要佐官除由朝廷任命外,各类"掾属"皆由郡县长官自行征辟任用,加之或有因地制宜之故,在汉碑里有些不见于传世文献的郡县属吏,如见于《巴郡太守张纳碑》《李君碑》的"文学主事掾",见于《裴君碑》的"月令掾"。⑤ 因此,"监蒨"虽然不见于文献记载,但从词义及上下文意看,理解为郡的属吏是可以讲通的。

"还县廷掾、功曹、主簿","还"有还归、复还的意思。汉代文献中的"还",可以用指回到原任职部门,如《青衣尉赵孟麟羊窦道碑》:"维世青衣尉赵君,故治所书佐,郡督邮,随牒除到官,六日,郡召守蜀铁官长,积四月,治状分明,徙守成都令,复还归尉官。"⑥东阿作为东郡的属县,这里的"还县廷掾、功曹、主簿","县"即指东阿县。

① 毛远明《汉魏六朝碑刻校注》第2册,线装书局2008年版,第91页。
② 参见严耕望《中国地方行政制度史——秦汉地方行政制度》第二章之"郡国属吏",上海古籍出版社2007年版。
③ 严耕望《中国地方行政制度史——秦汉地方行政制度》,上海古籍出版社2007年版,第232~233页。
④ [宋]洪适《隶释·隶续》,中华书局1986年版,第63页。
⑤ 罗开玉《〈李君碑〉、〈裴君碑〉初探》,四川大学博物馆等编《南方民族考古》(第八辑),科学出版社2012年版,第27页。
⑥ [宋]洪适《隶释·隶续》,中华书局1986年版,第49页。

第8—9行："使师操毅，山阳虾丘荣保，画师高平代盛、邵琼森等十余人，叚（假）钱二万五千，朝暮侍师，不敢失欢心。"

这几句话主要是记述芗无患与弟奉宗，雇用工匠修建祠堂之事。"操"后的"毅"字，原字形不是很清楚，目前虽有不同意见，但作为人名用字，释为何字并不影响上下文意的理解，本文姑且采用释"毅"之说。需要注意的是"叚（假）钱"的解释。其中的"叚（假）"字，罗福颐、孙贯文皆读为"价"，未见有其他不同解释。汉代画像石题记里常有造价的记载，一般说"直多少钱""贾直多少钱"等，如：

《张文思为父造石阙题记》："建初八年八月成，孝子张文思哭父而礼。石直（值）三千，王次作，勿败□。"①

《文叔阳食堂画像石题记》："直（值）钱万七。"②

《元和二年孙氏阙题记》："元和二年正月六日，孙仲阳、仲升父物故，行丧如礼，刻作石阙，贾直万五千。"③

《"永平四年"祠堂题记》："建武十八年腊月子日死。永平四年正月，乃为石室，直（值）五千泉，工莒少郎所为，后子孙皆忌子。"④

"叚（假）"是见母鱼部字，"贾"也是见母鱼部字，二者虽声韵皆同，但秦汉文献中未检得二者直接相通之例。因此，说"叚（假）"通"价"似显证据不足。陈直先生则解释为"假贷"。其实，此"叚"字不烦以通假作解，以"叚（假）"之本字作解即可。古书"假"有雇赁之意，如《汉书·酷吏传·宁成》："乃贳贷陂田千余家，假贫民，役使数千家。"颜师古注："假，谓雇赁也。"从上下文看，这个"叚"当读作"假"，解释为雇赁、雇用一类意思也很通顺。

第9行："天恩不谢，父母恩不报。"

上古汉语里"不"字有种用法，古人多理解为"发语词"，如《尚书·西伯戡黎》："我生不有命在天"⑤，但现代学者多认为此"不"即常见的否定副词，只不过所在句子在修辞上是反问而已。⑥ 当以后说为是。这里的"天恩不谢，父母恩不报"，从前后文意看，表达的也应当是肯定的意思，意同"天恩不能不谢，父母恩不能不报"。类似的表达方式，在汉碑中也能找到，如《故民吴仲山碑》，说吴仲山"八十有长，年寿未究，而遭祸殃。……惟公德美，布惠州里。……收襜（赡）遗孤，皆置门里，先亡为葬，幼弱取妇，受恩者无败，不能悲嗟。"又说他"本有三息，遗孤二庄，无分少德。父有余财，东西南北，不能起楼，高殿窗观，

① 毛远明《汉魏六朝碑刻校注》（第一册），线装书局 2008 年版，第 53 页。
② 毛远明《汉魏六朝碑刻校注》（第一册），线装书局 2008 年版，第 151 页
③ 张从军《汉画像石》，山东友谊出版社 2002 年版，第 409 页。原释文作"元和二年正月六日孙仲阳□□物故□行□□礼□石阙贾直万五千"，今正。
④ 武利华《徐州汉碑刻石通论》，文化艺术出版社 2019 年版，第 122 页，"乃为石室"原释文作"乃作石室"，今正。
⑤ ［清］王引之《经义述闻·通说下·语辞误解以实义》，江苏古籍出版社 2000 年版。
⑥ 参见刘瑞明《〈经传释词〉"不""丕"助词说辩误》，《励耘学刊（语言卷）》2006 年第 1 期，第 197～200 页。

芬色宗诸。"①从前后文看,以上碑文中的"不能悲嗟""不能起楼"二例,当是反问的修辞手法,表达的也是肯定的意思,可以理解为"不能不悲嗟""不能不起楼"。当然,以上所论"天恩不谢,父母恩不报""不能悲嗟""不能起楼"之类的表达,亦当有上下文句式整齐一致的考虑。

　　以上是对《芗他君石祠堂题记》中的几处字词的考释。在前人研究的基础上,提出了新的看法。由于此类石刻题记文字刻石草率,语句多有难解之处。不当之处,请方家指正。

---

①　[宋]洪适《隶释·隶续》,中华书局 1986 年版,第 100 页。

王之垣的仕宦经历与居乡生活

马振颖　魏恒远*

摘　要：乡贤，是中国古代社会治理的依靠力量，对所在地区道德、文化，以及政治、经济、社会建设都曾经产生重要的影响，推动所在地区形成一种富有激励作用的社会信仰、人生价值和文化形态。明清时期，新城王氏家族出现30名进士、52名举人、贡生158人，出仕为官者数以千计，王志民先生认为"从功名、仕宦、文化成就全面考察，新城王氏为山东明清文化世家之冠"。其家族对一方政治、文化、社会建设的影响可想而知，入祀乡贤祠的族人数量也是最多的。王渔洋曾祖王之垣是新城县乡贤祠入祀先贤中最具影响力的代表人物之一，探讨他们在古代社会的影响与作用，对于践行社会主义核心价值观，促进和谐社会建设，具有重要的现实意义。

关键词：新城王氏家族；王之垣；乡贤；社区生活；和谐社会

乡贤，是一个地区有才能、有德行、有影响力，为当地士民尊重敬佩的人，是中国古代社会治理的重要依靠力量。他们的存在，对所在地区道德、文化，以及政治、经济、社会建设都曾经产生重要的影响。久而久之，这些影响在所在地区形成一种富有激励作用的社会信仰、人生价值和文化形态，我们称之为乡贤文化。翻开《新城县志》，天启志、康熙志均单独记载乡贤祠崇祀人员，民国《重修新城县志》虽然没有单独记载乡贤祠崇祀人员，但在人物记中，对所有被纳入乡贤祠的前贤，均作了特别注明。从历次纂修县志的记载看，他们对于本地社会的治理与发展，都做出过极有意义的贡献。新城王氏是入祀新城县乡贤祠人员最多的家族，虽然不无他们掌握县志修纂等话语权的因素，但其族人的德业、学行与影响足以表明他们具备入祀乡贤祠的资格，王之垣则是其中最具代表性的乡贤之一。本文以王之垣为例，尝试还原明代中后期乡贤的居乡生活，探讨一下他们在当时社会治理中的作用。

一、王之垣的仕宦经历

王之垣（1527—1604），字尔式，号见峰，山东新城（今桓台）人。生于嘉靖六年（1527），嘉靖四十一年（1562）中进士。初授荆州府推官，历任刑科给事中、礼科右、兵科左、礼科都给事中，升太仆寺少卿、鸿胪寺卿、大理寺少卿、太仆寺卿、顺天府尹，再升都察院右副都御史、湖广巡抚，万历八年（1580），升户部右侍郎，奉命摄理京营戎政，加授正议

---

　　* 马振颖，山东桓台人，兰州大学敦煌学研究所讲师，历史学博士，研究方向为历史文献学、齐鲁文化；魏恒远，山东桓台人，桓台王渔洋学术文化研究中心原主任，山东省古典文学学会王渔洋研究专业委员会秘书长，编辑，研究方向为明清地方文化。

大夫、资治尹；次年，转左侍郎，总督仓场。后上疏乞求归省，朝廷虚席以待六个月后，王之垣称病不出，家居20年，万历三十二年（1604）卒于新城老家，享年78岁。

王之垣为官，精明刚毅，勇于任事。初为荆州府推官，因"楚人轻悍好讼"①，请托之风盛行，严拒请托之风，即使上级同僚亦不循从。《历仕录》称："予初选出京时，即闻荆州士夫多有请托者，予意一人依一事，则事事来嘱，一人嘱允，则人人来嘱，不如一切不从为是。时如江陵相公乃翁、曹都宪年伯纪山公，亦不狗从，后遂绝无来者。"②王之垣善于断疑案，"他郡疑狱，咸愿诣王荆州，一时平允，誉满全楚"③。封地在荆州的辽王不法，纵容手下擅杀府吏雷大复。王之垣奉命查办，毅然将辽王手下陈廷璋等14人扣押查办，会同州官会审，将首犯6人"军一徒五"。④为给事中，疏陈《安民固本四事》；"虏大入塞，陷石州，逼昌黎，都下震恐。公陈言边事，请'重责实以图后效'。九卿集议，以公策为第一"⑤。面对上级压力，他仍坚持以公论为凭。"先是，科臣某者以私攻华亭，坐斥遣。新郑欲援之不得，则遣所亲谕意。公谢曰：'某何敢有成心，惟省中公论是凭耳。'新郑为之愧屈。"⑥在顺天府尹任上，他采取严审编、丈田亩、裁除冗滥等措施，使民力复苏、百姓安居乐业。"逾年擢顺天府尹，所辖辇毂，下多贵豪，侵冒奸窦百端，闾左不胜病。公为严审编，裁冗滥，民始获苏。"⑦任湖广巡抚期间，平反冤狱，察吏安民，使官吏奉职而人民称道。"景王故宫火，或诬府官燕客遗烬，当坐。公验视无状，并释之。诏捕妖人曾光，皁臣以疑似捞掠诬服，冀邀赏，公劾罢之"⑧。为户部侍郎时，先理戎政，后督仓场，兴利除弊。"予在户部，管太仓。入仓查验斛斗，内一大斗异常。问之，云：'凡粮到仓，该仓斗级，每人先支一大斗，历来旧规，亦运粮人所愿也。'予曰：'岂有此理！即照常与之，亦是私狗，况另置一大斗可乎？'即谕各管仓主事，出示禁革。"⑨

王之垣起家司理，官至户部左侍郎，出仕为官20余年，虽颇有政绩，然影响最大者，莫过于"杖杀"何心隐一案。

何心隐（1517—1579），原名梁汝元，字柱干，号夫山，江西吉安府永丰县人，曾用名何夫山、何两川、梁无忌、梁纲一、梁光益等，是明末泰州学派的代表人物。万历初年，张居正成为朝廷首辅后，注重事功，最恶讲学，在厉行改革的同时，于万历七年（1579）正月下令毁天下书院。明朝廷以程朱理学作为统治思想，何心隐等人在意识形态上与正统思想有别，不仅批评程朱理学，甚至对君主专制和封建伦理提出挑战，在政治上与张居正相左，使得他们在社会上、在士林中有着广泛的影响，张居正遂饬令地方官缉拿何心隐。王

① 何成《明清新城王氏家族文化研究》，中华书局2013年版，第22页。
② ［明］王之垣《历仕录》，《四库全书存目丛书·史部》第127册，齐鲁书社1996年版，第749页。
③ ［明］邢侗《来禽馆集》卷19，《四库全书存目丛书·集部》第161册，齐鲁书社1997年版，第625页。
④ ［明］王之垣《历仕录》，《四库全书存目丛书·史部》第127册，齐鲁书社1996年版，第750页。
⑤ ［明］申时行《赐闲堂集》卷18，《四库全书存目丛刊·集部》134册，齐鲁书社1997年版，第366页。
⑥ ［明］申时行《赐闲堂集》卷18，《四库全书存目丛刊·集部》134册，齐鲁书社1997年版，第366页。
⑦ ［明］申时行《赐闲堂集》卷18，《四库全书存目丛刊·集部》134册，齐鲁书社1997年版，第366～367页。
⑧ ［明］申时行《赐闲堂集》卷18，《四库全书存目丛刊·集部》134册，齐鲁书社1997年版，第367页。
⑨ ［明］王之垣《历仕录》，《四库全书存目丛书·史部》第127册，齐鲁书社1996年版，第754页。

之垣担任湖广巡抚后的万历七年七月，何心隐在湖北祁门被捕，九月即死于武昌。何心隐本人是名气颇大的学者，他的一些师友如钱怀苏、罗汝芳、李贽等，都是名满天下的文化名人，朝廷中也有许多官员多方设法营救。何心隐死于狱中，身为湖广巡抚的王之垣被推向风口浪尖，百口莫辩，被指为"杀公以媚张相"。王之垣则在《历仕录》中称，何心隐之死为"在监患病身故"①。何成著《明清新城王氏家族文化研究》有详细介绍，此不赘述。

二、王之垣的居乡生活

王之垣居乡，以出仕为界，大体可分为前后两部分。中进士前，家境贫寒。据《念祖约言》记载，王之垣 6 岁时，父亲王重光食饩，但家庭仍十分贫寒，甚至连一日三餐都难以保证，有一次去外祖父家时拣起厨房外扔掉的十多根菜叶拿回家，全家人赖以度日。父亲王重光考中进士出仕为官后，家庭境况虽有改变，但远未达到富裕的程度。嘉靖三十七年（1558）王重光去世后，王之垣兄弟赴京为父亲乞恤，找到时任礼部右侍郎、父亲王重光同年董份。董份告诉他，现在严世蕃管事，"求葬典非五百金不可得"。王之垣说："今尽卖产业，亦不足五百之数。倘不得，则空费；纵得之，荡家亦非先人所欲。"②由此可见，即便王重光进士出身，做到贵州布政司左参议，其家庭生活状况并不充裕。由此，刺激起王之垣举办私塾，重视教育，振兴家族的决心。此后，嘉靖四十年（1561）王之垣考中进士，从荆州府推官，一直做到户部左侍郎、总督仓场。万历十一年（1583），王之垣以奉养老母为由请假回乡，户部虚席以待 6 个月，但王之垣称病不再出仕，在新城老家专心致力于家族建设。王象晋称其"建家祠以报祖功，立祖约以垂后戒，剂义田以赡族众，广赈施以惠闾右""约己省躬，无改寒素，而凡可以敦宗训族、济人利物者，孜孜不遗余力"③。与举办私塾一同构成王之垣致力于家族建设的主要内容。

（一）建私塾作养人才

新城王氏从三世祖王麟"始肇文脉"，师从本县举人毕理，嘉靖十四年（1535），从永平训导任上迁任鹿邑教谕，大约 6 年后出任颍川王府教授，直到次子王重光于嘉靖二十年（1541）考中进士，他的家境尚不足以支撑举办私塾聘请师资的费用支出。《念祖约言》载，嘉靖三十八年（1559）去北京为父请恤未果回到新城后，王之垣先办理了父亲的丧事，又"辟书室于宅后，偕锦峰、会峰、柏峰三叔，霁宇、中宇、养吾、水濂四兄，闭户读。二鼓息，五鼓兴，不见一人，即至亲厚，如华峰公每于墙外听读书声而已"④。这足以说明，至迟在这个时间，新城王氏的家塾就已经建立起来。

家塾的设立，为王氏兄弟子侄奋身科举创造了极为优越的客观条件。处于从农耕之家向仕宦之族转变过程中的新城王氏家族，尤其注重对子弟的教育。这种教育的最大特色，就是进行科举程序的强化训练。王之垣说，"予夜同诸弟侄读一室中，二鼓睡，五鼓

---

① ［明］王之垣《历仕录》，《四库全书存目丛书·史部》第 127 册，齐鲁书社 1996 年版，第 753 页。
② ［明］王之垣《历仕录》，《四库全书存目丛书·史部》第 127 册，齐鲁书社 1996 年版，第 755 页。
③ ［明］王象晋《新城王氏族谱序》，《山东文献集成》第 2 辑第 14 册，山东大学出版社 2007 年版，第 3 页。
④ ［明］王之垣、王象晋《念祖约言·司徒公纪》，桓台县博物馆藏明刻本，第 53 页。

兴。予未就枕，诸弟侄不敢先；予未起，诸读书声已盈耳"①"诸子弟就学，每出，计道里近远，刻时日，无敢违。传呼会课，则各从受业师至，公坐其师于堂，诸弟子受简庑下，香烬而文不就，师、弟子凛凛，若无所措"②，王象晋晚年亦曾"时时梦课业未竟，中心皇皇，跪受扑责"③。出仕为官之后，王之垣更加注重学习借鉴成功家族的经验。邢侗《来禽馆集》载，"新城少司徒王公往来道邑，必就府君款语，问所以提躬治家法。府君具对以质，王公持以训子孙"④。《乡园忆旧录》记载，"每日读经史毕，作文七篇，缺一不可，旷一日不可"⑤。由此，我们不难看出王之垣要求兄弟子侄读书之严。这种近乎严酷的教育，尽管使王氏子弟饱受磨难，但长期的坚持，亦使子弟受益匪浅，"入闱时，人忙我闲，视在塾反为从容，科第蝉联，良有故也"⑥。而王之垣对自身的要求也相当严格，邢侗在《资政大夫户部尚书王公行状》中记载，王之垣"端朴醇一，心不载巧伪，目不识雕琢。一室之内，器用苦恶，三榻一榻，略无赢余。自为诸生至九卿，晨夕起居无改废焉。……涂不从僮骑，庭不听音乐。家靡有恒食，人靡有常衣"⑦，成为兄弟子侄师法的典范。

除去严立课程，其教育理念与管理方法也多有可取之处。比如择师，家塾所选老师，都是人品端方，学富五车的宿儒，如王之垣好友、举人、后来成为王象晋岳父的成绩，徐夜曾祖父、担任过云南左布政使的进士徐准等。在教学方法上，除去常规性的"传呼会课"，经常邀请地方名士对子弟当场考校指点。对于已有功名、准备续考的子弟，则为其聘请年资相当的士子结为"笔研友"，丰富科举经验，提高考试能力。此外，王之垣也很重视子弟的"素质教育"，科考训练之余，对子弟在诗赋写作、琴棋书画等文学艺术，甚至武学方面的修养予以足够的重视。正因如此，新城王氏从嘉靖戊午(1558)至万历庚辰(1580)，20余年间乡试、会试中式人数一科未落。万历十六年(1588)戊子科山东乡试，新城王氏更是考中3名举人。

（二）建家祠以报祖功

新城王氏家庙修建是以忠勤祠为起点的，忠勤祠的修建是为了纪念王重光。王重光，字廷宣，嘉靖二十年(1541)进士，官至贵州左参议，分守贵宁、安平二道。在贵州，王重光做了两件事，一件是平定为患贵州多年的少数民族暴动；另一件是奉命督木，以身殉职。嘉靖皇帝认为，"平蛮"功成为"忠君"，"督木"殉职是"勤事"，特赐"忠勤可悯"。湖广川贵总督李宪卿曾行文立祠。然而十余年过去，祠是否建成不得而知。万历五年(1577)，王之垣就忠勤祠的修建情况写信询问贵州巡抚何起鸣。何起鸣行文拨发总司银两，永宁卫指挥雷动等人捐金助工，工程很快完工。随后，王之垣出银买祭田，派人看守，

①　[明]王之垣《恭人王母于氏行述》，崇祯《王氏族谱》卷11，第67页。
②　[明]焦竑撰，李剑雄点校《澹园集·少司农王公传》，中华书局1999年版，第354页。
③　[清]王培荀著，蒲泽校点《乡园忆旧录》，齐鲁书社1993年版，第4页。
④　[明]邢侗《来禽馆集》卷18，《四库全书存目丛书·集部》第161册，齐鲁书社1996年版，第613页。
⑤　[清]王培荀著，蒲泽校点《乡园忆旧录》，齐鲁书社1993年版，第4页。
⑥　[清]王培荀著，蒲泽校点《乡园忆旧录》，齐鲁书社1993年版，第4页。
⑦　[明]邢侗撰《来禽馆集》卷19，《四库全书存目丛书·集部》第161册，齐鲁书社1996年版，第626页。

贵州按察司金事黄镆作文记其事,永宁卫掌印指挥雷思忠集刊《少司徒王公忠勤录》传世。万历十六年(1588),致仕回家的王之垣"念永宁尚建祠,本县乡土岂宜无祠,乃置地于东庄建立"①,内阁首辅王锡爵有《新城县忠勤祠记》传世。万历三十一年(1603),又"以木植单薄改建今祠于南郭外"②,即今天我们看到的忠勤祠,王之垣作《忠勤西祠记》记其事。新城县忠勤祠建成后,王象乾、王象蒙等将征集到的朝廷高官、文化名人王锡爵、申时行、叶向高、冯琦、郭正域、王家屏、沈鲤、杨巍、萧云举、邢侗、朱之蕃、焦竑等人所撰碑铭传赞等刻石纪念,并刊印成《忠勤录》以传世。其间,王象乾总督川贵湖广军务兼四川巡抚,曾重修贵州忠勤祠,增其旧制,礼部尚书李长春撰《重修忠勤祠记》。

忠勤祠的修建,最初是为纪念嘉靖皇帝表彰王重光"忠勤可悯"。在日常生活中,除去祠堂的建筑外,王之垣把王重光制定的第一则成文家训"读书""道义"大书于显要地方,教育子孙牢记祖训,传承家风,忠于职守,忠于国家,鼓励族人忠勤报国、奋发有为,使"忠勤"成为这个仕宦望族的标志性家风。新城王氏所以能兴盛300余年,不仅昭示着明朝成为"王半朝",而且经历明清鼎革的战火之后,一代正宗王渔洋脱颖而出,不能不说这一切皆源于王之垣对家族的制度性建设。而这种家风与今天所倡导的爱国、敬业、诚信、友善在内容上则有极度的吻合。如今,忠勤祠已成为时代精神与家族精神的一种象征。

(三)立族约以垂后戒

王之垣"立族约以垂后戒"的"族约",就是把王重光制定第一则成文家训"读书""道义"奉为治家宝典,除在忠勤祠等场所的显要位置设置外,主要是通过创修家谱来实现传承的。明万历三年(1575),新城王氏族谱在王之垣主持下成功修竣。这时,新城王氏已经取得了相当的政治地位和社会影响,成为远近闻名的仕宦望族。家族中先后有多人通过科举出仕。虽然今天我们不可能见到王之垣创修的《王氏族谱》,现存崇祯三年王象晋续修的《王氏族谱》残本,《目录》载录该谱共有10卷,第1卷:世系、小传;第2卷:敕谕、圣谕、谕祭文、召对、记注、恩恤;第3卷:诰命、敕命(上);第4卷:诰命、敕命(中);第5卷:诰命、敕命(下);第6卷:世传(上);第7卷:世传;第8卷:序、记、赞、诔;第9卷:诗、歌、吟;第10卷:神道碑、墓表。所存卷首32页、目录2页,第1卷世系和小传31页,第10卷1页,第2至第10卷其他内容无存。王象晋在谱序中说:"首世系,明宗派也;次诰敕,扬君恩也;次世传、记、序、表、志等诸篇,详生平也;末复以手泽附焉。"③卷之十一《先世染翰》83页,有个别缺页;卷之十三共30页,部分缺页,均为明代王重光与新城王氏"之""象"以及部分"与"字辈族人的诗文作品,当为王象晋所言"附焉"之"手泽"。从王之垣所作文章,可以明确看出王之垣的家族理想。

第一,谱序。在《族谱原序》中,王之垣明确指出:"予家徙新城仅二百年耳,已不能详,及今不谱,后世何观焉……谱一作使后之人按图而披,寻原而绎,恻然动木本水源之

① [明]王之垣《历仕录》,《四库全书存目丛书·史部》第127册,齐鲁书社1996年版,第755页。
② [明]王之垣《历仕录》,《四库全书存目丛书·史部》第127册,齐鲁书社1996年版,第755页。
③ [明]王象晋撰《重修王氏族谱叙》,崇祯《王氏族谱》卷首,第27~28页。

感,蔼然兴敦宗睦族之思。近之而笃亲叙伦,远之而维风弘化,恒必由之。"①王之垣认为,族谱是收族的有效手段,并在族谱序言中引用了宋代苏洵的话:"情见乎亲,亲见于服。服尽则亲尽,亲尽则情尽,情尽则途人也。吾之相视如途人者,其初兄弟也,其初一人之身也。"②"若是而谱可无作哉?《诗》曰:'无念尔祖。'又曰:'子子孙孙,勿替引之。'吾于后人,有深望矣。"③他试图通过族谱,使五服之内的族人产生孝弟之心,从而达到尊祖敬宗的目的。

第二,族谱义例。共有 7 条:"王姓自太子晋后,奕世缵绍弗替,益蕃名公巨卿、闻人才士贡相望于世,至不可胜数,详具宋魏国文正公所自撰,述可考也;予家系牒湮微,族属稀鲜,不敢妄援显达,取远胄之诮。龆时闻我祖颍川公云'祖居诸城县琅琊山初家庙前,隶籍青州,徙于新城,自琅琊公始',故今谱王氏断自公始;琅琊公徙新城,赘于赵氏。公为人质朴无华,力木重农,赵氏甚礼重焉。长益树德敦善,敬老怜贫,乡人感之,乐与亲厚,遂家新城,入在城正德乡二图一甲,编户占匠籍,遂号'新城王氏';凡具衣冠皆有小传,使后世子孙时披阅而崇效法,广书香而绵世泽,是亦激劝后人之一机也。其他生平多有未详,恐致挂漏,故不纪;凡累朝圣谕、诰敕、召对、恩恤等文,一一编入,侈君恩而光先德,罔敢遗坠;凡名公赠贺、吊挽诸作,以及表、传、志、状,一一备载,用敦世好;凡先世文词、诗歌及后人撰述,皆得附入,使为子孙者触目绎思,亦庶几寄羹墙之慕云。"④从这 7 条看,王之垣所立族谱的主要精神与内容,基本包含在王象晋崇祯三年续修的《王氏族谱》中。

第三,"手泽"。所谓"手泽",就是收入《王氏族谱》第 11 至第 13 卷的族人诗文著作。王之垣的文章,与王重光、王之城、王之猷、王之都的作品一并收入第 11 卷"先世染翰"。这些文章,除常规诗文著作,也有部分"族约"的内容,如王之垣所作《族东茔记》《族西茔记》《义田记》《恭人王母于氏行述》等。这些文章,从一定程度上表达了王之垣的人生信仰与治家理念。

此外,包含"族约"内容的作品还有《念祖约言》《恩命录》《忠勤图说》《百警编》《摄生编》《炳烛编》《历仕录》等。

(四)济义田以赡族众

义田,是新城王氏为了救助生活贫困族人而设置的公田。其来源,主要是获得功名族人的捐赠,收入主要用于赡族。其设置的过程,王之垣三子王象晋曾作《睦族记》,择要节选如下:

我祖忠勤公登第后,即思拯恤阖族,奈南北奔驰,殒身万里不获如愿。我父大司徒公及诸叔、诸兄相继登第,创"为孝思"一会,奉宣先志。登会试一人置田若干,登乡试一人

---

① [明]王之垣撰《王氏族谱序》,崇祯《王氏族谱》卷首,第 23~25 页。
② [明]王之垣撰《王氏族谱序》,崇祯《王氏族谱》卷首,第 24 页。
③ [明]王之垣撰《王氏族谱序》,崇祯《王氏族谱》卷首,第 25 页。
④ [明]王象晋撰《族谱义例》,崇祯《王氏族谱》卷首,第 29~30 页。

置田若干，应贡一人置田若干，共作一庄，以备周济族人之用。置田多者举席酬谢，不及格者罚。树艺、税粮、秩祀、赈恤皆有条理。掌管则我祖之后六门轮任之。行之数年颇有可观。嗣是不无少陵夷也。及我父请告归里，思举旧约，而众多异同，势难复合。念我祖为国须殒身，创祠崇祀，颜之"忠勤"，以戴君恩，即年逾七旬，一切祠、墓、祀事必恭必肃，又推广遗意，模仿义田出禀粟以资族人。视亲疏以为差等，酌冬春以期日，垂训词以期永久，迄今六十余年行如一日。则以先人美意为子孙者乐为率循耳训……吾今已逾八，势同风烛，恐此举或废，故撮其大凡，著之于篇，以便后人继举。凡我子孙尚其阐绎祖德而遵行勿替也哉。[①]

这则文献表明，设置义田，是从王象晋祖父王重光考中进士之后就有的家族理想。王重光的六个儿子分为六门，其子孙后来为实现父祖的愿望，特意成立"为孝思"的宗族组织，六门之内，获取功名的子弟根据考中进士、举人、贡生的不同，分别捐献一定数目的土地作为义田，并成立了专门负责生产及处理族产的义庄。多置者酬谢，少置者惩罚。新城王氏仅第五、第六两代就有进士 12 人、举人 3 人、贡荫生 15 人。且中进士、中举人者还要重复捐献，义田数目可观，当在千亩之上。拥有如此规模的义田，并且专设有义庄，这在明代整个山东都是不多见的，表明新城王氏宗族组织制度的完善。

王之垣亦有一篇《义田记》："义田，睦族矣。分等者何？尚亲也；等同而尊卑不异者何？均贫也；父子而有与有不与者何？分爨则与也；年长加一等者何？尊齿也。自义田始行，迄今若干年，亡去者几矣。来日无多，故加优焉。孤独鳏寡及异姓过继有与者何？孤独鳏寡，情尤可悯也；异姓过继，念其所继，姑以与之也。三年后勿与者何？恐混吾族也。出嫁贫穷量与者何？亲有缓急，时有消长，难以例拘，故随宜酌之也。有〔胡〕作非为而减等者何？治之伤恩，姑以示惩也。凡既行矣，而又勒石者何？吾自行之，吾自知之，不有记，何以示后来者知遵行也。嗟乎！吾子孙其行耶？否耶？贤者遵行，不贤者不遵行。吾安知子孙之皆贤而行耶！吾又安知子孙之皆不贤而不遵行耶！呜呼！吾尽此心焉而已。是为记。"[②]

新城王氏义田的推行，以及义庄的具体管理都已无资料说明。目前笔者能够见到的这两则资料，则足以表明义田睦族的作用。另据郭正域撰《刘太淑人传》亦有"长女家贫，所给粟帛仅足用，曰：'恐损汝福也'"[③]。这对于新城王氏义田"以赡族众"的用途也是一个例证。

三、王之垣对当地社会建设的影响与贡献

家庭是社会的细胞，从古至今，概莫能外。客观地说，建设好家庭，本身就是对一个地区社会建设的贡献。纵观王之垣一生，有两大特点，一是为官拒请托，这不是本文阐述

---

① ［明］王象晋《赐闲堂集》卷 2，国家图书馆藏清顺治十年王与敕等刻本，第 21 页。
② ［明］王之垣撰《义田记》，崇祯《王氏族谱》卷 10，第 2 页。
③ ［明］郭正域《合并黄离草》卷 23，《四库禁毁书丛刊·集部》第 14 册，北京出版社 1997 年版，第 293 页。

的重点,可参考其著作《历仕录》;二是居乡不说事,不给官府找麻烦,不给乡亲加负担。概括而言,作为致仕高官的乡贤王之垣对当地社会建设发挥了重要的作用与贡献。

新城王氏家族的崛起得益于科举,对当地的民风乡俗有着切身的体验与认同。"父子蝉联,昆仲鹊起。一榜五成进士,十年三冠贤书"①,既表明了新城县科举的繁盛,也在一定程度上体现了新城王氏对当地的影响。鉴于他们在朝廷和乡党中的地位,地方官在重修庙学、书院等文教之所时,往往请他们为序为记。嘉靖十九年(1540),新城县重修庙学,乐安致仕太仆卿李舜臣撰《重修庙学记碑》,其碑文即由王之垣父亲王重光书写。万历十三年(1585),新城县重修儒学,王之垣率先捐助其完工,并撰《重修儒学记》,由其侄王象坤书丹。王之垣长子王象乾官至兵部尚书,也像其父一样,对家乡的学政极为关注,曾力督当道重修新城县学宫,由其弟王象晋总理此事。县志纂修是古代一个地区文化建设的一件大事。嘉靖三十九年(1560),时任新城知县胡应鸣续修《新城县志》。虽然今天我们看不到这部县志,但从胡应鸣撰写的序言中记载"延举人王子之垣、监生宫子敬、庠生邢子质、于子三聘、李子鹤福、耿子镈、于子三善、成子绩、王子之干(辅)、毕子昌等十人,相与博考郡、省、一统诸旧志,而日分厘之"②看,不但王之垣参加了这次县志续修,另外九人基本是王之垣的好友、同道。牌坊的修建,亦为古新城的一道文化景观,通常人们说新城原有 72 座牌坊,其中涉及王之垣的有忠勤报国、四世宫保、四世都宪、甲科济美、岱宗肃裔、江北青箱、熙朝名佐、父子尚书等。虽然人们对此看法不一,但客观上对显示新城历史文化的辉煌,在促进社会治理,巩固封建秩序方面发挥了潜移默化的作用。

王之垣记述自己仕宦履历的《历仕录》记录了两件事,有助于认识古代乡贤的居乡生活,姑录于下:

予平日不嘱托私事,故入仕亦不徇人请托,即相公皆不敢从,如前所记瞿事、火灾事、张顺泉事可见。万历十一年回乡,又书一帖于厅事云:誓不说事。迄今十四五年,乡人亦无求托者。万历十八年,乡人平日不往来者约三百人具轴礼为太夫人庆寿。予与作首罗君轸云:"某平日不管人家闲事,何敢劳诸君?"罗云:"正以公不说事,不害人,大家阴受其赐,所以来也。"今思既为士夫,若自己身家及乡亲公道中有理事、地方利害事,亦当白当路,但不可便己私及受人贿赂耳。

予初中甲科时,每年有白夫一名,后增二名。隆庆间以本县疲敝,送回不用。迄今不惟予不用,各房弟侄及本县士夫俱革不用。又钱粮,赵含章父母遵例优免,稍从轻派;钱仰庵父母一例派。赵不致谢,钱不求免,听之而已。每年尽田地所出,先备钱粮,亦以事体当然。平生既无裨益乡人,敢求益己而累乡人乎!③

前者表明,王之垣为官时"不徇人请托";万历十八年(1590),王之垣辞官居乡已七年,新城王氏也没有主动干预过地方事务,更没有做过损及乡党利益的事件,在乡党中口

---

① [清]崔懋撰《新城县志·序》,康熙《新城县志》,成文出版社 1976 年版,第 6 页。
② [明]胡应鸣《嘉靖旧志·序》,见山东省桓台县史志编纂委员会编《桓台县志》,齐鲁书社 1992 年版,第 787 页。
③ [明]王之垣《历仕录》,《四库全书存目丛书·史部》第 127 册,齐鲁书社 1996 年版,第 754~755 页。

碑甚佳，以及通过这件事给王之垣的启示：事关地方，亦当白当路，切不可谋私及受贿。后者则表明自己与地方政府的处事态度：一是革除"白夫"；二是照章办事，不为自己利益累及乡人。从这两则史料可以看出一位致仕高官的居乡生活实况。这样的行事风格，无愧于乡贤的称号。

乡贤，是维系古代基层社会运转的主导力量，是乡村社会建设、风习教化、乡里公共事务的依靠对象。作为明清时期新城县最具代表性的乡贤，虽然我们不能完全还原王之垣的居乡生活，但他的实践为我们提供了一个鲜活的样板，在建设中国式现代化，践行社会主义核心价值观，促进和谐社会建设的背景下，能为我们提供极为有益的借鉴。

于慎行与齐鲁文化

陈　缘 *

摘　要：齐鲁文化含义多重，影响最为深远的是通过儒家思想表现出的价值体系和道德标准。晚明士大夫于慎行具有高度的齐鲁文化自信，其根源是儒家文化成为中国社会的主流意识形态，而儒家文化正好又是齐鲁文化的最重要载体。于慎行与齐鲁文化的关系密不可分，他既继承吸纳齐鲁文化，表示对齐鲁文化深度服膺，又积极宣传和建设齐鲁文化。于慎行不仅对齐鲁文化中的人文因素深表认同，又向往以泰山、华不注山、峄山为代表的齐鲁自然文化。

关键词：于慎行；齐鲁文化；儒家文化；自然文化

一、于慎行其人与齐鲁文化界定

于慎行（1545—1608），字可远，又字无垢，号谷山、谷峰，别号谷城居士、无垢居士、黄石居士，山东东阿人（今属山东平阴），隆庆二年（1568）进士登第，官至东阁大学士、礼部尚书，入阁参赞机务，谥号文定，是明代晚期著名政治家、文学家、史学家。于慎行历经嘉靖、隆庆、万历三朝，宦海浮沉四十载，对国朝典故、中外纪闻烂熟于心，见解独到，在朝曾为万历帝师，在野又好奖掖后进，故有“石渠帝傅，山东太师”[1]之称。于慎行师从诸多名家，治学既能以孔孟之道为本源，又能汲取众家之长，最终落实到经世致用、治国济民，且有着鲜明的以儒为本、融摄佛道的三教态度，因而《明史》本传称其：“学有原委，贯穿百家。”[2]

于慎行能够在政治、文学、史学诸多领域取得巨大成就，与齐鲁文化的影响有重要关系。于慎行生于齐鲁，长于齐鲁，老于齐鲁，对齐鲁文化十分服膺。儒家文化是齐鲁文化的重要载体，而于慎行深受儒家孔孟正统之学影响，“吾邦贤圣里，风轨敦侯王”[3]就是于慎行对齐鲁文化高度自信的自我表彰。正是在齐鲁文化浓厚的崇儒重礼氛围熏陶之下，于慎行受齐鲁文化浸润很深，对儒家思想推崇备至，他时常以儒者身份自我标榜，终身不

---

　*　陈缘，青岛大学历史学院硕士研究生，研究方向为明代思想文化史。

　①　[清]李贤书修，[清]吴怡纂道光《东阿县志》卷20《于文定公墓碑记》，《中国地方志集成·山东府县志辑》第92册，凤凰出版社2004年版，第238页。

　②　[明]张廷玉《明史》卷217《于慎行传》，中华书局1974年版，第5739页。

　③　[明]于慎行《谷城山馆诗集》卷3《慰宗侯玄同契丈居庐》，《山东文献集成》第3辑第25册，山东大学出版社2009年版，第480页。

弃，因此好友冯琦称赞他"夙夜虞三礼，乾坤鲁一儒。"①于慎行在为同乡王湘所作的墓表中云："邹鲁之教，唯笃修躬行，廪廪名实之际，向者二三君子，学术治迹，要不必同，至表里相孚，不失家法，视公志行，皆在颜行，信吾国之多贤也。"②明确指出海岱之间多英杰君子，彬彬向儒的贤者层出不穷，这自然与齐鲁文化密不可分。于慎行自身浸染乡风，身被儒学之浸润，对孔孟之道内化于心，外化于行。于慎行与齐鲁文化之间存在不可分割的关系，他既继承吸纳齐鲁文化，表示对齐鲁文化深度服膺，又积极宣传和建设齐鲁文化，是晚明齐鲁士大夫的杰出代表。

齐鲁文化，虽然只是在齐鲁大地上孕育的地域性文化，却是中华文化的重要组成部分，绚丽多彩的中华文化正是由齐鲁文化、中原文化、荆楚文化、巴蜀文化、岭南文化、三晋文化、关陇文化、吴越文化等一个个地域性文化构成。齐鲁文化是什么？从狭义来说，指的是先秦时期齐国文化与鲁国文化，是在齐鲁两国存在之时，两国人民创造的带有齐鲁自身特色的文化；从广义来说，是泛指齐鲁大地上一切历史文化，没有明确的时间断限。今天，一提到什么是齐鲁文化，可能大部分人首先想到的是以孔孟为代表的儒家文化，或者中国传统文化，儒家文化、齐鲁文化、中国传统文化，三者之间有诸多相似之处，但是不可完全划等号。齐鲁文化是中国传统文化的重要组成部分，甚至可以说是最重要的组成部分，儒家文化则是齐鲁文化最重要的载体，是最具代表性的文化结晶。儒家文化是齐鲁文化最具代表性的承载体。近期，颜炳罡提出齐鲁文化具有四重意义："其一，轴心意义上的齐鲁文化是指西周到秦统一这一时期齐国与鲁国的文化；其二，经学意义上的齐鲁文化主要指秦汉到魏晋流行的齐学与鲁学；其三，行政区位意义上的齐鲁文化是指山东文化；其四，思想意义上的齐鲁文化是指始于轴心时代，以德为先，以修、齐、治、平为目的，主张礼法并治的治理体系与生活方式。"③对于中华文明影响最为深远的，应是齐鲁文化在思想意义上的含义，它在一定程度上可以说是中国两千余年的社会核心价值观，中国社会所推崇的仁、义、礼、智、信、忠、孝、廉、耻、德等道德标准，都能够在齐鲁文化中追溯源头。齐鲁文化的影响力，不仅仅对中国社会影响巨大，甚至对东亚其他地区和世界其他文明，都有着举足轻重的作用，譬如，彭耀光指出："齐鲁文化构建的以仁、义、礼、智、信、孝、悌、廉、耻等德目为基本内容的美德体系，以及讲仁爱、重民本、守诚信、崇正义、尚和合、求大同的价值追求，不但深深嵌入了中国人的精神世界，而且影响了东亚乃至世界的文明发展进程。"④这是齐鲁文化在思想意义层面的价值性所在，是人们对齐鲁文化最基础、最普遍的认识。

在于慎行所生活的明代晚期，齐鲁文化的基本特征与历史含义，已经基本定格，它的

① ［明］冯琦《宗伯集》卷6《送大宗伯于谷山年伯请告东归》，《四库禁毁书丛刊》集部第15册，北京出版社1997年版，第104页。

② ［明］于慎行《谷城山馆文集》卷26《明故通议大夫南京大理寺卿竹阳王公墓表》，《山东文献集成》第3辑第26册，山东大学出版社2009年版，第359页。

③ 颜炳罡《轴心文明与齐鲁文化的多重意蕴》，《东岳论丛》2022年第9期，第137页。

④ 彭耀光《推动齐鲁文化融入"一带一路"建设》，《山东干部函授大学学报》2022年第2期，第54页。

基本特征包含崇仁德、明礼义、尚智信、懂孝悌、知廉耻等价值观念,它的历史含义,正是颜炳罡提出的思想意义层面的齐鲁文化,是已经承继两千余年的治理体系与生活方式。从思想意义层面来说,儒家文化自然是齐鲁文化最好的载体,齐鲁文化所凸显的价值观念在儒家经典中皆可寻觅。西汉初期,董仲舒提出"诸不在六艺之科孔子之术者,皆绝其道,勿使并进"①,汉武帝采纳其建议,"罢黜百家,独尊儒术",儒家思想自此成为中国两千余年的官方正统思想,而儒家文化则成为中国传统文化最有力的代表。于慎行的齐鲁文化自信,其根源便是儒家文化成为中国社会的主流意识形态,而儒家文化正好又是齐鲁文化的最重要载体。所以,于慎行的齐鲁文化自信,是基于儒家文化的社会正统地位,他生于齐鲁大地,学习儒家文化,以孔孟经典进入仕途,对以儒家文化为载体的齐鲁文化自然服膺。因此,本文所论的于慎行吸纳、服膺、宣传、建设的齐鲁文化,是以儒家文化为主要载体、包含齐鲁其他文化因素和自然文化元素的集合体。

二、于慎行对齐鲁文化的吸纳与服膺

于慎行吸纳齐鲁文化有自身的地缘因素,他的出生地山东东阿洪范池(今属山东平阴)在春秋战国时期便是齐国和鲁国的交界地,西周至春秋中期,属于鲁国,春秋晚期至战国时期,属于齐国。

于慎行能够有条件接受齐鲁文化,与他的家世自然分不开。东阿于氏是高门后裔,远祖为西汉名臣于定国,世居登州府文登县,洪武中年,在一世公于深的带领下,徙至东阿。于深生于忠,为邑三老,于忠生于时,曾以高年赐爵一级,于时生于玭,是为于慎行之父。于氏家族世代秉持儒术,耕读传家,于慎行诗云"家本东海裔,樵牧东山下。先子秉儒术,歌音追大雅"②,反映出于氏家族躬耕田野与向儒慕学的并行传统,也从侧面反映出于氏家族对齐鲁文化精髓的继承。家庭,是于慎行吸纳齐鲁文化的第一站,于慎行之父于玭、母刘淑人皆善文辞,习儒教。

于玭,字子珍,号册川,治学处世皆秉持儒术家传,为人"矜慎好礼,博学工文,居家孝友,处乡退让,教训诸子,以行谊为先,出入起居,皆有绳度,冠婚丧祭,参用古礼,不随世俗"③,是一名典型受到齐鲁文化熏陶的文士,在他的影响下,于慎行亦出处有方,好礼自修,敦伦好施,优待族人。受到齐鲁文化熏陶的于玭,重视对于慎行兄弟的教诲,使之成长在良好的学习氛围之中,于慎行如沐春风,受益匪浅,因而殷士儋在《陕西平凉府同知册川于公墓志铭》中云:"及睹可远(于慎行)渊然清静,方寸千顷,溯所从来,固知公质行君子也。"④于慎行从父亲那里得来的自然包含对齐鲁文化的认同感。于慎行之母刘淑

① [汉]班固《汉书》卷56《董仲舒传》,中华书局1962年版,第2523页。
② [明]于慎行《谷城山馆诗集》卷2《感怀二十首》其十四,《山东文献集成》第3辑第25册,山东大学出版社2009年版,第460页。
③ [明]于慎行《兖州府志》卷36《人物志七·国朝》,明万历二十四年刻本。
④ [明]殷士儋《金舆山房稿》卷10《陕西平凉府同知册川于公墓志铭》,《四库全书存目丛书》集部第115册,齐鲁书社1997年版,第791页。

人，出身苦山刘氏，科举世家，自幼好学，聪慧慈孝，"习女红，女红精，兼通《孝经》《论语》诸书，娴于词翰"①，是山左地区有名的才女。刘淑人十分重视对于慎行兄弟的家庭教育，亲自教授诗书文辞，于慎行二兄于慎思在《七歌》中回忆母亲辛勤教诲，诗云"辛勤长自写遗编，教儿灯下不停口"②，便是对母亲教诲的生动写照。于慎行自幼长于刘淑人抚育之下，受母亲的影响非常大，以致后来"每思太淑人课灯下，辄废食"③，对母亲的思念之情、教诲之境永远无法忘却。父母之教，是于慎行接受齐鲁文化的基础。

在家学奠定吸纳齐鲁文化基础后，于慎行师承诸多名儒，对以儒家文化为最重要载体的齐鲁文化更加表示认同。于慎行对齐鲁文化的服膺，突出表现在对儒家文化的推崇。于慎行在《游鲁城记》云："余少为诸生，尝东游阙里，溯洙泗之流。"④于慎行所谓的"溯洙泗之流"应有两重含义，首先是旅行意义上的，沿洙水及泗水二上，追溯其源流所在。其次是学术意义上的，可理解为追溯儒家思想，洙水与泗水交汇处是孔子出生地，后来又成为孔子聚徒讲学之所在，被视作儒家思想的发源地，于慎行曾有抛弃心学、回归孔孟的学术转变，"溯洙泗之流"即可视作于慎行承继儒家思想乃至齐鲁文化的自我表彰。

崇仁重礼是齐鲁文化的鲜明特征，于慎行对仁与礼阐发丰富。

于慎行提出"仁者，天地之心也"⑤，把"仁"至于天地核心位置，彰显"仁"的重要价值。于慎行强调"仁"在社会发展过程中不可缺失，因为"舍仁义则纲常乱"⑥，"仁"是维护社会稳定的重要力量。于慎行以史为据，论证"仁"在治国理政中的重要性，云"三代仁而迭兴，秦隋暴而亟失天命"⑦，将夏、商、周国祚长保的原因归功于行仁政，将秦、隋短命的原因归结于暴政不仁。不仅最高统治者在治国时需要以仁为本，作为以儒通身的官僚士大夫，在任职时也应该"以仁心爱人，施于有政"⑧，为民谋福，博爱治下，因为于慎行认为："惟天地、万物、父母，德以元称，惟大君、万民、父母，化以仁成。大哉惟仁，体之则圣施于政，济世宜民。"⑨于慎行言"制国有常，利民为本"⑩，则"仁"实为利民之根本理念与切

---

① 〔明〕殷士儋《金舆山房稿》卷10《陕西平凉府同知册川于公墓志铭》，《四库全书存目丛书》集部第155册，齐鲁书社1997年版，第790页。

② 〔明〕于慎思《庞眉生集》卷4《七歌》，《四库全书存目丛书》集部第148册，齐鲁书社1997年版，第318页

③ 〔明〕刑侗《东阿于文定公年谱》卷1，《山东文献集成》第1辑第10册，山东大学出版社2009年版，第602页。

④ 〔明〕于慎行《谷城山馆文集》卷16《游鲁城记》，《山东文献集成》第3辑第26册，山东大学出版社2009年版，第103页。

⑤ 〔明〕于慎行著，〔清〕黄恩彤参订，李念孔等点校《读史漫录》卷2《战国至秦楚之际》，中华书局1996年版，第20页。

⑥ 〔明〕于慎行著，〔清〕黄恩彤参订，李念孔等点校《读史漫录》卷14《辽金元》，中华书局1996年版，第508～509页。

⑦ 〔明〕于慎行《谷城山馆文集》卷35《恭拟御制昭仁殿箴》，《山东文献集成》第3辑第26册，山东大学出版社2009年版，第520页。

⑧ 〔明〕于慎行《谷城山馆文集》卷8《贺邑侯见廷张君考绩叙》，《山东文献集成》第3辑第26册，山东大学出版社2009年版，第796页。

⑨ 〔明〕于慎行《谷城山馆文集》卷35《恭拟御制昭仁殿箴》，《山东文献集成》第3辑第26册，山东大学出版社2009年版，第519～520页。

⑩ 〔明〕于慎行《谷城山馆文集》卷13《平阴姚侯役法记》《山东文献集成》第3辑第26册，山东大学出版社2009年版，第64页。

实手段。①

《史记·儒林列传》云："及高皇帝诛项籍,举兵围鲁,鲁中诸儒尚讲诵习礼乐,弦歌之音不绝,岂非圣人之遗化,好礼乐之国哉……夫齐鲁之间于文学,自古以来,其天性也。"②足以说明齐鲁大地的重礼习俗由来已久,于慎行在《山东乡试录叙》中有相似记载,云:"自孔子以文行立教,孟轲氏遵而修之,由是齐鲁之间,于文学若出天性,而史称诸儒质行,谓其治官民,皆有廉节,称其好学,岂非先贤圣之遗迹。"③齐鲁之间的文化习俗自孔子以后,是本诸天性的,是自然而然的,体现出于慎行对齐鲁文化的服膺。这一点还体现在于慎行对礼的看重,他提出以"诗书为甲胄,礼义为干橹。"④于慎行继承其父于玭的好礼传统,一生以礼自任,《明史》称其"明习典制,诸大礼多所裁定"⑤,是对于慎行明礼持正的认可。

于慎行不论是以道自任的士大夫责任意识,还是崇仁好礼、中正尚德的人格操守,都是由于他对齐鲁文化的吸纳和服膺,齐鲁文化的重要价值在于慎行身上集中体现出来,对他的价值观、人生观奠定重要基础。因此,于慎行门人鲍应鳌评价说:"先生巍岊千仞之标而汪洋万顷之度,斧藻群言,经纬区宇,炳然内圣外王之学,一溯孔氏之源流而蕴姬吕之休美也。"⑥这是对于慎行吸纳服膺齐鲁文化的贴切品评。

三、于慎行对齐鲁文化的宣传与建设

于慎行多次以"鲁国竖儒"⑦自称,多次宣扬齐鲁良风,对齐鲁文化的宣传与建设功绩巨大。

于慎行对齐鲁文化的宣传,集中体现在多篇宣传孔孟儒学的文章中,譬如《阙里重修孔庙碑》《阙里重修三庙碑》《邹县重修孟庙记》《重修颜庙碑》《曾庙祭田记》《临清儒学重修记》等。

万历年间,殿中丞赵贤、侍御史钱岱,兖州府知府周标、朱文科,兖州府同知尹言,济宁州知州掌曲阜县事孔弘复等主持重修孔庙,于慎行闻之欣然,认为这是承继孔孟正道、彰明儒家学术的幸事,作《阙里重修孔庙碑》对孔孟之道大力宣传。于慎行首先表彰孔孟之道、六经之教的历史价值,云:

① 赵伟、陈缘《明代于慎行"守道而行"的儒学观念》,《青岛文化研究》第5辑,中国海洋大学出版社2022年版,第34页。
② [汉]司马迁撰,陈曦等译《史记·儒林列传》,中华书局2019年版,第3822页。
③ [明]于慎行《谷城山馆文集》卷10《山东乡试录叙》,《山东文献集成》第3辑第26册,山东大学出版社2009年版,第7页。
④ [明]于慎行著,[清]黄恩彤参订,李念孔等点校《读史漫录》卷10《五季》,中华书局1996年版,第370页。
⑤ [明]张廷玉《明史》卷217《于慎行传》,中华书局1974年版,第5738页。
⑥ [明]鲍应鳌《瑞芝山房集》卷8《寿大宗伯于老师滇岳发祥册序》,《四库禁毁书丛刊》集部第141册,北京出版社1997年版,第147页。
⑦ [明]于慎行《谷城山馆文集》卷30《报陈玉垒阁学启》,《山东文献集成》第3辑第26册,山东大学出版社2009年版,第447页。

是故二帝三王，用六经之实，以陶埴天下，而夫子著六经之文，以垂宪方来。三千余年之间，上而英君谊辟，以之总理人群；下而哲佐贞臣，以之弥纶丕造。近而经生法士，谈诵于声名文物之场；远而夷裔要荒，游衍于礼乐衣冠之化。其显而可闻者，如日月山河，辉朗炤燿，靡不宣臻；而其隐而不可知者，如一元之气，布濩周浃，而无有涯涘。故曰："夫子之道大矣。"①

于慎行对儒家文教的评价可谓至高，流露出高昂的齐鲁文化自信，他在文末明确指出，每一个生于齐鲁之人，都有宣传齐鲁文化的历史使命，有义务使儒家文化传于千秋万代，云："况我鲁人，有不夷怿。敢勒鸿名，摛之无斁。"②

万历二十二年（1594），在山东巡按御史连标、巡抚都御史郑汝璧、兖州府知府卢学礼的主导下，兖州府重修周庙、孔庙、颜庙，请于慎行为之作《阙里重修三庙碑》，于慎行"拜手稽首"，以师宗儒术的态度，云："粤自昊穹之初，肇立人纪，圣神代作，咸克左右，上帝绥猷，兆人以逮。我先师孔子，乘百王之运，辟六艺之途，用能集厥大成，以陶铸万世，厥后英君谊辟，罔不尊用其道，以建化原，亦罔不恪修厥祀，以报本始。"③于慎行高度颂扬孔子之道的历史功用，随后又对周公、孔子、颜子的道统关系进行阐明，云："盖孔子之道，得统于周公，而颜氏之子能发其蕴，以教万世。惟鲁建国，实终始三圣贤之迹，以有遗烈于此也。"④于慎行认为孔子之道是上承周公，下启颜子，鲁能建国、立国，与周公、孔子、颜子是分不开的，他们在鲁国的作为，留下诸多圣贤遗迹。在文末的赞词中，于慎行云："泰山岩岩，群岳所宗。沔彼流水，亦朝于东。海岱之壤，会为鲁国。乃降玄圣，此惟与宅。运乘五百，道衍三千。江河行地，日月丽天。列辟是师，万世为土。有庙有林，于焉终古。"⑤这不仅仅是对海岱风貌的书写，还蕴含着对以周孔之道为代表的齐鲁文化深度认同，齐鲁地域繁衍出的圣贤哲人是齐鲁文化的光辉，于慎行对此确然自信，大力宣扬。因此，作为一名鲁人，于慎行自称"鲁生不敏，敢勒贞石，匪以为观，永示尔极"⑥，直接点明他写作本文的目的就是"永示尔极"，就是宣传齐鲁文化，使之流传千古。

邹县城南，有亚圣孟子遗迹，约为三迁旧里。万历二十三年（1595），邹县知县王以桢主持重修孟庙，次年四月落成，以回归孔孟为学术理路的于慎行作《邹县重修孟庙记》，对儒学进行捍卫，因为他认为"惟是祀之兴队，关乎道之晦明。道之晦明，兆乎世之隆替。

　　①　［明］于慎行《谷城山馆文集》卷13《阙里重修孔庙碑》，《山东文献集成》第3辑第26册，山东大学出版社2009年版，第46页。

　　②　［明］于慎行《谷城山馆文集》卷13《阙里重修孔庙碑》，《山东文献集成》第3辑第26册，山东大学出版社2009年版，第48页。

　　③　［明］于慎行《谷城山馆文集》卷14《阙里重修三庙碑》，《山东文献集成》第3辑第26册，山东大学出版社2009年版，第68页。

　　④　［明］于慎行《谷城山馆文集》卷14《阙里重修三庙碑》，《山东文献集成》第3辑第26册，山东大学出版社2009年版，第68页。

　　⑤　［明］于慎行《谷城山馆文集》卷14《阙里重修三庙碑》，《山东文献集成》第3辑第26册，山东大学出版社2009年版，第69页。

　　⑥　［明］于慎行《谷城山馆文集》卷14《阙里重修三庙碑》，《山东文献集成》第3辑第26册，山东大学出版社2009年版，第69页。

有不可不详者"①。于慎行在文中先对孟子在历代的地位和被重视程度进行梳理,对韩愈心忧道统、宋人推崇孔孟提出褒扬。明代前期,孟子的地位在朱元璋的作用下相比宋代稍逊,朱元璋认为孟子的话"非臣子所宜言",取消孟子配享文庙的资格,颁布《孟子节文》,直到嘉靖九年(1530),明世宗朱厚熜下诏奉孟子为亚圣,引起儒家士夫雀跃,因而于慎行赞扬统治者"恢崇儒术,尽黜百家,纳诸圣轨,自庙朝论议,闾里服习,非邹鲁之教,六艺之指,口不得谈,牍不得书,则可谓极纯至粹,大一统之风矣"②。对邹鲁之教在明代享有正统地位表示推崇。文末,于慎行又从地缘角度论述齐鲁贤圣,云:"海岱之间,天下之山水所朝宗而聚会,而邹鲁国于其中。夫是以降神炳灵,钟于上古神明之胄,以孕为贤圣,而存其道统,则其祀之兴队,固且与天地元化相为始终。二氏之教,恶能与较一朝之明晦,而亦何忧于世道哉。"③于慎行既书写出齐鲁大地的人杰地灵,也表现他以儒为本、捍卫儒家正统地位的学术理念,虽然他自己于佛道二家有所吸纳,但是佛道二氏的地位终不能与儒家相提并论。

颜回,字子渊,春秋末期鲁国人,孔子的得意门人,《论语·雍也》称他"一箪食,一瓢饮,在陋巷,人不堪其忧,回也不改其乐"④,颜回之乐成为历代儒家继承者的标杆,安贫乐道成为一种道德信仰,他在后世被尊为复圣,成为孔庙四配之首。万历三十年(1602),兖州府重修颜庙,于慎行作《重修颜庙碑》,对颜子之学、颜子之德、颜子之道,给予高度赞扬,把他作为孔子之道德继承人,云:

(颜子)陶铸圣门,步趋师矩,秉上智之质,而发以如愚,悬坐忘之符,而助以不惰。口绝谈议,而圣蕴毕彰,训闿篇籍,而师宗独著。盖为道生孔,为孔生颜,所以翊赞化原,羽仪景运。辟在天之悬象,则义明为众阳之宗。方在地之成形,则岱宗为生物之府。斯以参玄造而不毁,历振古而如新者与。列辟相承,代修秩祀,制多沿革,礼蔑污隆,稽统业于皇王,则孔师而周圣,溯渊源于授受,则孔圣而颜师。⑤

于慎行对颜子的赞颂,既是于慎行服膺儒家传统思想、敬仰儒家先圣先贤的体现,也是对以儒家思想为载体的齐鲁文化进行宣传,更是他坚持齐鲁文化自信的深情表现。

万历十七年(1589),曾子第六十二代孙、翰林博士曾承业奏请恢复曾庙祭田,后来,经山东守臣复论,上状言明嘉靖年间曾经赐田四十顷作为曾庙祭田,田在郓城界内,后为军民所侵没,又有庙户二十家,先后流入济宁、汶上、郓城、邹县。山东守臣"请先赐承业,

① ［明］于慎行《谷城山馆文集》卷 14《邹县重修孟庙记》,《山东文献集成》第 3 辑第 26 册,山东大学出版社 2009 年版,第 70 页。

② ［明］于慎行《谷城山馆文集》卷 14《邹县重修孟庙记》,《山东文献集成》第 3 辑第 26 册,山东大学出版社 2009 年版,第 70 页。

③ ［明］于慎行《谷城山馆文集》卷 14《邹县重修孟庙记》,《山东文献集成》第 3 辑第 26 册,山东大学出版社 2009 年版,第 71 页。

④ 杨伯峻《论语译注》,中华书局 2018 年版,第 84 页。

⑤ ［明］于慎行《谷城山馆文集》卷 15《重修颜庙碑》,《山东文献集成》第 3 辑第 26 册,山东大学出版社 2009 年版,第 85～86 页。

令供祠事,仍为续增庙户,满二庙额"①。因此曾庙祭田数目与颜庙和孟庙相一致,重获专门祭田和庙户。于慎行因此作《曾庙祭田记》,首先对恢复曾庙祭田表示认同,云:

> 窃惟肃皇御寓,惇庸大备,一洗前代陋仪,直以师道尊奉先圣四配,俱如今制,黩号斯涤,道化重光,此千载一时也。而宗圣世裔,先丁新莽之乱,播越江南,历朝以来,未闻甄录。乃于此时特膺明诏,世其爵列,庙林扫除,锡壤惟丰,兴灭继绝,远迈成周。②

曾庙重获祭田的意义,不是在于田亩数本身,而是政府对曾子地位的肯定,对于警醒当前学术不良风气有重要作用,于慎行指出:

> 今之言者,抑何洸洋玄渺,犹河汉而无极也。甚或剽空玄之绪,以附儒宗,谓秘密始开,不可思议。学者疑信相参,莫之敢指,而曾氏之学,独当圣明备极,褒阐所重,在此不在彼矣。岂非鲁得之宗,竟不可易,天犹未丧,斯文亦若,默有所寓,以微挽世趋者与。不佞敬为之记,且告吾党,共绎思焉。③

于慎行对曾氏之学表示推崇,认为曾氏之学正可纠正此时"洸洋玄渺""剽空玄之绪"等不良学术风气,此既是于慎行彰明儒学、捍卫正统的表现,也是于慎行体现出于慎行的齐鲁文化自信,因为曾子之学也是渊源于洙泗之流。

《临清儒学重修记》是于慎行在万历二十七年(1599)为记载山东参议马怡修葺临清儒学所作。于慎行在文中对临清的儒学渊源进行了梳理,并提出捍卫孔孟,捍卫儒学,宣扬齐鲁文化,云:"继自今吾党之士,其益思绍明正学,统一圣真,居以事先师,出以应当世,而无负贤君。"④

通过上述诸文,可以看出于慎行既时时以赞美孔孟儒学、宣扬齐鲁文化为己任,又具有高度的齐鲁文化自信,以至于他在反省王学流弊、溯源洙泗源流的同时,对齐鲁文化发出强烈的热情,甚至说:"生孔孟之里,而不以孔孟淑其身,非知学也。"⑤作为生于孔孟之里的读书人,当以孔孟自淑,这更反映出于慎行对齐鲁文化的认同。

于慎行不仅积极主动宣扬齐鲁文化,还身体力行地参与齐鲁文化建设。他在第3次请告后,归隐谷城山下,四方文人闻其声名,莫不前来求学,于慎行门人邢侗记载说:"邑文学弟子络绎投诚,请先生,弗拒也……此十四年中,非大风雨至不可已事,靡不与诸生

① [明]于慎行《谷城山馆文集》卷15《曾庙祭田记》,《山东文献集成》第3辑第26册,山东大学出版社2009年版,第87页。

② [明]于慎行《谷城山馆文集》卷15《曾庙祭田记》,《山东文献集成》第3辑第26册,山东大学出版社2009年版,第87~88页

③ [明]于慎行《谷城山馆文集》卷15《曾庙祭田记》,《山东文献集成》第3辑第26册,山东大学出版社2009年版,第88页。

④ [明]于慎行《谷城山馆文集》卷15《临清儒学重修记》,《山东文献集成》第3辑第26册,山东大学出版社2009年版,第93页。

⑤ [明]于慎行《兖州府志》卷6《圣里志上》,明万历二十四年刻本。

经义相周旋。"①于慎行以奖掖后进的方式向他们宣传齐鲁文化。

编撰地方志是于慎行建设齐鲁文化的重要成果,家居期间,于慎行编撰了《东阿县志》《兖州府志》。于慎行认为:"君子进而在列,则谟谋献纳,展错国华,退而在野,则著述讨论,优游艺术,皆以发挥明盛,藻饰太平,所遇虽殊,其志一也。"②无论在朝仕君或在野著述,都有着相似的价值,因此不惜笔墨,躬耕史册。

《兖州府志》,52 卷,是于慎行第 3 次请告期间,应兖州知府易登瀛和卢学礼之请,在原《兖州府志》基础上重新修订、编纂,为地方文化建设做出的突出贡献。于慎行"错采百氏之籍,旁参郡邑之史,探颐补漏,提要钩玄"③,旁征博引,考证精细,广为搜览,历经 3 年而成。该书分为 28 个门类,包括政区沿革、建置、山川、风土、帝迹、圣里、国纪、天潢、职官、选举、田赋、户役、学校、兵戎、驿传、河渠、盐法、马政、古迹、陵墓、祠庙、寺观、宦迹、人物、典籍、艺文、灾祥、丛谈等,资料丰富,体例谨严。由于于慎行具有高超的史学素养和治史精神,因此《兖州府志》在山东地方志中的史学价值是第一流的,因而谢廷谅评价说:"周孔之精神,班马之作述,晖映于一时。"④该书有万历二十四年(1596)刻本传世。此外,于慎行还著有《东阿县志》12 卷,是第二次请告家居期间同乡人孟一脉合著,史学质量上乘。康熙四年(1665),刘沛先担任东阿知县,阅读于慎行所编旧志,仍高度赞扬其史学价值,云:"余莅阿,读邑乘旧本,乃明于文定为殿讲、孟中丞为柱史时所纂也,海内目为信史,真令洛阳纸贵。"⑤可惜全本以佚。道光九年(1829),时任东阿知县李贤书在旧有版本的基础上,辑佚、重修,保留了部分于慎行的纂述,撰成《(道光)东阿县志》,现收录于《中国地方志集成·山东府县志辑》第 92 册。

于慎行以编撰地方志的形式积极建设齐鲁文化,所以后人称赞云:"山左史学,自东阿于文定公之后。"⑥这是对于慎行在齐鲁史学史的地位做出的中肯评价,于慎行以建设乡邦文化的方式,使得齐鲁文化更加丰满充实。

四、于慎行对齐鲁自然文化的向往

齐鲁大地,自古人杰地灵,于慎行指出"夫齐鲁之间,襟岱负海,天下之山水宗焉"⑦。

---

① 〔明〕邢侗《来禽馆集》卷 9《大宗伯尊师东阿于公六十寿序》,《四库全书存目丛书》集部第 161 册,齐鲁书社 1997 年版,第 472～473 页。
② 〔明〕于慎行《谷城山馆文集》卷 12《兖州府志自叙》,《山东文献集成》第 3 辑第 26 册,山东大学出版社 2009 年版,第 33 页。
③ 〔明〕于慎行《谷城山馆文集》卷 12《兖州府志自叙》,《山东文献集成》第 3 辑第 26 册,山东大学出版社 2009 年版,第 31～32 页。
④ 〔明〕谢廷谅《薄游草》卷 16《兖州府志序》,《四库全书存目丛书》集部第 177 册,齐鲁书社 1997 年版,第 170 页。
⑤ 〔清〕李贤书修,〔清〕吴怡纂道光《东阿县志》卷首《旧志刘跋》,《中国地方志集成·山东府县志辑》第 92 册,凤凰出版社 2004 年版,第 5 页。
⑥ 〔清〕李祖年修,〔清〕于霖纂光绪《文登县志》卷 9《潍县张昭潜赛柳轩先生传》,《中国地方志集成·山东府县志辑》第 54 册,凤凰出版社 2004 年版,第 208 页。
⑦ 〔明〕于慎行《谷城山馆文集》卷 5《寿方伯鹤皋周公七十叙》,《山东文献集成》第 3 辑第 25 册,山东大学出版社 2009 年版,第 749 页。

于慎行不仅对齐鲁文化的人文因素吸纳宣传,对齐鲁大地的自然文化也倍加推崇,于慎行家居时,"遐胜探幽,寻禅访道,钻貌草木之中,窥情风景之上,以此疏瀹五藏,澡雪精神"①,就是生动的写照。齐鲁自然文化,也是于慎行仕途失忆后排解苦闷,放松心情的所在。周明初先生认为"晚明时期留给士人们施展政治才能的空间极狭隘,而留给他们的生活天地却很广阔",在仕途受挫后,"一些士人走向了任情纵欲,另一些则走向了怡情自足"②。于慎行的怡情自足与齐鲁自然文化密切相关。

于慎行家居时,足迹涉及诸多齐鲁名胜,他在《游鲁城记》云:"万历己卯,从讲帏请告,归卧谷城,再涉济水,信宿方山,陟华不注绝顶,闲则栖云翠山房,从羽人偃息。"③这是于慎行在万历七年(1579)第二次请告家居时的活动,抒发了自身的闲适游历之乐。家居期间,于慎行还游历了隔马岭旧寺、天门禅堂、泰山绝顶、泰山三阳观、五峰亭、黄石山庄、云台山、玉龙峡、木末亭、傲来山、竹林寺、百丈崖瀑布、仙影岩、虎窟山洞、小岱山、峄山等地,留下了大量脍炙人口的诗篇,对宣传齐鲁自然文化有重要价值。

华不注山,又名金舆山,位于黄河以南,小清河以北,是济南附近有名的自然风景,于慎行曾登华不注绝顶,作长诗云:

齐都多名山,兹山独邈绝。中峰带湖水,华顶留寒雪。一枝玉芙蓉,翠黛若可撷。我来凌青冥,倚啸紫云裂。岚气互氤氲,波光半明灭。平野碧烟浮,长隄春树没。流览望扶桑,欲见蓬莱阙。云间逢真人,举手问宝诀。泠然紫芝想,了与红尘别。佳游难再得,梦想何可辍。④

诗中既有华不注山自然意象的书写,也有对世事浮沉的无奈心迹,"泠然紫芝想,了与红尘别"则直接抒发出于慎行的避世心理,此诗是于慎行将自身情感融入齐鲁自然文化的典型写照。

峄山位于孟子之乡邹县,与于慎行所居地洪范池不远,于慎行对齐鲁自然文化的感叹,也流露在对峄山景观的书写中,于慎行曾作《峄山歌》,云:

岱宗海上来,西塞中条路。东南数峰青未了,凌波欲涉长河去。似断不断走势回,结作芙蓉掌上开。青冥浩荡何年裂,平地涌出金银台。名山固多奇,此山奇欲绝。累累万古石,谽谺成窦穴。落星不到地,累丸不到天。悬圃亦已碎,群玉亦已颠。金华牧儿何婉变,一入紫烟不复返。世人谁者叱群羊,坐看蹄角生苔藓。人行石中何盘珊,十步九折穿嵌岩。顾见杂花开绮绣,又闻淙淙泉水声鸣环。千峰冥密万壑逼,日光时向天窗滴。深林已尽鸟不鸣,攀缘犹访白云迹。白云在天何时还,洞门石扇开重关。五花峰头一骋目,

---

① [明]于慎行《谷城山馆诗集》卷首刘敕《谷城山房全集序》,《山东文献集成》第3辑第25册,山东大学出版社2009年版,第444页。

② 周明初《晚明士人心态及文学个案》,东方出版社1997年版,第173~174页。

③ [明]于慎行《谷城山馆文集》卷16《游鲁城记》,《山东文献集成》第3辑第26册,山东大学出版社2009年版,第103页。

④ [明]于慎行《谷城山馆诗集》卷3《登华不注绝顶》,《山东文献集成》第3辑第26册,山东大学出版社2009年版,第475页。

飘如乘虹驾鹤飞出天地间。但闻长风飒飒万里至,使我四顾清心颜。君不见沧海桑田年岁改,秦皇片石今安在。万骑千乘化作灰,河声依旧东流海。沉吟此事思欲飞,击节高歌泪满衣。空怜世上浮沉子,白首红颜何所归。①

《峄山歌》是于慎行诗作中写景抒意的代表,为宣传介绍齐鲁自然文化有重要价值。

泰山是齐鲁自然文化的杰出象征,于慎行多次游览泰山,写下诸多诗篇,为宣传泰山文化做出突出贡献。《谷城山馆文集》中的《岱史叙》《岱畎图经》《岱松考跋》都是与泰山有关的史地著作,是于慎行宣扬和建设齐鲁自然文化的生动体现。尤其是《岱松考跋》,赞扬泰山上的五大夫松得以正名,云:

考之秦纪,始皇二十八年,东上泰山,立石封祠祀下,风雨暴至,休于树下,封其树为五大夫,即此松也。五大夫者,秦之爵名耳。秦爵凡二十等,有五大夫、七大夫,在庶长公乘之间。汉初犹用,以封绛灌诸功臣,可考质也。予睹泰山二松,质干甚古,即不必秦时所封,亦千百年物无疑,而谓松数本五,火焚其三,至有欲为补之者,则不知源委矣。平阴刘君元阳,博物君子,既恨松受秦官,不得缮处士之号,代作让表,虽非古制,意亦奇矣。又笑世人以大夫为五,作《岱松考》辩之,因杂取诸咏松者,汇成一帙。予嘉其雅志,为歌以释其恨,因跋数语,志厥縣焉。夫松之封,余二千年,而其名始正,其志始伸,可不谓遇有时也。然松之阅世,与人深矣。古今一瞬,何知宠辱。吾与刘君切切然白之,如冷风之拂枝条,忽然过尔,于松何有哉。②

在于慎行的精神世界里,似乎天然有着一种泰山信仰,在于慎行的涉及自然风光的诗文中,与泰山相关的篇数最多。于慎行的故乡东阿县洪范池,距离泰山不远,他对齐鲁自然文化的向往,以泰山信仰表现出来。

泰山西峰石壁有仙人影,侧身东向,于慎行以其为一胜景,作《望仙影岩》诗,云:"何劫飞来影,分明鹤上仙。侧身疑面壁,作礼似朝天。观化兴云雨,凭虚阅岁年。扶桑终日在,几见海成田。"③以泰山意象抒发自己对沧海桑田、时光飞逝的认识。

泰山还有百丈崖瀑布,又为一大奇景,于慎行作《观泰山百丈崖瀑布》,称赞其自然气派,诗云:"尽日水声中,还看匹练空。盘涡喧万马,削壁斗双虹。泒抉天河落,源从月窟通。固知灵境异,融结骇神功。"④

于慎行晚年参禅礼佛,游览泰山经石峪时,兴致盎然,作《曝经石》诗云:"朝下天门关,夕憩曝经石。此石自何年,斜倚万仞壁。叠嶂洒飞泉,匹练百余尺。水底玉篆分,了

① [明]于慎行《谷城山馆诗集》卷5《峄山歌》,《山东文献集成》第3辑第25册,山东大学出版社2009年版,第505~506页。

② [明]于慎行《谷城山馆文集》卷34《岱松考跋》,《山东文献集成》第3辑第26册,山东大学出版社2009年版,第512页

③ [明]于慎行《谷城山馆诗集》卷9《望仙影岩》,《山东文献集成》第3辑第25册,山东大学出版社2009年版,第545页。

④ [明]于慎行《谷城山馆诗集》卷9《观泰山百丈崖瀑布》,《山东文献集成》第3辑第25册,山东大学出版社2009年版,第545页。

然成鸟迹。其文乃上古，读之茫不识。谁参雪窦禅，永示金仙迹。渌池低宝树，宛见祥河出。兀坐听潮音，洗耳心方寂。"①经石峪位于泰山斗母宫东北，峪中有缓坡石坪，上刻隶书《金刚经》，俗称晒经石，明隆庆年间万恭书刻"曝经石"。从诗中对曝经石的描写不仅看出于慎行对佛教的敬重之情，也表现出于慎行对泰山文化的喜爱。

于慎行记述泰山相关的诗篇还有多首，例如《泰山绝顶对酒》《游灵岩绝顶却望泰山玉皇观》《泰山对酒赠冯琢吾少宰》《灵岩送别琢吾》《下泰山，游三阳观》《同朱可大廷平登岱八首》《同冯用韫少宰登岱，因送北上》等。于慎行的泰山乐趣，是他向往齐鲁文化的缩影。

结语

于慎行作为一名海岱人杰，是齐鲁贤士大夫的代表，他在政治、文学、史学等方面取得的成就，与齐鲁文化密不可分。于慎行不仅从父母、师长那里汲取齐鲁文化精髓，后来也通过著述宣扬和建设齐鲁文化。齐鲁文化最重要的载体是儒家文化，最重要的代表人物是周公、孔孟，于慎行对齐鲁文化的吸纳与服膺、宣传与建设，集中表现在对儒家文化的承继，对周公、孔孟等贤哲的敬仰。除了齐鲁人文因素，齐鲁文化中的自然因素，于慎行也宣扬向往，尤其体现在对齐鲁胜景的书写，这在他的诸多诗篇中有生动反映。

---

① ［明］于慎行《谷城山馆诗集》卷3《曝经石》，《山东文献集成》第3辑第25册，山东大学出版社2009年版，第473页。

文学研究

蓝中玮《匣外集自叙》与即墨蓝氏文学宗尚

摘　要：即墨蓝氏家族是明清胶东地区重要的文化世家，诗人辈出。虽没有专门的诗论著作，但蓝中玮在《匣外集自叙》中表达出的诗歌创作见解，可以说是百年间蓝氏家族诗歌宗尚的概括，其核心在严守儒家诗道之传，标举"忠孝"二字。具体内容可概括为三点：强调"温柔敦厚"的诗教传统；主张诗人须读书博学而以教化为用；认可诗穷而后工，抒写个体生命的苦闷。这种创作观念在蓝章、蓝田、蓝润、蓝启肃等代表诗人的作品中都有鲜明的体现，也成为蓝氏家族的诗歌创作特色。

关键词：即墨蓝氏；儒家诗教；学养；诗穷而后工

即墨蓝氏家族是明清胶东地区重要的文化世家，家族兴起于明成化年间，以"诗书继世，忠孝持家"为家训，济困周贫，乐善好施，科宦兴族，诗礼传家。文学是蓝氏家族所长，自明前期的蓝章、明中叶的"蓝氏三凤"，到明末清初的蓝湄、蓝启蕊、蓝启华，再到乾隆年间的蓝中玮等，世代相延，其创作风貌和诗歌主张富有家族特色，也在明中叶复古风潮中保持了自己的独特性。

蓝氏家族没有专门的诗论著作，仅能从家族成员文章中的零散表述窥见其家族一脉相承的诗歌主张，其中蓝中玮在《匣外集自叙》中明确表达出对诗歌创作的见解，可以说是对 300 年间蓝氏家族诗歌宗尚的概括。蓝中玮（1706—1782 后）①，字奎庵，号墨溪山人，乾隆二十五年（1760）岁贡生，候选训导，撰有《匣外集》1 卷，收诗 45 首。蓝中玮论诗的核心在严守儒家诗道之传，标举"忠孝"二字。具体内容可概括为 3 点：强调"温柔敦厚"的诗教传统；主张诗人须读书博学而以教化为用；认可诗穷而后工，抒写个体生命的苦闷。

一、诗道之传在忠孝

蓝中玮在《匣外集自叙》中开篇先介绍了"匣外"之意，随后即开宗明义：

余非诗人也，故以匣外名集。匣外者，弃之也。盖考诗道之传，忠孝二者而已矣……然则诗人极耳目心思之用，成温柔敦厚之教，岂独事风云月露遂足称一代诗人哉？少陵《孟氏》诗，昌黎《董生行》，皆言孝子之养也。二公以不得致养为念，故于良友之孝于其亲

　*　周潇，青岛大学文学与新闻传播学院教授，文学博士，主要从事明清文学研究。张文慧，山东淄博人，北京市朝阳区税务局干部。本文为山东省社科规划重点项目"明清山东文学世家与齐鲁文化"(18BZWJ02，2018—2022)、青岛市社科规划课题"青岛地区明清文化家族研究"(QDSKL150714，2016—2022)的阶段性成果。
　①　蓝中玮的生年缺载，《匣外集自叙》落款为"时乾隆壬寅中秋望日墨溪山人蓝中玮七十七岁自识"，壬寅年是乾隆四十七年（1782），古人按虚岁计算，其生年当为 1706 年。

者殷殷乎有余慕焉。诗人之用意盖亦苦矣。使得幸而如孟氏、董生，具酒炙于厨，问起居于堂，其欢愉咏叹见诸诗，足以兴起百世者，又不知何如。[①]

杜甫《孟氏》诗云："孟氏好兄弟，养亲唯小园。承颜胝手足，坐客强盘飧。负米力葵外，读书秋树根。卜邻惭近舍，训子学谁门。"杜甫幼年丧母，由姑母养大，此诗不仅赞誉了邻居孟氏奉养老亲不辞劳苦、亲力亲为和耕读修身的美德，也表达了有亲可养的羡慕之意。韩愈的《董生行》歌颂的是唐贞元时安徽寿州安丰人董召南隐居行义的事迹。董召南"爵禄不及门"而"孝且慈"，"朝出耕，夜归读古人书，尽日不得息。或山而樵，或水而渔。入厨具甘旨，上堂问起居。父母不戚戚，妻子不咨咨"。诗歌最后对徒有功名而不睦人伦的士人进行了抨击："嗟哉董生，谁将与俦？时之人，夫妻相虐，兄弟为仇。食君之禄，而令父母愁，亦独何心？嗟哉！董生无与俦。"

蓝中玮提到以上两诗，意在诗歌创作应严守儒家诗道，始终不背离"忠孝"二字，显然是将政治与伦理两方面的内涵看作诗歌创作的第一要义。对诗道"忠"的强调实际上是要求诗人具有社会责任感。科举制度下产生的文人大都兼有官员身份或者是有强烈参与政治活动愿望的知识分子，这样一种以天下为己任的情怀会自觉地融入诗歌创作中，自然而然间诗歌的政治功能就被强调出来了。对"孝"的重视是强调诗歌的伦理教化作用，回归到为人之本上。这显然是对儒家"诗教观"的肯定与承续。诗教最初是指《诗经》的教化，作为第一部诗歌总集的《诗经》奠定了后世强调诗歌社会功用的基调。《礼记·经解》云："温柔敦厚，诗教也。……其为人也，温柔敦厚而不愚，则深于诗者也。"认为文学可以在品德气度、为人处世方面对人进行感化和教育。《毛诗序》明确提到诗歌的"教化"性："风，风也，教也；风以动之，教以化之""美教化，移风俗"。认为诗歌有影响、感化、教育人的作用，进而可以提升整个社会的行为习惯和伦理道德水平。在蓝中玮看来，"诗教"首先应该强调政治与伦理方面，即"忠"与"孝"，这也是蓝氏家族世代相传、要求子弟遵守的立身处世准则的首要之义。

蓝中玮所提到的"忠孝"实际上包括为人的"外"与"内"两个方面，"外"指尽心竭力，经国济世，"内"指修养品德，敦厚人伦。这可以追溯到《礼记·大学》所说的"修齐治平"，作为伦理哲学的"修齐"指"内"，作为政治理论的"治平"则指"外"。"忠孝"之说一方面将诗歌与出仕为官相联系，诗歌创作要察民情、振王道；另一方面将诗歌与伦理道德相关联，诗歌创作要成孝敬，厚人伦。在两千年的雅文学发展史上，对于诗歌政治伦理教化功能的认识，一直占据主流理论位置，重视诗歌的教化作用反映出蓝氏家族对诗歌应具有的社会功用的深刻认知，也是家族严守儒家传统的体现。

蓝氏家族自成化朝的蓝章开始以科第发家，蓝章（1453—1525），字文绣，号大劳仙翁，成化二十年（1484）进士，先后任江西婺源、安徽潜山令，"廉慎明敏"，升贵州道监察御史，巡按山西，转金都御史。后忤宦官刘瑾，被贬江西抚州通判，刘瑾败后复起为陕西巡抚，平四川鄢本恕、蓝廷瑞叛乱，著有《八阵合变图说》，升南刑部右侍郎，清理两淮长芦盐

---

① ［清］蓝中玮《匣外集自叙》，即墨蓝氏家藏蓝中玮手抄本《匣外集》。

法,可谓文治武功兼具。历代子孙秉承儒学与家训,不仅廉洁为官,还不阿权贵。蓝氏子孙在诗文中也不无病呻吟,关心民瘼、关注国运之作比比皆是。蓝章作品仅存 8 首,《辛未平蜀寇视师汉中次洋县用察院壁间韵》云:

> 霜台独立看昏鸦,肺渴呼童一煮茶。烽火满山增客思,佳章联璧使人夸。愁怀万种应难遣,清梦十年不到家。指日贼平看奏捷,太平赐宴插宫花。①

诗作于正德六年(1511)巡抚陕西平定流寇之际,"时贼锋正锐,独汉南不敢犯。说者谓老先生有八面受敌之才……乃有'汉南有铁铸长城'之谣"②。蓝章中第后南北游宦,只在父亲去世时丁忧回乡。诗中抒发了长期游宦的思乡之情和驻守边塞难以排遣的满怀愁绪,同时又流露出对大破寇贼上奏捷报指日可待的信心,忠君报国之心跃然于文字间。

蓝章三子"蓝氏三凤"中蓝田最为杰出。蓝田(1477—1555),字玉甫,号北泉,少有神童之誉,嘉靖二年(1523)登进士第,次年任河南道监察御史。在"大礼议"中连上七疏,触怒世宗,被"廷杖"几殆,呻吟床席月余。愈后上书斥权贵,轰动京师。嘉靖三年出任陕西巡按,后在其父蓝章病逝返家守制其间,受张璁、陈洸等诬陷报复,被逮入济南狱中,经太常寺少卿刘铉等解救,方得获释,遂被罢归乡里,出仕只有短暂的 3 年。蓝田在宁静安闲的乡居生活中度过了 30 年,晚年作有长歌《少劳山居图》:

> 巨屏之山深更深,杏花万树茅屋阴,东风一夜云锦侵。山翁少年不解事,谈笑功名可立致,挟策走赴长安试。一朝赐宴杏园中,豸袍五夜朝法官,叩首请剑诛奸雄。孤臣不向岭表窜,放归故山麋鹿伴,君恩浩浩阔如瀚。回头二十四番春,却忆同时看花人,八尺俄成一聚尘。山人日日坐花下,一醉须倾三百斝。澹白昨日是殷赭,何人画出山居图,谁识今吾即故吾。霜髯真称山泽臞,日食万钱亦何有?何如白衣人送酒,是耶非耶付身后。③

其父蓝章号"大劳山人",蓝田被称为"少劳山人",罢归后隐居在崂山华阳书院、城东的东厓书院可止轩及即墨北的黄家西流村一带的北泉草堂。此诗提到的巨屏之山应指华楼山,附近有华阳书院。诗中首先描绘了隐居之地春天的景色幽静美好,然后在田园闲居生活中回首自己的大半生,感触良多。从年少自负、进士及第、仗义进谏,到被诬入狱、放归隐居,至今已 24 年。诗中没有怨天尤人,而是对自己没有被流放荒远之地,安享20 余年看花饮酒宁静恬淡的山居生活非常满足,也对当年同时中第、而今已经过世的同年们流露追思与惋惜之情,最后展现了功名尘土、是非不论的通脱旷达之情。整首诗充满敦厚主旨、忠厚之气,可以说是"忠孝"诗说的典型代表。

明末清初的蓝润(1610—1665)是蓝氏家族中另一位代表人物。原名滋,字海重,号凫渚,顺治二年(1645)中举人,次年联捷进士,顺治十年(1653)奉旨改名。历任江南上江督学使、福建右参政、广东左参政、江南按察使、山西右布政使、湖广左布政使。为官清

① ［明］蓝章撰,蓝信宁辑编《大劳山人集》,即墨蓝氏族谱编委会 2017 年版,第 2 页。
② ［明］杨武《送东崖蓝玉夫北上序》,蓝田《北泉集》,1938 年蓝水刊印本,第 2 页。
③ ［明］蓝田《少劳山居图》,《北泉草堂诗集》上卷,《四库全书存目丛书》集部第 83 册,齐鲁书社 1997 年版,第303 页。

廉,勤政爱民,昭雪冤案,平定暴乱,督管军粮有方,扫除地方积弊,政绩斐然,后遭诬罢归,因病去世。其诗广泛反映社会生活,有不少反映明清之际的战事诗,如《王师西征凯旋歌四首》《中秋出师二首》。《王师西征凯旋歌四首》之一云:

> 传闻尘灭似销氛,复见班师咏烈勋。百日功成钟鼎勒,愿言持此报吾君。①

首联源自唐骆宾王《宿温城望军营》中的“烟疏疑卷幔,尘灭似销氛”“还应雪汉耻,持此报明君”,描绘边塞沙场,王师西征凯旋,难掩心中喜悦,歌颂报效祖国,回报君王的豪情壮志,表现出诗人强烈的用世之心和家国情怀。

蓝润为人至孝,在《哭先太史公墓》中展现了他对父亲蓝再茂深沉的追悼之情:

> 松楸一望泪沾襟,况是寒食郁邑歆。享礼九原云惨淡,弃儿十载日浮沉。旺山佳气先灵妥,曲水清流奕代深。吟罢蓼莪空涕泣,遵依庭训永思箴。②

蓝润每年清明都去祭拜先父,10多年来未曾间断。清明时节松楸在望,不禁感觉天地愁惨,悲从中来。墓地在盟旺山,每想起往日父亲的谆谆教导泪流满面,他告祭先父在天之灵,一定谨遵庭训,让家风家教代代延续不衰。其孝也真,其情也挚。

二、书破万卷方为诗人

在强调了“忠孝”的诗道观后,蓝中玮又阐释了诗人须读书博学的主张,其落脚点却又回归到诗歌的教化作用上:

> 三百篇勿论已,历汉魏以迄今兹,代有其人,非书破万卷,不得为诗人,即书破万卷亦非尽诗人。③

意为历代诗人未有不饱读诗书者,然而饱读诗书却未必一定成为诗人,只关心风花雪月的个人感受不会被广泛认可,须以博学为诗材,以教化为之用方可称为诗人。“教化”是对诗教的进一步强调,“学养”则具有了清代文化的普遍特征,蓝中玮主要生活于乾隆时期,读书考据风气浓厚,所以这一论述显现出鲜明的时代性。

“书破万卷”的具体内涵,蓝中玮虽没有明确论述,但明显来自杜甫诗句“读书破万卷,下笔如有神”,可以确定与“学养”有关,实际上就是“将作诗与学问联系起来看待”④。诗歌与学问的关系这一问题是诗学领域的一个常见话题。“中国古典诗歌从民间集体创作时代进入文人个体创作时代后,始终存在一个‘学问化’过程”⑤。诗歌中援入学问,在唐代还较为少见,但杜甫、韩愈、李商隐、皮日休、陆龟蒙等人的诗歌中已明显看到隶事用典的特征。宋代文化昌明,教育兴盛,读书问学之风盛行,宋初的西昆体学李商隐,兼学

---

① [清]蓝润《聿修堂集》,《四库全书存目丛书》集部第213册,齐鲁书社1997年版,第11页。
② [清]蓝润《聿修堂集》,《四库全书存目丛书》集部第213册,齐鲁书社1997年版,第18页。
③ [清]蓝中玮《匿外集自叙》,即墨蓝氏家藏蓝中玮手抄本《匿外集》。
④ 魏中林《古典诗学的学问化问题与清诗研究》,《苏州大学学报》(哲学社会科学版)2005年第3期。
⑤ 宁夏江、魏中林《古典诗歌学问化——中国古典诗学特有的文化现象》,《深圳大学学报》(人文社会科学版)2010年第2期。

唐彦谦，大量撷拾典故和前人佳词妙语，资书以为诗。王安石早年诗风议论化明显，大量堆砌典故。苏轼博学，其诗词用典能力极强，达到得心应手的境界。两宋之际影响最大的"江西诗派"更是主张以学问为诗，黄庭坚《答洪驹父书》云："自作语最难，老杜作诗，退之作文，无一字无来处，盖后人读书少，故谓韩杜自作此语耳。"①辛弃疾虽然用更为优美、灵活、蕴藉的词体来抒情达意，但行文中学问充盈、典故累累，至有"掉书袋"之讥。陆游、萧德藻、姜夔等著名诗人也都具有极高的文化修养，南宋还出现了不少理学诗人。总之，两宋诗词正如严羽《沧浪诗话》所云，具有显著的"以才学为诗"的特征。

清代尚学问，诗渐渐变文人之诗为学人之诗。清初的钱谦益已提出作诗要"性情、世运、学养"并重，清中期朴学大盛，诗文甚至小说都呈现出学问化的特征。影响甚大的"宋诗派"历经清初、道咸、同光体3个阶段，具有明显的学问化倾向。清初的黄宗羲、清中期的翁方纲、杭世骏、晚清的程恩泽、陈衍等宋诗派大家，皆淹通经史，学识宏富。陈衍曰："必当深于经史百家以厚其基"②，广采博取，以经史为基础，辅以他学，这样才能使诗材富赡，学力内充。蓝中玮生当乾隆盛世，朴学之风大行于世，其时浙派领袖厉鹗学问淹洽，熟习宋典，认为"有读书而不能诗，未有能诗而不读书"③，显然把学问作为作诗的根柢。在这种时风、文风的影响下，蓝中玮主张诗人要有深厚的学养，要博览群书，博古通今，显然是顺应时代风气的。

"尚学问"这一传统在蓝氏家族中一直备受重视，三世祖蓝福盛和四世祖蓝铜均略通文史，王鸿儒称蓝福盛"旁通方外之典"④；官贤称蓝铜"读书明理，事不苟为，韦布冠冕"⑤。另外，对后代子孙的培养也一直是蓝氏家族所关心重视的。蓝铜不仅亲自教导，还聘请名儒教子蓝章读书。蓝章在《恭题敕命碑阴》中称："先臣（蓝铜）在乡党，谨言慎行，人人目为善士，耕渔之外，惟教子经史而已。"⑥除此之外，蓝润在《训子侄》《乙巳训子侄》《乙亥都门寄子启亮》中也都提出读万卷书、积累学问的重要性，并且指出了学习的门径在于体会书中深意，并有所感悟，才能真正理解，更要躬行实践，拓宽视野，不做腐儒。如《训子侄》中提出掌握学问的要领在于将其内化于心，切忌鲁莽狂躁；没有渊博学问作支撑只会"语多缠扰"；读书作文要明白其意味，探求其道理，才能有所收获，否则只是一味模仿借鉴他人，终难成器。《乙巳训子侄》中提出不论做人还是写作都要以"中乏实学"、不知典故为耻，做到贯通古今，有真才实学，"志于道"，要求蓝氏族人摒弃浮套陈言，博学宏词。《乙亥都门寄子启亮》则强调学人应躬行实践，探求广阔天地，不能拘守一隅，畏首畏尾。

---

① 黄庭坚《答洪驹父书》，郭绍虞主编《中国历代文论选》第2册，上海古籍出版社1979年版，第316页。

② 陈衍《陈石遗先生谈艺录》，《陈衍诗论合集》上，福建人民出版社1999年版，第1018页。

③ ［清］厉鹗著，［清］董兆熊注《樊榭山房集》文集卷3《绿杉野屋集序》，上海古籍出版社1992年版，第742页。

④ ［明］王鸿儒《大明赠通议大夫南京刑部右侍郎蓝公神道碑铭》，参见蓝润《余泽录》卷1，顺治十六年（1659）蓝润刊刻本，第3页。

⑤ ［明］官贤《明故义授七品散官累赠通议大夫南京刑部右侍郎蓝公行状》，参见蓝润《余泽录》卷1，顺治十六年（1659）蓝润刊刻本，第10页。

⑥ ［明］蓝章《大崂山人集》，1986年蓝水刊印本，第10页。

　　蓝氏家族读万卷书的传统使得族人在诗歌创作过程中能够做到"学入诗",引经据典,诗情与学问融合自然而不艰涩。如蓝章的《孟秋池莲始华》:

　　芙蕖如幽人,清净自如止。移根太华巅,植之不其里。匪曰慕列仙,实欲对君子。新秋华始开,正巾曳草履。天然去雕饰,临风自依倚。安知色与香,一洗世俗鄙。①

　　诗写初秋莲花盛放清新自然,幽静动人,以拟人手法将莲花的高洁之态刻画出来,其中"天然去雕饰"一句化用李白的《经乱离后天恩流夜郎忆旧游书怀赠江夏韦太守良宰》,表现莲花盛开时的质朴明媚,颜色和香气均超尘绝俗,写出了莲花的高洁品性,也借以写出自己怀抱——欣赏如莲花般清净天然的品性。说明蓝章不仅饱读诗书,而且信手拈来。又如蓝章的《送友人》一诗,亦多处用典:

　　楚南瞻北斗,秋晚入神京。有书献天子,无刺谒公卿。虎豹九关远,江湖一叶轻。归来寻酒伴,松菊不寒盟。②

　　同朝的湖南友人离京回乡,蓝章作诗相送,赞美友人不与奸邪同朝,而与有松菊一样品格的君子结为"不寒盟"的高洁品格。"虎豹九关"一词出自战国屈原《招魂》,意指凶暴残虐的弄权之臣,啄害天下人。"寒盟"典故出自《左传·哀公十二年》,指背弃或忘却盟约。蓝章文武兼备,于成化二十年(1484)中进士,仕宦有政声,升任贵州道监察御史,巡按山西。因不避权贵,转金都御史。后宦官刘瑾当道,蓝章犯之,被贬抚州通判。刘瑾覆灭后才复起为陕西巡抚。蓝章借送别归隐的友人,也表现了自己厌倦政治斗争,希望远离那些奸佞残暴的柄权者,坚守清白高尚初心的情怀。

三、诗穷而后工

　　在《匣外集自序》中,蓝中玮还就"诗穷而后工"这一诗学理论做出了自己的阐释:

　　至于身丁丧乱,其镵镂哀怨之音,牢骚而不能遏,古今诗人,往往有此。此不惟其工力之深,才与学之富且厚,亦其人之志行存焉。故余知自量生平,未尝肆力于诗也。然不平之鸣,岂尽能工,穷而后工,亦云诗人。③

　　追溯"诗穷而后工"这一诗学理论,早在汉代便有所体现,司马迁《报任少卿书》曰:"古者富贵而名摩灭,不可胜记,唯倜傥非常之人称焉。盖文王拘而演《周易》;仲尼厄而作《春秋》;屈原放逐,乃赋《离骚》;左丘失明,厥有《国语》;孙子膑脚,《兵法》修列;不韦迁蜀,世传《吕览》;韩非囚秦,《说难》《孤愤》;《诗》三百篇,大底圣贤发愤之所为作也。此人皆意有郁结,不得通其道,故述往事,思来者。乃如左丘无目,孙子断足,终不可用,退而论书策,以舒其愤,思垂空文以自见。"④通过大量例子阐释了困厄的处境可以激发文人的

①　[明]蓝章撰、蓝信宁辑编《大劳山人集》,即墨蓝氏族谱编委会 2017 年版,第 1 页。
②　[明]蓝章撰、蓝信宁辑编《大劳山人集》,即墨蓝氏族谱编委会 2017 年版,第 2 页。
③　[清]蓝中玮《匣外集自叙》,即墨蓝氏家藏蓝中玮手抄本《匣外集》。
④　[南朝梁]萧统编,[唐]李善注、李培南等校点《文选》卷 41,上海古籍出版社 1986 年版,第 1864～1865 页。

创作思维，发之而为诗文，故而成为经典，具有震撼人心的力量。

发展至韩愈、欧阳修等人，则逐渐形成了"穷而后工"的诗学理论。韩愈《荆潭唱和诗序》云："夫和平之音淡薄，而愁思之声要妙；欢愉之辞难工，而穷苦之言易好也。"①韩愈认为"穷苦之言"相较于"欢愉之辞"来说更精深微妙，耐人咀嚼，也更具有深远意义和动人的魅力。欧阳修在《梅圣俞诗集序》中明确提出："盖世所传诗者，多出于古穷人之辞也。凡士之蕴其所有而不得施于世者，多喜自放于山巅水涯，外见虫鱼、草木、风云、鸟兽之状类，往往探其奇怪；内有忧思感愤之郁积，其兴于怨刺，以道羁臣、寡妇之所叹，而写人情之难言。盖愈穷则愈工。然则非诗之能穷人，殆穷者而后工也。"②他认为穷者能够更专心于文学创作，而且穷者郁积感愤怨刺，更能写尽难言之情。

蓝中玮以自身的经历做了例证，他说：

> 若余，年甫十三，严慈俱背，惟兄嫂是依，而中道幽明又隔，茕茕孤立，兼以家贫。自中年亡室以后，衣食时复告匮。苦于谋生，拙于随俗。习惯据理之谈，时来无情之寻。一生阅历，尽属穷途。其间慰瞀沈屯，不禁欲吐，要皆率意以成，并不究声律之合拍，他何论焉？③

《庄子·外物》云："心若县于天地之间，慰瞀沉屯。"慰瞀，意为郁闷；沈屯，意为沉闷。蓝中玮简述了自己苦难的生命历程——父母早亡、兄嫂又逝、中年亡室、苦于谋生，以证诗人自身的曲折经历和苦闷心情在诗歌创作中的激发作用，并且苦难可以增加诗歌的深度，使得诗歌具有深远的现实意义。

正如叔本华所认为的，天才的灵感来源于痛苦，"诗穷而后工"这一传统诗学理论揭示了一个普遍现象：痛苦中的诗人更易激发出对天道、人生的认识和思考。在蓝氏家族的文学创作历程中充分体现了这一理论。蓝氏家族文人虽饱读诗书，但总体上科第坎壈，仕途偃塞，如重要代表人物蓝田，少时有"小圣人"之誉，16 岁中举后却连上 10 次春闱，47 岁方登进士第。踏入仕途后随即卷入"大礼议"的纷争中，连上七疏，敢逆龙鳞，被"廷杖"险些丧命，又因弹劾权贵被罗织罪名罢官，回乡后才终归于安宁。经历如此起落，不仅让蓝田不受外界干扰，专心读书作文，更增加了其生命的厚度，对人生有了更深刻的认识和感悟。归乡后中外交章论荐，先后三十余疏，"自谓：'我数十年老妇，何可与红颜争艳。'坚谢不赴，日唯游心翰墨。筑'万卷楼'居之，探讨古今"④。

其《自题小像二首》为晚年所作，诗云：

> 杏园花发十年前，曾伴群仙醉御筵。华发放归春梦觉，数枝惆怅楚江边。（其一）

---

① 马其昶校注，马茂元整理《韩昌黎文集校注》卷 4，上海古籍出版社 1986 年版，第 262～263 页。
② 曾枣庄、刘琳主编《全宋文》第 17 册，卷 716，巴蜀书社 1991 年版，第 425～426 页。
③ ［清］蓝中玮《匣外集自叙》，即墨蓝氏家藏蓝中玮手抄本《匣外集》。
④ 潘允端《蓝侍御集选序》，［明］蓝田《蓝侍御集》前序，《四库全书存目丛书》集部第 83 册，齐鲁书社 1997 年版，第 188 页。

朝陈封事暮归耕,蕉鹿床头梦始醒。种得芭蕉长二丈,写成乐府寄狂生。(其二)①

蓝水《蓝御史公年谱》曰:"嘉靖十三年,公五十八岁。作《九日诗》二首姜隐为写《行乐小照》,高半尺,纸底,戴纯阳巾,衣深衣,面左侧,危坐据案作书,身后倚石有芭蕉。公作《自题小像》诗二首。公大小像凡十二轴,除此外皆绢底。"②诗中回顾自己一生经历,感触颇深。"春梦觉""梦初醒",两首诗中都出现了"梦"字,这既是对理想幻灭的感慨,也是对世事无常的释怀。曾经执着追求的修齐治平,历经生死起落后回头来看不过一场大梦。正如苏轼《西江月·平山堂》中所言:"休言万事转头空,未转头时皆梦。"这样的感慨必然要经历过大磨难才能体悟得到。成为"穷者",进而能"工",让蓝田的诗歌有了沧桑感。

闲居生活并非只是闲适恬淡的,也有许多难言的苦涩和艰辛。归隐田园后需要劳作耕种,凡事亲力亲为,遇上收成不好的时节更是贫苦困顿,捉襟见肘。这些心酸苦隐在蓝氏家族成员的诗歌中也有所体现。如蓝田晚年诗歌《梦中得梅花笑我寒彻骨却乃哦诗慰尔穷之句醒后足成短歌呈载轩子求和》中描述了闲居生活的寂寞和困顿,详尽地表现出了乡村生活不易的一面:

鳌峰夜半三尺雪,冰合东浦潮汐辍。猛虎两两思食人,樵苏道上已断绝。野翁闭门卧如弓,败裘破帽畏晨风。梅花笑我寒彻骨,却乃哦诗慰尔穷。欲招载轩杨仲子,和我长歌应满纸。东家浊酒不肯赊,一笑掀髯且尔尔。烹茶扫雪石鼎鸣,射虎之念不复生。冰筋檐头看落地,与子共赏金石声。③

载轩子名杨舟,字尔浮,即墨杨氏著名才子,杨良臣次子,嘉靖四十三年(1564)岁贡,性情豪迈离奇,科门不售,隐居乡间,在墨水上游筑庐曰"载轩",种黍酿糟,会友观岳,鼓琴唱和,蓝田是其常客。此诗开头写了冬天的寒冷,夜晚大雪纷飞,积雪三尺,河水结冰,老虎觅食,人影无踪。诗人用来抵御严寒的只有破旧的棉被和帽子,凛冽寒风中只能躲在屋里蜷缩成一团。欲招老友饮酒赋诗,却无钱买酒,店家也不肯相赊,无奈一笑了之。只能烹茶扫雪,听檐间冰柱掉落的铿锵声,聊以自乐。虽能感受到蓝田翁不惧贫寒的洒脱自由,也能看出其闲居生活其实是艰辛的。

除却经历过宦海沉浮后退隐乡村的蓝氏文人外,家族中还有部分读书人一生未曾踏入仕途,其中以蓝启肃为代表。蓝启肃(1653—1700),原名启冕,字恭元,号惕庵,又号竹林逸士,清临淮县令蓝深子,是蓝氏家族十一世的代表人物。他自幼聪敏过人,善诗,工书画,康熙二十三年(1684)中举,次年授中书舍人,康熙二十五年(1686)春入京,但并未委任实职,此后屡次参加进士考试,终未及第。本体弱多病,科第仕途不顺,又逢家道中

---

① [明]蓝田《自题小像二首》,《北泉草堂诗集》下卷,《四库全书存目丛书》集部第83册,齐鲁书社1997年版,第317页。

② 蓝水《蓝御史公年谱》,见肖冰等主编《蓝田诗选》,青岛出版社1992年版,第260页。

③ [明]蓝田《梦中得梅花笑我寒彻骨却乃哦诗慰尔穷之句醒后足成短歌呈载轩子求和》,《蓝侍御集》卷1,《四库全书存目丛书》集部第83册,齐鲁书社1997年版,第198页。

落，一生经历坎坷波折，在短暂而多艰的生命里创作出大量记录闲居生活状态的诗歌，透过舒适惬意的表象，可以体会到其心酸与无奈。《闲居》《草堂燕集》等便是代表：

闲　居

屏虑忘机独闲关，花阶疏影自编斓。绿樽每向愁中酌，白日空教梦里闲。半世病贫成短鬐，一生潦倒惜羞颜。流阴寂寞休轻掷，几拂青衫泪欲斑。

草堂燕集

茅屋幽亭意自迈，日斜良友忽相过。倾樽惭愧无佳酒，披胆殷勤祗浩歌。半世贫愁成潦倒，一生岁月竟蹉跎。年华消尽英雄志，镜里竟看须欲皤。①

诗中展现出的是疾病缠身，困顿潦倒，一生壮志难酬的苦闷与心酸，岁月蹉跎的无奈感叹。"独、愁、闲、病贫、潦倒、寂寞、青衫、泪、贫愁、蹉跎"这些饱含感慨的字眼充盈在诗句之中，充分说明闲居生活并非是蓝启肃的主动选择，而是一种科第无门不得不接受的命运安排，传递的是其满怀的苦闷与心酸。

蓝氏家族的诗歌创作延续了300余年，其忠孝、博学、朴质、自适的宗尚一直得到践行。蓝中玮自序其诗，说明了写诗的目的是抒发一生遭际，不刻意追求诗歌的辞藻韵律，"是以弃之"，关于诗集编纂的缘起，则是出于儿子的苦心：

乃贱息懵懵，夏日暴书，于残编败楮中，拾此散草若干，与其同学膳（当作"缮"）写成秩，然后告余。余笑而示之曰："业已取之匣外，仅可存之家塾，俾尔曹知余年逾七十，所做五七字句，尚未自成一家言。是行不能以自立，言不能以足志。里歌巷谣，何轻言诗也？"②

在谦虚的同时再次强调诗歌写作不为悦人耳目，而是自娱。在序的最后，蓝中玮表达了对儿孙的期望：

昔安德萧侍御自叙其诗集以诫后人，尚有碌碌终身之叹。况此壮而不学、老而无成者乎！余子若孙，如其才也，尤当为戒耳！呜呼！余非诗人也。③

安德萧侍御指清初德州著名诗人萧惟豫（1636—1715），字介石，号韩坡，顺治十五年（1658）进士，历官翰林院侍讲，提督顺天学政，著有《但吟草》。萧惟豫之诗意随笔到，出于自然，与蓝氏家族诗歌风貌的追求可谓高度一致。蓝中玮《匣中集序》的起、结之句均为"余非诗人也"，除了自谦，无疑包含着他对"诗人"立身行事、文化修养、社会责任的思考与倡导。

---

① ［清］蓝启肃著，蓝信宁编《清贻居集》，即墨蓝氏族谱编委会2012年版，第56页。
② ［清］蓝中玮《匣外集自叙》，即墨蓝氏家藏蓝中玮手抄本《匣外集》。
③ ［清］蓝中玮《匣外集自叙》，即墨蓝氏家藏蓝中玮手抄本《匣外集》。

《秋怀诗十七首》的用典与遗民情怀

魏学宝　国宇航*

摘　要：民国《增修胶志·杂述》载有清顺治年间,平山和尚于石门寺所题的《秋怀诗十七首》。这组诗情感悲咽深沉,手法方面大量用典,尤其是历史典故。通过对这十七首秋怀诗典故的详细钩索,可以非常直观地感受到这些典故运用中承载的遗民情怀,如对故明王朝的追忆,对故国恢复的期待和对复国英雄的召唤,对王朝已然逝去、大厦已倾、无力回天的无奈,以及这种无奈之下对痛苦的强行超脱。此前《秋怀诗十七首》很少被纳入学人视野。也许这组诗的诗艺算不得高超,但此中凸显的遗民情怀是了解乃至深入研究明清易代之际士人精神思想的鲜活材料。

关键词：《秋怀诗十七首》；平山和尚；用典；遗民情怀；《增修胶志》

在民国《增修胶志》中,有顺治时期大珠山石门寺平山和尚《秋怀诗十七首》的相关记载,诗文赅备。这组诗用典频繁细密,整体基调沉郁悲咽,将鲜明的遗民情怀浸寓其中。今于相关地域文化研究中不乏对诗篇介绍和作者平山和尚的考证,但立足于文本的细致分析应该说是阙如的。

一、《秋怀诗十七首》的方志记载

据民国《增修胶志·序》,"胶之有志,始于明万历年间,迄清康熙、乾隆年先后继修,至道光年志而始臻完善。"[①]即胶州方志有万历、康熙、乾隆、道光和民国 5 版,今万历《胶州志》不可见,其余 4 版均存世。《秋怀诗十七首》唯见于民国《增修胶志》,其他并未记载。

民国《增修胶志》卷 54《杂述》引张谦宜《平山和尚石门寺题壁诗》,云：

平山和尚,不知何许人。顺治某年秋,突至大珠之石门寺。寺僧异其貌,不敢纳,乃宿之大雄殿中。未几,复有伟干虬髯者至,与之偕宿。寺僧愈疑,夜侦之,声喘喘,语难辨,时闻啼泣声,乃意其非常人。质明,将礼之,而已不知何时行矣,壁间墨迹淋漓,则所题《秋怀诗十七首》也。呜呼! 顺治初,明之忠臣义士盖犹有存焉者。和尚虽不传姓名,迄今读其诗,想见其慷慨悲歌之状,缠绵笃挚之情,苟非有大不忍于中者,何能为是? 然则其诗在斯,其人存。而或以为明宗室之遗贤,或以为明异姓之贵戚者,盖皆可存而不论

＊　魏学宝,中国石油大学(华东)文法学院副教授,文学博士,主要从事唐宋诗歌艺术、青岛地域文化研究。国宇航,中国石油大学(华东)文法学院汉语言文学专业学生。本文系中央高校科研业务经费资助项目(19CX04040B)、山东省高校青创科技计划支持团队项目(2019RWC002)、中国石油大学(华东)大学生创新创业训练计划资助项目(202114004)的阶段性成果。

①　赵文运、匡超《增修胶志》,中国地方志丛书·华北地方·六十九号,成文出版社 1968 年版,第 3 页。

矣。又相传崇祯第九子削发为僧，游至石门寺，有《秋怀诗一十七首》。①

随后，《增修胶志》据《探访册》引录该组诗如下：

密雨斜侵薜荔门，疏桐花长旧中原。黄龙未布临安诏，玄兔空归碛历魂。石径风危三匝树，江梅烟蔽几重村。秋来何处愁心切，静里雨声夜声猿。（其一）

鹦鹉洲前春未回，飘风先控凤凰台。已无孝子守绵竹，惟有明妃辱马嵬。苇齿露催先腊笋，芦花月漫早秋梅。逢山便悟禅心静，借与疏云日日来。（其二）

疏冷天香月满床，稻花如雨曝秋阳。有诗尽可惊天地，无贼谁能较短长。白露暗催千亩实，青苔空老一帘香。野云氾氾归来晚，满径新红烂海棠。（其三）

蜀道淋铃去不还，大江东下水潺潺。幽居日入芦花港，载酒多于莲子湾。晚涧乱流千渚月，秋风高系五湖烟。藤萝细雨年年足，老却江南万里山。（其四）

中秋秋露露初干，日上东轩睡已残。小叶孤飞千树薄，疏红新砌一庭寒。文章自古推司马，忠义从今数老瞒。长啸画图幽竹里，闲将棋子策邯郸。（其五）

夜坐秋寒绕敝斋，挑灯重语故人怀。数年募士三千甲，一日征兵十二牌。自此酒场期自适，敢将诗思动吾侪。九龙秋尽云如雪，斫罢茱萸只当柴。（其六）

枫落吴江万里愁，江亭雨锁汉时秋。已无太上辞灵武，那有将军遇督邮。连璧未能全返赵，衣冠何忍不从周。雁声历落空庭月，几处芦花满旧洲。（其七）

诛茅作屋蓼花洲，明月莹莹几处愁。西子即沉犹越女，东陵虽老亦秦侯。云蒸海网千溪晚，露簇樵衣万里秋。小饮初酣贫似拙，携壶典菊对庄周。（其八）

晚雁翩跹别故廛，紫萝斜溅玉山泉。历朝所见惟冯道，蹈海曾无两仲连。虫小声迟依梦切，山空秋老伴愁眠。南华读罢余钟晓，古月经今又几圆。（其九）

半窗疏雨湿铜铛，破扇秋风别晚晴。惶恐滩头怀信国，天津桥上望真卿。丈夫所贵全初节，豪杰徒然博大名。沙渚溶溶流碧月，甘州一曲与鸥盟。（其十）

白云知我宋孤臣，勿种青松猎逸民。属国虽持茂陵节，汨罗何益武关人。一庭碧雨蒸香黍，万里金风守石麟。沽酒赋诗三百首，暮秋都变满庭春。（其十一）

桐花香瘦露初洞，翦翦西风怯洞箫。将恨寄来飞燕子，倾愁付与大芭蕉。可怜关陕全无策，莫怪钱塘竟不潮。命酒欲烦葵佐黍，轻烟邻妇火新敲。（其十二）

刀尺新寒玉杵愁，荻花摇落满江秋。降霜促妇缝绵被，翦菊呼童煮芋头。汉帝悔教从魏相，宋王空自傅居州。挑灯夜对青齐史，鼓掌田单一火牛。（其十三）

爽气萧萧到竹林，一天秋籁自沉吟。云屯半壁兵戈象，风断千山草木音。寂历深斋如夜坐，闲将小斧斫秋阴。虫声落落东墙起，霜下荒村急暮砧。（其十四）

十年恢复付东风，魂梦苍茫识故宫。秦国若能诛指鹿，楚人何敢竟烹翁。昭阳秋雨宫香罢，凝碧寒烟柳影空。独有幽人吊千古，数枝新竹寄徽宗。（其十五）

---

①　赵文运、匡超《增修胶志》，中国地方志丛书·华北地方·六十九号，成文出版社 1968 年版，第 2415、2417～2418 页。

英雄离乱不为家，得运昌期辅斩蛇。豫让既能吞若炭，邵平焉敢老于瓜。吟风荡袖霞初落，醉月当轩桂已华。今日莫辞秋障里，风尘冉冉盗如麻。（其十六）

白帝城高驾鹤还，银河夜倒水潺潺。罗衣轻荡三吴客，烟障升沉六代山。草舍不知天下事，才名莫到野人班。谷城黄石非高士，空有遗音断续间。（其十七）①

平山和尚到底何许人，据现有文献来看缺乏坚实佐证，极大可能已不可考，或者说是不可确考。但这并不妨碍结合明清易代之际的思想文化背景来审视这组诗，同时这组诗又为易代之际思想文化的研究提供坚实的文学佐证。

二、《秋怀诗十七首》的用典

其一，首句"密雨斜侵薜荔门"，化用柳宗元的《登柳州城楼寄漳汀封连四州》中的"惊风乱飐芙蓉水，密雨斜侵薜荔墙。"永贞革新后，柳宗元被贬永州，后徙柳州。《旧唐书》卷160《柳宗元传》："再贬永州司马，即罹窜逐，涉履蛮瘴，崎岖堙厄，蕴骚人之郁悼，写情叙事，动必以文。为骚文十数篇，览之者为之凄恻。"②"黄龙未布临安诏，玄兔空归碛历魂。""黄龙""临安诏"自是用岳飞典。《宋史》卷365《岳飞传》："飞大喜，语其下曰：'直抵黄龙府，与诸君痛饮尔！'""桧知飞锐不可回，乃先请张俊、杨沂中等归，而后言飞孤军不可久留，乞令班师。一日奉十二金字牌，飞愤惋泣下，东向再拜曰：'十年之力，废于一旦。'飞班师，民遮马恸哭……飞亦悲泣，取诏示曰：'吾不得擅留'。"③此中"布"字难解，怀疑此字有讹。"玄兔空归碛历魂"，玄兔，月也，此句当是用唐人李益《从军北征》："碛里征人三十万，一时回首月中看。"

其二，首联"鹦鹉洲前春未回，飘风先控凤凰台。"此句用唐代崔颢《黄鹤楼》："晴川历历汉阳树，芳草萋萋鹦鹉洲。"下句用李白《登金陵凤凰台》："凤凰台上凤凰游，凤去台空江自流。"颈联上句"已无孝子守绵竹"用诸葛瞻死守绵竹之典。诸葛瞻为诸葛亮之子，《三国志》卷35《蜀书五》：景耀"六年冬，魏征西将军邓艾伐蜀，自阴平由景谷道旁入。瞻督诸军至涪停住，前锋破，退还，住绵竹。艾遣书诱瞻曰：'若降者必表为琅邪王。'瞻怒，斩艾使。遂战，大败，临阵死，时年三十七。众皆离散，艾长驱至成都。瞻长子尚，与瞻俱没。"④"明妃辱马嵬"，显然是用杨玉环死于马嵬坡之典，但令人疑惑的是杨玉环向来无"明妃"之称，而"明妃"仅为昭君，故亦怀疑"明"字可能为"杨"之讹。

其三，"有诗尽可惊天地"，《毛诗大序》："故正得失，动天地，感鬼神，莫近于诗。"

其四，"蜀道淋铃去不还"，化用白居易《长恨歌》："黄埃散漫风萧索，云栈萦回登剑阁。峨眉山下少人行，旌旗无光日色薄。""行宫见月伤心色，夜雨闻铃肠断声。"唐郑处诲《明皇杂录·补遗》："明皇既幸蜀，西南行初入斜谷，属霖雨涉旬，于栈道雨中闻铃，音与

---

① 赵文运、匡超《增修胶志》，中国地方志丛书·华北地方·六十九号，成文出版社1968年版，第2415～2417页。
② ［后晋］刘昫等《旧唐书》，中华书局1975年版，第4214页。
③ ［元］脱脱等《宋史》，中华书局1977年版，第11390～11391页。
④ ［晋］陈寿《三国志》，中华书局1959年版，第932页。

山相应。上既悼念贵妃。采其声为《雨霖铃》曲。以寄恨焉。"①杜牧《华清宫》："行云不下朝元阁，一曲淋铃泪数行。""大江东下"化用苏轼《念奴娇·赤壁怀古》："大江东去，浪淘尽，千古风流人物。"

其五，"文章自古推司马"，"司马"当为司马迁，似亦指司马相如，不过司马相如所长在赋，后世虽有所推重，但亦颇多微词。《史记》为后世文章之圭臬，太史公笔法或曰龙门笔法亦为后世所屡屡提及。"忠义从今数老瞒"，"老瞒"，即曹操，取自其小字"阿瞒"。《三国志》卷1《魏书一》，裴松之引《曹瞒传》："太祖一名吉利，小字阿瞒。"②曹操于后世毁誉参半，其篡汉室亦为明清士人目为奸诈之举。"闲将棋子策邯郸"，"策邯郸"，用典难详，似指战国时孙膑围魏救赵之策，似亦可指秦赵长平之战，中国象棋棋局中有围魏救赵、长平之战名局。作弈棋典考，亦可能用邯郸淳典，《三国志》卷21《魏书二十一》，裴松之引《魏略》："（邯郸）淳一名竺，字子叔。博学有才章，又善苍雅虫篆，许氏字指。初平时，从三辅客荆州。荆州内附，太祖素闻其名，召与相见，甚敬异之。"③邯郸淳是三国时期邺下文人之一，颇得魏王曹操的赏识。据《六臣注文选》《太平广记》，邯郸淳著《艺经》一卷，是有关围棋棋艺的较早文献。此外，"邯郸"亦有游侠之指称，唐高适有《邯郸少年行》。另，唐沈既济《枕中记》载道士吕翁"行邯郸道中"，遇卢生，授之青瓷之枕，作了黄粱一梦，故宋以来诗文中亦不乏以邯郸道喻空幻的功名之途。以上之猜测，用于此诗语境似均可圆通，故胪列如上。

其六，"数年募士三千甲"，似用"越甲三千"之典，传言清蒲松龄《题镇纸铜尺》："苦心人，天不负，卧薪尝胆，三千越甲可吞吴。"蒲松龄虽生活于平山和尚之后，但此处怀疑在明清之际"越甲三千"已成为一熟语。④ 勾践灭吴，出自《史记》卷41《越王勾践世家》。另，亦可能用唐张亮"募士三千"之典。《资治通鉴》卷197：贞观十八年十一月"甲午，以刑部尚书张亮为平壤道行军大总管，帅江、淮、岭、峡兵四万，长安、洛阳募士三千，战舰五百艘，自莱州泛海趋平壤。"⑤"一日征兵十二牌"，当用岳飞被朝廷"十二金字牌"召回之典，见前文引《宋史·岳飞传》。细绎诗意，似乎这一联述募士不易，但因朝堂之故，功败垂成，故后文云"自此酒场期自适"。如此，"征"字似于文脉难通，当为讹字。

其七，"太上辞灵武"出唐玄宗、肃宗典，《旧唐书》卷10《肃宗本纪》："冕等凡六上笺。辞情激切，上不获已，乃从。是月甲子，上即皇帝位于灵武。"⑥至德元年，马嵬兵变后，在群臣拥护之下，太子李亨赴灵武，依附朔方节度，七月即皇帝位，尊唐玄宗为太上皇。"将军遇督邮"典出自《三国志》卷32《蜀书·先主传第二》，裴松之引《典略》："督邮至县，当遣备，备素知之。闻督邮在传舍，备欲求见督邮，督邮称疾不肯见备，备恨之，因还治，将吏

① ［唐］郑处诲《明皇杂录》，中华书局1994年版，第46页。
② ［晋］陈寿《三国志》，中华书局1959年版，第1页。
③ ［晋］陈寿《三国志》，中华书局1959年版，第603页。
④ 检索蒲松龄文集、诗集，均不见此联。刘曙光撰文《"有志者，事竟成"一联的作者到底是谁》中云"应是明朝人胡寄垣写"，见清人邓文滨《醒睡录》。又云明末金声亦用过此联，未说明文献出处。《语文建设》2005年第6期。
⑤ ［宋］司马光编著，［元］胡三省音注《资治通鉴》，中华书局1956年版，第6214页。
⑥ ［后晋］刘昫等《旧唐书》，中华书局1975年版，第242页。

卒更诣传舍,突入门,言'我被府君密教收督邮。'遂就床缚之,将出到界,自解其绶以系督邮颈,缚之著树,鞭杖百余下,欲杀之。"①"连璧未能全返赵"化用"完璧归赵"的典故,出自《史记》卷81《廉颇蔺相如列传》:"王曰:'谁可使者?'相如曰:'王必无人,臣愿奉璧往使。城入赵而璧留秦;城不入,臣请完璧归赵。'"②"衣冠何忍不从周"化用伯夷、叔齐不食周粟的典故,出自《史记》卷61《伯夷列传》:"武王已平殷乱,天下宗周,而伯夷、叔齐耻之,义不食周粟,隐于首阳山,采薇而食之。"③

其八,"西子即沉"是用西施沉江之典,明杨慎《丹铅余录·总录》卷13:"世传西施随范蠡去,不见所出,只因杜牧'西子下姑苏,一舸逐鸱夷'之句而附会也。予窃疑之,未有可证以折其是非。一日读《墨子》曰:'吴起之裂其功也,西施之沉其美也。'喜曰:'此吴亡之后,西施亦死于水,不从范蠡去之一证。'墨子去吴越之世甚近,所书得其真。然犹恐牧之别有见,后检《修文御览》,见引《吴越春秋·逸篇》,云:'吴亡后,越浮西施于江,令随鸱夷以终。'"④"东陵秦侯"是用召平之典,《史记》卷53《萧相国世家》:"召平者,故秦东陵侯。秦破,为布衣"⑤。

其九,"历朝所见惟冯道","冯道"是五代十国时期的宰相,《新五代史》卷54《杂传》:"道少能矫行以取称于世,及为大臣,尤务持重以镇物,事四姓十君,益以旧德自处。然当世之士无贤愚皆仰道为元老,而喜为之称誉。"⑥"蹈海曾无两仲连",用鲁仲连义不帝秦之典,《战国策》卷20《赵策三》:"彼秦者,弃礼义而上首功之国也。权使其士,虏使其民。彼则肆然而为帝,过而遂正于天下,则连有赴东海而死矣,吾不忍为之民也!"⑦显然此处以冯道、鲁仲连作比,讽刺变节仕敌,褒扬大节不夺。

其十,"惶恐滩头怀信国",化用文天祥《过零丁洋》中"惶恐滩头说惶恐,零丁洋里叹零丁。"《宋史》卷418《文天祥传》:"(至元十五年)八月,加天祥少保、信国公。"⑧"天津桥上望真卿",用颜杲卿、颜真卿兄弟二人忠勇报国之典。《新唐书》卷192《忠义中·颜杲卿传》:"杲卿至洛阳,禄山怒曰:'吾擢尔太守,何所负而反?'杲卿瞋目骂曰:'汝营州牧羊羯奴耳,窃荷恩宠,天子负汝何事,而乃反乎? 我世唐臣,守忠义,恨不斩汝以谢上,乃从尔反耶?'禄山不胜忿,缚之天津桥柱,节解以肉啖之,詈不绝,贼钩断其舌,曰:'复能骂否?'杲卿含胡而绝,年六十五。"⑨《新唐书》卷153《颜真卿传》中记载,建中四年时,淮西节度使李希烈生叛乱,宰相卢杞为铲除异己,推举颜真卿入淮西劝降,"至河南,河南尹郑叔则以希烈反状明,劝不行,答曰:'君命可避乎?'既见希烈,宣诏旨,希烈养子千余,拔刃争进,

---

① ［晋］陈寿《三国志》,中华书局1959年版,第872页。
② ［汉］司马迁《史记》,中华书局1959年版,第2440页。
③ ［汉］司马迁《史记》,中华书局1959年版,第2123页。
④ ［明］杨慎《丹铅余录·总录》卷13,文渊阁四库全书本。
⑤ ［汉］司马迁《史记》,中华书局1959年版,第2017页。
⑥ ［宋］欧阳修《新五代史》,中华书局1974年版,第614页。
⑦ ［汉］刘向集录《战国策》,上海古籍出版社1985年版,第705页。
⑧ ［元］脱脱等《宋史》,中华书局1977年版,第12538页。《宋史》为元人所撰,故所用年号为元世祖忽必烈至元十五年,宋端宗景炎三年,公元1278年。
⑨ ［宋］欧阳修、宋祁《新唐书》,中华书局1975年版,第5531页。

诸将皆谩骂,将食之,真卿色不变。"李希烈对颜真卿极尽胁迫拉拢之能事,"真卿叱曰:
'若等闻颜常山否? 吾兄也。禄山反,首举义师,后虽被执,诟贼不绝于口。吾年且八十,
官太师,吾守吾节,死而后已,岂受若等胁邪!'""遂缢杀之,年七十六。"①

其十一,"属国虽持茂陵节",用苏武持节之典。《汉书》卷 54《李广苏建传》:"单于愈
益欲降之,乃幽武置大窖中,绝不饮食。天雨雪,武卧啮雪,与旃毛并咽之,数日不死。匈
奴以为神,乃徙武北海上无人处,使牧羝,羝乳乃得归。别其官属常惠等,各置他所。""武
既至海上,廪食不至,掘野鼠去草实而食之。杖汉节牧羊,卧起操持,节旄尽落。""武以始
元六年春至京师,诏武奉一太牢,谒武帝园庙,拜为典属国。""武留匈奴凡十九岁,始以强
壮出,及还,须发尽白。"②"茂陵"为汉武帝刘彻的陵墓。"汨罗何益武关人",用屈原投江
之典。《史记》卷 84《屈原贾生列传》:"屈原曰:'吾闻之,新沐者必弹冠,新浴者必振衣。
人又谁能以身之察察,受物之汶汶者乎! 宁赴常流而葬乎江鱼腹中耳。又安能以皓皓之
白,而蒙世俗之温蠖乎?'乃作《怀沙》之赋。""于是怀石,遂自投汨罗以死。"③武关,属秦
地,《史记》卷 40《楚世家》,怀王三十年,"秦昭王遗楚王书,曰:'……而今秦楚不欢,则无
以令诸侯。寡人愿与君王会武关,面相约,结盟而去,寡人之愿也。'"④《屈原列传》:"时秦
昭王与楚婚,欲与怀王会。怀王欲行,屈平曰:'秦虎狼之国,不可信,不如毋行。'怀王稚
子子兰劝王行:'奈何绝秦欢!'怀王卒行。入武关,秦伏兵绝其后,因留怀王,以求割地。
怀王怒,不听。亡走赵,赵不内。复之秦,竟死于秦而归葬。"⑤"一庭碧雨蒸香黍",当用黄
粱一梦之典,沈既济《枕中记》:"卢生欠伸而悟,见其身方偃于邸舍,吕翁坐其傍,主人蒸
黍未熟,触类如故。"⑥"万里金风守石麟",石麟,即石麒麟,《北堂书钞》卷 94 引《西京杂
记》:"五柞宫……西有青梧观,观前有三梧桐树,下有石麒麟二枚,刊其胁为文字,是秦始
皇骊山墓上物也。头高一丈三尺,东边者,前左脚折,折处有赤如血,父老谓其有神,皆含
血属筋焉。"⑦石麟,后世多作帝王陵墓之物,如唐韦庄《上元县》:"止竟霸图何物在,石麟
无主卧秋风。"

其十三,"汉帝悔教从魏相",细绎诗意,当谓魏相劝阻宣帝伐匈奴之议,《汉书》卷 74
《魏相丙吉传》:"元康中,匈奴遣兵击汉屯田车师者,不能下。上与后将军赵充国等议,欲
因匈奴衰弱,出兵击其右地,使不敢复扰西域。相上书谏曰:'……'上从相言而止。""宋
王空自傅居州""居州"是指战国时宋人薛居州。《孟子·滕文公下》:"子谓薛居州,善士
也,使之居于王所。在于王所者,长幼卑尊,皆薛居州也,王谁与为不善? 在王所者,长幼
卑尊,皆非薛居州也,王谁与为善? 一薛居州,独如宋王何?"朱熹集注:"居州,亦宋臣。

①　[宋]欧阳修、宋祁《新唐书》,中华书局 1975 年版,第 4859~4860 页。
②　[汉]班固《汉书》,中华书局 1962 年版,第 2462~2463、2467 页。
③　[汉]司马迁《史记》,中华书局 1959 年版,第 2485、2490 页。
④　[汉]司马迁《史记》,中华书局 1959 年版,第 1727~1728 页。
⑤　[汉]司马迁《史记》,中华书局 1959 年版,第 2484 页。
⑥　鲁迅辑《唐宋传奇集》,见《鲁迅全集》第 10 卷,人民文学出版社 1973 年版,第 212 页。
⑦　[唐]虞世南辑《北堂书钞》,文渊阁四库全书本。

言小人众而君子独，无以成正君之功。"①"挑灯夜对青齐史，鼓掌田单一火牛。"用田单火牛阵破燕复齐之典。《史记》卷82《田单列传》："田单乃收城中得千余牛，为绛缯衣，画以五彩龙纹，束兵刃于其角，而灌脂束苇于尾，烧其端。凿城数十穴，夜纵牛，壮士五千人随其后。牛尾热，怒而奔燕军，燕军夜大惊。牛尾炬火光明炫耀，燕军视之皆龙纹，所触尽死伤。五千人因衔枚击之，而城中鼓噪从之，老弱皆击铜器为声，声动天地。燕军大骇，败走，齐人遂夷杀其将骑劫。燕军扰乱奔走，齐人追亡逐北，所过城邑皆畔燕而归田单。兵日益多，乘胜，燕日败亡，卒至河上，而齐七十余城皆复为齐。乃迎襄王于莒，入临菑而听政。"②

其十四，"云屯半壁兵戈象"，似化用韦应物《登高望洛城作》"兵戈若云屯"而反用之。"风断千山草木音"，接上句，似化用"草木皆兵"之典，《晋书》卷114《苻坚载记下》："坚与苻融登城而望王师，见部阵齐整，将士精锐；又北望八公山上草木，皆类人形，顾谓融曰：'此亦劲敌也，何谓少乎？'忧然有惧色。"③"虫声落落东墙起"化用《古诗十九首·明月皎夜光》："促织鸣东壁。""霜下荒村急暮砧"，化用杜甫《秋兴八首》其一："寒衣处处催刀尺，白帝城高急暮砧。"

其十五，"秦国若能诛指鹿"，用赵高指鹿为马之典。《史记》卷6《秦始皇本纪》："赵高欲为乱，恐群臣不听，乃先设验，持鹿献于二世，曰：'马也。'二世笑曰：'丞相误邪？谓鹿为马。'问左右，左右或默，或言马以阿顺赵高。或言鹿者，高因阴中诸言鹿者以法。后群臣皆畏高。"④"楚人何敢竟烹翁"，用楚汉争夺天下之典，《史记》卷7《项羽本纪》：项羽"为高俎，置太公其上，告汉王曰：'今不急下，吾烹太公。'汉王曰：'吾与项羽俱北面受命怀王，曰"约为兄弟"，吾翁即若翁，必欲烹而翁，则幸分我一杯羹。'"⑤"昭阳秋雨宫香罢"，用昭阳殿故事，《西京杂记》卷1："赵飞燕女弟居昭阳殿，中庭彤朱，而殿上丹漆，砌皆铜沓，黄金涂白玉阶，壁带往往为黄金缸，含蓝田璧，明珠翠羽饰之。"⑥后世多用昭阳殿、昭阳宫代指受宠后妃所居之地，白居易《长恨歌》："昭阳殿里恩爱绝，蓬莱宫中日月长。""凝碧寒烟柳影空"，凝碧池在洛阳，《唐诗纪事》卷16："（安）禄山大会凝碧池，梨园弟子欷歔泣下，乐工雷海清掷乐器，西向大恸，贼支解于试马殿。（王）维时拘于菩提寺，有诗曰：'万户伤心生野烟，百僚何日更朝天？秋槐叶落深宫里，凝碧池头奏管弦。'"⑦"数枝新竹寄徽宗"，徽宗皇帝，书画绝艺，有墨竹扇面传世，明人夏原吉《咏徽宗墨竹画》："宝殿无心论治安，碧窗着意写琅玕。枝枝叶叶真潇洒，争奈金人不爱看。"⑧

其十六，"英雄离乱不为家"，化用霍去病语，《汉书》卷55《卫青霍去病传》："上为治

①　《孟子集注》卷6，见朱熹《四书章句集注》，中华书局1983年版，第269页。

②　[汉]司马迁《史记》，中华书局1959年版，第2455页。

③　[唐]房玄龄等《晋书》，中华书局1974年版，第2918页。

④　[汉]司马迁《史记》，中华书局1959年版，第273页。

⑤　[汉]司马迁《史记》，中华书局1959年版，第327～328页。

⑥　[汉]刘歆撰，[晋]葛洪集《西京杂记》，文渊阁四库全书本。

⑦　[宋]计有功撰《唐诗纪事》，上海古籍出版社2013年版，第236页。

⑧　[明]夏原吉《忠靖集》卷6，文渊阁四库全书本。

第,令视之,对曰:'匈奴不灭,无以家为也。'"①"得运昌期辅斩蛇","斩蛇",用高祖斩蛇之典。《史记》卷8《高祖本纪》:"高祖醉,曰:'壮士行,何畏!'乃前,拔剑击斩蛇,蛇遂分为两,径开。"②"豫让既能吞若炭",豫让,战国时刺客,《史记》卷86《刺客列传》,为刺杀赵襄子为智伯报仇,"居顷之,豫让又漆身为厉,吞炭为哑,使形状不可知,行乞于市。"③"邵平焉敢老于瓜",邵平,即召平,《史记》卷53《萧相国世家》"召平者,故秦东陵侯。秦破,为布衣,贫,种瓜于长安城东,瓜美,故世俗谓之'东陵瓜',从召平以为名也。"④

其十七,"白帝城高驾鹤还"当是用白帝城托孤之典,《三国志》卷35《蜀书五·诸葛亮传》:"章武三年春,先主于永安病笃,召亮于成都,属以后事,谓亮曰:'君才十倍曹丕,必能安国,终定大事。若嗣子可辅,辅之;如其不才,君可自取。'亮涕泣曰:'臣敢竭股肱之力,效忠贞之节,继之以死!'先主又为诏敕后主曰:'汝与丞相从事,事之如父。'"⑤"谷城黄石非高士",用张良得黄石公授太公兵法的典故。《史记》卷55《留侯世家》:"有顷,父亦来,喜曰:'当如是。'出一编书,曰:'读此,则为王者师矣。后十年兴。十三年,孺子见我济北,谷城山下黄石即我矣。'遂去,无他言,不复见。旦日视其书,乃《太公兵法》也。"⑥

三、《秋怀诗十七首》典故运用中的遗民情怀

从以上的分析来看,《秋怀诗十七首》用典是非常细密的,在大量典故运用中透显了明清易代之际浓郁的遗民情怀。明朝覆灭后,摆在失去故国的明遗民面前的道路充满了无数荆棘,在吞声忍泪面对入关的清军外夷的日夜里,活在新朝与故国更替的夹缝中,遗民无时不在思念已经覆灭的明朝。《秋怀诗十七首》中的细密用典全方位显示了这种咽泪无欢的沉郁情怀。

(一)对故朝的追忆与痛惜

王朝覆亡引发的家国之痛可以依托很多宣泄载体,其中关于后妃吟咏便是其一。安史之乱爆发,杜甫身陷长安,就历史来看,这与遗民无干,但国家残破,社稷沦亡确是诗人真切感受,因此在《哀江头》中深切哀悼他曾经在《丽人行》中讽刺过的杨玉环;南宋灭亡,白朴著《梧桐雨》,用杨玉环明皇故实寄寓亡国之痛、故朝之思;明王朝烟消云散,洪昇著《长生殿》,抒发着深重的兴亡之感,隐约中透显出对现实的影射。《秋怀诗十七首》其二,"惟有明妃辱马嵬",其四,"蜀道淋铃去不还,大江东下水潺潺",先后用杨玉环之典。潼关失守后,玄宗皇帝仓皇出逃,行经马嵬驿,陈玄礼等发动马嵬兵变,杨玉环缢死于马嵬佛寺之中。从历史的角度来说,杨玉环的死某种程度上是咎由自取,但更大程度上象征着大唐繁华盛世一去不返,放在当时的场景中,更是一种国破家亡的象征,因此诗人引杨

① [汉]班固《汉书》,中华书局1962年版,第2488页。
② [汉]司马迁《史记》,中华书局1959年版,第347页。
③ [汉]司马迁《史记》,中华书局1959年版,第3520页。
④ [汉]司马迁《史记》,中华书局1959年版,第3017页。
⑤ [晋]陈寿《三国志》,中华书局1971年版,第918页。
⑥ [汉]司马迁《史记》,中华书局1959年版,第2053页。

玉环死于马嵬之典实际上寓托的是家国之恨。"蜀道淋铃"主人公虽是明皇,但对杨玉环思念未尝不是对过去盛世的怀恋。其十五,"昭阳秋雨宫香罢",前文已言,汉以后昭阳殿、昭阳宫往往是受宠嫔妃所居之地的代称,"昭阳秋雨",繁华逝去,曾经的骄奢,曾经的荣宠,抑或让人愤恨,但一切皆已逝去,皆已沉入历史的深渊,大明故朝也已随着曾经繁华的飘落而成逝者。因此这些宫妃典故的运用寄寓着诗人对故朝深沉的追思和亡国的深切痛惜。

如果说宫妃之典尚有蕴藉之致,故土物是人非,满目荒夷的语典运用则更为直接凸显这种故国之思。其一,"密雨斜侵薜荔门,疏桐花长旧中原。"所出原典"密雨斜侵薜荔墙",今人俞陛云评柳诗:"三四言临水芙蓉,覆墙薜荔,本有天然之态,乃密雨惊风,横加侵袭,致嫣红生翠,全失其度。以风雨喻谗人之高张,以薜荔芙蓉喻贤人之摈斥,犹楚辞之以兰蕙喻君子,以雷雨喻摧残。寄慨遥深,不仅写登城所见也。"[1]此处平山和尚自非感慨"贤者摈斥",而是将家国代入,神州大地风雨飘摇,在清人、叛军打击之下,如覆门之薜荔日日为风雨侵袭,至今日,中原依旧,疏桐花开,却早已物是人非。其二"鹦鹉洲前春未回,飘风先控凤凰台。"正如《黄鹤楼》中,"鹦鹉洲"的春色共白云同在悠悠千载,而仙人早已驾鹤而去一般,凤凰山上凤凰飞去,凤凰台空,六朝繁华也如过眼云烟散尽。诗人借两首诗中的语典,再次表达了他的感慨:人生短暂却又无常,世间的景物虽然亘古长存,不改面貌,而世间的万事种种却早已沧海桑田。结合诗人所处的时代正处于明清之交,清军入关,明军溃败,天下间的景物其实并没有几分改变,但是皇权易主,明朝覆灭,现世已生沧海桑田之变。应该说明亦有盛时,清史官《明史·宣宗本纪赞》:"即位以后,吏称其职,政得其平,纲纪修明,仓庾充羡,闾阎乐业,岁不能灾。盖明兴至是历年六十,民气渐舒,蒸然有治平之象矣。"[2]而明王朝的最后数十年间,朝纲紊乱,阉宦专权,农民起义,清军入关,天灾人祸连连,直至山河破碎,江山易主。易代之际,百姓生活疾苦,饿殍满地,民不聊生。诗人面对此情此景,不由得感怀时间流逝,历经国朝兴废,怅然生出哀痛之感。

对故朝的追忆中,痛惜与追悔是必然应有的情绪。诗人也反思煌煌大明王朝为什么就这样土崩瓦解。佞臣党争,阉宦专权成为诗人历史追问所得到的答案,其十五,"秦国若能诛指鹿,楚人何敢竟烹翁。"从字面来说,似乎是在咏史,感慨若秦人可以诛杀赵高这样的佞臣,那就不至于贤臣良将凋落殆尽,也就不至于残暴昏庸,也就不至于有后面的楚汉相争的事情了。在这典故运用中,结合明天启、崇祯两朝史实,可以揣测诗人以赵高比拟魏忠贤。应该说崇祯朝的种种弊政祸端启于天启朝,肇于阉宦专权,《明史·宦官二·魏忠贤传》:"民间偶语,或触忠贤,辄被擒僇,甚至剥皮、刲舌,所杀不可胜数,道路以目。"[3]阉宦专权必然导致贤能之士或者被摈弃于野,或者不为君王所用,而辅弼之臣多非治国理政之能士,其十三,"汉帝悔教从魏相,宋王空自傅居州",用魏相似暗指崇祯初年诛杀魏忠贤后起用东林党人,而东林党人不合时宜的清议,虽非奸佞,却于危困局面于事

① 俞陛云《诗境浅说·丙编》,北京出版社 2003 年版,第 74~75 页。
② [清]张廷玉等撰《明史》卷 9,中华书局 1974 年版,第 125~126 页。
③ [清]张廷玉等撰《明史》卷 350,中华书局 1974 年版,第 7820 页。

无补，甚或加剧党争。而薛居州典似亦有所指，朝堂有良将贤相，怎奈朝廷自断胳臂，自废长城，结合明末史实，薛居州似暗指袁崇焕等朝廷栋梁。此外诗人诗中似乎暗示自己曾经有能力挽救危局，但为当政者所沮。其一，"黄龙未布临安诏"，其六，"数年募士三千甲，一日征兵十二牌"，似言自己曾经招募训练出虎狼之师，怎奈如岳飞被十二道金字牌召回一样，功败垂成，大业成空。大明王朝的逝去从今天来看，是历史长河的必然，但在顺治时期，明遗民也自是有很多的不甘与痛惜，在历史的反思中，这种不甘与痛惜是那样的沉重。

（二）对英雄的呼唤与坚贞气节的坚守

或许如张谦宜所猜测，平山和尚乃朱明皇亲国戚，甚或是帝王贵胄，《秋怀诗十七首》中并未一味陷入对故国的追思与哀叹，不时通过典故引用抒发渴望英雄出现，恢复宗庙之期冀，同时咏叹历史上有坚贞气节的英雄，尤其是民族英雄，不断强化易代之际坚贞气节的坚守。其十三，"挑灯夜对青齐史，鼓掌田单一火牛。"田单仅仅凭借一座孤城即墨，运用"火牛阵"等各种战术，凭一己之力逆转战局，驱逐燕人，收复齐国故土，迎回襄王，最终复国。诗人挑灯夜读"青齐史"，读到田单的英勇事迹不由得鼓掌称赞。诗人寄希望于如"田单"一般的能人勇士，希望他们能够讨伐清军，光复明朝。

当然，或许如张谦宜所云，平山和尚乃皇室贵胄，《秋怀诗十七首》中也不时透漏出些许信息，如其七"已无太上辞灵武，那有将军遇督邮"。马嵬兵变后，大军开拔，《资治通鉴》卷218："及行，父老皆遮道请留，曰：'宫阙，陛下家居，陵寝，陛下坟墓，今舍此，欲何之？'上为之按辔久之，乃令太子于后宣慰父老。父老因曰：'至尊既不肯留，某等愿帅子弟从殿下东破贼，取长安。若殿下与至尊皆入蜀，使中原百姓谁为之主？'须臾，众至数千人。"[①]自此太子李亨率众北上灵武，继皇帝位，依附郭子仪、李光弼，坚持平叛。刘备鞭笞督邮是其入仕之始，自此后，以兴复汉室为任，无尺寸之基，建得鼎立三分之伟业。对李亨、刘备的褒扬似是自我期待之词，渴望能够像李亨、刘备一样，抵御清朝，恢复明室，再造河山。至于"英雄离乱不为家，得运昌期辅斩蛇"，用刘备斩蛇起事之典，似更为露骨，而召唤英雄，兴复明室之意倒更见得直白与迫切。

在英雄的召唤中，对故朝气节乃至民族气节的褒奖便成为此中应有之义。一方面，诗人深沉地感慨那些"临大节而不可夺"的青史留名的英雄，如其十，"惶恐滩头怀信国，天津桥上望真卿。"颜真卿面对拉拢恫吓，正气凛然，叛军气焰亦为之夺。《新唐书·段秀实颜真卿传赞》："虽千五百岁，其英烈言言，如严霜烈日，可畏而仰哉。"[②]文天祥面对元人的威逼利诱，他选择坚守气节，宁死不降。元人也感慨："观其从容伏质，就死如归，是其所欲有甚于生者，可不谓之'仁'哉！"[③]同时，平山和尚与文天祥所处的时代大背景有相似性，神州大地再次面对夷狄入主，此中气节不仅关乎不事二主，更关乎民族气节。另一方

---

① ［宋］司马光等编著，［元］胡三省音注《资治通鉴》，中华书局1956年版，第6975页。

② ［宋］欧阳修、宋祈《新唐书》，中华书局1975年版，第4861页。

③ ［元］脱脱等《宋史》，中华书局1977年版，第12540页。

面,诗人通过对变节者的谴责强化对守节者的褒扬,其八,"历朝所见惟冯道,蹈海曾无鲁仲连。"宋人评冯道:"然而事四朝,相六帝,可得为忠乎! 夫一女二夫,人之不幸,况于再三者哉!"①今人范文澜评曰:"他(笔者按:晋高祖石敬瑭)要冯道出使辽国行礼,表示对父皇帝的尊敬。冯道毫不犹豫,说:'陛下受北朝恩,臣受陛下恩,有何不可。'好个奴才的奴才!"②与冯道相对的,则是义不帝秦的鲁仲连,奉秦为帝,仲连宁可蹈海而居,也羞见此丑态。清军入关后,前明大量士人变节,从王朝更替来看,这些人似无可指摘,但如果从遗民的角度来看,变节之行径自然丑态百出。

《秋怀诗十七首》中还讨论了另一种情况,即无心复明,亦不愿在清出仕,用一种逸民心态了此余生。诗人对此亦是不认同,一方面,通过用典不断强化故朝的身份认知,其八云:"西子即沉犹越女,东陵虽老亦秦侯。"虽然老颓,甚或逝去,但故朝的身份印记却是抹不去的。因此,对待逸民,诗人言语中不无讥刺,其十六,"豫让既能吞若炭,邵平焉敢老于瓜。"邵平(即召平)在秦,贵为东陵侯,秦亡后,种瓜自居,虽未背叛前朝,但亦无心规复,所以为诗人所讥讽。与此相对的是刺客豫让,豫让为旧主智伯复仇,不惜吞炭漆身,潜伏数年,报主而死。由此,可以看到诗人重忠义、重坚贞。其五,"文章自古推司马,忠义从今数老瞒。"矢志不移的司马迁为诗人所褒扬,但明亡后充斥于世的是冯道般的人物,与这些人相比,奸诈如曹操者似都可言忠义。

(三)对当下现实处境的无奈与强行超脱

甲申之变后,随着战争逐渐消弭,社会逐步回归平静,加之清王朝有意识笼络文士和人心,民众对于新王朝逐步从抵触到接受认可,反清复明的民间力量和意愿逐步消释,规复大明王朝已成泡影。从《秋怀诗》来看,诗人诚然有着强烈的复国意愿,但冷酷的现实亦让他认识到复国的希望非常渺茫,甚或可以说是已经湮灭。对无奈现实的被迫接受和壮志难伸的强行慰藉亦是《秋怀诗》用典中承载的重要内容。其二,"已无孝子守绵竹",蜀汉大厦已倾,孤木尚且难支,况大明王朝早已经没有诸葛瞻这样的孝子良将,王朝的覆亡已经是不愿承认但必须面对的现实。其七,"连璧未能全反赵,衣冠何忍不从周",连城之和氏璧虽经蔺相如舍命相搏,完璧归赵,但随着赵国的灭亡,和氏璧最终亦归秦国,李斯《谏逐客书》云:"今陛下致昆山之玉,有随和之宝。"随,当是随珠;和,应是和氏璧。伯夷、叔齐虽不食周粟,但殷商后裔最终亦被封在宋地、杞地,旧的王朝已然如西沉之落月,新的王朝如东升之朝日,一切已经无可挽回,无可奈何。故其十一,"属国虽持茂陵节,汨罗何益武关人。"此处用苏武之典多少有些不伦,因为苏武之典并不涉及亡国。屈原之典自是恰当,屈原虽自沉汨罗江,但屈原之死亦无法改变怀王入武关受辱,客死他乡的悲惨结局,无法改变楚国日渐衰落,最终为秦所灭的悲剧命运。一切皆已成定局,诗人在历史的回眸中,虽有很多不甘,虽有很多壮志,但应当看到,在很大程度上诗人已经非常无奈地接受了冷酷的现实。

---

① [宋]薛居正等《旧五代史》卷126,中华书局1976年版,第1666页。
② 范文澜《中国通史》第3册,人民出版社1965年版,第481页。

当梦想和壮志成空的时候，各种雄韬伟略、挥斥方遒转为面对风云草木的纸上谈兵，其十四，"云屯半壁兵戈象，风断千山草木音"与辛弃疾投闲置散时的"老合投闲，天教多事，检校长身十万松"①是多么相似，一腔热血值得付诸风云草木之中。其八，"小饮初酣贫似拙，携壶典菊对庄周"，其十，"沙渚溶溶流碧月，甘州一曲与鸥盟。"尽管诗人对逸民亦颇有微词，但梦想成空后的悲苦必须通过一定途径实现消解，否则生命将无法持续。无论是陶渊明的自适还是庄周的逍遥，均同江山湖海中消解英雄梦成空的悲感，与海鸥万物的对话中纾解悲愤是一致的，是无可奈何后的强行慰藉与超脱。其十一，"一庭碧雨蒸香黍，万里金风守石麟"，王霸雄图不过黄粱一梦，今日之天下亦是往日之天下，"万里金风"未改，依然可以守护这片土地，这方天下，尽管早已非"石麟"之主的天下。从这用典中，我们当然可以看到诗人的解脱，乃至超脱，但综合《秋怀诗十七首》，很明显，这并不是生性旷达后的超脱，而是陷入绝望后的无奈的强行超脱。

余论

行文至此，对于《秋怀诗十七首》诗中用典的考证和用典情况的分析似乎可以告一段落。重申前文之论，《秋怀诗十七首》在一种悲咽垂泪的哀沉氛围中，大量用典，尤其是历史典故众多。在这些历史典故的选择和运用中，充分表达着对故明王朝的追忆与痛惜，渴望有风云际会和叱咤英雄出现，以光复大明王朝，但现实亦让诗人明了复国已然无望，在一种悲痛和绝望中无奈强行超脱。而这些心绪正是明清易代之际遗民情怀的鲜明体现。当然，《秋怀诗十七首》并非仅有用典体现以上的遗民情怀，实际上其他情感抒发、景色描摹、叙事议论无不是这种遗民情怀的载体。

因此，本文以上所述仅是管中窥豹，有关《秋怀诗十七首》的相关问题还有很多，值得持续研究与关注。本文集中精力与笔墨关注的是诗中历史典故的运用，语典虽有所涉及，显然并不深入。此外跳出诗外，目前张谦宜的文集似乎依然留存在某图书馆内，并未真正纳入进学人视野，因此《秋怀诗十七首》仅见于民国《增修胶志》，缺乏更为丰富的文献支撑。至于作者，即平山和尚，其身世是否一直成谜，乃至成为无解之悬案，尚有待进一步的探索。当然，绕不开的话题，那就是这十七首诗的真伪问题，是否真的录于石门寺，亦需要进一步的文献佐证。

---

① ［宋］辛弃疾《沁园春·灵山斋庵赋，时筑偃湖未成》，见邓广铭笺注《稼轩词编年笺注》，上海古籍出版社1993年版，第376页。

匡范《嘉树园诗集》中的记忆宫殿

刘少帅　吕玉亭*

摘　要：嘉树园作为明清时期胶州第一名园，不仅于繁盛时期有文人交游与创作，作为废墟的嘉树园也成为文人吊古伤怀之所。其中以匡氏后人匡范的《嘉树园诗集》最为集中与全面地再现了嘉树园盛景。匡范着重突出秋季嘉树园景物与建筑的描摹，继承"悲秋"传统，运用虚实结合的手法，形成其诗盛时与衰落、清丽与凄冷之景并存的现象。匡范通过咏物抒情的方式，在怀思中寄寓悲戚与希冀。

关键词：嘉树园；记忆宫殿；名园重现；闲适之趣；怀古诗

私家园林在明清之际发展蔚为大观，是古典园林集大成的时期。明清也是文人结社雅集活动盛行的时期，文人结社带有明显的家族与地域特征。此时期私家园林兴盛，文人群体在私家园林观赏游览同时亦创作诗文作品，在花树亭阁间，呈现文人的审美情趣与旨趣。明清时期作为文人文学创作活动场域的私家园林，学者们主要从作为公共空间的私家园林在文人诗文交游中的作用、园林景物作为文学创作的灵感来源以及园林作为了解文人生存空间的意义、园林对园主吏与隐矛盾情感的体现等方面予以关注。① 而关于胶州名园嘉树园的文献，有宫天豫的《古胶州的一座名园——嘉树园》②，以整理史料为主。石业华主编的《遗忘的嘉树园》，从"北方最大的私家园林""胶东名门望族——匡氏家族""匡氏嘉树园记""明清咏嘉树园诗""嘉树园匡氏名人录""嘉树园与外籍历史名人""嘉树园与胶州历史名人""嘉树园开发与利用研究"等角度展开叙述，可谓搜集详赡。其

　　* 刘少帅，青岛农业大学人文社会科学学院讲师，文学博士，主要研究魏晋南北朝文学与文献学。吕玉亭，青岛农业大学助理研究员，农学硕士，主要研究方向为高等教育管理、青岛历史文化。本文系 2021 年度青岛社科基金项目(QDSKL2101229)阶段性成果。

　　① 如朱丽霞考察晚明时期江南地区的私家园林雅集宴游活动，认为云间几社提倡文学复古，借助园林建构文化理想与"诠释了自己的文学使命"，具有重要的意义与价值。朱丽霞《园林宴游与文学的生态变迁——以明清之际云间几社的文学活动为例》，《文艺理论研究》2007 年第 4 期。罗时进指出，介于"活的元素"的文人与"静止的元素"的文本中间的"物质元素"——地点场景，往往被忽略。而作为文人创作场所的湖畔水滨，是文人用书写方式建构的以水为环境特征的自然，有助于了解江南文人的生活与文化形态。罗时进《湖畔水滨：清代江南文学社团的创作现场》，《中国人民大学学报》2016 年第 6 期；朱万曙指出，清代扬州马曰琯、马曰璐兄弟的小玲珑山馆的文学活动，有着集群性、高雅性、持续性与平民性的特点。朱万曙《小玲珑山馆：一个有"有意味"的文学空间》，《中国人民大学学报》2016 年第 6 期；陈才智称常出现于文人诗文中的上海醉白池，从创作背景到盛景再到诗社，进而转变为诗景，衍生为诗意象，呈现出日常书写与醉吟风流的双重表现，融合了人生的反思与体悟。陈才智《日常与风流：从醉白池看江南文人对醉吟诗风的接受》，《文艺评论》2020 年第 4 期。韦峰、徐维波从园林营造角度分析了晚明时期郑州私家园林石淙庄，指出石淙庄主人阴化阳造园出于吏隐与雅集的双重需求，体现了心境合一的造园思想。韦峰、徐维波《吏隐与雅集：晚明郑州石淙庄营造研究》，《中国园林》2019 年第 12 期。

　　② 宫天豫《古胶州的一座名园——嘉树园》，政协山东省胶州市委员会文史资料研究委员会编《胶州文史资料》第 5 辑，1990 年版胶文内刊字(90)第 010 号，第 103～112 页。

中收录清乾隆年间匡范编著的《嘉树园记》和《嘉树园诗集》，石业华对其标点校注①。《嘉树园诗集》中不仅存录匡范创作的与嘉树园相关的"一百韵"及《嘉树园诗草》等，也存留了明清时期文人与匡氏族人赠答、宴游题咏嘉树园的相关诗歌。关于嘉树园的文学研究并未有学者关注，因此本文即以匡范《嘉树园诗集》为研究对象，通过考察匡范之诗，期以重现嘉树园盛景，对匡范所寄寓的怀古悼今之思进行深入的探索。

一、往事重提：《嘉树园诗草》中的名园重现

明清之际胶州经济繁荣，有匡氏嘉树园、连家园、高太傅别墅、杨家园、助息园以及赵家花园等私家园林。其中匡氏修建的嘉树园，可与苏州园林媲美。

匡范回忆嘉树园之作有《嘉树园记》与《嘉树园诗集》中的《嘉树园诗草》。匡范通过意象的因袭与季节的强调，选取具有代表性的景物典故运用与形象塑造等手法，营造苍凉的氛围。匡范细致描摹嘉树园的建筑与景物，通过想象重塑昔日辉煌，以苍凉悲沉的语调，在诗中勾勒先祖的人物形象、描绘其间往来宾客的宴饮交游，着墨匡氏家族对高洁品行与家族子弟读书的重视等处。匡范在其《嘉树园诗草自序》中称，"园即废矣，而范也生于斯，长于斯，复聚于斯，未始不可自适，顾不谓遭家不造。伯叔兄弟相继沦亡，其存者又散处四方，所余仅有两家，昨从百里外来探故里，见夫街房门第，焕然维新，如逢隔代。我两家所居湫隘，亦复奄奄如息。范则欲歌也，无麦禾；欲泣也，无黍稷，无园则无家矣。杜诗云'去住彼此无消息'，我之谓也。爰录旧作以志吾怀。"嘉树园始建于明成化十三年（1477），至万历十四年（1586），经过匡铎精心营造，成为当时胶州著名的私家园林。而到顺治十年（1653），海时行谋逆之乱，嘉树园被付之一炬，至乾隆三十九年（1774），已70岁的匡范回忆往昔，在《嘉树园诗草自序》中称家族至此时已趋凋零，"所余仅有两家"，其时探寻故里嘉树园，而物是人非，虽有门第错落，但不复往昔繁华，令匡范生出隔代之感。又因其家族凋敝，所居贫寒，昔日繁华与今日破败形成鲜明对比，也使匡范的心理落差只增不减，借以黍离麦秀之悲，来抒发其苦闷悲伤的情绪。杜甫诗《哀江头》中"去住彼此无消息"②正是匡范的内心写照。杜甫其诗作于安史之乱长安沦陷后，满目山河尽飘零，使杜甫在此诗中饱含家国之悲。"俾知此园三百年基业，罔非祖宗精神所寄云尔。"（《嘉树园记序》）匡范借此来表达匡氏的家园悲情。

嘉树园总共有六区，分别是中区、右一区、右二区、右三区、左一区与左二区。匡范在《嘉树园总记》中按照中区、右区、左区的顺序将嘉树园的建造布局依次展开。"每区横阔六十步，东西各长三百六十步。前置六门，楼房后合为一园，六门前各植槐二株，合抱，正中门直此享堂。堂后寝室，寝室后偏东曰台房，左右厢房各六间，各有巷道，南达中门，台房后醉月台，自台而北，西折曰雪净山房，北约云外阁，由阁底出嘉树园。中门在正中门，

---

① 石业华《遗忘的嘉树园》，政协胶州市委员会2014年内部出版，山东省内部资料性出版物准印证：2014年第010号。文章所引匡范诗文皆出自此书，不再一一标注。
② ［唐］杜甫著，［清］钱谦益笺注，郝润华整理《杜甫诗集》，上海古籍出版社2021年版，第53页。

入为木末斋,树木详小纪中。斋后偏东,林中草堂九间,曰墨庄。南向假山,曰万年聚……。"即中区有享堂、台房、醉月台、雪净山房、云外阁。右一区为木末斋、墨庄、别有天、心远亭、千年岩。右二区为雾隐堂、舫室、十七楼、暖鱼窝、团瓢。右三区为杏园、醒心书院、读书堂和淮阴书屋。左一区有方池、有竹居、采菊轩、十间房、栖云洞、月岩;左二区有一琴堂、藤花书屋、仙客馆、文昌阁、白云山房、偏山房、又一村与染衣草堂。《嘉树园诗草》即按照此顺序布置排列,首先是《享堂》,即匡氏祭祀先祖,也是嘉树园源起之地。享堂正门中匾额有"晋阳世家",为胡缵宗所书,享堂东壁有始祖墓表与匡氏世系,墓表为杨溥作,金善书,西壁有匡公传及墓表,分别为栾尚约撰文,胡来贡书。醉月台最有代表性的是赵南星《醉月台记》与台下东南角的双楸树,因此匡范在诗中描摹醉月台时,首先选取的景物便是仍屹立在此的云楸树,而以赵南星之事结尾,诗称"仍读数行忠毅书",并以蛙、鱼、鹤等物象以烘托赵南星的高洁品性。《醉月台》共 4 首,其一即引用赵南星之典,后 2 首则围绕醉月台之醉与月铺展全篇,表露醉酒之酣畅与遗世独立之品格。匡范此四首诗的构思,从现实之景发散思绪,由近代之事入手,延伸至古人之典。从赵南星联系到田横,再到遗世独立的李白,通过醉酒与月的反复书写,到醉月台与月的相互交融,从而使情感得以抒发,诗歌最后聚焦于藤萝的细节描绘上,颇有物是人非之感。在诗《雪净山房》中,匡范以"雪"切入,运用典故,有庄子"藐姑射之山,有神人居焉,肌肤若冰雪"(《庄子·逍遥游》)①,又有柳宗元《江雪》"独钓寒江雪"②的化用,围绕"雪"生发出诸如"松""竹""玉""梅"等意象,目的即在于营造清冷的氛围,又体现园主的旨趣。雪净山房有松树四株,有腊梅一棵,雕砌白石为山,呈现冰清雪意。山房之名源于杜甫诗"冰雪净聪明"(《送樊二十三侍御赴汉中判官》)③,蕴含匡氏的处事之道,"二三君子圭角太露,聪明未敛,反以促成其势,然后知净之取义,深且远也。"(《嘉树园记·雪净山房》)云外阁系匡氏宴饮嘉宾之处,阁柱上书杜甫诗"侧身天地更怀古,回首风尘甘息机"④"是可想云外意矣。"木末斋四周环木,除郭子章题匾"乔木世家"外,以及王无竟诗、赵任及董其昌题字。"充栋有藏书,名山愿可了"(《匡孝廉西园木末斋》)⑤,从王无竟诗可见斋中藏书甚夥,且柏木参天,薜萝紫绕,翠色茵茵,足见当时木末斋景色之致。在匡范的总记中,有其对木末斋以往盛景的追忆,而《木末斋》诗便直言此时所见,已然是"荒斋已寂"的景象,匡范用"余残稿""尚旧题"等词,以"尘埃不见草萋萋"之句结尾,抒写对往日的追念与现今的遗憾。墨庄以绿萼梅作为标志物,有草屋十间,梅树错落其中,展现园主情趣。《墨庄》诗以"梅"为主,重点描摹春季梅花开放的场景,"青枝倒影形如凤,雪干正蹲状似麟",梅枝虬结,重视画面感,既有以往咏梅诗人的典故化用,又有对先祖德行的夸赞,在此体现墨庄之梅与匡氏品行的关联性。而"自我寒梅摧折后,何时绿树再新芽",又隐喻时事,以寒梅摧折不仅

① 陈鼓应注译《庄子今注今译》,商务印书馆 2016 年版,第 28 页。
② [唐]柳宗元著,张洲导读注译《柳宗元集》,岳麓书社 2018 年版,第 20 页。
③ [唐]杜甫著,[清]钱谦益笺注,郝润华整理《杜甫诗集》,上海古籍出版社 2021 年版,第 65 页。
④ [唐]杜甫著,[清]钱谦益笺注,郝润华整理《杜甫诗集》,上海古籍出版社 2021 年版,第 525 页。
⑤ [明]王偁撰,[清]张谦宜评选,[清]宋云会校订《太古园诗集》,清乾隆元年(1736)刻本,第 8 页。

喻墨庄现状，更喻匡氏家族的衰落，期冀可重塑家族荣耀，再现嘉树园盛景。又如《仙客馆其一》称"何日仍栽丛树发，绿膏重看小山堂"。匡范目眼前所景，感往昔之荣，这种"何日""何时"的表述，是诗人览此旧迹却无可奈何的情绪表达。匡氏家族至匡范处已飘零各地，不复昔日荣光，匡范只能借诗文以抒其怀。

与其他诗歌怀古伤今不同的是，《云外阁》塑造了一位潇洒尘外的、与此地相称的高士形象，原诗中有栾廷注，称"尘氛满地联翩去，颢气从天直接来"句"有腕力"，即对此诗的中肯评价。"阁高可以眺，邃可以隐，望以舍远之楼，居以含香之屋，揭以秋芳之亭，澄以惜月之池，憩之栖云之窝，四时交变，风雨晦明，光景超忽，先大夫与众宾错其间，彼此唱和，作为诗歌，童子按板，以致响彻云外。"（《嘉树园记·云外阁》）别有天中有桧树、荚榆、石楠等植物，其中石楠的突起块状物如瘿瘤。而匡范在《别有天》中凝造一处佳境，使复社成员流连忘返，栾廷鉁赞此有晚唐风格，其中绿树堆窗与丹枫临水，还巢白鹤与出岫轻云，形成一一对举，丹与绿又有鲜明的颜色对比，诗人以林逋梅妻鹤子之典与陶渊明"云无心以出岫"①之意，构造一处幽静的超脱物外之境。

与此相类，《心远亭》即源自陶渊明"心远地自偏"②（《饮酒其五》）句，亭中有荼蘼、木香、腊梅等植木，于匡范所见时仍留其迹，"此亭尚属堂叔艾圃家"（《嘉树园记·心远亭》），匡范自云小时在此从学，至其 70 岁作《嘉树园记》仍下榻于此处。因此在诗中，不仅有对心远亭幽谧之地的描绘，有因此地引发的与陶渊明相似的心境抒写，更有白驹过隙，繁华不再的感慨。"短墙多空任风牵"，因位置偏僻少经过，不由使匡范生出悲怆之意。在嘉树园建筑的命名上，足见园主的匠心与旨趣，在题名中可见对匡氏家族的期冀与明哲保身、向往田园的心境。匡范所记之《暖鱼窝》颇有山水小品的特色，芳草亭榭，画栋映空，又有池水澄澈，其中鱼龙潜跃，周边芙蕖朵朵，"出绿波，溢金塘，落红片，飞堕水"（《嘉树园记·暖鱼窝》），与池阁相映成趣。作者采用移步换景的方式，将烟云掩映下的暖鱼窝细致呈现。而《暖鱼窝》诗，则是以景衬情。在诗其一中，匡范将视角聚焦在暖鱼窝中的五色鱼与飞鸟，飞鸟筑榭来去自适，池鱼振鳞随波而安，诗其二则以池中的鱼为书写对象。《暖鱼窝》描绘暖鱼窝闲适情境，寄寓匡范的人生思考。"逐水浮沉"不仅指鱼随适之态，更是匡氏家族的自身写照，"休贪垂饵投机壳，只要饮和恋故常"，表面是写池中之鱼，实而彰显匡氏处世之道，"归来蜗室好婆娑"，即是在官场浮沉的匡氏家族进退有道的处世哲学的折射。团瓢作为宴饮宾客之处，充分发挥其公共空间的作用，匡范以五言的形式，用回忆的笔调描绘了团瓢中的光与影，夜与日，花与树，在晨光初照、夜半月挂时，在树影的参差间，宾客饮酒赋诗，诗人将往日的动与静立体地展现。

匡范在《嘉树园诗草》中对嘉树园的追忆常于秋天进行，其中有《秋怀故园十七楼》《秋怀嘉树园》等题。在《秋怀故园十七楼》中直抒胸臆，直指诗题。鸿雁成行带来秋日萧瑟，秋云望不尽，怀乡空结愁。组诗其一、其二中皆有秋与愁字的使用，情感浓烈浓稠，又

---

① ［晋］陶渊明著，逯钦立校注《陶渊明集》，中华书局 2018 年版，第 178 页。
② ［晋］陶渊明著，逯钦立校注《陶渊明集》，中华书局 2018 年版，第 92 页。

"一行雁带大珠秋"(其一)、"边声催唤故园秋"(其三)、"春光惨淡早惊秋"(其五)、"潇洒飒飒晚来秋"(其七)、"空抱残编咏素秋"(其八),与诗题遥相呼应。诗其五即使因春蚓楼之名将笔触放在春季,整首诗却是在讲述春蚓楼的消逝。春蚓楼为收字画之楼,而字画最经不起业火的磋磨,因此在匡范的诗中,并未将视角放在春蚓楼曾经的书帖之多,藏画之富上,而是以"残缺""模糊"等字眼,以沉痛的笔调去描绘残败的春蚓楼。因此虽然以春起笔,但春光惨淡,仿佛秋天被惊醒,早早到来。在其他诗篇中也常将笔触置于秋季,继承传统"悲秋"主题所蕴含的关于凄清、萧瑟、悲凉等氛围的营造与感伤情绪的表露。尤其是秋季富有特色的采菊轩,即陶渊明"采菊东篱下"(《饮酒其五》)的旨趣展现,诗人以菊花为书写对象,组诗其一仍有回忆的口吻,称"记得当年皆醉地",采菊轩也充分发挥了作为嘉树园宾客交游公共空间的作用,诗人称赞菊与秋相映成趣,园中花皆已谢去,而菊正当时。组诗其二即征引渊明之典,来赞誉匡氏高趣,以菊喻人,"不随群草""爽气""含情"将菊拟人化。嘉树园通过匡范在《嘉树园诗草》的反复书写得以重现,寄寓匡范期冀。而《嘉树园诗集》中收录的其余文人之诗,则是昔日嘉树园的盛景与荣光的追溯,为匡范的创作提供了文本材料的支持。

二、叠影重重:嘉树园的盛时与闲适之趣

郭熙《林泉高致》称"君子之所以爱夫山水者,其旨安在?丘园养素,所常处也;泉石啸傲,所常乐也;渔樵隐逸,所常适也;猿鹤飞鸣,所常亲也。尘嚣缰锁,此人情所常厌也。"[①]园林作为人为的山水,将自然景物移至城市,文人不必再进入山林,成为真正的隐士,而又可将隐逸的追求完美地呈现。匡氏家族在祭祀享堂的基础上,将嘉树园不断扩建,既有体现园主旨趣的心远亭、别有天、采菊轩、雾隐堂等,也有重视家族教育的读书堂、醒心书院、槐阴书屋等。嘉树园作为私人的生活居所、家族文学的孕育场所以及文人交游的文学空间与场域,集实用与休闲、私密与开放的二重空间属性。嘉树园不仅作为匡氏家族生活的私人空间,也发挥其作为宴饮宾客、举办雅集的公共空间。至匡铎时,交游广泛,意喜风雅,与杨溥、边贡、董其昌、高弘图等人皆有往来酬唱,围绕嘉树园创作赠答、送别与题咏、宴游诗。嘉树园造园精致,规模庞大,其中亭台楼阁,雕梁画栋,匡氏成员与游园文人在此享受诗意栖居与美学旨趣的双重体验。如"名流共仰藏春坞"(匡范《墨庄》)、"数欸南京诸社友"(匡范《别有天》),即复社文人在此流连忘返;《团瓢》称"昔年会饮处,临水写光景",即文人雅集交游于团瓢;又有采菊轩,秋菊吐蕊时,邀客载酒共赏之,"记得当年皆醉地,华亭太史墨书留。"(匡范《采菊轩》)文人在游览园林并有诗作时,围绕的是对闲适生活的向往与对园主高洁品性的夸誉。即因眼前景,抒心中怀,整体的园林诗风趋向清新流丽。眼前景物在四季各有不同,诗人即因此景生思生情。王偁在其《匡孝廉西园木末斋》中,以清冷的笔调描绘木末斋的风景之致与匡氏成员的闲适自然,

① [宋]郭思编,杨伯编著《林泉高致》,中华书局2010年版,第11页。

如"平铺积翠寒，天空与水渺"①，以"积翠寒"形容树木青翠，平添凉意。又称"往来无拘忌，况是主人好"，称赞园主豁达好客，而"目送归云飞""松阴转夕阳"又颇具王摩诘诗风，冲澹且具画意。嘉树园的盛时为文人记录。栾尚约曾在其诗中描绘与知交于西园小聚的场景。远峰飞鸟、近处竹鸣，绿杨掩映，花木婆娑，观此景畅意十足，诗人历经官场坎坷与龃龉，而今重新与故友相聚，"京尘十载重携手"（《西园小集饮浚泉二韵》）②，又将身世之感道出，乃是过尽千帆之后的豁达与释怀。赵完璧《次韵春日匡氏西堂二首》③中的嘉树园，则是一番悠然闲适之景，以"闲依修竹""静爱孤云""违俗物""作闲人"，作为不与世俗为伍的高尚情趣的外在表露。西园即嘉树园的前身，嘉树园至匡铎时成为胶州的著名地标，其间宾客往来酬唱，徜徉于嘉树园，赵任赞誉此间美景，树木丛生之间有清源萦绕而过，称是旧时匡衡在此凿壁之处，对匡氏先祖充溢夸赞之语。而今文人骚客畅游于此，饮酒赋诗，赖先人嘉荫所致。"开轩"与"对酒"，颇似孟浩然田园之乐，续以"青云盖"与"白雪巵"，展现盎意春景与文人雅趣。赵任又在此嘉园中陶然忘机，"吹箫帝女""骑鹤仙人"（《再题木末斋》）④纷至沓来，以仙人流连忘返之事，赞誉木末斋如仙境之景。

与所处嘉树园盛况时的文人创作不同的是，匡范所见嘉树园多为颓败之景。匡范创作诗文的目的在于重现嘉树园，与前贤文人的心态不同，已有想象与联想的成分。匡范诗中，现实与想象中的昔日繁华形成强烈的对比，往日喧闹之景与现今零落之状交叠，借以"黍离"与"麦秀"的语言符号，勾勒出盛世不再，唯有凭吊的悲伤心绪。如在《又一村染衣草堂》里，"于今""尚见""不见"在四首诗中依次出现，匡范在追忆往昔中惆怅不已。

三、迹与墟：匡范怀古中的无奈与期冀

"晚唐怀古诗常用'空'字表达现实与历史时空相勾连而带来的心灵空漠感，而园林诗则喜用'醉'字表征与现实时空隔绝的、陶然忘机的心灵状态。"⑤不同于前人园林诗中的园林生活和心态的记录，以及"文人的乐园思想"与"放浪身心的绝佳空间"的表述，匡范在游览嘉树园遗迹时，以怀古感今的心态来进行创作。虽然在诗中也有对往日匡氏家族的陶然忘机、乐游园林的内容描述，但却是在园林被毁后进行的创作，其诗歌题材更偏向借咏物而伤今悼古的怀古诗。但又因内容不出嘉树园，因此其诗又具有园林诗的特点。⑥

---

① ［明］王偁撰，［清］张谦宜评选，［清］宋云会校订《太古园诗集》，清乾隆元年（1736）刻本，第7页。
② 石业华《遗忘的嘉树园》，政协胶州市委员会2014年内部出版，山东省内部资料性出版物准印证：2014年第010号，第90页。
③ ［明］赵完璧《海壑吟稿》，影印文渊阁《四库全书》第1285册，北京出版社2012年版，第21页。
④ 石业华《遗忘的嘉树园》，政协胶州市委员会2014年内部出版，山东省内部资料性出版物准印证：2014年第010号，第93页。
⑤ 王见楠《晚唐咏物诗与怀古诗、园林诗的共通性研究》，《云南社会科学》2015年第6期。
⑥ 李浩、王书艳将园林诗定义为"一种独立于山水诗、田园诗之外的诗歌类型"，并指出园林诗的题材特点：一是以经过人化的自然景观或人工景观为描写对象。二是以园林景观为背景再现文人雅士的园林生活。三是园林景观与士人生活结合呈现的文人的园林情趣。园林诗即以城市中的园林作为书写对象，诗中的意象与意境因地生发，体现文人雅趣。匡范以嘉树园为主题，以建筑名称为诗题，但与传统意义上的园林诗不尽相同。李浩、王书艳《被遮蔽的幽境：唐代园林诗初探》，《陕西师范大学学报（哲学社会科学版）》2010年第1期。

　　海时行谋乱毁坏嘉树园,成为嘉树园由盛转衰的转折点。在此之前,文人交游于嘉树园,饮酒赋诗,因见嘉树园全貌所题园林之诗,是建立在对嘉树园自然之景与匡氏家族的赞誉上,也寄寓着诗人本身的怡然之乐。而后嘉树园呈现在文人面前的,便是不完整的破碎的嘉树园,不仅有匡氏族人对其家族兴衰的感慨,亦有时人的感伤之词。匡范表弟王缵庸有《咏嘉树园绝句二十首》,同样以《享堂》为首,"霜露凄清"与"枯藓荒台"是诗人所见萧瑟凄冷的匡氏祠堂。在这20首绝句中,王缵庸以"冷""雨"凝造凄清萧瑟的氛围,如《心远亭》"繁华谁洗三山雨,幽意已穿五柳烟。"①通篇以写景为主,暗含兴衰之感。而至垂垂老矣的匡范,嘉树园的盛貌实际是存在于其祖父的记忆与前人的诗文里。匡范再现嘉树园是在现有遗迹上复述祖父记忆、自身想象与文献糅合的过程。借助于先贤对嘉树园中景物建筑的文本材料,匡范在创作此诗草时以七言诗为主,以园中建筑为诗题,有少数五言诗,则在书写此建筑七言诗后,附以五言诗之名,以此作出区分。如《木末斋》诗"荒斋"的定义,即匡范所见时的断壁残垣,早已荒废。观此景使匡范不由展开联想与想象,并借用王无竞诗、赵任题字来完成全诗的构思,过去人物的参与与现今的萋萋芳草形成鲜明对比。此外,匡范在《怀嘉树园诗一百韵》中描绘木末斋时,直接借用王偁《匡孝廉西园木末斋》诗首句,即"十里抱清流"②。正因为是想象、记忆、文本与现存遗迹的多方面作用,使匡范在创作嘉树园诗时,以某建筑具有标志性的意象入手,如采菊轩中的菊、暖鱼窝中的五色鱼、墨庄的梅、有竹居的竹等,又忽视时间空间的变换,而着重突出某一季节,即悲秋主题的使用。匡范不仅重现了嘉树园的昔日全貌,也表达了家族遭此劫难的愤慨,以及对再塑家族荣光的期冀。家族的荣耀与嘉树园的盛况,以及先祖匡铎等人的功绩与品行等,通过梅、竹、菊等意象和陶渊明、林逋、卢谌、潘岳等人物典故得以呈现。而因时过境迁,家族凋零,重拾荣耀对于70岁的匡范来说,只能寄予匡氏后人。因此整部诗草,是匡范见残景、忆盛时、感古今,弥漫着其理想无法实现的无奈、悲愤与苦痛。

---

　　① 石业华《遗忘的嘉树园》,政协胶州市委员会2014年内部出版,山东省内部资料性出版物准印证:2014年第010号,第179页。

　　② [明]王偁撰,[清]张谦宜评选,[清]宋云会校订《太古园诗集》,清乾隆元年(1736)刻本,第8页。

黄孝纾《碧虑簃词话》的价值

孙文婷*

摘　要: 近年新发现的《碧虑簃词话》是近代文人黄孝纾唯一一部词学理论著述,其理论价值和文献价值值得注意。理论价值有二:一是针对民国词坛的"梦窗热"之弊提出对策,以楚骚之迷离、陶诗之淡永医之;二是以宋人评时人词作切中肯綮。《碧虑簃词话》文献价值表现在轶事、词作的辑佚与校勘方面。《碧虑簃词话》的发现和整理,为黄孝纾乃至民国词学的研究,提供了新的线索。

关键词: 黄孝纾;《碧虑簃词话》;梦窗热;民国;词学

　　《碧虑簃词话》是近世文化名人黄孝纾的词话著作。黄孝纾(1900—1964),字颖士,号匑庵,福建闽县(今闽侯)人。他诗词文章、书画、考据兼善,30 岁左右即驰名上海文化界,后来先后任教于国立山东大学、北京师范大学等著名学府。黄孝纾尤擅填词,曾加入须社、沤社等民国时期著名词社,其词得到朱祖谋、龙榆生、况周颐等词学大家的推赏。他一生词作甚夥而少有理论著述,《碧虑簃词话》是传世的唯一一部词学理论著作。《碧虑簃词话》共十一则,其中阐释个人见解切中时弊,评述友人词作见解精到,所录轶事、词作也颇具文献价值。这部词话在黄孝纾生前并未出版,2004 年,杜泽逊先生在蓬莱慕湘楼藏书阁发现手稿,与《劳山纪游集》《东海劳歌》合订为一册,《慕湘藏书楼观书续记》言"《词话》卷端题'辅唐山人黄匑厂著'。《纪游集》又分《劳山纪游百咏》(诗,据小序作于'癸酉乙亥间',即民国二十二至二十四年间)、《辅唐山房猥稿》(游记十三篇,题'甘龙翁',各篇末附同时师友评语)两部分。又《东海劳歌》一卷,收词五十阕,题'天荼翁'。各词亦附师友评语。全书绿格纸,半页十行,右框外上方印'碧虑簃钞本'五字。钤'倜傥指挥天下事'朱文方印。"[①]后经由李婧、杨爱娟整理,发表于《国学季刊》第五期,关于《碧虑簃词话》,至今没有人进行研究和评述。本文试论其理论和文献价值,以就教于方家。

一、理论价值

　　传统的词话中,作者的词学主张未必通过大段的语言进行显性的呈现,而是往往蕴含于评述词学现象的文字中。望似不成系统的零金碎玉,背后却可能是一以贯之的思想内核。《碧虑簃词话》中的词学观点阐述采用的也是这种范式。

---

　　*　孙文婷,中国海洋大学文学与新闻传播学院讲师。本文为山东省社会科学规划研究项目"黄孝纾词与词学研究"(23CZWJ14)、青岛市社会科学规划项目"黄孝纾词及其青岛书写"(QDSKL2101024)、中国海洋大学 2022 年度校人文社会科学青年教师科研专项"晚近学人的清初词批评"(202213008)阶段性成果。

　　①　杜泽逊《慕湘藏书楼观书续记》,《藏书家》2004 年第 9 辑,齐鲁书社 2004 年版,第 82 页。

（一）以楚骚之迷离、陶诗之淡永"药近代学梦窗末流之弊"

《碧虑簃词话》中最能彰显黄孝纾主张的，是他对晚近词坛中最大规模的学古风潮"梦窗热"所作的回应。清代以来的词学，一直在对宋词的模仿中完善进步，学习梦窗词并矫正其末流之弊，是民国词学最重要的理论问题之一。"梦窗"是南宋词人吴文英的字，其词密丽深晦，南宋以来颇多訾议。至清代后期，常州派词学家周济将吴文英列入"宋四家"名录，作为填词模仿的典范之一。至清季四大家，更是通过整理、校勘、评论、研究梦窗词，力推其比兴寄托、镂玉雕琼、深沉真挚的特质，在词坛掀起声势浩大的"梦窗热"。"梦窗热"极大地扭转了当时浙派末流空疏浮滑的弊病，使词坛复归严正、真诚的创作风气，然而其负面影响也随之而生："周（邦彦）吴（文英）之学大行，于是倚声填词者，往往避熟就生，竞拈僻调……一词之成，往往非重检词谱，作者亦几不能句读，四声虽合，而真性已漓。"①"宁晦无浅，宁涩无滑，宁生硬无甜熟，炼字炼句，迥不犹人"②盲目模仿梦窗而未得其神者，往往刻意追求声律严整、语句艰涩，过度雕饰而丧失了作品的真意。许多词学家针对这一问题，提出了解决的措施，如郑文焯曾欲以柳永、姜夔之疏宕医之，胡适、胡云翼等新派词学家更是建议以便于交流、贴近生活的"活文学"对抗"梦窗派"为代表的"死文学"，他们最欣赏的词人是感情纯真丰沛的李后主和纳兰性德。

黄孝纾的对策，不再局限于时人学宋词的范畴，《碧虑簃词话》中提到，他曾与陈匪石达成共识，楚骚之迷离、陶潜之淡永，可以矫正时人盲目模仿梦窗词产生的弊病：

> 江宁陈世宜匪石为张次珊高足，中年需次苏州，得与郑大鹤、朱彊村尊俎唱酬，词修洁自喜，尝欲以楚骚、陶诗迷离淡永之旨，为词开一境界，与余往日主张相同，用楚骚迷离之境为词，大鹤晚年已先吾笔为之。至参用陶诗境界必更有可观，盖可一药近代学梦窗末流之弊。惜此事至艰，非学问到最上工夫不可。吾与匪石期共践此言也。所示数阕似尚学梦窗白石者。③

文中提到陈匪石"共践此言"及"所示数阕"的书札，收于《旧时月色斋论词杂著》：

> ……春初康桥座上谈及词派，谓陶诗冲淡之境，为词家所未辟，意欲于此求之，相视而笑，莫逆于心。然东坡实已有之，〔望江南〕（春未老）之前遍、（春已老）之后遍、〔鹧鸪天〕（林断山明）一首，胎息全从陶诗来。盖写陶、和陶，渐渍已深，自然流露，非刻意为之也。稼轩颇欲效颦，"春在溪头荠菜花"之句，视"春色属芜菁"亦何多让？然上句曰"城中桃李愁风雨"，腾挪跌宕于不知不觉间，微露青兕本色，气之未静，自不能冲，仍是幼安学苏，与子瞻学陶隔一尘矣。日前得〔红林檎近〕一阕，虎贲貌似，神味苦不逮，且迹相未化，

---

① 龙榆生《晚近词风之转变》，《同声月刊》第 1 卷 3 期，第 61 页。
② 蒋兆兰《词说自序》，唐圭璋主编《词话丛编》，中华书局 1986 年版，第 4625 页。
③ 黄孝纾《碧虑簃词话》抄本，山东省蓬莱慕湘藏书馆藏。本文凡引《碧虑簃词话》原文，皆出自此抄本，不再一一标注出处。

知养气之功浅也。①

陈匪石词收于《倦鹤近体乐府》，使用词牌〔红林檎近〕的只有一首，与两人所述风格差近：

> 林沼宜晴雨，翠红无暮朝。灌木护嘉卉，石泉化奔涛。行行崇山峻岭，信否故国周遭。仿佛梦里春韶。盈耳燕莺娇。采菊陶令宅，持钵虎溪桥。平生胜赏，歌声曾入云霄。问闲身能几，幽芳暗引，杖藜不觉归路遥。

三处参读，大致可知黄孝纾所谓"迷离淡永"之意，及如何"药近代学梦窗末流之弊"的。先来看郑大鹤晚年的"楚骚迷离之境"：郑大鹤指的是"晚清四大家"之一的郑文焯，他1912年正月所作〔瑞鹤仙〕（落梅）有句曰"叹垂垂、一树江南遗恨，不到灵均楚佩"，曾明确以灵均之忠爱高洁自比。郑文焯《致朱祖谋书》又曰：

> 夫词之为道，义出风谣，情兼雅怨。故造语有淡苦而无虚玄，如道家禅悦之言，皆所深忌。命意有悲凉而无穷蹙，感事有叹恨而无激烈。遣怀有艳冶而无媟黩，附物有华绮而无幽僻。②

郑文焯论词讲求"命意有悲凉而无穷蹙，感事有叹恨而无激烈"，颇有儒家"中庸"之风，这种温柔敦厚、怨而不怒的追求，正合楚骚忠爱缠绵的风格。针对时人学梦窗所致词境过密的问题，郑文焯曾主张学姜夔以疏之，其词不乏白石词的清雅之境，去国之哀，不同于白石词清冷瘦硬的是，郑文焯的家国之情，更多了一份秾挚痴绝，〔瑞鹤仙〕（落梅）是晚年所作，这种倾向更显著，与白石词相较，词境更加深婉动人。黄孝纾称之为"楚骚迷离之境"，正是高洁意象与深沉情感的结合。所谓医学梦窗末流之弊，是以情真意苦、情文相生，对抗徒事字面、为文造情。

对于陶诗冲淡之境，陈匪石的信札中有充分的阐释，即"自然流露，非刻意为之"。苏轼的两首自不必说，辛弃疾的"春在溪头荠菜花"亦自然可喜，毫无矫饰，"城中桃李愁风雨"则使用了拟人的修辞，与陶诗之自然流露不同。"青兕"是犀牛，辛弃疾曾因骁勇善战被比作"青兕"，此处说"青兕本色"，是指他在文学创作中也有过人的才力来驾驭内在情感。情感以才力呈现，而非自然出之，故曰"气之未静，自不能冲"。至于陈匪石〔红林檎近〕，虽然林沼、石泉、陶令、杖藜等自然意象频现，但整首词中有故实，有幻想，有追忆，虚实相生，手法多变，同"城中桃李愁风雨"句一样，近似王国维所说"主观之诗人"，很难以"自然"来形容。陈匪石亦自称"虎贲貌似""迹象未化"，即词中依然有才力组织的痕迹，没有化为平淡自然的"无我之境"。与前文"楚骚迷离之境"合而论之，黄孝纾如说，"楚骚迷离之境"侧重"意内"，"陶诗冲淡之旨"偏向"言外"，"意内""言外"双管齐下，为词坛的痼疾开出良方，无怪乎词坛宿将陈匪石也"莫逆于心"了。

---

① 陈匪石编著，钟振振校点《宋词举·外三种》，上海世纪出版股份有限公司、上海古籍出版社2016年版，第268页。

② 郑文焯《郑文焯致朱祖谋书》，《词学》第7辑，华东师范大学出版社1987年版，第214页。

（二）以宋人论当世诸家风格

自清代以来，托拟古之名探索新的创作模式，成为学词研词的重要门径。宋词作为词史上第一座高峰，是诸家最热衷研究和模仿的对象。《碧虑簃词话》中评述当世诸家词作，常以宋人作比，且能得其真意，十分精当：

> 吾乡螺州陈弢庵太傅，耆望（按：疑为"儒"之误）宿望，为海内灵光。……近于林㧑庵（按：林葆恒）处，得词数阕，深入显出，太傅虽不以词名，而佳处乃为词人所不能及。忧天悯人之思，念乱思治之意，盖所蕴蓄者深，固自与众不同。此范希文欧阳永叔辈词之所以独有千古也。
> ……
> 胡自玉（按：胡嗣瑗）阁丞……填词能以苦思超得象外，深似王碧山。
> ……
> 赵录绩词学梦窗，工于琢句，而清气流转。
> ……
> 此甲戌年孝陆（按：赵录绩）游四方公家园亭咏荷词也，意内言外，隐然有黍离麦秀之思。
> ……
> 秋岳（按：黄浚）才富，其清者深得白石遗意，皋牢万有，词坛中之曳落河（按"曳落河"，突厥语之"壮士"）也。

似范仲淹、欧阳修者，风格蕴蓄深沉是因有忧天悯人之思、念乱思治之意；似王碧山者以苦思超得象外者，贵在黍离之思；学吴梦窗者不仅工于琢句，更可贵的是得其内在清气流转；学白石者能得其清的背后，是宏富的才华与学识。黄孝纾的评论，由表及里，对审美风格、创作技巧有敏锐的感受力，更能探知其成因与根柢。不仅评论宋人切中肯綮，观察时人亦能描摹其神，足见深厚的理论修养和丰富的创作体验，与前文以楚骚、陶诗迷离淡永之旨医学梦窗末流之弊有内在的一致。

二、文献价值

《碧虑簃词话》共 11 则，提到的当世词人有陈宝琛、陈毅、胡嗣瑗、赵录绩、陈匪石、黄浚、董康、冒广生、况周颐、朱祖谋等 10 人，或录其词作，或论其词风，或述其交游，或存其轶事，其文献价值也不容忽视。

（一）辑佚价值

《碧虑簃词话》中所记轶事与词作，有许多为他书所不载。轶事中关于词人生平交游、学术成就等方面的信息，可供民国文学研究者参考：

> 湘乡陈郋庐毅，为王益吾（按：王先谦）入室弟子，古文诗词，靡不兼综，生性慨慷，参与丁巳复辟之役，事败仅以身免，淀园播迁，羁绁相从，与陈焦庵（按：陈曾寿）、胡自玉（按：胡嗣瑗）志同道合。崇陵事变，奉命往勘，有东陵道纪事诗，归感寒疾，以死勤事。

......

胡自玉阁丞与陈诒重（按：陈毅）、刘潜楼（按：刘廷琛）交最挚，亦丁巳后复辟中之人物也。

......

安邱赵孝陆录绩中书，光绪壬寅进士，嗜古，富收藏，山左文献之家也。词学梦窗，工于琢句，而清气流转，尤□言□已影之旨，年来与余同休寓青岛，展晤于邱心一斋中，谈讌甚欢。

黄孝纾曾与陈毅、陈曾寿、胡自玉、刘廷琛等有密切的交游，赵录绩是著名的文献家，寓居青岛时也与黄孝纾相交甚笃。这为了解黄孝纾的生平和学术思想，提供了一些线索。此外，黄孝纾嘉业堂时期的交游和著述也值得注意：

武进董授经（按：董康）年丈，目录之学，为当世硕果，与余同主嘉业堂，商兑故籍，至为欵洽。

......

往余客嘉业堂，与临桂况蕙风合编《词人考鉴》，朝夕共事。

黄孝纾 24 岁即主事刘承幹嘉业堂，《碧虑簃词话》中为此事提供了两则补充材料：一是嘉业堂时期黄孝纾曾与文献学家董康有交游往来；二是词学家况周颐曾托名刘承幹作《词人考鉴》（即《历代词人考略》）一书，黄孝纾也是合编者之一。《历代词人考略》是近代重要的词学文献，署名刘承幹，孙克强多次撰文，考证其书实为近代词学大家况周颐代刘承幹所作。彭玉平又在《〈历代词人考略〉及相关问题考论》中补充，1926 年，刘承幹发现数册明代部分缺失，后由黄孝纾续纂，惜续书亡佚，证据很少，只有黄孝纾弟黄孝平（字君坦）致龙榆生书中提及此事，[1]《碧虑簃词话》中的记录，也可作为黄孝纾参与编写的一个旁证。《历代词人考略》对于研究况周颐词学有相当重要的意义，此处验证了黄孝纾的参与，或许可以推动况周颐、黄孝纾二人词学思想研究产生新的结论。

辑佚价值更高的是《碧虑簃词话》中所录词作，其中有多首不见于词人别集，《碧虑簃词话》为唯一出处。辑录词牌及标题如下：

陈毅五首：〔定风波〕（斜阳）、〔金明池〕（咏秋草，癸丑感事作）、〔摸鱼儿〕（见秋莺）、〔点绛唇〕（哭锦郎）、〔点绛唇〕（三月初视锦郎圹）。

胡嗣瑗二首：〔声声慢〕（秋声）、〔无闷〕（自题五峰草堂图卷）。

赵录绩九首：〔木兰花慢〕（题彊村乐府）、〔高阳台〕（凉夜）、〔高阳台〕（夕阳）、〔长亭怨慢〕（画湖重到，风叶漫天，渺渺余怀也）、〔忆旧游〕（苦雨）、〔摸鱼儿〕（闻箫，岂蔷薇大开，幽素可爱）、〔征松〕（闻歌）、〔燕山亭〕（霜露渐至，败叶满阶，凄然赋此）、〔如此江山〕（疏华手把荷衣令）。

① 孙克强《小议〈历代词人考略〉的作者及其学术价值》，《文学遗产》1997 年第 2 期；《〈历代词人考略〉作者考辨》，《文献》2003 年第 2 期；彭玉平《〈历代词人考略〉及相关问题考论》，《文学遗产》2016 年第 4 期。

黄濬一首:〔兰陵王〕(用梅溪韵题玄圃秋英图)。

冒广生二首:〔六州歌头〕二首。

以上是《碧虑簃词话》中保存的民国时期重要词人的作品,补充了现有文献的不足,以黄孝纾手眼之高,其选词的文学水准也颇可称道。

(二)校勘价值

《碧虑簃词话》中所录词作,与作者别集和其他选本颇多异文,现以陈宝琛〔霜叶飞〕(咏落叶)为例,说明其校勘价值。

〔霜叶飞〕(咏落叶)是陈宝琛参加须社第十集活动所作,收入须社社集《烟沽渔唱》,陈宝琛别集《听水斋词》、叶恭绰《全清词钞》[①]亦收此词。《碧虑簃词话》中作:

一秋无绪,霜天里,朝朝风萚辞树。夜长还要警孤眠,听打窗如雨。更恻恻、危枝倦羽。添薪虚忆庭槐古。尽唱彻哀蝉,底[一]处觅,题红那管,客衣缁素。　　长记九日江亭,商飙猎苇,此题周甲[二]曾赋。而今人亦秃成翁[三],赢共阶蛩语。怎[四]撇却、乾梢断缕。飘零休便随流去。但保得、冬心在,转绿回黄,是归根处。

[一]《听水斋词》作"甚",《烟沽渔唱》《全清词钞》同《碧虑簃词话》。

[二]《听水斋词》作"弱冠",《烟沽渔唱》《全清词钞》同《碧虑簃词话》。

[三]《烟沽渔唱》《听水斋词》《全清词钞》作"枯"。

[四]《听水斋词》作"忍",《烟沽渔唱》《全清词钞》同《碧虑簃词话》。

[一][三]两处异文无论从文意还是声律来看,均差别不大。异文[二]"弱冠"二字处,依词律当为"平仄""周甲"更恰。但下句曰"而今人亦秃成翁(枯)","周甲"意为60岁,业已"秃成翁(枯)",再重复则文意不通,反是"弱冠"更宜。陈宝琛自言填词"顾性不相近,恒重质,少谐婉之致"[②],创作习惯既是如此,那很可能舍弃音律谐婉而文意不畅的"周甲",而改成更便于抒情的"弱冠"了。异文[四]"怎""忍"都是上声字,从平仄上无法区分。从文意看,"怎撇却"情感更外放,"忍撇却"则更蕴藉深沉,有余味,从词的美感特质来看,显然后者更能打动读者。可能性比较大的是,文本是从"周甲""怎"改为"弱冠""忍",也就是说,《听水斋词》中所录〔霜叶飞〕(咏落叶),大概是在《烟沽渔唱》《全清词钞》《碧虑簃词话》等的基础上修改的。

再看这四部书的成书时间。陈宝琛逝世于1935年。《烟沽渔唱》癸酉(1933)年成书印行,当时陈宝琛还在世。《全清词钞》的编纂工作自1929年开始,何时收入此词并无记录,但《全清词钞》引用书目中,收录此词的只有《烟沽渔唱》,前文两书中异文信息也完全一致,基本可以断定,《全清词钞》中〔霜叶飞〕(咏落叶)一词的出处,就是《烟沽渔唱》。《碧虑簃词话》开头便说:"吾乡螺州陈弢庵太傅……今春正月,以微疾不起,老成云亡……近于林㓐庵(按:林葆恒)处,得词数阙",可知《碧虑簃词话》自林葆恒处抄得〔霜叶飞〕,是

---

① 叶恭绰编《全清词钞》,中华书局1982年版。

② 陈曾寿《听水斋词序》,《沧趣楼诗文集》,上海古籍出版社2006年版,第616页。

在 1935 年陈宝琛去世后数月内。《听水斋词》的情况稍复杂一些。陈曾寿《听水斋词序》:"岁庚午……与年丈陈文忠公朝夕相见于直庐者历三年之久……公尝以诗稿四册示观,属为去取……继又出其词稿一册,曰:'吾少时喜为词,久辍不作,今沽上有须社词集,触夙好,又稍稍为之,顾性不相近,恒重质,少谐婉之致,子亦试为定之'……公薨逾年,公子几上既刊公诗,并以词附,而俾曾寿缀言于后……丙子六月年愚侄陈曾寿序。"庚午年为 1930 年,陈宝琛在世时就将自己的诗词稿交给陈曾寿请他去取修正。陈宝琛去世后,其子陈懋复多方奔走,请人校阅,刊刻诗词①,陈曾寿序为丙子(1936)年作,而《听水斋词》首次刊行,是 1938 年附《沧趣楼诗集》之后。据陈宗蕃《沧趣楼诗集跋》,陈宝琛诗稿付梓之前,"宗蕃与钟子惺西、方子策六、林子宰平分任校雠之役"②,诗稿尚且如此,从 1930 年到 1938 年,受陈宝琛和陈懋复之托对词稿"试为定之"的人也未必只有陈曾寿一人,《听水斋词》当是在手稿基础上经由至少一人审读斟酌而成的,这与前文从异文判断的时间顺序也相符。也就是说,《烟沽渔唱》所录〔霜叶飞〕(咏落叶)是比较早的本子,《全清词钞》沿用了这个本子,《碧虑簃词话》也基本沿用此本,但传抄过程中可能出现了讹误,如异文〔三〕,唯有《碧虑簃词话》与其他三种稍有不同。《听水斋词》则经过他人去取审校,变动更大,艺术价值也更高。《碧虑簃词话》成书时间确凿,辑录词作往往说明来处,对于校订文本、梳理源流有所助益,〔霜叶飞〕(咏落叶)仅为其中的一例。

由于时代的原因,黄孝纾的许多著述业已散佚,今天我们对他的成就,更是知之甚少。《碧虑簃词话》的发现,不仅是研究黄孝纾的珍贵一手文献,也为民国词坛研究打开了新的窗口。期待更多民国文献重见天日,带来学术的创见与知识的更新。

---

① 陈懋复《沧趣楼诗集跋》,《沧趣楼诗文集》,上海古籍出版社 2006 年版,第 615 页。
② 陈懋复《沧趣楼诗集跋》,《沧趣楼诗文集》,上海古籍出版社 2006 年版,第 615 页。

法若真《黄山集》研究

刘　鹏*

　　摘　要：明清时期山东胶州地区著名文人法若真著有文集《黄山集》，《黄山集》中文章题材内容丰富，且不同题材的文章艺术风格稍显不同。《黄山集》文章有着重要的文献价值、史料价值和文学价值，不仅推动了当时文学的发展，而且为后世研究法若真和某些历史事件提供了资料。《黄山集》是一部优秀的文集，各篇都是法若真的精选之作。

　　关键词：《黄山集》；文章题材；艺术风格；价值意义

　　明清时期大量的文化家族在山东地区涌现，处于胶东半岛的青岛文化家族势力尤胜，其中胶州法氏家族涌现出了许多成就斐然的文人，法若真是其重要代表。法若真留下了许多优秀的诗文书画作品，著有诗集《黄山诗留》、文集《黄山集》、自编年谱《黄山年略》等，对胶州地区乃至青岛文化的发展做出了重要贡献。关于法若真的研究，国内外学术界尚处于开拓阶段，研究成果较少，且主要集中在其诗歌作品、书画作品和生平经历三方面，其中研究其诗歌作品主要以其诗集《黄山诗留》为研究对象。对于法若真的文集《黄山集》学界鲜有研究，而《黄山集》是法若真生平创作中很重要的一部文集，值得对其进行比较全面系统地考察。本文拟从题材内容、文章风格和文章价值意义等三个方面对《黄山集》进行研究，借以展现法若真古文创作的成就。

一、《黄山集》之题材内容

　　目前所见《黄山集》为 2 册 2 卷，国家图书馆收藏，此文集是法若真晚年亲手编定。2卷《黄山集》共有 54 篇文章，分为赋、序、记、传、墓铭（表）、书、杂著、文等文体。各篇都是作者优中选优之作，"焚其千百，留其十一"①。《黄山集》中文章题材内容广泛，主要分为以下几个方面。

（一）写景状物之作

　　这类文章主要以法若真写的赋、记和杂著为主，这类文章又具体可以分为两种：一种是对游历景物的描写，或者说是游山玩水之作，此种文章在描写景物的文章中占了多数，例如《续滕王阁赋》《续会稽赋》《云台小记》《木笔园记》等。《续滕王阁赋》和《续会稽赋》分别以作者游历的滕王阁和会稽山为描写对象。《云台小记》从两个方面介绍了云台山，

　　* 　刘鹏，青岛农业大学人文社会科学学院讲师，研究方向为明清文学。本文为 2022 年度青岛市社会科学规划项目"法若真《黄山集》研究"（QDSKL2201272）成果。
　　① 　［清］法若真《黄山集·序》卷上，国家图书馆藏清抄本，第 2 页。

既写其秀丽的风景，又写其深厚的历史底蕴。《木笔园记》对木笔园进行了详细的描写，包括景色和来由。一种是单纯对某个景或者物的描写，例如《荔枝赋》《似芙蓉说》《故剑铭》等。《荔枝赋》以荔枝为描写对象。《似芙蓉说》描写了类似芙蓉花的一种植物，观察细腻，描写细致，而且由物及理，发表人生感慨。《故剑铭》为名剑写铭，旁征博引，想象丰富。

（二）评品友人诗文之作

这类文章主要以法若真为友人诗集或者文集作的序为主，例如《屿舫诗留序》《青箱堂诗序》《且亭诗选序》《石仲生诗集序》《天经或问序》等，分别是法若真为好友魏裔介、王崇简、杨思圣、石申和游艺的诗集或者文集作的序，在文章中评价友人的诗文艺术风格，并借以表达自己的诗文创作理念。如在《石仲生诗集序》中给石申的诗歌作出了很高的评价："读其若疏而忠贯白虹声彻殿阶也，读其若记而吞珠骊电金粟前身也，读其若谍而孝思蓼莪依依雷硎树血之侧也，相曰吴门肃肃，凫飞珮响之声，凄清鸡鸣之旦也……"①

（三）记述人物生平之作

这类题材的文章主要以传和墓铭（表）两种文体为主，例如《通奉公显考怡云传》《张玄锡传略》《单拙庵学士墓志铭》《章公岵梅先生墓志铭》《署曹州学正孝廉苏竹浦墓志铭》《明昭勇将军谈公墓志铭》《郝雪海墓表》等。其中《通奉公显考怡云传》是对其家父法寰生平的记录，介绍了法家家族的家风家训："诵声不辍，耕读外淡泊自守"②。《张玄锡传略》是为清朝重臣张玄锡作传，记录其生平事迹，为张玄锡最后蒙辱自杀而感到哀伤。《单拙庵学士墓志铭》记录了单若鲁的生平经历，单若鲁是顺治年间的进士，明末清初高密北隅人，文中交代了其求学仕途经历、人物品德等。《章公岵梅先生墓志铭》记传了明代金华章氏家族的代表人物章自炳的生平经历，包括其科举仕途、为官政绩、家庭情况和人物品德等。《署曹州学正孝廉苏竹浦墓志铭》记录了苏毓眉生平经历，包括其生平事迹、文学创作、仕途功绩和孝友忠信的人物品行。苏毓眉号竹浦，曾任曹州学正，"能诗歌，善丹青山水"③，是法若真30年的好友。《明昭勇将军谈公墓志铭》记传了明将谈震采的生平，包括其先祖、仕途功绩和详细战功。《郝雪海墓表》记传了郝雪海的生平事迹、仕途功绩和忠孝的人物品行，在文章还介绍其治民理念："得土必以得民为先，正疆必以正官为本者也"④。郝雪海即郝浴，清初进士，授刑部主事。除了以上记述他人生平之作，也有几篇文章是法若真自述生平。如《又敬堂七十自寿序》《祛病足文》，两篇都自述经历，回忆生平。

（四）阐述治国理政理念之作

这类题材的文章以杂著为主，例如《逐羽》《江南财赋议》《治河议》等。《逐羽》举了历

---

① ［清］法若真《黄山集》卷上，国家图书馆藏清抄本，第44页。
② ［清］法若真《黄山集》卷上，国家图书馆藏清抄本，第76页。
③ 于清泮总纂，梁建章督修《沾化县志》第2册，济南山东印刷局1935年承印，第54页。
④ ［清］法若真《黄山集》卷下，国家图书馆藏清抄本，第17页。

朝历代狩猎的故事,意在宣传作者治国理政的理念,例如文中写到"国不可外治,兵不可中御,顿兵挫锐,力屈货殚"①。《江南财赋议》描写了江南地区是朝廷财政收入的重镇,借历代治理江南杰出官员的例子阐述了自己的观点;"仁者言财不可使天下之财或不足,义者言财不可使天下之财或有余为今日计"②。《治河议》由历代治理黄河的措施引出自己的治河理念。

除了以上四种主要题材外,《黄山集》还有与友人联络感情和歌功颂德等作品。与友人联络感情之作如《寄刑部尚书魏蔚州书》《再启魏环溪》《上某先生书》,其中前两篇都是写给好友魏象枢的书信,谈及两人深厚情谊以及对方对自己的恩德,对魏象枢进行了赞美。《上某先生书》也是写给好友的书信,感情真挚,文笔动人。歌功颂德之作如《瑞麦颂》《谥册文》。《瑞麦颂》通过歌颂小麦大丰收来歌颂功德,《谥册文》传颂和表彰了康熙孝昭仁皇后在世的德行。

总之,《黄山集》中文章题材内容丰富,都是法若真精心挑选之作,很好展现了法若真的古文功底和创作实绩。

二、《黄山集》之风格

《黄山集》中文章不仅题材丰富多彩,而且展现出了独特的艺术风格。总体说来,《黄山集》中文章为文奇崛,感情真挚,文笔动人。但是不同题材内容的文章艺术风格稍显不同。

写景状物之作对景物观察细腻,描写细致入微,语言简洁凝练,善用修辞和叠词等。例如在《一石园九峰小记》中对一石园园景进行了描写,文章中用了许多叠词,多处运用了比喻等修辞方法:"北斗之杓而丽水德之精,以委以蛇以剔以剥,秋草芊芊,池流活活,槌波金母,连犀峰而矗矗,硍硐相击,硍硍磕磕,其剧如斧,其襞如犀,皑皑白雪⋯⋯"③文采斐然,气势宏大,描写精细。再如在《似芙蓉说》中描写了类似芙蓉花的一种植物;"其干杳杳而碧若挹,其叶垂垂而翠欲滴,其涌于梅竹之间而亭亭而自植,其悠扬于荷蕖之侧而灼灼。"④描述得文笔优美,观察得细腻全面,先后用了"杳杳""垂垂""亭亭""灼灼"等叠词,这种类似芙蓉花的植物一下子浮现在读者脑海里,形象具体可感。法若真在写景状物时往往由物及理,借景物来抒发人生感悟。比如在描写完类似芙蓉花的植物后,便大谈人生道理;"嗟乎,天地之大,万物之类不一也。大奸似忠,大诈似信,其荧惑于疑似之间,而颠倒于耳目之前者,岂仅一草木之微也哉"⑤。

评品友人诗文之作和阐述治国理政理念之作,都行文逻辑思路清晰,旁征博引,引经据典,论述充分,借评品他人诗文或他人治国理政之实例来阐述自己的创作或治国理政

---

① [清]法若真《黄山集》卷下,国家图书馆藏清抄本,第48页。
② [清]法若真《黄山集》卷下,国家图书馆藏清抄本,第52页。
③ [清]法若真《黄山集》卷上,国家图书馆藏清抄本,第74页。
④ [清]法若真《黄山集》卷下,国家图书馆藏清抄本,第54页。
⑤ [清]法若真《黄山集》卷下,国家图书馆藏清抄本,第54页。

理念。例如在《青箱堂诗序》中评价王崇简的诗歌："嗟乎！内处于歉而外见有余，读先生诗可以退矣。六朝弊，陈伯玉出而救之。八代衰，韩退之出而救之。三峡下趋乃见滟滪，黄河东注乃有龙门，先生其欲救世而必出于是哉……"①举例充分，论述思路清晰。再如在《石仲生集序》中评价了石申诗文创作，将其诗文与他人做对比进行阐述："况文之外诗之永如屈如韩如李杜之充塞天地者乎。"②还通过评价好友石申的诗文借以阐述了自己的创作理念："文以意创，诗以情深。"③在《逐羽》中法若真列举了历朝历代狩猎的故事，例如汉武帝上林长杨狩猎和齐景公出猎，借以宣传自己治国理政的理念，论证充分，举例丰富充足。在《治河议》中又由历代治河措施引出自己治理黄河的看法和策略，文中举了贾让、王安石、潘季驯等人治河的措施，论述和引证充分，逻辑思路清晰。

　　无论是记述人物生平之作，还是与友人联络感情之作，都感情真挚，文笔动人。例如在《明昭勇将军谈公墓志铭》中表达对明将谈震采的崇敬之情："松柏其苍苍，大海其洋洋"④。在《郝雪海墓表》中表达对郝雪海的怀念之情："挥涕于昌国……缀悲曲于江上，怀大道于谷风已哉。"⑤在给好友魏象枢的书信《再启魏环溪》中谈及两人的深厚情谊及对对方的感恩之情："不弃贫贱，兄弟之好，亦惟先生一人而已。"⑥法若真曾经落魄时终日以诗画自娱，依靠魏象枢的接济度日，因此法若真始终对魏象枢心存感激，因而才写得这样动人心扉。《上某先生书》也是写给好友的书信，文中书写友情，感情真挚动人："三十年交情亦视此一纸浮云，言之愧死，伏惟垂察不宣"⑦。《祭学士拙庵单年兄文》是法若真写给好友单若鲁的祭文，写此文对好友进行纪念，表达了深沉的悲痛之情，字字悲恸，读罢令人潸然泪下。

　　《黄山集》中文章创作深受秦汉古文的影响，法若真自幼学习秦汉古文，"癸亥十一岁，（其父）授秦汉文、《孝经》"⑧，"上猎秦汉，下渔六朝"⑨。在清初散文大致追求唐宋古文传统的主流趋势下，法若真以《黄山集》为代表的古文作品效法秦汉古文，改变了明末自由潇洒的文风，借散文作品抒发感情，铺陈叙事，文章紧凑严密，说理透辟，独树一帜。清初文人孙光祀说："读先生之文，或庄或谑，可歌可泣""贯综群言，发掘至性，历落恢奇……百态俱出，万变不穷，击节屈服，不能无观止之叹"⑩。虽有溢美之意，但也大体说出了法若真古文的艺术风格。

---

① ［清］法若真《黄山集》卷上，国家图书馆藏清抄本，第31～32页。
② ［清］法若真《黄山集》卷上，国家图书馆藏清抄本，第40页。
③ ［清］法若真《黄山集》卷上，国家图书馆藏清抄本，第42页。
④ ［清］法若真《黄山集》卷下，国家图书馆藏清抄本，第16页。
⑤ ［清］法若真《黄山集》卷下，国家图书馆藏清抄本，第21～22页。
⑥ ［清］法若真《黄山集》卷下，国家图书馆藏清抄本，第28页。
⑦ ［清］法若真《黄山集》卷下，国家图书馆藏清抄本，第33页。
⑧ ［清］法若真《黄山年略》，国家图书馆藏清乾隆十六年刻本，第6页。
⑨ ［清］法若真《黄山集》卷下，国家图书馆藏清抄本，第28页。
⑩ 徐泳《山东通志艺文志订补》集部第1册，山东人民出版社2016年版，第363页。

三、《黄山集》之价值

《黄山集》文章题材内容丰富,且文章风格独特,都无不彰显《黄山集》是一部优秀的文集,也充分体现了法若真的古文创作水准。《黄山集》作为一部优秀的著作有着重要的价值和意义,它的价值和意义主要体现在三个方面:

(一)有利于完善对法若真的研究

就目前研究现状来看,学界对于法若真文学作品的研究仅停留在以其《黄山诗留》为主的诗歌作品。通过《黄山集》可向世人展示法若真古文创作成绩,可弥补对法若真文学作品研究的不足。《黄山集》作为一部文集也较多展示了有关法若真生平经历的一些信息,可完善对法若真生平经历的研究。目前学界对其生平经历的研究主要以法若真自编年谱《黄山年略》为基础,同时以诗集《黄山诗留》及《明史》《清史稿》等清初文献为参照。通过《黄山集》可进一步展现法若真生平经历。《黄山集》中有自述生平之作,例如《又敬堂七十自寿序》和《祛病足文》,这两篇文章都是法若真晚年写成,在文中回忆了自己的生平经历,包括读书、科举、仕途等方面,可与他的自编年谱《黄山年略》互为补充,较清晰地还原法若真的生平。《黄山集》文章也展现了法若真的交友情况。在《黄山集》中有法若真为多位好友诗文集作的序或为故去的好友写的墓志铭或与好友联络感情写的书信,通过这些文章能清晰地展示出法若真的朋友圈,法若真的好友有魏裔介、王崇简、杨思圣、唐梦赍、石申、林西仲、苏毓眉、魏象枢等。其中王崇简、魏象枢和法若真是同年进士,唐梦赍、苏毓眉和法若真一样都是山东人。此外,《黄山集》还集中展示了法若真施政为官理念。法若真历任各种官职,有着丰富的治民理政经验。如在《江南财赋议》中他阐述了治理江南保证财税的观点,又进一步阐述治国如何理财的理念,他主张"不必以汉唐开财之议为师,而以三代治财之道为本。财固有急,目前之私而日见少,建久大之谋而日见多者,又不独于江以南之上下言之也,其必有正大之见以为国家议"①。

(二)可补史书之不足

《黄山集》中有记述人物生平之作,这些文章或是描写法若真自身生平经历,或是描写其亲友的生平经历,或是描写历史名人的生平事迹。法若真在这些传述人物生平的文章中往往会回顾重要历史事件,使得文章有很重要的史料价值,可补史书之不足。例如在《郝雪海墓表》中记传郝雪海生平事迹的同时,也提及当时的历史事件。顺治九年张献忠部下刘文秀率领数万人包围了保宁城,此时郝雪海正巡按四川奉命在保宁城监临乡试。文中描述了郝雪海带领民众浴血奋战使得保宁解围:"指战守于城下,而且伏火战于锦屏……激义旗于雪山,遂鼓满汉勇骑背城力战,无不以一当百,因之昏以继晨卷旗大捷,鸣桴奏凯血溅车轮。"②此篇文章有很重要的史料价值。在《邹将军功略》中记录了清朝大臣李之芳的手下邹将军在清初平定耿精忠叛乱的历史:"……焚贼巢,斩首千余级,

---

① [清]法若真《黄山集》卷下,国家图书馆藏清抄本,第52页。
② [清]法若真《黄山集》卷下,国家图书馆藏清抄本,第18页。

溺死者无算，焚其粮屯，而贼往来之道绝，旋擒伪将林福于大溪滩，走马九玉于江山县，而入闽之路开。由是满汉合兵，直抵仙霞，耿精忠之败形成矣。"①此文可为研究清初平定三藩的历史提供文献资料。《胶州裁镇碑记》记录了清朝平定海时行在胶州兵变的历史事件。海时行兵变是清初发生在胶州的叛乱，虽然在此叛乱中胶州古城遭劫掠死难无数，但是清朝正史对此事件语焉不详，此文有利于对胶州历史进行补充完善。

（三）推动了清初文学的发展

法若真以《黄山集》为代表的古文作品创作成就突出，对清初散文发展影响较大，奠定了法若真在清初文坛的重要地位。《黄山集》展现了法若真的文学创作主张，法若真在《黄山集》中或借评品别人的诗文或者直接阐述集中表达了自己的诗文创作理念，例如他说"文以意创，诗以情深"，主张散文创作追求"意"，诗歌创作追求"情"。在《再启魏环溪》中，他认为诗文创作"真不识姓命，惟诚以与物朴以自守，不越于日用寻常之规矩"②"诗欲得其意，所居、所食、所行事颇不出陋巷箪瓢之中"③。他主张诗文创作要从个人创作实践出发，诗文要对现实生活进行反映。这些诗文创作理论既丰富了清初的文学理论，又推动了清初文学的发展。法若真被清初文坛同仁誉为"海内词坛尊宿"和"文坛泰斗"④，可见其在清初文坛的声望。

由上可以看出《黄山集》有着重要的文献价值、史料价值和文学价值，不仅推动了当时文学的发展，而且为后世研究法若真和某些历史事件提供了详实的资料。

总之，《黄山集》中收录的文章题材内容广泛，且文笔出众，感情真挚充沛，艺术风格独特显著。无论在推动清初文学发展方面，还是在展现法若真生平思想和补充历史方面都发挥了重要的价值。《黄山集》很好地体现了法若真古文的创作水平，可称得上是一部优秀的文集。

---

① ［清］法若真《黄山集》卷上，国家图书馆藏清抄本，第81页。
② ［清］法若真《黄山集》卷下，国家图书馆藏清抄本，第28页。
③ ［清］法若真《黄山集》卷下，国家图书馆藏清抄本，第30页。
④ 中国人民政治协商会议胶南市委员会编著《胶南历史文化概要》，青岛出版社2012年版，第257页。

历史文化研究

清中期前五莲山佛教研究

——以清《五莲山志》为中心

郑嵩屿*

摘　要：五莲山地区佛教有文献记载可稽始于宋代，山中出现了寺院，佛教自此在五莲山地区持续发展。明代是五莲山佛教快速发展时期，万历年间受到万历皇帝、慈圣太后的影响，光明寺得以创建并发展迅速。顺应着晚明佛教改革的历史浪潮，以光明寺为中心的五莲山佛教出现兴盛发展的局面。清代海彻和尚依托宗族政治力量重振光明寺，使寺院与地方官员、士绅获得良性互动，五莲山佛教的发展进入鼎盛时期。

关键词：五莲山；佛教；光明寺；《五莲山志》

五莲山地区包含五莲、九仙、卧象等座山峰，位于今山东省日照市五莲县境内，县名便因五莲山而得。据考，在新石器时代五莲境内便有人类生活痕迹；西周至春秋为莒国封地，战国时期先为鲁、齐所辖，后为楚、齐所辖；秦属琅琊郡莒县；西汉时，属徐州刺史部琅琊郡（国）；三国曹魏，分属徐川部城阳郡、青州部琅琊郡；晋代，分别由莒、东武、诸县所辖；隋朝初年，分辖于徐州琅琊郡莒县和青州商密郡东武县，后改东武县为诸城县（今诸城市）；唐朝，属河南道密州高密郡的莒县和诸城县，后莒县改属密州；宋朝，属京东东路密州，金代，分属山东东路琅琊郡莒州和山东东路琅琊郡密州，为莒县、日照、诸城所辖；明代分别为青州府诸城县与莒州日照县（今日照市）所辖。① 连云港、莒县等一带的佛教传入时间还是相当早的，五莲山佛教的发展相对比较晚一些，由于文献资料有限，能看到宋代的五莲山有了关于佛教的记载，本文对清中期之前的五莲山佛教史加以析述。

一、明以前的五莲山佛教情况简述

山东地区既是儒家文化的发源地，也是佛教思想较早流传的地区之一。五莲山地处山东东南部，虽无具体文献可供追溯，但从周边地区的佛寺建立情况来看，该地区亦深受佛教思想熏陶。例如青岛法海寺，据《元泰定三年重修法海寺碑》载"眷此道场，实为古迹。自魏武皇帝创建，北宋嘉祐年间寺僧重修"，此处的魏武皇帝可能指北魏太武帝或北魏孝武帝，抑或传言之误②，另外寺内遗址曾出土一尊佛像，底座刻有"大齐武平二年（571）岁次辛卯五月丁未朔七日癸丑"等字样，可见在北齐年间此处便有佛教传播的踪

---

　　*　郑嵩屿，青岛大学历史学院中国史专业硕士研究生。

　　①　《五莲文史资料》第1辑，政协五莲委员会文史资料委员会编2009年版，第6~11页。

　　②　参见赵伟《崂山道教与佛教研究》，人民出版社2015年版，第181~183页。

迹。^① 目前同属日照区划的莒县定林寺建于南朝梁武帝时期,在隋代便名扬遐迩。^②

至于五莲山中佛寺的建立,据文献所载与考古发现可追溯至宋。九仙山侔云寺今存宋代寺院遗址^③,关于侔云寺,现存最早文献见于嘉靖《山东通志》:"侔云寺在县西南八十七里九仙山上,今名兴云寺。"^④此外康熙《诸城县志》载"侔云寺,在城西南九仙社"^⑤、《大清一统志》载"侔云寺在诸城县西南八十七里九仙山上今名兴云寺"^⑥,三处记载内容大致相同,仅有侔云寺的相对位置,并无创建时间记载。五莲山中有一云堂寺,亦为宋时所建。而翁元春在《五莲山光明寺碑记》中所谓"唐时有应身菩萨,筑精蓝习静"^⑦,仅意指有僧人来此静修,以佛三身之一的"应身"喻指僧人凸显其佛法高深^⑧,是为五莲山添彩之举,仅有佛事活动的出现并无法证明五莲山在唐代时有佛寺存在。

上述寺院中,侔云寺在元代后仍然传承不息,但云堂寺却同历史上诸多寺院一般未能抵过时代波涛的磨砺,时至元末便已荒废不兴。山中另有一石块结构建筑为地藏殿,又称无梁殿,修建与废弃年代皆不详,目前也仅有遗址,据考为明代建筑。^⑨ 综上,自宋至元,五莲山地区的佛教名声并未显露于世间,既无佛寺形成较大规模,也无高僧传教四方。不过这种情况,在万历年间光明寺建立后得以转变。

二、光明寺的建立与发展——明代五莲山佛教的发展期

苏轼知密州时,五莲九仙山就被其称赞为"奇秀不减雁荡"^⑩,但因偏隅海右,虽有各处文人骚客往来,却多为游者乐山之趣,直至明代前期,佛寺名声仍然不显,所以佛教发展未能有所起色,不为世人所知。直至万历年间,蜀僧明开卓锡五莲山,而后赴京请阙,敕建护国万寿光明寺,情形才得以扭转。自此五莲山佛教得以发展兴盛,逐渐负有"东秦佛教圣地"^⑪之名,乾隆《诸城县志》中也称赞"惟明开开山事或不可没灭"^⑫。

(一)明开和尚与五朵山

五莲山佛教兴盛的开端源于一名僧人的到来——明开和尚。据《五莲山志》所载,明

① 参见高爱颖、刘守亮《齐鲁名寺》,山东文艺出版社 2004 年版,第 68 页。

② 赵浦根、朱赤主编《山东寺庙塔窟》,齐鲁出版社 2004 年版,第 37～39 页。

③ 郭公仕《五莲文物志》,齐鲁书社 2013 年版,第 42 页。

④ [明]陆釴等修《山东通志》卷 21《寺观》,《四库全书》。

⑤ [清]卞颖修、王劝等纂《诸城县志》卷 8《佛寺》,康熙十二年刻本。

⑥ [清]潘锡恩等修《大清一统志》卷 135《青州府二》,《四库全书》本。

⑦ [清]释海霆撰《五莲山志》卷 3《五莲山光明寺碑记》,山东图书馆藏清康熙万松禅林刻乾隆增刻本,载《山东文献集成》第 2 辑第 20 册,山东大学出版社 2007 年版,第 714 页。

⑧ "应身菩萨"经常用来形容僧人具有高深的佛教修养,如明代破山禅师在《复东塔住持清白长老》中写道"老僧别来不觉廿七载矣,得闻一音尚不可得,况睹华扎,怪未曾有。喜吾废才,又得贤士力量抚就,焕然一新,真应身菩萨人也。"参见释道坚校注《破山海明禅师语录》下册,宗教文化出版社 2007 年版,第 378～379 页。

⑨ 《五莲文史资料》第 10 辑,政协五莲委员会文史资料委员会编 2009 年版,第 22 页。

⑩ [宋]苏轼《次韵周邠寄雁荡山图二首》,载曾枣庄、舒大刚主编《三苏全书》册 7,《苏轼诗集》卷 14,语文出版社 2001 年版,第 339～340 页。

⑪ 高爱颖、刘守亮《齐鲁名寺》,山东文艺出版社 2004 年版,第 121 页。

⑫ [清]宫懋让修、李文藻等纂《诸城县志》卷 43《列传第十五·方伎》,乾隆二十九年刻本。

开和尚,法号心空,俗姓庞,四川成都人,原为儒生。决定出家受具足戒时,明开和尚年仅18岁,还是当地乡学的一名学生。

关于明开顿悟学佛的缘由,共有两种说法。一说出自弘觉禅师道忞的《开山和尚碑铭》:明开是因为遇见宗人"虽积黄金,难脱鬼门"①之事,而心中升起受戒脱解的念头;另一说载于王咸焀②所作《开山大师本传》:明开因参读内典有所感悟,觉"我向所为,世间法也,几误我"③,遂转投佛门。

《开山和尚碑铭》撰于顺治年间,道忞时任青州法庆寺住持,曾奉诏入宫并被清世祖赐号"弘觉禅师",而王咸焀之文作于康熙年间,并且他并非佛门中人,只是诸城当地文人。从作者身份来看,前者的记述似乎更为可靠,后者则有美饰的成分。但无论是出于何种原因,此念一起,以明开自幼便是"卓朗梗概"的性格,当天便做出了离尘潜逃的决定,甚至为了躲避家人追寻而日驰百余里,其心性之坚由此便可窥见。

离家后的明开展现出了与佛教的因缘。在一番潦倒奔波后,明开偶遇了一位行脚僧,这位僧人为他剃度,并带领他一起踏上了学法听经的道路。二人出蜀东行,"自瞿塘峡,历黄陵庙,过荆鄂、黄蕲至匡庐"④,其间学习了诸多经咒,而明开仅用一年的时间便全部通晓,可见其学佛之天资异禀。此后,明开继续一路向东,到达金陵。金陵大报恩寺作为当时的皇家寺庙,不仅是江南三大寺之一,更是中国最大的讲寺,中有包容各派的佛教义学讲堂。明开应该就是受此吸引,远赴金陵,入雪浪法师门下,听法师讲经律论三年。这期间明开遍参诸大法师座下,机缘问答间诸法师都为明开的慧根深厚而惊讶,称赞其"此吾家狮子儿也!"不久后明开就成为讲堂中的"阇黎",即教诵经典的讲师。实现了由"学习者"到"讲师"的转变后,明开声名大噪,原本开堂讲经的法师甚至转头来明开处学习。面对这种情况,明开长叹:"名不可居,众不可夺也。"⑤盛名之下寻常人或许会洋洋自得,但心具慧识的明开知晓"大名难居"的道理,尤其是在这种名士云集之地,遂下定决心踏上游历之途。这次出行明开选择从金陵南下,至杭州云栖寺。此时的云栖寺中卓锡有晚明四大高僧之一的袾宏莲池大师,故而"云栖唱道东南,门风壁立"⑥。莲池大师虽然是净土宗师,但对禅悟也有极深的造诣,跟从他学习能够满足明开心中志趣,因此明开在云栖寺中又闻法受具三年。求法之路永无止境,离开云栖寺后的明开继续南下宁波,问道天童。天童自宋代便名列禅宗五山之一,明洪武年间被赐名"天童禅寺"。此地素来为禅

---

① [清]释海霆撰《五莲山志》卷3《开山和尚碑铭》,山东图书馆藏清康熙万松禅林刻乾隆增刻本,载《山东文献集成》第2辑第20册,山东大学出版社2007年版,第718页。

② 王咸焀,字暗思,号屋山,诸城人。参见《诸城县志》卷36,乾隆二十九年刻本。

③ [清]释海霆撰《五莲山志》卷2《开山大师本传》,山东图书馆藏清康熙万松禅林刻乾隆增刻本,载《山东文献集成》第2辑第20册,山东大学出版社2007年版,第705页。

④ [清]释海霆撰《五莲山志》卷3《开山和尚碑铭》,山东图书馆藏清康熙万松禅林刻乾隆增刻本,载《山东文献集成》第2辑第20册,山东大学出版社2007年版,第718页。

⑤ [清]释海霆撰《五莲山志》卷2《开山大师本传》,山东图书馆藏清康熙万松禅林刻乾隆增刻本,载《山东文献集成》第2辑第20册,山东大学出版社2007年版,第705页。

⑥ [清]释海霆撰《五莲山志》卷3《开山和尚碑铭》,山东图书馆藏清康熙万松禅林刻乾隆增刻本,载《山东文献集成》第2辑第20册,山东大学出版社2007年版,第718页。

宗圣地,明开慕名而来又学成归去,禅法更进一步。

辞别天童禅寺后,明开继续其踏遍全国求法之志,轻装简行"飘然云鹤",返回淮扬后继而北上,一路上常有"饮其道范者"被明开的学识与风度所折服,有的人资助他钱财,有的人邀请他到当地建立寺院,明开一一谢绝,但是资助者热情不减,有时明开需要割断衣襟、丢弃衣钵才得以脱身。明开始终淡泊名利,一路苦修,宿乡村野庙,在安东(今江苏涟水)时,甚至因大雨而五日不得食,幸好有一外出清洗酒具的人来到,说梦到神灵告诉他"某野庙一行脚僧当饷",明开这才得以获救。乡民们听说此事后争相前来供养明开,但明开仍然选择继续踏上游历之途。寻法之路除艰辛外更少不了红尘百般诱惑,一日明开行至云台山,在此地暂止休憩,"有婆女峒扉",面对此情景,明开佛心坚定、严守戒律,甚至立刻起身北行。此次北上参游,明开和尚仆仆而行,一路进入了青州府地界,他首先登琅琊,观日出;而后至诸城,在此地结束了他的云游。①

《五莲山志》中记载了明开自叙其到达诸城后的经历,"东武遇臧大司空公昆仲,定方外交"②。东武即为诸城,而臧公昆仲指臧惟一③、臧惟几④两兄弟,明开留驻五莲山正是与此二人有关。当时的明开"次第乞于市",可以想象其衣衫褴褛的模样,但是却受到了臧惟一兄弟二人的礼遇,可见其二人对佛僧的敬重。明开亦因臧惟几"儒而学佛"心生喜爱,便常常为他讲授佛法,并历时三年手抄《华严经》一部赠与臧家。之后,明开想要继续游历山川,便向臧惟几辞行,臧惟几尊崇他佛法高深,想要在家中奉养明开,便多次挽留,但是明开以"麋鹿之性,惟耽烟霞"⑤,不想留居城市为由,推辞了臧惟几的请求。臧惟几提出诸城多山,希望能请明开游览诸山,找一卓锡之地。正在二人"遍寻海上"而未遇合适之处时,来到了五莲山下。甫一入山,明开就感觉如同旧游一般亲切,高兴地感叹:"缘在是矣!"就这样明开结束了漫长的云游时光,决定在五莲山上卓锡传法。

此时的五莲山,还叫五朵山,山中云堂寺也早已落没。明开和尚先于云堂寺借宿,随后于大悲峰前结庐静修,并筹备建寺事宜。

(二)光明寺建立

明王朝建立的过程中佛教助力颇多,统治者对宗教力量有着鲜明的认知,加之佛教具有广泛社会基础,所以明代统治者一方面沿袭崇信佛教的传统,另一方面又对它加以限制,以维持社会安定。《大明律》中对私建寺院明令禁止并对违律的僧道严厉处理,"凡

---

① [清]释海霆撰《五莲山志》卷3《开山和尚碑铭》,山东图书馆藏清康熙万松禅林刻乾隆增刻本,载《山东文献集成》第2辑第20册,山东大学出版社2007年版,第718页。

② [清]释海霆撰《五莲山志》卷3《开山和尚自叙碑》,山东图书馆藏清康熙万松禅林刻乾隆增刻本,载《山东文献集成》第2辑第20册,山东大学出版社2007年版,第720页。

③ 臧惟一(1542—1607),字守中,号理轩。琅琊(今属青岛市西海岸新区)人,明嘉靖年间进士,历任宿松知县、户部主事、文选郎中、大理寺少卿、光禄寺正卿、顺天府尹、南京兵部右侍郎等职,追赠兵部尚书。参见傅洁琳、李天程、周明昆《中国进士全传·山东卷》,泰山出版社2007年版,第196~197页。

④ 臧惟几,号敬轩,臧惟一弟。

⑤ [清]释海霆撰《五莲山志》卷3《开山和尚自叙碑》,山东图书馆藏清康熙万松禅林刻乾隆增刻本,载《山东文献集成》第2辑第20册,山东大学出版社2007年版,第720页。

寺观庵院，除见在处所外，不许私自创建增置。违者，杖一百，还俗。僧道，发边远充军；尼僧女冠，入官为奴"①。此后，明代统治者又多次严申禁止私自创寺，例如明英宗在位时期曾下令，寺院"除以前盖造者，遇有损坏许令修理，今后不许创建"②；即便到了光明寺创立的明神宗万历年间，这项政策仍被延续且加以重申，万历七年"禁私建院观"③的律令再次被户部提起。

明开和尚也自叙建寺原因是"欲依岩结茅，复思兹山隶职方，属王家。语有之，不与而取，盗也；不请而居，欺也"④，在众多"僧俗归附"的情况下，想要定居五垛，必然需要获得官方的建寺资格。因此光明寺自建立起，便同政治有着不可分割的联系。

入京请帑。想要获得创立寺院的官方许可有两种途径，一是常规途径：获得隶属礼部的"僧录司"的认可。僧录司是明太祖洪武年间设立的职掌全国佛教事务的机构，职责包括查选、任命的名山大刹住持，颁发各个寺院内的僧尼度牒，对社会上僧尼风纪进行督查，编汇、申报僧尼名籍簿册和全国寺院名录，对不尊戒律的僧尼进行处罚，印刻、颁发佛教经典，接待外国僧侣使团，等等⑤。至于地方，在僧录司之下府、州、县分别设有僧纲司、僧正司、僧会司来管理地方佛教事务，各级僧官部门主职监督僧侣，管理地方佛教寺院的事务⑥。然而明开自蜀中而来，在五莲地区并未能有人脉积累，而且虽然五莲山环境优美，但原有的寺庙都已荒废，要修建道场，需要极大的人力与物力，明开向来淡泊名利，一时之间难以筹集经费。所以这条常规路线并非其合适之选。另一个途径就是远赴京师，寻求皇室御赐。

可是上达天听绝非易事，明开和尚动身赶赴京城后先去拜访了京师"大德"，希望能够将建寺的请求上报于神宗。但是却因"山非岱宗，寺非名刹"⑦的质疑，僧官不为通达。明开不置可否，但是并未放弃上书阙下，也没有心急，只是静心等待机缘。一日，明开游历西山诸寺时，偶遇惜薪司太监王忠，借此机遇明开的请求终于得以上奏。神宗闻此寺后"大悦"，为五垛山赐名"五莲"，为寺庙赐名"护国万寿光明寺"，寺内赐"内藏经六百八十函，计六千八百卷，敕书一，御磬一，御杖二，宝幡二"⑧，并赐明开紫衣袈裟主持寺内诸事。又命御马监太监张思忠奉旨前往五莲山督办并表定五莲山道里。⑨

① 怀效锋点校《大明律》卷4《户律一》，辽沈书社1990年版，第44页。
② 《明英宗实录》卷127，正统十年三月甲申，载《明实录》，北京大学图书馆藏本，第2533页。
③ 《明神宗实录》卷87，万历七年五月辛未，载《明实录》，北京大学图书馆藏本，第1818页。
④ ［清］释海霆撰《五莲山志》卷3《开山和尚自叙碑》，山东图书馆藏清康熙万松禅林刻乾隆增刻本，载《山东文献集成》第2辑第20册，山东大学出版社2007年版，第720~721页。
⑤ 任宜敏《明代佛教政策析论》，《人文杂志》2008年第4期。
⑥ 付丽珍《明代佛教修建与管理考论》，河南大学2017年硕士学位论文，第58页。
⑦ ［清］释海霆撰《五莲山志》卷3《开山和尚碑铭》，山东图书馆藏清康熙万松禅林刻乾隆增刻本，载《山东文献集成》第2辑第20册，山东大学出版社2007年版，第718页。
⑧ ［清］释海霆撰《五莲山志》卷2《缘起》，山东图书馆藏清康熙万松禅林刻乾隆增刻本，载《山东文献集成》第2辑第20册，山东大学出版社2007年版，第703页。
⑨ ［清］释海霆撰《五莲山志》卷1《五莲山道里记》，山东图书馆藏清康熙万松禅林刻乾隆增刻本，载《山东文献集成》第2辑第20册，山东大学出版社2007年版，第701页。

　　万历三十五年(1607)，光明寺落成竣工，"周山五十里"①建起了大悲殿、藏经楼、御仗阁、僧房等建筑，原本只剩一座落没云堂寺的五莲山上变得梵宇轮奂、楼阁鲜明，"百年来，经咒梵呗，朗朗无晨昏，远迩缁素，闻风皈赴"②，使五莲变成山左一方名胜。

　　慈圣皇太后的崇佛与光明寺的敕建。慈圣皇太后即为明神宗生母李太后，她也是晚明宫廷中崇佛倾向最为明显的权贵。慈圣皇太后的崇佛表现可以追溯到明穆宗在位时的李贵妃时期。由于世宗耽溺道教而荒疏国事，明穆宗时期即位后便将宫中道士治罪、发遣，与宫廷关系密切的龙虎山等地的道士也被斥逐发遣"着锦衣卫拿送法司从重究问唐秩、章冕等各以符法滥叨恩赏，着押发原籍为民……查系在京宫观取用者发还、宫观系在外龙虎等山取来者遣回本处"③，宫廷中排道之风盛行，然后转向对佛教的崇奉。隆庆五年，明穆宗身体"不豫"，诏令重修已经濒临颓纪的内廷番、汉两经厂，当作为明穆宗祈福之地，但穆宗逝时这项工程并未完工，是经慈圣皇太后追念先帝遗志，嘱托神宗完成的，完工后还将汉经厂之刹赐名"万寿寺"，命文华殿大学士朱赓作碑文以记此事④；同在隆庆五年，时为贵妃的慈圣皇太后也以为皇帝祝福祈寿为名，施银重建京师延寿寺，这项工程直至万历元年八月竣工，碑记载李氏得知延寿寺圮坏"发心施舍银一千五百两，暨宫眷人等陆续施银一千两"⑤，碑铭后还附有一段僧众为皇室的祝词。慈圣太后出身低微，原本只是一位宫女，早年在裕邸侍奉穆宗，隆庆元年三月封为贵妃⑥，这样的晋升经历证明她能很好地揣摩明穆宗的心意，这时慈圣的佛教活动大概率只是为了讨好明穆宗，并不能很好地体现其本人对佛教的坚信。

　　到万历初年，慈圣皇太后的佛事活动更多的是出于政治需要，明神宗登基时年纪尚幼，慈圣临朝听政，培植亲信势力，想要为神宗亲政奠基，所以一方面扶持亲近佛教之士大夫如张居正等人；另一方面广兴寺院，结交名僧。慈圣皇太后不仅自己出资，而且经常与年幼的神宗、王子、公主等共同布施。⑦ 这些行为不外乎两点，一为扶植派系，平衡或者掌控朝堂力量，二是借助宗教界的力量作势，可以消弭"主少国疑"的负面影响。

　　明神宗亲政以后，慈圣太后完全放开手中权势，淡出政治舞台，投身于佛教活动中，相较于前两阶段，这一时期她对佛教的崇敬多是出于自身喜好，较少牵扯到政治投机因素，目的则是想要借佛教力量庇佑皇室，祈求宗社安定、国家太平。这期间，慈圣皇太后的崇佛范围，由原来的以京师内为主扩展到全国各大名山佛寺，例如万历十四年，慈圣

<hr>

　　① 〔清〕释海霆撰《五莲山志》卷3《开山和尚自叙碑》，山东图书馆藏清康熙万松禅林刻乾隆增刻本，载《山东文献集成》第2辑第20册，山东大学出版社2007年版，第721页。

　　② 〔清〕释海霆撰《五莲山志》卷2，《开山大师本传》，山东图书馆藏清康熙万松禅林刻乾隆增刻本，载《山东文献集成》第2辑第20册，山东大学出版社2007年版，第705页。

　　③ 《明穆宗实录》卷1，嘉靖四十五年十二月壬子，载《明实录》，北京大学图书馆藏本，第12页。

　　④ 〔明〕朱赓撰《朱文懿公文集》卷2，《四库全书》本。

　　⑤ 〔明〕杨博《重修延寿寺碑》，载《北京佛教石刻》，宗教文化出版社2012年版，第267～268页。

　　⑥ 〔清〕张廷玉等《明史》卷114《后妃二》，中华书局1974年版，第3534页。

　　⑦ 何孝荣《论孝定李太后崇佛与晚明佛教复兴——以福建宁德支提寺为例的考察》，《安徽大学学报(人文社会科学版)》2021年第3期。

皇太后以"保圣躬，延国祚"的名义，颁布《大藏经》赐于名山，并由时任内阁首辅大学士的申时行奉敕代神宗著《万历御制圣母印施佛藏经序》。①

在此情形下，太监王忠愿意为明开进言，原因不外乎有三，一是明代宫廷内监多有信仰佛教者，他们"最信因果，好佛者众，其坟必僧寺也"②，王忠很有可能也是其中一员。二是万历二十九年，正值"时和年丰"，明神宗"弘崇释典"赐大乘三藏于各大名山中贮藏，"暨僧之有道行者领之"，并且"命内侍各举所知"，所以举荐佛寺本来就是王忠其分内之事。③ 万历二十六年、二十七年，王忠两次奉旨重建五台山狮子窝④；在万历三十二年时，王忠也有奉旨赐经书、法器于重建的香光寺的经历⑤，奉旨外出赐物之事是极为荣耀的，能够彰显其备受皇恩。三是赐经佛寺有利可图，沿途地方官员的"孝敬"暂且按下不表，最重要的是可以讨好慈圣皇太后。虽然神宗怠于临朝，内廷与外朝之间的沟通需要通过太监进行，但神宗对太监权力的制约十分敏感，他厌恶其权势过于扩张，一旦越界便予以翦除，神宗初年的"大伴"冯保就是一个案例。⑥ 所以宫中宦官想要直接被神宗"入眼"并非易事。但是慈圣皇太后这里是一个绝佳的突破口，皇太后身为女眷平日接触最多的就是宫女宦官之流，对于王忠而言，皇太后更好接近。神宗侍奉太后极为纯孝，皇太后又"顾好佛，京师内外多置梵刹，动费巨万"⑦，神宗也就极力支持，王忠便投慈圣皇太后所好，向她推荐明开，这点才是光明寺得以建成的关键之处。

可以说，五莲山光明寺得以被敕建，完全是投圣慈皇太后所好的结果。虽然在《开山大师本传》的记载中，神宗敕建光明寺的原因是由于"李皇太后病目"，因太医医治长久无效，因此"敕祷诸寺观"，明开就为太后结坛做法，用一杯"咒大慈悲水"使太后立即痊愈。⑧ 神宗龙颜大悦，赏赐明开敕建寺庙的荣誉。但实际上慈圣皇太后患有眼疾是在万历四十一年，神宗为使母亲早日康复，曾命太监前往泰山祈祷，还发帑命太监前去修建宝殿，直到万历四十二年告竣。⑨ 此外无论是明开和尚的自叙还是建寺碑文中，都未有其会医术的记载，符水治病更是无稽之谈。所以"治太后目疾"，只是后人美化的托词罢了。前文中提及，明开上京"诣阙请藏"之时，恰逢神宗令印造大藏颁施在京及天下大事名山寺院供奉，背后自然少不了慈圣皇太后的推动。而万历二十九年皇长子朱常洛大婚之事初定章程，继而神宗册立皇长子常洛为太子⑩，宫内喜事不断，因而佛事活动更加频繁，慈圣

---

① 《乾隆大藏经》第 1 册《大乘般若部》，宗教文化出版 2010 年版，第 12～15 页。
② ［明］刘若愚《酌中志》卷 22《见闻琐事杂记》，北京古籍出版社 1994 年版，第 200 页。
③ ［清］释海霆撰《五莲山志》卷 3《五莲山光明寺碑记》，山东图书馆藏清康熙万松禅林刻乾隆增刻本，载《山东文献集成》第 2 辑第 20 册，山东大学出版社 2007 年版，第 714 页。
④ ［明］释镇澄《清凉山志》卷 5《帝王崇建》，顺治十八年刻本。
⑤ 《福德庄严碑记》，载《房山历史文物研究》，奥林匹克出版社 1999 年版，第 321 页。
⑥ 参见［清］张廷玉等《明史》卷 305《宦官二》，中华书局 1974 年版，第 7800～7803 页。
⑦ ［清］张廷玉等《明史》卷 114《后妃二》，中华书局 1974 年版，第 3536 页。
⑧ ［清］释海霆撰《五莲山志》卷 2《开山大师本传》，山东图书馆藏清康熙万松禅林刻乾隆增刻本，载《山东文献集成》第 2 辑第 20 册，山东大学出版社 2007 年版，第 705 页。
⑨ 《明神宗实录》卷 526，万历四十二年十一月庚申，载《明实录》，北京大学图书馆藏本，第 9889～9892 页。
⑩ ［清］张廷玉等《明史》卷 21《神宗二》，中华书局 1974 年版，第 282 页。

皇太后对于结交名僧、赐建寺院的兴趣也就更为浓厚。在这种情况下,精通佛理的明开和尚由太监王忠牵线慈圣皇太后,再推荐给神宗,成功地获得建寺资格也就不足为奇了。

(三)光明寺的发展

从光明寺落成到明亡前,光明寺得到了长足发展。首先是驻京分院的建立,这是明开和尚自光明寺建造时就同时筹备的事宜,"师山中缔造日,旋建庵于帝城之东,拨僧住持"①。这一决定遭受了众人的阻止与怀疑,但是明开仍然坚持这个想法,面对质疑不欲多言,只回答说"是非汝所知也"②。五莲山距离京师千百余里,道阻且长,光明寺虽然有"护国"之称,但若是同京师周边传承数百年的皇家寺庙相比,很难脱颖而出,建立驻京分院有些多此一举。从这一点看来众人的阻挠不无道理,可是从此后发生的诸多事件看来,明开的决策是极为正确的。

驻京分院益处有三:首先是为明开多次入京提供便利,五莲山光明寺初代驻京僧人为印虚法师,佛名真谈,济南济阳人,随开山和尚一同北上阙帝,随后留住京师。为建寺一事并后续事宜,明开十数次往返京城,有驻京分院的存在会比挂锡他寺方便得多。其次是在京中有分院和僧人有利于光明寺声望的提升,印虚法师驻京时"诸贵珰皈依,遗金币无算"③,虽然法师"悉辞去不受"④,但是交通权贵、受其青睐的情况对光明寺声名远播起到了推动作用。最后,驻京分院还是光明寺在明清易代之际得以保存的重要因素之一。当时在京留驻的是性觉和尚,顺天安东人。性觉自幼便是孤儿,由印虚法师抚养长大,因而是直接在光明寺驻京分院皈依的。性觉与京师士大夫常有往来,而且对寺院归属感极其强烈,与历任青州郡守、诸城县令往来时必定先为其介绍五莲山光明寺。同时《五莲山志》中也记载"五莲僧众安居乐道无恙者,皆其力也"⑤。由此可见驻京分院的意义之大。易代之初,性觉移锡回到光明寺本寺,但时局稳定后,朝廷中的故友多次招他回京,也能看出其在京师的经营。

寺内名僧与来游僧人。除开山大师明开以外,有明一代,光明寺中还有数名僧法师涌现。如大威禅师,法名如雄,佛法精深,曾在"金陵古林如皋大士、日照选胜、即墨望台诸刹"做"羯磨教授"⑥即羯磨阿阇梨和教授阿阇梨,这两个身份是受足戒仪式中的三师之

①　[清]释海霆撰《五莲山志》卷3《开山和尚碑铭》,山东图书馆藏清康熙万松禅林刻乾隆增刻本,载《山东文献集成》第2辑第20册,山东大学出版社2007年版,第719页。

②　[清]释海霆撰《五莲山志》卷3《开山和尚碑铭》,山东图书馆藏清康熙万松禅林刻乾隆增刻本,载《山东文献集成》第2辑第20册,山东大学出版社2007年版,第719页。

③　[清]释海霆撰《五莲山志》卷2《诸师本传》,山东图书馆藏清康熙万松禅林刻乾隆增刻本,载《山东文献集成》第2辑第20册,山东大学出版社2007年版,第706页。

④　[清]释海霆撰《五莲山志》卷2《诸师本传》,山东图书馆藏清康熙万松禅林刻乾隆增刻本,载《山东文献集成》第2辑第20册,山东大学出版社2007年版,第706页。

⑤　[清]释海霆撰《五莲山志》卷2《诸师本传》,山东图书馆藏清康熙万松禅林刻乾隆增刻本,载《山东文献集成》第2辑第20册,山东大学出版社2007年版,第707页。

⑥　[清]释海霆撰《五莲山志》卷2《诸师本传》,山东图书馆藏清康熙万松禅林刻乾隆增刻本,载《山东文献集成》第2辑第20册,山东大学出版社2007年版,第707页。

二，一般都是由德高望重的僧人担当。再如柴立禅师，佛名如己，最初"师啸台惠公"，在五莲山闭关 8 年，而后南下参学于当时的金粟寺方丈费隐禅师。学成归来后，欲将禅宗佛法流传齐鲁之地，就买舟顺流而下，宣扬禅法。因疾病逝于太平镇，坐化前仍不忘令门人晦名继承他的遗志。

明熹宗天启年间，曾有番僧过五莲，慕名来游光明寺，为寺中留下七叶贝叶经，藏于分贝阁中。所谓贝叶经，即为用贝多罗树上叶片，经过加工后装订成册，然后在其上刻写经文，是印度造纸术推广前用以记载经文的方法，后被藏传佛教继承。光明寺所藏贝叶经未能流传下来，仅存有文字描述"长九寸，广一寸余，签帖状""其文竖而不横"记者无法辨认，而明代番僧多为藏传佛教僧人，笔者推测此经大概是藏文书写；材质"似木、似竹、似皮"，颜色"白之十八，黄之十二"；每一页"中二孔，孔豆大，竹签贯之，拨签取读"。① 这些描述与今日现存的贝叶经相符。

此外，崇祯三年（1630），欲在崂山建寺的自华律师从江宁而来，光明寺中实如法师请他主持开戒坛，为 50 余人开戒剃度，《五莲山志》记载"实如师请开戒坛，得戒者德宗五十余人"②。

三、海彻扩建光明寺——清代五莲山佛教发展的鼎盛期

光明寺落成 37 年后，遭逢甲申之变，而后明亡清立。佛教中人虽不问世事，且因有驻京分院消息灵通可以提前做好准备，但经历战乱过后，寺庙终归还是消沉了一段时日。转折出现在康熙年间，海彻和尚成为住持后，光明寺田产得到快速增长。寺院建立之初，寺庙田产只有"林泉、榆林田庄千五百亩"③，随着僧众增多，寺院在山外"置常住田以给众"④，至康熙二十年（1681）《五莲山志》记载时，寺院田产已有中榆林、下榆林、胡林、小榆林、上下林泉、大槐树、固子头、潮河集、任兰、丹土村、寇官庄、封家村、北榆林、叶家沟、水泊共 15 处。⑤

海彻一生主事光明寺 30 余年，对光明寺贡献颇大，在他的影响下一众官员纷纷护法光明寺，寺院规模与声名逐渐扩张，进入了发展的黄金时期。

（一）海彻与光明寺的黄金时期

海彻俗姓金，名泰雨，家中原本是辽东大族，相传为汉金日磾后人。当年辽阳失守

① ［清］释海霆撰《五莲山志》卷 4《贝叶经》，山东图书馆藏清康熙万松禅林刻乾隆增刻本，载《山东文献集成》第 2 辑第 20 册，山东大学出版社 2007 年版，第 729 页。

② ［清］释海霆撰《五莲山志》卷 2《客寓》，山东图书馆藏清康熙万松禅林刻乾隆增刻本，载《山东文献集成》第 2 辑第 20 册，山东大学出版社 2007 年版，第 709 页。

③ ［清］释海霆撰《五莲山志》卷 3《开山和尚自叙碑》，山东图书馆藏清康熙万松禅林刻乾隆增刻本，载《山东文献集成》第 2 辑第 20 册，山东大学出版社 2007 年版，第 721 页。

④ ［清］释海霆撰《五莲山志》卷 3《重修光明寺大殿碑》，山东图书馆藏清康熙万松禅林刻乾隆增刻本，载《山东文献集成》第 2 辑第 20 册，山东大学出版社 2007 年版，第 717 页。

⑤ ［清］释海霆撰《五莲山志》卷 2《庄田》，山东图书馆藏清康熙万松禅林刻乾隆增刻本，载《山东文献集成》第 2 辑第 20 册，山东大学出版社 2007 年版，第 714 页。

后,金氏一门死难者十之八九,当时的泰雨年仅 8 岁。泰雨的姐姐在丈夫亡故后誓以死守,出家为尼,住在城东昙花庵。战乱中海彻只身逃奔昙花庵,得以不死。等到毛文龙挺身抗金,率领部众占据皮岛(今朝鲜椵岛),收罗散兵难民时①,姐弟二人夹杂在难民群众中遂逃奔旅顺再乘舟入皮岛,然后在毛文龙部下官兵的护送下进入山东。姐姐决定留在高密单宦尼庵,想到二人相依为命,流亡于此,不知今后漂流到何处,吉凶如何,再听闻明开盛名,便决定送海彻到五莲山光明寺出家。明开和尚平素不赞成儿童出家,然而见泰雨出自簪缨世家,却一时落难、家破人亡,令人可怜,于是破例答应为他剃度,明开亲自摩顶并对海彻说:"他日庄严斯土,必斯人也"②,时为天启丁卯年(1627)。海彻入寺年纪尚小,常受人排挤,明开大师断然制止这些人的行为,并再次说"它日山门当赖斯人也",后来"彻公复大震五莲,众乃服师先见不爽"。③

海彻入寺后二年,即明崇祯二年(1629),明开和尚圆寂,海彻北上京城侍奉性觉大师。然而"蒲团未暖,值流氛之变",海彻入京不久便遭遇李自成攻入北京。海彻让师弟海霆护送性觉大师返回五莲,自己则留在京城独当门户。待到清兵入关建都北京,泰雨的伯父、从兄弟都随从入关,且已成为朝廷和地方高官,掌管大权。一日,海彻站在弥勒阁前,恰逢诸公朝退,十数年战乱流离后金家人与海彻不期而遇。

此后,海彻的族人对光明寺照拂颇多。首先是"顺治三年(公元 1646 年)大中丞廷献公直指东省,捐俸囊俾补五莲之阙焉者"④,此处的"大中丞廷献公"应为顺治年间偏沅巡抚金廷献,据《钦定八旗通志》载"金廷献,汉军镶黄旗人,顺治六年正月任偏沅巡抚,十年十一月解"⑤。虽然与海彻的具体关系不详,但同为辽东金氏,又用自己的俸禄捐款,资助五莲山寺庙建设,必然是海彻同族。这也为五莲山中兴建设拉开了序幕,海彻将各处护法、捐献的钱,都用于光明寺和五莲山建设,他主事期间增建东、西阁,修筑了寥天阁等建筑以及绕光明寺东、西、北三面的松风径,巧夺天工的建筑令光明寺名声更加远扬。

海彻住持庙事达 30 余载,于康熙十四年(1675)九月初九日逝世,享年 65 岁,葬于林泉庄西北之会稽山麓。观其一生,可以说明开和尚有建寺之功,而海彻和尚则有中兴之劳。

蒲松龄《聊斋志异》中的《金和尚》即以海彻为原型,只不过其中的"金和尚"是一个典型的、作恶多端的大僧侣地主形象:被父亲卖入寺院,自小顽顿不务正业,待师父去世后更是直接卷走金钱离开寺院去做起生意来。数年后暴富返回,屯田起第,住所"前有厅

---

① [清]张廷玉等《明史》卷 259《毛文龙传》,中华书局 1974 年版,第 6715 页。
② [清]释海霆撰《五莲山志》卷 2《诸师本传》,山东图书馆藏清康熙万松禅林刻乾隆增刻本,载《山东文献集成》第 2 辑第 20 册,山东大学出版社 2007 年版,第 705 页。
③ [清]释海霆撰《五莲山志》卷 3《开山和尚碑铭》,山东图书馆藏清康熙万松禅林刻乾隆增刻本,载《山东文献集成》第 2 辑第 20 册,山东大学出版社 2007 年版,第 719 页。
④ [清]释海霆撰《五莲山志》卷 2《诸师本传》,山东图书馆藏清康熙万松禅林刻乾隆增刻本,载《山东文献集成》第 2 辑第 20 册,山东大学出版社 2007 年版,第 708 页。
⑤ 乾隆《钦定八旗通志》卷 340《八旗大臣提名二》。参见俞阅、季蓉《〈聊斋志异〉中"金和尚"与"金举人"本事考》,《蒲松龄研究》2006 年第 3 期。

事,梁楹节棁,绘金碧,射人眼;堂上几屏,晶光可鉴;又其后为内寝,朱帘绣幕,兰麝充溢喷人;螺钿雕檀为床,床上锦茵褥,褶叠厚尺有咫,壁上美人山水诸名迹,悬粘几无隙处"①,起居极尽奢华;又招徒买仆,金和尚一声长呼,门外有数十人轰应如雷,门徒出行也风头甚,盛宛如贵公子一般;除此之外,金和尚不持经咒、不入寺院,甚至蓄养狡童以供玩乐,视清规戒律于无物。金和尚发迹后横行乡间,即便是地方士人也屈服其淫威,就算是其去世时也有"士大夫妇咸华妆来,搴帷吊唁,冠盖舆马塞道路"②的景象。

张崇琛在《聊斋丛考》中论述蒲松龄《金和尚》一篇"虽叙事滑稽,语言诙谐,但基本上还是忠于事实的"③。其实不然,笔者认为《金和尚》仅仅是将海彻的身份作为素材原型和叙事背景,而并非海彻的真实写照。

首先,"金和尚"这一艺术形象是蒲松龄出于士人清誉对宗教势力膨胀不满以及对僧道"愚弄乡民"的批判而作,证据有二:一是因为蒲松龄文中"金和尚"的籍贯、为僧经历、财富来源等信息与《五莲山志》中的海彻生平皆不符,海彻原籍辽东,为官宦子弟,因战乱而来五莲,金和尚则被塑造为诸城本地人,父亲是无赖出身,从小便被父亲卖入寺院;海彻的建寺资金来自其为官的族人,但金和尚是卷走寺院钱财经商暴富,虽然清代对商人身份并不如从前那般贬抑但以不义之财暴富的描写也十分令人不齿。更不必说《五莲山志》中对海彻的评价是"为人坦易直懿,任人缓急"④,面对弘觉禅师道忞时"膜拜稽首"请道忞为明开立碑,表现得极为谦逊⑤,与"金和尚"为祸乡里"不奉经持咒,迹不履寺院"的事迹差异极大。这种借用部分人物背景再进行文学创作的手法,在《聊斋志异》中时有出现,例如《遵化署狐》⑥一文便是将诸城邱志充行贿案一事⑦与狐妖复仇的传说糅合,但邱志充并无任遵化道的经历。⑧ 并且所谓行贿案背后有诸多隐情,《明熹宗实录》对此事的记载中便牵扯有"镇抚司",结案后魏忠贤弟侄还因此获功。⑨ 故而邱至充行贿一案极有可能就是一桩"蒙玷祸"而起的冤案,可见蒲松龄对现实中的人物传闻并不加以详细考证,如此一来更不能将文中所载事迹视为原型人物所为。二是蒲松龄曾向淄川县学教谕上呈过"请惩无品生员呈",内容是检举几位本县秀才因贪图利益而结交淄川青云寺僧众,为其祖师主持葬礼,甚至顶礼膜拜的行为。⑩ 这一呈书鲜明展现了对宗教势盛、士人依附宗教势力的厌恶之情。可见《金和尚》中"士大夫妇咸华妆来,搴帷吊唁"的情节,也

---

① ［清］蒲松龄《金和尚》,《聊斋志异》卷15,齐鲁书社1981年版,第495页。
② ［清］蒲松龄《金和尚》,《聊斋志异》卷15,齐鲁书社1981年版,第495页。
③ 张崇琛《〈聊斋志异·金和尚〉本事考》,《聊斋丛考》,商务印书馆2017年版,第111~126页。
④ ［清］释海霆撰《五莲山志》卷2《开山大师本传》,山东图书馆藏清康熙万松禅林刻乾隆增刻本,载《山东文献集成》第2辑第20册,山东大学出版社2007年版,第705页。
⑤ ［清］释海霆撰《五莲山志》卷3《开山和尚碑铭》,山东图书馆藏清康熙万松禅林刻乾隆增刻本,载《山东文献集成》第2辑第20册,山东大学出版社2007年版,第718页。
⑥ ［清］蒲松龄《遵化署狐》,《聊斋志异》卷4,齐鲁书社1981年版,第125页。
⑦ 邱志充其人考证参见张崇琛《聊斋志异·遵化署狐》,《聊斋丛考》,第170~177页。
⑧ 白亚仁《〈遵化署狐〉故事源流补考》,《文史哲》2008年第5期。
⑨ 《明熹宗实录》卷80,天启七年正月丙子,载《明实录》册13,北京大学图书馆藏本,第3875页。
⑩ ［清］蒲松龄《蒲松龄集》上卷,上海古籍出版社1986年版,齐鲁书社1981年版,第209页。

受到了青云寺案的启发。

其次，张崇琛《聊斋丛考》中举王士禛对金和尚的记载，来证实海彻的"恶行"。王士禛，字子真（一字贻上），号阮亭（晚号渔洋山人），新城（今山东桓台县）人，官至刑部尚书，颇有政声，同时也是清初著名文人。他对金和尚的记载见于其笔记《分甘余话》中：

金姓僧假子金举人

国初有一僧金姓，自京师来青之诸城，自云是旗人金中丞之族，公然与冠盖交往。诸城九仙山古刹常住腴田数千亩，据而有之，益置膏腴，起甲第，徒众数百人，或居寺中，或以自随。居别墅，鲜衣怒马，歌儿舞女，虽豪家仕族不及也。有金举人者，自吴中来，父事之，愿为之子。此僧以势利横闾里者几三十年乃死，中分其资产，半予僧徒，半予假子。有往吊者，举人斩衰稽颡，如俗家礼。余为祭酒日，举人方肄业太学，亦能文之士，而甘为妖髡假子，忘其本生，大可怪也。因书广州大汕事而并记之。①

可以看出，王士禛对"金和尚"的评价也是极为负面的，认为其"以势利横闾里"。以王士禛的官望文名来看，上述记载可信度应当很高。但是这段记载中的情景并无法确定这是否为王士禛亲眼所见，《分甘余话》是王士禛所作见闻录，但是哪篇为其亲眼所见，哪篇仅是其有所耳闻，二者并无法区分。新城与五莲山在今日同属山东省，但是在清代，前者划济南府，后者为青州府辖地。因此除外出经由以外，王士禛很难直接接触到光明寺的僧人。王士禛对于金和尚一事可能仅是听闻，《五莲山志》编纂时间为康熙二十年，且志中有《客寓》部分。王士禛被誉为诗坛领袖，康熙十九年便任国子监祭酒，王士禛这样的著名文人来访很难不被加以记载。

同时，《分甘余话》序文中所署时间为康熙四十八年，目前发现的最早刻本也是康熙四十八年序刊本，基本可以认定此书是王士禛晚年所著。王士禛与蒲松龄知交多年，早在《聊斋志异》写作过程中，王士禛便有索阅。《聊斋志异》成书后又把王士禛评过的《志异》各篇，辑成两册，寄给王士禛。② 所以王士禛此篇文章很有可能是在蒲松龄《金和尚》一文的影响下所作。

而且《金姓僧假子金举人》文中末句也有提到，王士禛之所以在笔记中金和尚，是由"广州大汕"一事联想到的。所谓"广州大汕"载于《分甘余话》中的《妖僧大汕》，正是《金姓僧假子金举人》的前篇，文中记述了广州地区的一个妖僧"大汕"，大汕"伺候诸当事贵人之门。常画素女秘戏图状，以媚诸贵人"，他还"私贩往安南，致犀象、珠玉、珊瑚、珍宝之属"，所作所为皆是触犯法纪之事。被福建巡抚许中丞逮捕后治罪，押发江南原籍，死于道路。王士禛听闻此事后评论到"余不识许中丞，即此一事，真颓波中砥柱也。闻其居官亦甚廉正，观此事，非饮贪泉而不易心者固不能也。"③然后"恨屋及乌"地想起聊斋的"金和尚"也是情理之中。

---

① ［清］王士禛《分甘余话》卷4，中华书局1989年版，第89页。
② 侯岱麟《蒲松龄与王士禛》，《读书》1979年第6期。
③ ［清］王士禛《分甘余话》卷4，中华书局1989年版，第88～89页。

　　除此以外《金和尚》一文中，提到的养子，确有其人，但也并非趋炎慕势、贪图名利之辈。此子本姓朱，名奇玉，是江南昆山大姓子弟，10余岁时遭逢家中变故，因而流亡至诸城，了无所依才被海彻收养，然后便随海彻姓金。海彻对他非常疼爱，奇玉无心向佛，海彻便延请名士教其儒学，还让他保留昆山籍贯参加科举。这一细节也能看出海彻绝非沽名钓誉之辈，是真的怀有慈悲之心。奇玉通过顺天府乡试后，知渑池县。此外奇玉也颇有文名"博学工诗画，居城西黑龙沟侧，与县诗人相唱和，集号龙溪。德州卢抱孙见曾刊《山左诗钞》以奇玉为县侨寓"①。此处能够看出此人在当地并非风评败坏之辈，相反还有不少士人与他结交。另外，《五莲山志》还载有奇玉在康熙十八年（1679）养父海彻谢世四年后，为悼念其恩作《万松林歌》，其文云：

　　东峰老人种松树，松未成林已万株。年深渐见铁干出，丛大不畏霜鳞枯。我来行吟岁月长，结茅西出松之傍。阴涛廻风转飒飒，晴崖映日翻苍苍。虬龙蟠结出深谷，笙竽振响吹崇岗。老人钟磬出其下，松斋永日开清暇。索我新诗坐石屋，十年常见松花绿。积气偏驱飞霁寒，后凋不惜流光速。老人骑鹤去不返，枝头挂锡秋风晚。独客犹怜此地居，万松林影一床书。形离物化人难定，翠叶霜丛松自如。依然寂寞看松色，海国年年逢旅食。聚会江上离索悲，松风秋气感霜丝。连云郁岫松长在，谁忆当年初种时。②

　　万松林是海彻所种，并在其中筑径，名曰"松风"，环寺东、西、北三面③，从诗中可以得知奇玉曾在寺西松林旁结茅居住，海彻也常在此处活动，奏钟磬、开松斋、唱和诗歌，海彻去世后奇玉独自在此倍感凄凉，因此以万松林为名为海彻作悼歌，体现出二人之间浓浓的父子之情以及奇玉对海彻的缅怀、思念。

　　后续重修。海彻殁后，光明寺由海霆主众。保养维修寺院建筑是寺院生活的常项，对于此时的光明寺而言，之前新建的山门楼阁仍崇立，但是最初的大殿却久为风雨剥蚀，失去往日风貌。于是海霆聚集各类匠人，重修大殿，以碧色琉璃取代原先殿上的旧瓦，栋宇、椽桷、墙阶等有损毁者全部换新，并有《重修光明寺大殿碑》记之。"使光明之刹可千百年无替"④，这样的描述虽有些夸张，但从中可以看出此次重修的工程浩大精细。与海彻时期扩建山寺费用多来源于其仕宦族人为主不同，这次山寺的重修多赖于僧人私资，比如山门前的石阶五十余级皆出自海率和尚的"私囊"，"大讲堂易以碧瓦"也有其功劳。⑤

　　再至乾隆年间普善和尚（字翰修）主事光明寺时，再次修葺寺院建筑，"鸠工庀材，一举而新"。乾隆十六年（1751）末，时任诸城邑宰的李瀚因公事经过光明寺，登山览望，看

　　① ［清］宫懋让修，李文藻等纂《诸城县志》卷44，《列传第十六·乔寓》，乾隆二十九年刻本。
　　② ［清］释海霆撰《五莲山志》卷5《万松林歌》，山东图书馆藏清康熙万松禅林刻乾隆增刻本，载《山东文献集成》第2辑第20册，山东大学出版社2007年版，第734页。
　　③ ［清］释海霆撰《五莲山志》卷1《松风径》，山东图书馆藏清康熙万松禅林刻乾隆增刻本，载《山东文献集成》第2辑第20册，山东大学出版社2007年版，第698页。
　　④ ［清］释海霆撰《五莲山志》卷3《重修光明寺大殿碑》，山东图书馆藏清康熙万松禅林刻乾隆增刻本，载《山东文献集成》第2辑第20册，山东大学出版社2007年版，第717页。
　　⑤ ［清］释海霆撰《五莲山志》卷2《本山主持》，山东图书馆藏清康熙万松禅林刻乾隆增刻本，载《山东文献集成》第2辑第20册，山东大学出版社2007年版，第704页。

到殿宇楼阁被风雨侵蚀,有些建筑几近倾圮。但是经过普善的重修,6年后李瀚再入光明寺时"以复旧观,庶几于前数公后先辉映"①。

(二)护法官与山左名士

护法官表。明清两代,或者说中国古代社会中,作为统治阶级的一部分,地方官员可以参与、监督辖制内的寺院事务,也能利用他们的威望和政治影响来加强寺院的声望并受其庇佑为寺院抵御外在威胁,比如其他寺院、教派以及其他宗教的竞争。五莲山光明寺在京设立分院与权贵、名士相交,在地方上也与各级官员、士绅交好,得到他们的支持和庇佑。《五莲山志》中记载着截至康熙二十年(1681)历位护法官员和檀越之人②,详见表1、表2。

表1　五莲山康熙二十年前任宰官护法

姓名	职位	籍贯
金延献	巡抚偏沅等处地方	辽东
耿焞	巡抚山东等处地方	辽东
李克德	镇守沂州等处地方总兵	辽东
周笙	分巡青州海防道参议	长洲
周亮工	分巡青州海防道参议	河南祥符籍,江西金溪人
张文衡	青州府知府	辽东
曲允斌	青州府知府	辽东
边大绶	青州府同知	任丘
朱麟祥	青州府同知	辽东
李景元	青州府同知	辽东
徐槐	青州府同知	辽东
程涝	诸城县知县	顺天
李天伦	诸城县知县	北直新安
高琼	诸城县知县	辽东
吴之珍	诸城县知县	湖广
周采	诸城县知县	浙江
程甲化	诸城县知县	福建
蒋振勋	诸城县知县	广西
卜颖	诸城县知县	江南
孙文琇	诸城县典史	绍兴

---

① ［清］释海霆撰《五莲山志》卷4《翰修师重修五莲山记》,山东图书馆藏清康熙万松禅林刻乾隆增刻本,载《山东文献集成》第2辑第20册,山东大学出版社2007年版,第732页。

② ［清］释海霆撰《五莲山志》卷2,山东图书馆藏清康熙万松禅林刻乾隆增刻本,载《山东文献集成》第2辑第20册,山东大学出版社2007年版,第710～712页。

表2　五莲山康熙二十年在任宰官护法

姓名	职位	籍贯
张能鳞	分巡青州海防道参议	顺天
惠占春	镇守沂州等处地方总兵	北直
崔俊	青州府知府	辽东
李祖法	青州府同知	辽东
孙祚昌	诸城县知县	北直容城
傅承尹	诸城县典史	顺天
沈潞	信阳场巡检	浙江
张贤	信阳场大使	真定

历任宰官中除前文所提金延献是与光明寺僧人有族亲关系、并未在诸城及上属地区任职外，其余官员皆为主管诸城地方政务的官员。辖制内寺院的兴盛对他们来说也是一项值得夸耀的政绩，对寺院的庇护也对其政治声望有一定好处。

在"父母官"以外，对光明寺影响最大的便是诸城籍贯的当地士绅们，他们是光明寺建设和道场维护的忠实支持者，他们直接参与了对光明寺的捐赠。而且他们的行为并非仅是个人意志，背后还有他们所在宗族的身影，这些人大多来自臧氏、刘氏、孙氏、相州王氏、无忌李氏等士绅宗族，这都是自明初便迁入诸城传承数代的大族。① 而且这种捐赠行为经常是代代相续的，其中也不免有追念祖先德行的因素在内，具体名单见表3、表4。

表3　五莲山邑人开创檀越宰官

姓名	职位	氏族
臧惟一	南京工部尚书	臧氏
臧惟几	庠生	臧氏
臧尔劝	兵部尚书	臧氏
臧尔昌	庠生	臧氏
臧允德	锦衣世袭，赠知州	臧氏
王珵	河南信阳道参政	
王镆	江南左布政使	相州王氏
杨蕃	江南清河县知县	

① ［清］陈观圻辑，王熙昭纂《诸城县乡土志》下卷《氏族》，光绪三十三年印本。

表4　五莲山康熙二十年在任邑人宰官护法

姓名	职位	氏族
孙必振	掌山东道监察御史	孙氏
王钺	广东西宁县知县	相州王氏
刘果	江南提学佥事	刘氏
李澄中	翰林院检讨	无忌李氏
杨蕴	候补中书	
臧振荣	候补西宁州知州	臧氏
丘元武	工部都水司主事	
李华之	候补中书	无忌李氏
王沛思	翰林院编修	相州王氏
孙潍溥	候补知县	
孙潍润	候补行人司司正	

当地官员和士绅对地方寺院的支持可以说是寺院地方名望和维持运营资金的常规来源，而《五莲山志》所记宰官中最为与众不同的就是海彻的15位后辈，从姓名中可以大致推测，这些人对光明寺的捐助连续了3代人。从这些人的职位来看，金氏家族政治经营的重点是在京师而非地方，尤其是从来未有任职的地方。在这里捐赠后形成的政治声望，对他们的助益不大，因此对五莲山的照拂更多的是出于亲缘关系，这种关系使得他们对光明寺的资助是长久、稳定的，而他们的官位也确实当得起"多显官"之语，这应该也是海彻得以长时间主事光明寺的重要原因，金氏家族捐助名单见表5。

表5　泰公弟侄宰官护法

姓名	职位
金声逵	总督云贵标前中营副总兵加官一级
金声迅	都统随印他赤哈番加二级
金声遮	陕西富平县知县
金声遥	一等阿思哈尼哈番兼理参赞内大臣加一级
金玉成	一等阿思哈尼哈番加一级
金玉式	御前一等侍卫加一级
金玉衡	广西梧州府同知
金玉英	一等阿达哈哈番管杭州固山大事
金玉琨	一等阿达哈番加一级拖沙喇哈番
金铉	正白旗阿思哈哈番

（续表）

姓名	职位
金鉴	吏部郎中
金镁	吏部考功司员外郎
金鼐	工部左侍郎
金玺	奉天府府丞
金铢	大理寺寺正

名寺中的名士。落成后的光明寺，作为公共机构来说它的意义早已不局限于宗教信仰层面，而是以一种"社会事实"的形式融入于五莲山地区日常生活的方方面面，与周遭社会环境尤其是文化环境息息相关。地区文化活动的代表群体正是士绅阶层。自晚明以来谈禅之风盛行，士大夫无不谈禅，僧人也与士人交往密切，地方士绅们将宗教道场作为聚会、游历的场所，并热衷于以寺庙作为写作和谈话的主题，可以说寺院是满足士绅文化世界需求的不可或缺的一部分。

五莲山本就风光毓秀，再加以光明寺"敕建护国"之名的加持，往来名士络绎不绝，在五莲山中留下无数锦绣文章。《五莲山志》第4、5卷①便收录了部分诗文，详见表6。

表6 《五莲山志》诗文统计

作者	籍贯	作品数量	作品名称
李焕章	乐安	3	《五莲山杂记》《五莲山游记》《万松惊大师诗序》
刘正学	安丘	1	《游五莲记》
李含章	乐安	1	《春游五莲记》
张衍	邑人	1	《寥天阁记》
张侗	邑人	9	《系马峰记》《贝叶记》《过滴水岩小记》《登五莲峰记》《游五莲山赋》《游聚花台（二首）》《入五莲山修志寄奚林禅师》《登五莲绝顶》
李瀚	襄平	1	《翰修师重修五莲山记》
王之臣	潼关	1	《五莲晓望》
臧惟几	邑人	1	《西极台》
臧尔昌	邑人	1	《再入五莲》
性月	携李	1	《春入五莲山》
真善	甬东	1	《避暑天竺峰下》
周亮工	金陵	1	《雨中过泰雨禅师期游五莲》

----

① ［清］释海霆撰《五莲山志》卷4～5，山东图书馆藏清康熙万松禅林刻乾隆增刻本，载《山东文献集成》第2辑第20册，山东大学出版社2007年版，第722～738页。

(续表)

作者	籍贯	作品数量	作品名称
李澄中	邑人	1	《与吴元任游五莲》
元中	法庆寺僧人	2	《天竺峰》《寄张石民五莲山中》
何亮	邑人	1	《寄莲山龙上人》
马长春	渠丘	1	《宿光明寺》
本升	法庆寺僧人	1	《五莲十胜歌》
金奇玉	昆山	1	《万松林歌》
丁耀亢	邑人	3	《千层塔》《望海楼》《挂月峰》
王咸炤	邑人	3	《出莲谷顽石上人索诗》《雨中登山》
隋平	邑人	1	《游五莲山》
沈潞	山阴	1	《过织女洞》
杨藩	邑人	1	《过流云涧》
杨涵	青州	1	《游观音洞》
陈献真	邑人	1	《醉中题羊化石》
王乘箓	邑人	2	《秋日过光明寺》《同丁野鹤夜入五莲》
海霆	本寺僧人	2	《山居秋兴(二首)》
张俅	邑人	1	《醉中望五莲山》
张英	邑人	1	《西风门晚眺》
徐田	邑人	2	《宿光明寺》《寄顽石上人》
丁榔	邑人	1	《春日莲山访禅弟寂怒》
寂怒	本寺僧人	1	《望海楼依石上韵》《南归山行》
臧振荣	邑人	2	《五莲山(二首)》
臧允德	邑人	1	《同泰雨师游五莲》

这些作者中有多位是明清时期山左文人的著名人物,如李焕章(字象先,号织斋,乐安县人),明代生员,明亡后不仕清,漫游四方,晚年寓居诸城。李焕章专肆力于诗文古词,后人将其所著诸集刊削,定为《织斋集钞》,《四库全书》有目。① 李焕章参与过多次志书编纂,雍正《乐安县志》载"邑续志其手笔也"②,他还曾与顾炎武共同修编康熙《山东通志》,《五莲山志》序二亦是此人所作。此外,蒲松龄《聊斋志异》中《李象山》一篇也是以其为原型所作③。再如张侗、张衍、丁耀亢、王乘箓、李澄中、徐田、隋平皆为明末清初山东著名遗民集团,后人称为"诸城十老"④中的成员。他们早年积极反清四处奔走,复国无望后

① [清]纪昀等纂《四库全书总目提要》卷181《集部三十四》,武英殿本。
② [清]李方膺纂修《乐安县志》卷12《人物志》,雍正十一年刻本。
③ 张崇琛《〈聊斋志异·李象先〉中李象先其人》,《聊斋丛考》,商务印书馆2017年版,第150页。
④ 张烨《明清时期山东地区基层士人研究》,上海人民出版社2015年版,第127页。

只得寄情山水，以挥毫笔墨来宣泄亡国之痛。从更深层次设想，拥有"前朝敕建"身份的光明寺更是纾解亡国之哀的绝佳场所，故而这群山左名士常于光明寺结友集会。

从《五莲山志》收录的诗文作品内容中看，文赋是用游记的形式以描写五莲山景物为主，主要对象为山中的秀美风光与光明寺建筑，例如李焕章《五莲山杂记》中，既细数大悲峰、望海峰、天竺峰、五莲峰、般若泉等自然景观，又记述了光明寺、寥天阁等建筑。刘正学《游五莲记》一文则更为细致，不仅细说登山途径，关注沿途山花古树、景观间距离远近等，还将友人之间戏谑之语写入文中，夸赞李焕章"矍铄哉此翁"，形容阮木天为"狂走疾呼"，颇具生活趣味①。张衍的《寥天阁记》则凭栏远望，并记述阁名由来：凭栏睥睨，烟云缭绕只见寥寥一天，因而命名为"寥天阁"②。而诗作除了写美景更多了几分禅意和隐世的志趣，如真善《避暑天竺峰下》作"吾友壶中叟，藏身世不知"③；李澄中在《与吴元任游五莲》中写下"入山感慨多，往事尽成误"之句④。一来《五莲山志》的编撰是出于记"前人创造不易"和志"诗歌凭吊者"⑤，故而选编的诗文以写景游记为主；二来诗文作者们多为慕古节义之士，誓不作异朝臣子，在结社赋诗过程或有激进之语，但清代统治者大兴文字狱，顺治四年（1647）函可《变纪》案可谓拉开文字狱帷幕，康熙二年（1663）的庄氏明史案更是震惊天下⑥，因此许多怀念故国甚至表达"复明"之志的作品并不适宜刊印，山水之情更为稳妥。不过这些文章诗作中仍有浓重的明遗民之风，例如李焕章的《五莲山游记》虽为康熙十九年（1680）所作，但在提及光明寺时，并不提"前朝"，而是直称"敕建光明寺"，可见其对故明的坚守；丁耀亢《望海楼》一诗中，有"变化劫尘成巨浸，浮沉今古任虚舟"⑦二句，不乏其对明清异代的感慨。

表6中人物与光明寺渊源最深的则属臧惟几、臧尔昌、臧允德与臧振荣4人。前文中早已叙述过臧惟几及其兄长与光明寺建立之间的佛缘，而臧尔昌为臧惟一第六子，过嗣于臧惟几，臧允德为臧惟一孙，臧振荣为臧允德子，邑人宰官表（表3、表4）中也记有臧氏众人之名，可谓一族四代人皆交善光明寺。光明寺中还存有记载其4人描绘五莲山诗文的《追刻五莲诗序碑》，共两块，分别嵌入伽蓝楼前厦东西山墙内，高47厘米，宽105厘米⑧。

① ［清］释海霆撰《五莲山志》卷4《游五莲山记》，山东图书馆藏清康熙万松禅林刻乾隆增刻本，载《山东文献集成》第2辑第20册，山东大学出版社2007年版，第725页。
② ［清］释海霆撰《五莲山志》卷4《寥天阁记》，山东图书馆藏清康熙万松禅林刻乾隆增刻本，载《山东文献集成》第2辑第20册，山东大学出版社2007年版，第728页。
③ ［清］释海霆撰《五莲山志》卷5《避暑天竺峰下》，山东图书馆藏清康熙万松禅林刻乾隆增刻本，载《山东文献集成》第2辑第20册，山东大学出版社2007年版，第733页。
④ ［清］释海霆撰《五莲山志》卷5《与吴元任游五莲》，山东图书馆藏清康熙万松禅林刻乾隆增刻本，载《山东文献集成》第2辑第20册，山东大学出版社2007年版，第733页。
⑤ ［清］释海霆撰《五莲山志·自序》，山东图书馆藏清康熙万松禅林刻乾隆增刻本，载《山东文献集成》第2辑第20册，山东大学出版社2007年版，第690页。
⑥ 张兵、张毓洲《清代文字狱的整体状况与清人的载述》，《西北师大学报（社会科学版）》2008年第6期。
⑦ ［清］释海霆撰《五莲山志》卷2《客寓》，山东图书馆藏清康熙万松禅林刻乾隆增刻本，载《山东文献集成》第2辑第20册，山东大学出版社2007年版，第735页。
⑧ 郭公仕《五莲文物志》，齐鲁书社2013年版，第73页。

（三）寺内名僧与来游僧人

继海彻后，光明寺中名声较盛的僧人便是《五莲山志》的编纂者海霆。海霆和尚，字惊龙，是性觉的弟子、海彻的师弟。海霆除佛法精深外亦"通世间文字"，对于诗文颇有造诣，李焕章评价海霆的诗"一往而深，非漫然者"，并为其诗作序①。可惜海霆或许是出于自谦之意，并未在山志中收录自己的诗作，因此我们也无法得见其作品。

清代光明寺更加焕发出勃勃生机，吸引了许多知名僧人来此传法、静修。比如前文中多次提及的弘觉禅师道忞和尚，在顺治十二年（1655）夏天自湖州南还法庆寺，经过五莲山，在此居住月余，与光明寺中僧人及诸城文人交往密切，还为光明寺留下"开山塔铭"②。道忞的弟子，敕赐住法庆寺、赐紫天岸禅师本升在和尚康熙四年（1665）省师时路过五莲山，留下一篇《莲山十胜歌》③。此外顺治九年（1652），明末清初著名临济宗僧人箬庵禅师④的弟子的用中禅师（浙江绍兴人），来游五莲，光明寺众人请其传授"舍那如来金刚心地法门，一时得戒者性元等七十余人"⑤。

结语

光明寺的发展是晚明佛教复兴的时代潮流背景下的显例，所谓晚明佛教复兴是针对明代中期以来佛教衰微而言的。明中期以来，朝廷佛教政策不当，久不开戒坛甚至以收银代替考试度僧，佛教内部也出现出家人鱼龙混杂、师资佛法水平低下、忽视戒律行为失检等种种弊病，佛教丛林改革迫在眉睫。⑥万历年间，佛教社会便出现了一种较为盛行的复兴气象，高僧的辈出、寺院的繁兴等现象正是其最为明显的表现。在此背景下，光明寺也深受其益，首先明开所拜之人皆是此时期涌现的名僧，佛教宗派、佛教文化等领域的全面复兴景象也为明开求法提供了有利条件；其次，这场运动推动了"佛教融入主流文化"，世俗对佛教包容度增强，也对光明寺发展起着积极影响。

光明寺的发展也是佛教复兴的生动体现，从明开请建寺院起始，历经明清"海彻中兴"，到《五莲山志》编写时五莲山光明寺的寺院规格不断扩大，据《五莲山志》卷2《宗派》及《世系》载，五莲山光明寺宗派是"智慧清静，道德圆明，真如性海，寂照普通⑦"。光明寺

①　[清]释海霆撰《五莲山志》卷4《万松惊大师诗序》，山东图书馆藏清康熙万松禅林刻乾隆增刻本，载《山东文献集成》第2辑第20册，山东大学出版社2007年版，第731页。

②　[清]释海霆撰《五莲山志》卷2《客寓》，山东图书馆藏清康熙万松禅林刻乾隆增刻本，载《山东文献集成》第2辑第20册，山东大学出版社2007年版，第709页。

③　[清]释海霆撰《五莲山志》卷2《客寓》，山东图书馆藏清康熙万松禅林刻乾隆增刻本，载《山东文献集成》第2辑第20册，山东大学出版社2007年版，第709页。

④　通问禅师，号箬庵，江苏吴江人。事迹参见聂先编撰，心善整理《续指月录》，巴蜀书社2018年版，第431～433页。

⑤　[清]释海霆撰《五莲山志》卷2《客寓》，山东图书馆藏清康熙万松禅林刻乾隆增刻本，载《山东文献集成》第2辑第20册，山东大学出版社2007年版，第709页。

⑥　参见江灿腾《晚明佛教改革史》，广西师范大学出版社2006年版，第3～64页。

⑦　[清]释海霆撰《五莲山志》卷2《宗派》，山东图书馆藏清康熙万松禅林刻乾隆增刻本，载《山东文献集成》第2辑第20册，山东大学出版社2007年版，第704页。

的开山和尚明开字心空　即自"明"字辈始。截至《五莲山志》编纂，五莲山僧已传六世，僧众数量分别为"明字共一人""真字共二十一人""如字共六十三人""性字共九十四人""海字共一百三十人""寂字共有一百一十人""照字共有四十人"。而且此时"寂""照"两辈都还"尚未止度"①。《五莲山志》中共有 11 位寺内僧人的传记，他们中有人"依四分律精，勤培五莲花"，有人"严净毗尼，久腊莫及"②，有人被称作"僧中杰，法中佐"③……他们持身自洁、严明戒律、不慕财色，与以往佛教社会中的不正之风完全划清界限。同时这些僧人的传教活动，带动了当地佛教的发展，为禅宗在周边地区的传播作出卓越贡献，这也是佛教复兴运动中主线之二"以临济、曹洞为主体的'禅宗复兴运动'"在乡野传播④的表现。

　　五莲地区的佛教在明代后期"佛教复兴"与宫廷崇佛的背景下借势而兴。光明寺依靠慈圣皇太后及明神宗的支持在五莲山中落成，这也拉开了五莲山佛教禅道蕃昌的序幕。开山和尚圆寂后，光明寺在后代弟子的竭力维持下度过了明清变际的混乱时期。时至清朝，海彻主众光明寺，背靠族中诸多大员，将光明寺的声望提升至顶峰，这一时期同样是五莲山佛教发展的鼎盛时期。其间，光明寺的发展也得益于地方士绅的支持，这也是明末至清士绅精英活动的体现。

　　在光明寺传承不息的同时，五莲地区其他寺院却命运迥异。五莲山上原有的云堂寺被光明寺所替代，仅存有旧址在天竺峰东侧，据李焕章记述，旧寺遗地极小，门前仅二三步之地，"门无扉，供无几，僧无衲，无游人、无灯火"，只有一个老头陀在此苦行，供奉着三尊仁王像⑤，与光明寺的香火鼎盛对比鲜明。而与五莲山咫尺相对的九仙山上，侔云寺也同光明寺一样在明清两代间生生不息地传承，嘉靖《山东通志》⑥、乾隆《诸城县志》⑦、咸丰《青州府志》⑧都有关于侔云寺的记载，只是有段时间侔云寺改名为兴云寺，虽具体时长不详，但咸丰《青州府志》中便恢复"侔云寺"之名。而《山东通志》中列数山东四大禅寺"长清之灵岩，益都之法庆，诸城之侔云、光明"⑨，侔云寺赫然在目，能与前三者并称，可见其寺名声显赫、香火旺盛。不过只可惜并未有如《五莲山志》一般系统梳理寺庙渊源始末的古籍留存，因此明清侔云寺的盛况如何，我们只能依靠光明寺等同时期其他名刹状况来想象了。

---

①　［清］释海霆撰《五莲山志》卷 2《世系》，山东图书馆藏清康熙万松禅林刻乾隆增刻本，载《山东文献集成》第 2 辑第 20 册，山东大学出版社 2007 年版，第 704 页。

②　《五莲山志》卷 2《本山主持》，山东图书馆藏清康熙万松禅林刻乾隆增刻本，载《山东文献集成》第 2 辑第 20 册，山东大学出版社 2007 年版，第 704 页。

③　［清］释海霆撰《五莲山志》卷 2《印虚赞像》，山东图书馆藏清康熙万松禅林刻乾隆增刻本，载《山东文献集成》第 2 辑第 20 册，山东大学出版社 2007 年版，第 708 页。

④　参见魏道儒《中华佛教史·宋元明清佛教史卷》，山西教育出版社 2013 年版，第 270 页。

⑤　［清］释海霆撰《五莲山志》卷 4《五莲山杂记》，山东图书馆藏清康熙万松禅林刻乾隆增刻本，载《山东文献集成》第 2 辑第 20 册，山东大学出版社 2007 年版，第 722 页。

⑥　［明］陆钶等修《山东通志》卷 20《寺观》，山东省图书馆藏嘉靖刻本。

⑦　［清］宫懋让修，李文藻等纂《诸城县志》卷 7《建置考》，乾隆二十九年刻本。

⑧　［清］毛永柏修，李图、刘耀椿纂《青州府志》卷 21《山川考》，咸丰九年刻本。

⑨　［清］岳濬等修《山东通志》卷 21《秩祀志》，四库全书本。

从传教士到儒者：卫礼贤的身份转变

石飞飞 *

摘　要: 卫礼贤(1873—1930)从传教士到儒者身份的转变,目前学界多归因于他对《论语》等中国典籍的译介。实际上,卫礼贤在中国的20余年,完成了传教士到汉学家再到儒者的转变。这不仅是受周馥、劳乃宣、辜鸿铭、蔡元培等人影响的结果,也与20世纪初叶世界格局急剧变化及西方现代性危机凸显的现实背景密切相关。作为一位儒者,卫礼贤重塑孔子的圣人形象,在西方世界传播儒家经典,对之加以创造性阐释和当代价值重构,确实无愧于张君劢"孔子的信徒"的赞誉。

关键词: 卫礼贤;儒家思想;礼贤书院;尊孔文社;中国学院

卫礼贤最为学界所熟知的是他对中国典籍的译介,如张大英《德国来青传教士卫礼贤与中国典籍译介》(中国海洋大学出版社2018年版)较为全面梳理了卫礼贤的典籍译介情况。基于大量的中国典籍译介这个事实,卫礼贤被称为翻译巨匠或西儒,如张西平《中国文化典籍德文翻译的巨匠——卫礼贤》(刊于潘世伟、黄仁伟、乔兆红《中国学(第5辑)》,上海人民出版社2014年版),郭汉城《西儒卫礼贤易论举要》(社会科学文献出版社2014年版)等,以上内容与本文的研究视角不同。当然,也有人关注到卫礼贤的身份转变,如吴钧《从传教士到汉学家——论中学西传的开拓者卫礼贤》(《西北师范大学(社会科学版)》2013年第2期),但更多还是围绕卫礼贤的译作来立论。孙立新《卫礼贤对孔子学说的跨文化阐释及其当代意义》(《复旦学报(社会科学版)》,2016年第6期),方厚升《"儒者"卫礼贤的文化使命:重估儒学》(《孔子研究》2021年第1期)等,关注到卫礼贤对儒家思想的推广之功及时代背景。本文拟以卫礼贤与周馥、劳乃宣、辜鸿铭等人的交游,及礼贤书院等教育、学术机构的建设为切入点,对他由传教士到儒者身份转变的轨迹加以梳理,以企对卫礼贤研究有新的推进。

一、传教士卫礼贤与礼贤书院(1899—1912)

1899—1912年,卫礼贤以一名传教士的身份,积极准备并投身筹办礼贤书院。此时,清王朝逐步走向瓦解,义和团运动将矛盾转向对西方宗教的敌视,中德双方的局势也剑拔弩张。卫礼贤在岳父克里斯托夫·布卢姆哈特和牧师花之安的影响下,在与贡生臧毓臣、举人邢克昌、巡抚周馥等人的交游中,在接触并逐步翻译中国典籍中。礼贤书院的影

* 石飞飞,中国海洋大学博士研究生,研究方向为唐宋文学及地方文化。本文为中央高校基本科研业务费专项"从传教士到儒者:卫礼贤的身份转变研究"(202261091)的阶段性成果。

响力也逐渐扩大,同时,他开始重新审视自己传教士的身份。

1899 年之前,卫礼贤仅仅是一名毕业于神学校的普通牧师,在德国小城市的教堂从事枯燥乏味的日常事务。但是,同善会①为青岛寻找牧师的一则招聘广告,改变了卫礼贤的人生轨迹。随着在青岛筹建运行礼贤书院、翻译中国典籍、调停高密铁路事件,传教士卫礼贤逐渐进入中国民众和海外汉学家的视野。

来华前以及来华初期,卫礼贤认为传教士的身份是神圣且严肃的。1899 年 1 月,卫礼贤被同善会选中拟派往青岛,在接受岗前培训时,他看到在中国工作的传教士身穿中式服装演讲,"感到这种做法既可笑又有失尊严"②。在到达青岛的最初几年里,"他对新环境仍然完全采取了欧洲中心主义的态度"③。我们在卫礼贤《中国心灵》一书中,也可以发现一些蛛丝马迹。在华传教士"把培训公务员和护士的学校,作为自己崇尚的目标"④。卫礼贤当时的工作职责主要包括呵护德国人灵魂、督建校舍,筹办医院,而"西方传教士开办文化教育事业主要表现为设立教堂、开办学校、设立报馆、开办医院等",⑤其传教士身份一目了然。

卫礼贤对传教士身份的认知,与他的岳父克里斯托夫·布卢姆哈特和牧师花之安的影响有关,而且这种认知伴随了卫礼贤很长时间。"在布卢姆哈特身上,我看到了自由而强劲的精神,任何心胸狭窄和严格划一,不论虔诚宗还是正统派或其他,都跟他格格不入。"⑥布卢姆哈特是虔诚且理性的牧师,直到 1919 年去世前,一直通过书信指导卫礼贤的思想及传教工作。他在 1901 年 1 月 21 日写给卫礼贤的信中说:"你眼下处在传教历史的转折点⋯⋯一旦你开始给人洗礼,相信我,这些受洗者当中,必定会有不实、诸媚和谋利之徒⋯⋯"⑦这种冷静的心态也感染着卫礼贤,促使他不执着于给中国人洗礼,而是关注中国人的心灵。花之安(1839—1899)是德国传教士,被誉为"19 世纪最高深的汉学家",1898 年至青岛传教,在中国以"文字传教"⑧为工作重点长达 30 余年,著有《儒教汇纂》《中国宗教导论》等。花之安曾在 1893 年的世界宗教大会的会前宣讲中说:"假使孔子看到今天遍布世界的铁路、火轮船,一定会慨叹如今中国的古代精神呈现于西方世界,

---

① 成立于 1884 年的同善会,主张"首先在东亚的文明古国中传播一种'非教条主义的基督教伦理'。倡导当地的宗教和文化研究,并试图通过慈善和文化活动对它产生'间接的'影响。"同善会"1929 年改名为"德国东亚传教协会"(简称 DOAM),卫礼贤的传教工作在"德国东亚传教协会"的相关文件中有记录。参见〔德〕吴素乐著《卫礼贤——传教士、翻译家和文化诠释者》,任仲伟译,转引自任继愈主编《国际汉学(第 12 辑)》,大象出版社 2005 年版,第 14～15 页。

② 参见卫礼贤的家信(SNRW),参见〔德〕吴素乐著《卫礼贤——传教士、翻译家和文化诠释者》,任仲伟译,转引自任继愈主编《国际汉学(第 12 辑)》,大象出版社 2005 年版,第 16 页。

③ 参见〔德〕吴素乐著《卫礼贤——传教士、翻译家和文化诠释者》,任仲伟译,转引自任继愈主编《国际汉学(第 12 辑)》,大象出版社 2005 年版,第 16 页。

④ 〔德〕卫礼贤著《中国心灵》,王宇洁、罗敏、朱晋平译,国家文化出版公司 1998 年版,第 176 页。

⑤ 王建军《中国教育史新编》,广东高等教育出版社 2014 年版,第 175 页。

⑥ 见卫礼贤日记,转自蔡晓滨《卫礼贤与青岛》,青岛出版社 2018 年版,第 27 页。

⑦ Rich A(Hrsg.)1958. Christoph Blumhardt,Chrisms in der Welt〔M〕. Zürich:Zwingi Verlag:61. 转引自徐若楠《中西经典的会通:卫礼贤翻译思想研究》,上海译文出版社 2018 年版,第 59 页。

⑧ "文字传教"的基本策略包括兴学、译述、出版、研究等。

正如一千年前它曾经出现在中国那样。"①看到了孔子以及中国古代精神的时代意义。在卫礼贤的眼中，花之安是如"慈父般"的朋友，花之安对儒家思想的关注也感染着卫礼贤。受布卢姆哈特和花之安的影响，卫礼贤在来到青岛之初，就决定不负时光，成就一番事业。筹建礼贤书院、研读中国典籍即是。

礼贤书院的筹建，也与当时中国的时代背景密切相关。1901 年 7 月，礼贤书院开始招生，《胶澳发展备忘录》(1900 年 10 月—1901 年 10 月)"同善会 教育活动"条曰：

> 同善会有两位神学家传教士，一位德国医生。在本报告年度内，其活动主要限于青岛。只是在拳民动乱以及德国分遣队进军高密期间，其活动随之延伸到那里。利用由该传教会支配的一笔可观的款项并通过开办一所野战医院，某些困境得到了缓和，并使民众除了惧怕德国人的武器外，也产生了某些信任。沙窝(scha wo)的一所学校和高密的一所流动医院都计划改为永久性的，它们是该传教会在这一地区的常驻机构。该传教会已动工在青岛兴建一所校舍，拥有 30 名学生和 4 名教师的德华学校已在 7 月 20 日开学。建立这所学校的意图是，除了培养学生掌握良好的中国古文知识，还尽可能教他们学习全面的德国学校课程。②

卫礼贤即是上述"两位神学家传教士"之一。这段文字对礼贤书院的办学意图以及卫礼贤在华的传教工作等，做了较为全面的交代。"拳民动乱"指义和团不满于在华传教士的行为，于 1900 年发动的诸多运动，"德国分遣队进军高密"指德国人修建从青岛至济南的铁路，遭到高密当地民众强烈抵抗，德国军队拟进行武力镇压一事。"德华学校"就是"德华神学校"，也被称为礼贤书院。③ 礼贤书院的筹办和运行，因为符合同善会资助文化交流的传教方式，得到了同善会的资金等方面的支持，但这也决定了礼贤书院必须符合教会的办学意图，即"除了培养学生掌握良好的中国古文知识，还尽可能教他们学习全面的德国学校课程"。面对当时的义和团运动，中西文化冲突，卫礼贤不是一个旁观的传教士，而是以传教士的身份，见证、参与、思考着发生的一切。

值得一提的是，卫礼贤以礼贤书院为主阵地，积极与中国人士交往，在这个过程中，他开始对自己传教士的身份进行反思。《中国心灵》指出，很多人对在华传教士的评价并不高，甚至认为他们是"粗鲁无用的家伙，传教士的工作也是虚假的仁爱"，④但是随着交往的加强，这种印象得以改观："他们和中国各阶层的人士广泛交往，人们对传教士也不

① Ernst Faber, "Genesis and Development of Confuciannism,"in John H. Barrows, ed., The World's Parliament of Religions, Chicago：The Parliament Publishing Company, 1983, p. 1353. 转引自潘静如《"现代性"与"科学帝国主义"初体验》，《文学遗产》2012 年第 2 期，第 187 页。

② 青岛市档案馆编《青岛开埠十七年——〈胶澳发展备忘录〉全译》，中国档案出版社 2007 年版，第 145 页。

③ "德华神学校后来发展成为同善会在保护区教育活动的中心……根据卫礼贤的中文名字，这所学校也被称为"礼贤书院"。虽然这一名称泛指包括后来附设的小学和师资班在内的整个学校"。王镇《德占时期青岛新式教育的发展》，中国海洋大学硕士学位论文，2008 年，第 25 页。

④ 〔德〕卫礼贤著《中国心灵》，王宇洁、罗敏、朱晋平译，国家文化出版公司 1998 年版，第 176 页。

得不刮目相看了"①。其实,早在来华传教初期,卫礼贤就注意"和中国各阶层的人士广泛交往",这在与周馥的交往中体现得尤为突出。

卫礼贤与周馥(1837—1921)之间的交游,促使礼贤书院名声大振。1902 年,周馥时任山东巡抚,是第一个来到德国租借下青岛的清朝高官。当时中德双方的局势剑拔弩张,"几乎使坐镇济南府的山东巡抚和青岛的德国总督之间不可能有任何交往",②"当时的中国巡抚周馥打破了禁令,对青岛进行了一次访问。"③德国租借管理者虽然很紧张,但却无法拒绝一次友好的访问。在做好一定的防御措施后,接受了本次访问。卫礼贤一直没有忘记自己传教士的职责,为了扩大学校的影响力,他看准时机,"说服了总督府,将礼贤书院列为周馥访问项目之一"④,并精心准备迎接周馥。从卫礼贤与周馥的记载来看,此次访问应该比较顺利,"巡抚来到青岛后,他那率真坦诚和健康的幽默感立刻扫去了人们心中的疑云",而且使得"青岛和济南府之间开始了友好的睦邻交往。"⑤周馥回济南后,在光绪二十八年(1902)十一月二十四日给皇帝的奏折中写到"初八日到胶州澳,德国武官都沛禄派员迎接,礼貌周备,供张颇盛。"⑥周馥访问礼贤书院时,授权该校学生可参加山东大学堂考试。⑦ 1904 年,山东巡抚周馥派人到礼贤书院"挑选了几名学生到济南山东大学堂参加会考,谭玉峰竟在所有考生中名列榜首,被奏准为优贡生"。⑧ 这使礼贤书院在全国声名鹊起。

实际上,作为一名传教士,卫礼贤在运作礼贤书院时,开始接触臧毓臣和邢克昌等诸多前清贡生、举人,在他们的帮助下,卫礼贤着手翻译中国典籍,不断接受儒家思想,并着手翻译《论语》等中国典籍,这也是促使他反思自己传教士身份的重要因素。当大多数传教士还在努力发现"儒家思想中的许多缺点,并且希望能够像对其他宗教一样对它进行攻击、诋毁"时,⑨卫礼贤却认为:"中国人的眼光并不停留在自己带有偶然性的小我上,而是深入人类的根底。他们听天由命地生活着,并且因此而成为自主者,不为表面的波涌而动摇。"⑩同时也逐渐对当时急功近利的布道方式表示不满,"欧洲人……在采取攻势,在彻底败坏远东的伟大文化方面无所不用其极。一种文化也可能被致命的环境和建议所毒害。"⑪在筹建、运营礼贤书院的过程中,卫礼贤对中国精神的肯定以及对传教布道方式进行了不断反思,逐渐将视野投向孔子及儒家思想。

---

① 〔德〕卫礼贤著《中国心灵》,王宇洁、罗敏、朱晋平译,国家文化出版公司 1998 年版,第 176 页。
② 〔德〕卫礼贤著《青岛的故人们》,王宇洁、罗敏、朱晋平译,青岛出版社 2007 年版,第 90 页。
③ 〔德〕卫礼贤著《青岛的故人们》,王宇洁、罗敏、朱晋平译,青岛出版社 2007 年版,第 90~91 页。
④ 蔡晓滨《卫礼贤与青岛》,青岛出版社 2018 年版,第 119 页。
⑤ 〔德〕卫礼贤著《青岛的故人们》,王宇洁、罗敏、朱晋平译,青岛出版社 2007 年版,第 91 页。
⑥ 〔德〕卫礼贤著《青岛的故人们》,王宇洁、罗敏、朱晋平译,青岛出版社 2007 年版,第 90 页。
⑦ 教会学校的学历得到中国官方的认可,实属罕见,对于教会学校的生源和学生数量有着重要影响。
⑧ 蔡晓滨《卫礼贤与青岛》,青岛出版社 2018 年版,第 130 页。
⑨ 〔德〕卫礼贤著《中国心灵》,王宇洁、罗敏、朱晋平译,国家文化出版公司 1998 年版,第 178 页。
⑩ 〔德〕卫礼贤《东方和西方》,鲍吾刚选编《卫礼贤——两个世界的使者》,1973 年,第 187~188 页。转引自蒋锐《卫礼贤论中国文化》,《德国研究》2006 年第 4 期,第 60 页。
⑪ 〔德〕卫礼贤著《中国心灵》,王宇洁、罗敏、朱晋平译,国家文化出版公司 1998 年版,第 11 页。

　　总之，卫礼贤与周馥、臧毓臣和邢克昌的结识源于礼贤书院，礼贤书院的筹建与运营又成为卫礼贤学习、传播中国典籍的主阵地，也是其重新审视自己传教士身份的重要媒介。正如叶隽所言："如果没有传教士的经历，很难建构起他日后如此饱满丰硕的人生履历。……应当认识到，因为传教任务而展开的一系列在华活动，对卫礼贤作为一名文化人物的成型，具有重要意义。"[1]

二、汉学家卫礼贤与尊孔文社（1913—1921）

　　20 世纪初叶，中国面临着现代转型的艰难探索，1912 年清朝灭亡，面对西方的坚船利炮，一批文人志士勇立潮头，试图从思想根源寻找民族发展的良方，思想界围绕"孔子"及儒家思想，展开了激烈争论。卫礼贤在了解孔子及儒家思想的基础上，结合时代变化，筹建了尊孔文社，以此为阵地开展了系列崇儒尊孔活动。此时，西方随着世界范围内工业革命极速发展和资本主义生产方式的确立，现代性危机日益凸显，正经历着文化反思的痛苦。

　　早在筹组尊孔文社之前，卫礼贤就发表过推崇孔子的文章，如他在《孔子的意义》（1909）中指出：孔子"影响了整个东亚，加起来约三分之一的世界人口，而且持续至今，他宣扬的道德理想与其他世界性的宗教相比也毫不逊色。"[2]卫礼贤不仅呼吁中国人"必须维持孔子的影响，因为它给中国带来了幸福，是维持社会秩序的积极力量"[3]，而且号召欧洲承认孔子的功绩，即"没有谁比他更适合成为中国精神的象征。如果我们在评价他时忽略这一点，那么，当我们认识到他做出了如此伟大的贡献时，我们将陷入尴尬"。[4] 但到底如何实施尊孔行为，当时的卫礼贤尚未有答案。

　　上海孔教会的成立，为卫礼贤筹组尊孔文社提供了样板和学理支持。1912 年中华民国临时政府成立后，政治体制发生了变革，孔子及儒学的地位大不如前。面对西方的入侵和社会的动乱，一批前清遗老、文人儒士等组织了一批尊孔复古的团体，试图从传统儒家思想中寻找救治社会疾病的良方，孔教会便是其中影响较大的尊孔复古组织。1912年，由康有为提倡，其门人麦孟华、陈焕章等筹办，在沈曾植、梁鼎芬、姚菊坡等前清遗老的协助下，孔教总会于 1912 年 10 月 7 日在上海山东会馆宣布成立。[5] 康有为主张定孔教为国教，尊孔子为教主。[6] 不久后，孔教会呈现沈曾植"主持于中"，陈焕章"号召南北"，

---

　　① 叶隽《主体的迁变：从德国传教士到留德学人群》，上海外语教育出版社 2008 年版，第 87 页。

　　② 〔德〕卫礼贤《孔子的意义》，《传教消息与宗教学杂志》（第 24 卷）1909 年第 3 期。转引自方厚升《"儒者"卫礼贤的文化使命：重估儒学》，《孔子研究》2021 年第 1 期。

　　③ Wilhelm：Der Konfuzianismus im neuen China.in：ZMR.Jg.1912.s. 340。转引自方厚升《君子之道：辜鸿铭与中德文化交流》，厦门大学出版社 2014 年版，第 300 页。

　　④ Wilhelm：Die historische Bedeutung des Konfuzius. in：ZMR.Jg.1912.s.270-271。转引自方厚升《君子之道：辜鸿铭与中德文化交流》，厦门大学出版社 2014 年版，第 300 页。

　　⑤ 参见中国孔子基金会编《中国儒学百科全书》，中国大百科全书出版社 1996 年版，第 874 页。《沈曾植年谱长编》也有相关记载：民国元年壬子（1912），沈曾植 63 岁，"春，公与姚文栋、陈焕章、姚丙然、李宝沅、麦孟华等谋发起孔教会。"见许全胜《沈曾植年谱长编》，中华书局 2007 年版，第 364 页。

　　⑥ 汤志钧编《康有为政论集》，中华书局 1981 年版，第 279～283 页。

姚文栋与姚丙然率江浙人士为主力的格局。① 据孔教会的宣传阵地之一《孔教会杂志》记载：

> 尉礼贤君者，德国之神道学博士也。旅华十余年，在青岛创办礼贤书院，成绩久著。尉君……此次来沪，欲于本会有所尽力，特订期与沈乙庵君（沈曾植）、陈重远君（陈焕章）相见。本月初九日，尉君如期至沈宅，极言孔教之不可不保存，且述仰慕之意。乙老（沈曾植）询以礼贤书院之课程，尉君……以四书五经为主。且言近日中国学校废止读经，实为莫大之祸。……陈君（陈焕章）乃赠以本杂志一册，乙老又取《孔教论》四册赠之。尉君批阅会章，当即担任在青岛组织支会，……（尉君）将行，以钞票二十元交陈君，以为其入会费、常年费及定阅三年之杂志也。今年阙里大会，尉君亦将赴会，云孔教行于欧洲大陆之机，将以尉君为先导矣。②

"尉礼贤"即"卫礼贤"。1913年4月，卫礼贤曾因孔教会与沈曾植、陈焕章交流过，双方在"孔教之不可不保存"方面达成高度共识。在阅读沈曾植相赠的《孔教论》后，卫礼贤当即在青岛组织孔教会支会，同时在临行前缴纳了入会费。以沈曾植、陈重远为代表的孔教会也鼓励、认可卫礼贤的尊孔行为，同时，也对卫礼贤传播儒家文化寄予厚望。回青岛后，卫礼贤于同年成立了尊孔文社③。尊孔文社很快便成为卫礼贤与清朝儒士交游的主阵地。此时，青岛因"远离中国革命风暴、位于山海之间、风景如画、寂静"，大批清朝儒士移居青岛，④这种局面与德国当局采取的措施有一定关系，"只要逃亡过来的各党派人士遵从该地的规则和法律，他们就会得到保护。……在青岛以友好的方式接待了第一位客人以后，其他人接踵而至。"⑤许多逊清遗老落地青岛，有学者统计，"民初青岛逊清遗老有一百三十余位，其中亲王、大臣、总督、巡抚多达几十位。"⑥当时的官员大多通过以儒学为主要内容的科举考试走向仕途，且不乏饱学之士。卫礼贤有机会接触的逊清遗老人数之众、国学素养之高，由此可见一斑。卫礼贤在《青岛的故人们》一书中曾言及成立尊孔文社的目的："我们的想法是为了将来，挽救已处于极度危险境地的中国文化财富。我们希望通过翻译、讲座和出版的方式，在东西方文化之间架起一座桥梁。"⑦研究儒学是为了沟通东西方，促进相互间的理解。

卫礼贤不仅亲历了中国人面对坚船利炮时的反思与求索，也意识到以往西方对孔子及儒学的轻视，他抱着极高热忱与逊清遗老交游，试图让孔子的圣人地位以及儒学得到

---

① 李礼编《觉醒的年代：1919年前后的中国》，山西人民出版社2021年版，第210页。
② 《孔教会杂志》第1卷第3期"本会记事·总会"栏，1913年4月。
③ 孙立新《近代中德关系史论》，商务印书馆2014年版，第213页。
④ 〔德〕卫礼贤著《青岛的故人们》，王宇洁、罗敏、朱晋平译，青岛出版社2007年版，第121页。此外，劳乃宣年谱中也说："山东青岛为德国租借地，国变后，中国遗老多往居之。"见《韧叟自订年谱》，《桐乡劳先生（乃宣）遗稿》，桐乡卢氏校刻，沈云龙《近代中国史料丛刊第36辑》，文海出版社1998年版，第19页。
⑤ 〔德〕卫礼贤著《青岛的故人们》，王宇洁、罗敏、朱晋平译，青岛出版社2007年版，第96～97页。
⑥ 刘庆《逊清遗老复辟及社会活动述论——基于1912—1922年青岛的考察》，《甘肃社会科学》2018年第2期，第133页。
⑦ 〔德〕卫礼贤著《青岛的故人们》，王宇洁、罗敏、朱晋平译，青岛出版社2007年版，第120～121页。

世界范围内的接受,进而缓解西方的现代性危机。他在《胶州租借地的晚清官员印象记》中说:"那时的青岛便提供了一个了解古老文化的特征和典型的机会,……来自各地的学者们与政客们汇聚一堂,追溯往事,很多内容堪称是高水平的中国历史。"①卫礼贤对这种聚会称赞颇高,"那时学者和艺术家们时常聚集一起,比如诗人王羲之所描写的兰亭的著名学者聚会"。② 在卫礼贤看来,自己与这些前清遗老的交游如同兰亭集会一样,高雅且有意义,评价不可谓不高。其中与劳乃宣的交游,在劳乃宣的帮助下翻译《孟子》等中国典籍,巩固了他汉学家的地位。

为了给尊孔文社聘任饱学儒士,也为了更好地完成与德国迪德里希斯出版社签订的"中国的宗教和哲学"系列翻译作品,③卫礼贤通过周馥认识了前清学部副大臣、京师大学堂监督(相当于现在的教育部副部长)劳乃宣,据《清史稿》曰:"乃宣诵服儒先,践履不苟,而于古今政治、四裔情势,靡弗洞达,世目为通儒。"④在"通儒"劳乃宣的协助下,卫礼贤对中国儒家思想及孔子有了更深刻的理解。同时,卫礼贤还聘请劳乃宣为尊孔文社的主持人,据《胶澳志》记载,劳乃宣"辛亥以后,侨居青岛,尝主德人尉礼贤所立之尊孔文社,事讲论经义,一时寓公子弟多从就业。"⑤"学业",即跟劳乃宣学习读书。卫礼贤的尊孔行为得到中国人的认可,臧毓臣曾这样评价:"卫君最好学,手不停挥,目不停览,虽炎夏不避,危坐译读晏如也,是故精通华语及文义。"⑥卫礼贤对中国经典的研究成就,不仅得到劳乃宣等中国人的认可,而且得到了欧洲人的关注。据吴素乐的研究,当时"德语文学界的知名人士"如阿尔冯斯·帕盖特、沙龙哲学家赫尔曼·格拉夫·凯瑟琳、宗教学家和自由的神学家鲁道夫·奥托等,都曾在19世纪一二十年代在青岛与卫礼贤见过面。卫礼贤"被人看做是汉学家,而不是传教士。"⑦卫礼贤于1920年夏天回到德国后,不断以汉学家的身份受邀到各地做讲座,"这位因翻译工作而成名的人物受到了整个德语界文化和教育协会的邀请……在柏林等地作报告。1921年秋季,他还在苏黎世的心理学俱乐部作了关于《易经》的专题报告。1920至1921年,他几乎都在旅途之中。"⑧由上可知,卫礼贤身份的转变以及汉学在海外取得长久的影响力,与尊孔文社的筹建以及这时期与劳乃宣等饱

①　刘善章、周荃《中德关系史译文集》,青岛出版社1992年版,第308页。

②　〔德〕卫礼贤著《中国心灵》,王宇洁、罗敏、朱晋平译,国家文化出版公司1998年版,第136页。

③　随着卫礼贤《诗经》《大学》《论语》等译作在欧洲的传播,德国迪德里希斯出版社看到卫礼贤所翻译的中国经典的价值,于1911年与卫礼贤达成出版协议,围绕《中国的宗教和哲学》出版10部由他翻译的中国经典著作,包括先前已经出版的《论语》。这一时期,卫礼贤除继续坚持办学外,更多关注学术翻译,译介了诸多中国典籍。详见张东书《两个世界之间的文化桥梁——卫礼贤和迪德里希斯出版社》,《国际汉学》(第20辑),大象出版社2010年版,第114～128页。

④　赵尔巽等《清史稿》卷472《劳乃宣传》,天津古籍出版社2000年版,第648页。

⑤　赵琪修、袁荣叟撰《胶澳志》卷十《人物志》,1928年青岛华昌印刷局铅印出版。

⑥　《礼贤中学校二十五周年纪念册》(内部资料),转引自张大英《德国来青传教士卫礼贤与中国典籍译介》,中国海洋大学出版社2018年版,第121～122页。

⑦　〔德〕吴素乐《卫礼贤——传教士、翻译家和文化诠释者》,任继愈主编《国际汉学(第12辑)》,大象出版社2005年版,第24页。

⑧　〔德〕吴素乐《卫礼贤——传教士、翻译家和文化诠释者》,任继愈主编《国际汉学(第12辑)》,大象出版社2005年版,第25页。

学之士的交游有一定积极联系。

表面上看，尊孔文社只是卫礼贤学习、研究儒学的一个机构，在与劳乃宣等人接触后，卫礼贤对孔子、儒学的认识水平提高了，翻译儒学经典之作的深度也大有长进，特别是这一时期在劳乃宣的协助下翻译的《孟子》，为卫礼贤后面的汉学研究奠定了良好基础。卫礼贤翻译的中国经典"成为德国有文化的中产阶级崇尚的书籍，在精神躁动、寻求出路的 20 世纪 20 年代，德国的中产阶级曾特别热衷于'东方智慧学说'"①。实际上，尊孔文社不仅仅是学习研究儒学的组织，他还浓缩着中国文人儒士的经世精神与心路历程。卫礼贤对引导西方重新估价孔子地位及儒家思想起到积极作用，也激发了西方人了解儒家思想及孔子的兴趣。卫礼贤在交游中理解、反思，逐渐走向一名汉学家。

三、儒者卫礼贤与中国学院（1922—1930）

卫礼贤从 1922 年再次返回中国到 1930 年在德国去世，这一时期，西方现代性危机日益明显，中西方均进行思想文化层面的深度探索，卫礼贤以中国的东方学社和西方的中国学院为阵地，在与中外学者的交游中，实现了从汉学家到儒者的身份转变。

与第一次来中国不同，卫礼贤于 1922 年初以"科学参赞"（1921 年底，柏林外交部任命他为德国驻北京公使馆科学参赞）的身份重新来到中国，"他说服同善会对他在北京成立'东方学社'的计划感兴趣。……该研究所不再像以前的'李希霍芬研究所'那样具有浓厚的德意志民族色彩，而是致力于国际间的文化交流"②。关于东方学社成立的初衷，我们可以从卫礼贤于 1920 年底写给朋友伯伊的信中得到某些线索，"我也总在想着北京学社的事。真要能做成的话，那就太好了。这个想法是恰逢其时，这类机构早晚会出现。我相信，人类发展的最终方向，就是人的交往变得相互交错，那时就需要有这样的机构，消除国家间的误解和恶意"③。卫礼贤所谓的"恰逢其实"应该与中国爆发的五四运动以及中德国际关系有一定关系，在 1921 年《中德协约及其他文件》签订后，卫礼贤更加积极谋划。此时，正是新文化运动风生水起之际，"卫礼贤博士固深爱旧中国，然亦未尝不爱新中国。与中国新少年常多为缘。"④这种认识与交流，为其日后在西方建立中国学院奠定了良好基础。再次返回中国的卫礼贤，已经逐渐抛弃传统的传教士的身份了，转而致力于东西方之间关于科学、文学、文化、宗教间的深度交流。

"由于经济危机……德国于 1923 年精简外交人员。没有外交官正式职位的卫礼贤

---

① 〔德〕施寒微著《卫礼贤与中国》，彭蓓译，《江海学刊》2023 年第 3 期。

② 〔德〕吴素乐《卫礼贤——传教士、翻译家和文化诠释者》，任继愈主编《国际汉学（第 12 辑）》，大象出版社 2005 年版，第 25 页。

③ Wilhelm R. 1 920. Brief von Richard Wilhelm an Friedrich Boie vom 20.12. I 920 [H]. ABAdW: NL Wilhelm 11/246. 转引自徐若楠《中西经典的会通：卫礼贤翻译思想研究》，上海译文出版社 2018 年版，第 40 页。东方学社筹建和运行的具体细节，详见徐若楠《中西经典的会通：卫礼贤翻译思想研究》，上海译文出版社 2018 年版，第 39～56 页。

④ 石坦安《石坦安君特撰行述》，《大公报》中华民国十九年三月十七日第十三版第四张《德国著名汉学家卫礼贤博士逝世》。

也于 11 月被解雇了。但此时,他已经签订了一年的合同,在由蔡元培重组的北大德语系担任讲师,所以他留在了北京。"[1] 1924 年,卫礼贤回到德国法兰克福大学哲学系任教,"以讲座和练习课的形式教授中国国情和中国研究",[2] 次年卫礼贤成立法兰克福中国学院,中国学院每年都会邀请中西方著名学者以中国文化为主题进行研讨和交流,不仅有黑塞、荣格、凯瑟琳等西方学者,还有胡适、梁启超等中国学者,卫礼贤继续担任中国与欧洲"精神交流的使者"。值得注意的是,此时的卫礼贤也面临着文化冲突带来的困扰。荣格曾多次前往中国学院去听卫礼贤开讲,"听了他的讲座后,我曾试图让他注意威胁着他的危险。我说给他的话是:'我亲爱的威廉,请不要误解我的话,不过我有种感觉,就是西方的东西正再次拥有你,你对你那次将东方介绍给西方的旅行变得越来越不忠诚了。'他回答说,'我认为你说得对——这儿好像有什么东西正强烈地攫住我。可又能怎么办呢?'"[3] 这种困扰的背后,实则是其中国之心与其西方头脑间的矛盾,因为卫礼贤不可避免地要面临重新被西方同化的处境,对此,卫礼贤的中国心是不接受的。作为好友的荣格对此也很清楚,他在书信中对卫礼贤说:"我想,由于这是一次被动的被同化,即是说,是一次对环境影响的屈服,因此会产生相对而言属于无意识冲突的危险,一种他身上西方和东方精神之间的抵触。"[4] 众所周知,卫礼贤在思想传承方面,受到中国精神的影响似乎更大些,在他与中西方学者的讨论中,卫礼贤与歌德、黑塞、荣格等人都意识到了东方精神对于解救西方现代性危机的重要性。

中国学院的筹建与运营对卫礼贤的影响体现在诸多方面,最主要的是建立了当属为中西方学者交流以及直面中西文化差异的平台,重新界定了儒家思想的当代含义与精神。其实,与异乡华侨辜鸿铭的交游也影响着卫礼贤对儒家思想的接受,而卫礼贤对辜鸿铭态度的转变,在一定程度上反映了卫礼贤对儒家思想的新认识。卫礼贤与辜鸿铭(1857—1928)的相识比较早。辜鸿铭于清光绪十一年(1885)留学归国,正值中法战争,后长期任职于张之洞幕府,担任总督衙门洋文案。1902 年曾以湖广总督张之洞幕僚身份赴青岛,拜会胶澳总督特鲁泊。此时卫礼贤已参与过高密铁路事件调停,也筹建了礼贤书院,翻译了一定数量的中国典籍,在青岛有一定的影响力,二人当时是否见过面,我们目前已无从知晓。但是我们根据辜鸿铭写给卫礼贤的 21 封信[5],可以发现诸多信息:

给您回过上通信后,又收到两通来信。您为犬子承担了不少麻烦,我要表达诚挚的

---

① 〔德〕吴素乐《卫礼贤——传教士、翻译家和文化诠释者》,任继愈主编《国际汉学(第 12 辑)》,大象出版社 2005 年版,第 26 页。

② 法兰克福歌德大学,校长文件,Abt.1:51.Fol.1. 转引自〔德〕吴素乐《卫礼贤——传教士、翻译家和文化诠释者》,任继愈主编《国际汉学(第 12 辑)》,大象出版社 2005 年版,第 30 页。

③ 〔瑞士〕荣格《卫礼贤》,见《回忆·梦·思考》附录,刘国彬、杨韶友译,辽宁人民出版社 1988 年版,第 604 页。

④ 〔瑞士〕荣格《卫礼贤》,见《回忆·梦·思考》附录,刘国彬、杨韶友译,辽宁人民出版社 1988 年版,第 604 页。

⑤ 魏汉茂主编的《卫礼贤(1873~1930):在中国的传教士以及中国精神文化的传播者》一书收录 1910 年 6 月 10 日至 1914 年 7 月 6 日间,辜鸿铭写给卫礼贤的 21 封信(第 283~316 页,其中 20 封为英文,1 封为德文)。"这批书信是在卫礼贤的遗物中找到的,原件藏于德国慕尼黑巴伐利亚科学院档案馆。"详见辜鸿铭著,吴思远编译《辜鸿铭信札辑证》,凤凰出版社 2018 年版,第 112 页。

谢意。……很高兴得知您正在进行的出版计划，这会使欧洲人更好地了解中华文明……问题是怎么做才能使欧洲人了解中华文明的价值。答案很明显：让欧洲人了解中国文学。(上海,1910 年 6 月 10 日,第一封信)①

将汉语译成欧洲语言时,需要略加解释。但问题是,您可能做了或者说不应该做过度的诠释。在译文中,恐怕您已扩展了原文本身的内容,因此,您为了阐释原文的思想,就在客观上自己写作出原文之外的文本。我个人认为,如果能仅是通过翻译原文而达到阐释思想的目的,那样也许会更好。(上海,1910 年 9 月 24 日,第二封信)②

在上海的许多外国朋友都取笑我,说我对于满清王朝是一种狂热的愚忠。他们不知,我的忠诚不仅是对于皇室忠诚,因为我世代受恩于她,更是对中国宗教的忠诚,对中华文明的忠诚。一场殊死的搏斗已经展开,一方是对忠义廉耻、责任义务的信仰,另一方是崇尚利益和野心的现代欧洲式信仰。(上海,1912 年 2 月 22 日,第十二封信)③

由上我们可以发现,早在 1910 年 6 月 10 日,辜鸿铭就已给卫礼贤写回信,二者的交流的内容不仅涉及生活,也时常讨论文学作品的翻译。由"给您回过上封信后,又收到两封来信",我们基本可以肯定,二人早在 1910 年 6 月前就已经相识。二人在传播中华优秀传统文化的重要性方面,有一致的观点,但是二人就如何翻译中国经典并没有达成一致,这在辜鸿铭 1910 年 9 月 24 日写给卫礼贤的信中我们便可发现,结合此后的翻译情况来看,卫礼贤似乎并不认同辜鸿铭对翻译中国典籍方法的建议。从 1912 年 2 月 22 日写给卫礼贤一封长信来看,辜鸿铭认为,他所坚守的不仅是清朝的统治,更是对中华文明、对忠义廉耻、责任义务信仰的守护。需要我们追问的是,卫礼贤又是如何看待辜鸿铭的呢? 他的身份转变又与辜鸿铭有怎样的关系呢?

在卫礼贤的眼中,辜鸿铭的"活力和刚健的耐久力丝毫不比任何欧洲人差。……谈话的火焰就好像是闪开的火化一样迸射。……这位东方哲人的心灵和头脑中充满了各种各样的思想和感觉,包括整个世界的历史和神圣的创造计划,以及远东的精神和西方的野蛮掠夺"。④ 从中我们不难发现卫礼贤对辜鸿铭的推崇之意。但是,随着卫礼贤对中国典籍更深入的理解和更多的阐释,他与辜鸿铭在中国典籍译介方面的冲突变得更加明显。"进入 20 世纪 20 年代以后,他在一些评论文章中提及辜鸿铭时,由衷的赞美之词已消失不见,批评色彩开始鲜明起来。"⑤这在卫礼贤《中国心灵》一书中也有相关描写:辜鸿铭"虽然受过欧式教育,但执着于中国古代传统,激烈反对一切外国的东西"⑥。委婉指出了辜鸿铭做法的极端。此外,卫礼贤在 1929 年发表《中国人是一个正在消亡的文化民族吗?》中说:"尽管政治局势非常悲惨,但文化传统并未中断。前几个世纪人文传统最后的

① 辜鸿铭著,吴思远编译《辜鸿铭信札辑证》,凤凰出版社 2018 年版,第 113~114 页。
② 辜鸿铭著,吴思远编译《辜鸿铭信札辑证》,凤凰出版社 2018 年版,第 116 页。
③ 辜鸿铭著,吴思远编译《辜鸿铭信札辑证》,凤凰出版社 2018 年版,第 134 页。
④ 〔德〕卫礼贤著《青岛的故人们》,王宇洁、罗敏、朱晋平译,青岛出版社 2007 年版,第 131 页。
⑤ 方厚升《君子之道:辜鸿铭与中德文化交流》,厦门大学出版社 2014 年版,第 247 页。
⑥ 〔德〕卫礼贤著《中国心灵》,王宇洁、罗敏、朱晋平译,国家文化出版公司 1998 年版,第 25 页。

代表人物在新的时代里依然是领袖。我在这里举几个例子：康有为、梁启超、章太炎、蔡元培。"①民族领袖的名单中已不包括辜鸿铭。也就是说，在卫礼贤看来，辜鸿铭虽然在维护中国传统价值观方面有不可抹灭的贡献，但不可否认，他对外来文明的一味排斥的态度导致他最终被新时代所淘汰。

表面上看，卫礼贤与辜鸿铭的冲突是因为不同的翻译理念和方法，但实际上对儒家思想当代价值的不同理解才是深层分歧所在。与辜鸿铭的偏执不同，卫礼贤后期的翻译之作往往关注时代需求，带有较浓厚的时代色彩。以荣格为代表的学者看到卫礼贤对中国精神的继承，认为："在种种刺耳喧嚣的欧洲式的说教声中，能听到卫礼贤这位从中国归来的使者的质朴的语言，不啻于一种福音。中国思想能如草木一般随处生根，能够用平易的语言表达深刻的东西。卫礼贤的思想显然受到了这种熏陶，他使我们看到了在伟大的真理和深刻的大道中所蕴含的某种质朴的东西，他给西方的土壤移植了一株金华的嫩苗，使我们对于生命和道有了一种新的感受，使我们整日处于顽冥乖戾的紧张情绪得到了一定的解脱。"②凯泽林也称赞说："迄今为止，被授予中国人称号的只有卫礼贤，他的每一个字都让人感到他已尽得中国古典学者真传，是中国精神熏陶出来的，他在内心深处真正认同的是中国。"③但是，也有人对卫礼贤以文化平等的视角向西方传播孔子及儒学思想表示不满，称卫礼贤"作为彻头彻尾的现代人，从陈旧的矿井中淘挖古代智慧的金子，再将它转铸成可流通的硬币，有时在现代中国人眼中又显得过于中国式了，不能无条件认可他"④。卫礼贤的中国之心与其欧洲头脑之间的矛盾，一直困扰着他。但是，卫礼贤一直将中国精神用德语和德国人能够接受的方式表达出来，扩大了儒家思想在德国的影响力。

其实，卫礼贤挖掘中国智慧的目的，是"在古代中国和现代欧洲的精神之间搭建起一座桥梁，发掘出中国精神所蕴含的独特精神和普世价值。"⑤因为他认为"中国智慧成为现代欧洲的拯救者"⑥，"那正是我们所需要的和古老的中国所能给予我们的东西。仅靠模仿不能帮助我们。我们无须外在的、人工的方法去理解对我们陌生的事物，而是要发现我们自己，我们必须发现自己的深度，继续找寻喷涌生命之泉的源头。在我们所能理解的范围内，平静地接近向我们开放的真正神秘力的最深层领域是可能的。这给了我们勇气去拒绝一切外在的东西，放弃一些发生在生存外壳上的无足轻重的举止。我们将学会变成为婴儿，去找寻哺育、安慰我们的母亲，她赐予我们力量从内部去影响事物，这使我

①　Wilhelm：Sind die Chinesen ein sterbendes Kulturvolk? in：sinica.Jg.1929.S.204. 转自方厚升《君子之道：辜鸿铭与中德文化交流》，厦门大学出版社 2014 年版，第 249 页。

②　〔瑞士〕荣格《纪念卫礼贤》，〔德〕卫礼贤、〔瑞士〕荣格著《金华养生秘旨与分析心理学》，通山译，东方出版社 1993 年版，第 150 页。

③　H. Keyserling, Das Erbe der Schule der Weisheit, S.910. 转引自方厚升《"儒者"卫礼贤的文化使命：重估儒学》，《孔子研究》2021 年第 1 期，第 88 页。

④　Heinrich Hackmann, Welt des Ostens, Berlin：Verlag von Karl Curtius, 1912, S. 434. 转引自方厚升《"儒者"卫礼贤的文化使命：重估儒学》，《孔子研究》2021 年第 1 期，第 89 页。

⑤　徐若楠《中西经典的会通：卫礼贤翻译思想研究》，上海译文出版社 2018 年版，第 173 页。

⑥　〔德〕卫礼贤著《中国心灵》，王宇洁、罗敏、朱晋平译，国家文化出版公司 1998 年版，第 290 页。

们不至于在寻求成功的同时失去自我。"①。卫礼贤的确做到了,在华任教的德国哲学博士石坦安(按:斯坦恩的另外一种译法)也看到了卫礼贤在这方面的贡献,说:"(卫礼贤)非欲以汉学家自见。实欲矫正当时欧洲人(尤其德国人)对于中国人民之误解。实欲使德国人得知中国之真相及中国古昔高尚之文明,博士之工作,足使德国人耳目一新,如获异宝。此德国人所当永远感念不忘者。"②卫礼贤不仅是东西方沟通桥梁的搭建者,也见证了东西方文化间的交流碰撞。面临西方现代性危机,卫礼贤发掘儒家思想的现代意义,这是他向东方传统文化寻求的一剂良方。

从荣格纪念卫礼贤的文章中也可以看到,卫礼贤成功了。1930 年 5 月,荣格在德国慕尼黑"卫礼贤纪念会"上致辞,曰:"他对生命的研究工作对我来说有着举足轻重的意义。因为它在很大程度上阐释了并证实了我为了医治欧洲人的心灵痛苦所探索、奋斗、思索以及实践的许多东西。他的话曾使我产生了巨大的反响,他以清晰的语言阐述了许多事情。这些事情从前只是隐隐约约地出现在我欧洲式的无意识的混乱之中。与他交往,我感到受益极大,我从他那里获得的教益比从任何人那里得到的都多。"③荣格的这篇祭文,明确表述了卫礼贤与中国文化的深层关系,也清醒看到了卫礼贤在传播中国文化方面的重要意义。

卫礼贤在东方学社不仅接触了蔡元培、康有为等中国学者,同时也邀请了泰戈尔、杜威、罗素、杜里舒来华讲学,在东西交流史上留下重要一笔。④ 在法兰克福中国学院,他一如既往地同中国学者、汉学家保持密切交游,邀请胡适、伯希和在中国学院做学术讲座,也曾试图为蔡元培在法兰克福大学谋求一份教职,陪同徐志摩在欧洲旅行。徐志摩曾在《小花篮——送卫礼贤先生》的诗序中写道:"卫礼贤先生,通我国学,传播甚力,其生平所最崇拜者,孔子而外,其邦人葛德(歌德)是,今在北大讲葛德"⑤。卫礼贤所扮演的不仅仅是传教士或者汉学家的身份,而是以包容、平等之姿态,致力于东西文化交流的儒者形象。正因为如此,卫礼贤被誉为"两个世界的使者"。

结语

无论是刚到中国时以传教士身份筹建礼贤书院,还是带着汉学家的光环组织尊孔文社,亦或是以儒者胸襟建立中国学院,卫礼贤生命中的重要事业,都与儒家思想发生着密切关系。正如他在《中国心灵》前言所说:"我有幸在中国度过了生命中二十五年的光阴。……过去的二十五年之所以特别重要,原因就在于这是一个新旧交织的时代。我见识过

---

① 〔德〕卫礼贤著《中国心灵》,王宇洁、罗敏、朱晋平译,国家文化出版公司 1998 年版,第 291 页。

② 石坦安《石坦安君特撰行述》,《大公报》中华民国十九年三月十七日第十三版第四张《德国著名汉学家卫礼贤博士逝世》。

③ 〔瑞士〕荣格《纪念卫礼贤》,〔德〕卫礼贤、〔瑞士〕荣格著《金华养生秘旨与分析心理学》,通山译,东方出版社 1993 年版,第 152 页。

④ 徐若楠《中西经典的会通:卫礼贤翻译思想研究》,上海译文出版社 2018 年版,第 44 页。

⑤ 徐志摩《小花篮——送卫礼贤先生》,《晨报副刊》1923 年 3 月 23 日。梁仁编《徐志摩诗全编》,浙江文艺出版社 1990 年版,第 55～57 页。

旧中国,它的一切那时看来还将世世代代延续下去;我也目睹了它的崩溃,看着新生活的萌芽怎么从废墟中生长出来。"①卫礼贤在从传教士到汉学家再到儒者的身份转变过程,承载着义和团运动、辛亥革命、第一次世界大战、新文化运动、五四运动等中西方风云变幻之际的历史记忆。这种时代变化,也促使他重新思考自己的身份。卫礼贤以真诚开放的心态与山东巡抚周馥、前清遗老劳乃宣、进步思想领袖蔡元培、儒家思想捍卫者辜鸿铭等人交游,既传递了朋友、师生间的珍贵情谊,也在交流中促进了东西方文化的交流与碰撞。卫礼贤通过文学作品译介在东西方间架起的沟通桥梁,是对真实历史境况的时代阐释。犹如张君劢的评价:"卫礼贤不是文化研究者,而是一个文化经历者,一个文化领会者。"②卫礼贤将对儒家思想的理解,推广到对社会文化的认识,他以平等开放的胸襟理解、接受、传播儒家思想,阐释着社会关怀和政治想象。目前,我们正处在百年未有之大变局中,如何在人类文明发展的大潮流中,坚守文化自信,也许卫礼贤身份的转变可以为我们提供某些借鉴和思考。

---

① 〔德〕卫礼贤著《中国心灵》,王宇洁、罗敏、朱晋平译,国家文化出版公司 1998 年版,前言第 1~2 页。
② 张君劢《世界公民卫礼贤 MRichard Wilhelm, A World Citize)》,孙立新、蒋锐主编《东西方之间——中外学者论卫礼贤》,山东大学出版社 2004 年版,第 28 页。

学术评论

《三晟堂札记》序

刘怀荣*

摘　要: 李蛟龙是青岛市国学学会会长,也是一位收藏家,其藏品包括金石文物、名人手稿、书法、书信手札等。他还由收藏品入手,进而对近代以来与青岛有关的文化名人进行研究,其《三晟堂札记》,即是这一研究的结集。该书立足藏品实物和第一手文献,对寓居青岛的王苍、吕美荪两位文化名人及著名收藏世家——诸城王氏的金石收藏,或收罗整理其诗文作品,或考订其生平事迹,或探讨其家族文化传承。这些研究工作特色鲜明且具有开拓性。不仅提供了"文化青岛"建设的新资源,为相关人物研究的冷落局面增添了生机,也为青岛文化研究的深化做出了有益的探索。

关键词: 王苍;诸城王氏;金石收藏;吕美荪;"文化青岛"

在国内众多城市中,青岛的自然环境优越,经济发展也不乏可圈可点之处。但毋庸讳言的是,青岛城市发展史不过一百余年,文化底蕴相对不足,而对城市历史文化资源的整理发掘也不尽如人意。有鉴于此,近数十年,一批有心人以史料耙梳、人物访谈、实物搜罗等各种方式,致力于再造青岛的历史文化记忆,并取得了可喜的成绩。青岛国学会李蛟龙会长即是这样一位有心人,他从收藏入手,积多年之功完成的《三晟堂札记》(以下简称《札记》)一书,即是近期"文化青岛"建设的一项重要成果。蒙李会长信任,笔者有幸先睹为快。因工作较为繁忙,笔者用了较长的时间,才断断续续读完这部 470 页的书稿。其间颇多感慨,也甚为感动。现就个人所见,谈几点粗浅的感受。

其一,《札记》建立在人物访谈、调研、诗文辑佚,尤其是丰富的收藏品基础上,重第一手史料和实物证据,具有鲜明的学术特色。作者是以一位收藏家的身份进入到研究领域的,《王苍研究》和《诸城王氏金石收藏考证》的写作,均始于作者的收藏实践。书稿在这两部分的开头,都设有"缘起"一节对此予以说明。作者从关注王苍书法开始,进而经多方努力购得王苍的《中国古文字起源与六书》手稿,同时还收藏了王苍的部分书法作品、《书法理论》讲义油印本、与国内名流往来信函等,并辑得王苍诗文 50 余篇,从而为王苍研究奠定了扎实的史料基础。

有关诸城王氏金石收藏的研究,起于作者竞拍刘熊碑碑阴拓片。此拓片原是诸城王氏之王绪祖 1918 年从顾鼎梅处获得,后为郑爱居所藏。虽因竞拍价高达 38 万元,作者未能如愿拍得,但他因此而产生了"进一步整理王氏家族资料的想法"。同时作者还从拍卖市场购得王氏家族金石拓片 4 册,这些印制精美的拓片,曾经王氏族人王锡棨、王绪

*　刘怀荣,中国海洋大学文学与新闻传播学院教授,主要研究魏晋南北朝唐代文学、中国传统文化。

祖、王维朴及郭廷翕、刘喜海、陈介祺、王懿荣、丁树桢、罗振玉、郑爱居、王献唐等收藏大家和著名学者之手,他们或曾收藏实物、拓片,或曾对铭文、碑文做过释读。与拓片对应的实物,既有如"周格伯簋盖""大敦盖"等西周中期器物,也有"秦二世铜诏版""西汉铜铫""褒斜道小开通"等秦汉以来器物。其中的铭文和碑文,经诸家及作者的释读,可补存世文献之不足。作者将之汇于一编,与相关的文字论证相互补充,充分体现了金石收藏与学术研究结合的长处。这不仅大大提升了该书的学术价值,对史学、金石学等方面的研究也是很有价值的。

其二,《札记》在青岛人文资料整理方面有全新的开拓,为"文化青岛"建设做出了重要的贡献。《札记》由《王苍研究》《诸城王氏金石收藏考证》《吕美荪女史年谱》三个板块组成,看似互不相关,实则3个板块的历史人物,或长期寓居青岛,或短期在青岛活动,或就读于青岛,与青岛都有关系。

王苍自1942年定居青岛,先在中学任教,后为山东大学历史系教授,卒于1977年。其间除1958年至1961年因山东大学搬迁而在济南工作3年多外,在青岛生活的时间超过了30年,但有关王苍其人及其艺术、学术成就,今天已几乎湮没无闻。公开发表的文章,就笔者所见,似只有郭明华的《王苍身世考》(《青岛画报》2013年第3期)。《札记》分"探究""传略""年谱""学术及书法""附录"5部分,对王苍生平、交游、诗文、书法等,做了尽可能的钩沉、辑录和研究,并通过王苍与郑爱居、查阜西、黄孝纾、赫保真、杨枫、胡厚宣、张政烺、张朋、郑珉中等著名作家、艺术家、学者的交往,初步为我们展现了王苍渊博的学识和多才多艺的修养,可谓王苍的身后知音。

女诗人吕美荪于1930年定居青岛,1946年去世,在青岛生活16年。吕美荪成名甚早,自1905年起,她的诗文作品除在报刊发表外,曾多次结集出版单行本,因此寓居青岛之前已是文坛名人。她存世的作品有诗1050首、词19首、文142篇。仅从作于定居青岛之后的作品来看,她与陈三立、柯劭忞、蔡元培、傅增湘、杨云史、叶恭绰、王献唐、吴佩孚等各界名流,都有来往或诗文赠答;与吴郁生、沈鸿烈、葛光庭、赵孝陆、袁道冲、黄公渚等青岛本地名人,也有密切交往。她还得到时任市长沈鸿烈的支持,于1935年秋前往日本游历。旅日期间,与土屋竹雨、山本二峰、落合东郭、山田济斋等一批日本著名汉诗人及日本著名汉学家盐谷温等,多有唱和。相关唱和诗作及日本纪游文,收录于次年出版的《瀛洲访诗记》。这是中日文化交流史上的一段佳话,其影响已超出了国界。吕美荪寓居青岛期间,多次游览崂山,并作有纪游诗。当年青岛的人物、事件乃至一草一木,尤其是崂山美景,也多见于她的笔下。吕美荪还是一位教育家,是女性教育的先驱人物,她在文学与教育两方面,在全国都产生了较大的影响。2021年黄山书社出版了徐新韵点校的《吕美荪诗文集》,但就中国知网所见,截至2023年1月,涉及吕美荪的文章不过17篇,其中8篇出自徐新韵之手;专论吕美荪的文章仅有5篇,其中3篇即包含在徐新韵8篇文章之中。研究者关注度之低,可见一斑。至于在青岛,知道吕美荪的人恐怕已经很少。徐新韵点校本《吕美荪诗文集》卷尾虽附有《年谱简编》(见该书第585~612页,以下简称徐谱),但非常简略。《札记》中的《吕美荪女史年谱》,在徐谱基础上有增补,对吕美荪寓居青岛后的生平事迹尤多增补订正。如徐谱对吕美荪卒年存疑，该书则据青岛著名中医刘镜如的口述，定为 1946 年。刘镜如为青岛名医刘季三之子，其父当年曾为吕美荪治疗中风，所以他的口述可信度很高。这些工作对于推进吕美荪研究很有帮助。

　　像王苍、吕美荪这样曾寓居青岛多年的人物，数量不少，他们在青岛历史文化史上应有一席之地。《札记》对于改变这些人物被遗忘的现状，还原历史真相，拓展和深化青岛历史文化研究，是具有开创之功的。

　　其三，《札记》对诸城王氏家族及其金石收藏的研究，在近现代中国收藏史、学术史以及文化史等方面均有重要的价值。王绪祖于 1913 年送其子王维朴、王维实兄弟至青岛礼贤书院学习，因而短期往来于青岛。在同年及次年，曾与青岛藏家有交流，先后购得邓石如篆联、翁同龢书法及《古印谱》等。因时局不稳，王维朴兄弟于 1915 年即转学到南开中学读书，王氏随之举家迁往天津。因此，王氏家族与青岛的关系远不如王苍和吕美荪密切，但作为收藏世家，诸城王氏家族的影响不仅是全国性的，而且跨越了多个领域。其藏品有不少现藏于青岛市博物馆所，这是王氏家族与青岛因缘的另一方面。

　　王氏家族的收藏始于王玮庆，前后四代传承，持续一百余年。王玮庆官至户部、刑部侍郎，能文擅诗，其收藏以书画、碑帖、封泥为主，并有《蕉叶山房书画碑帖目录》3 卷传世。受他影响，其子王锡棨在父亲收藏的基础上，将收藏范围扩展至篆刻、印谱、古泉，尤钟情于古泉收藏，著有《泉苑萃珍》及《泉货汇考》《邃古斋藏古刻录》《金石家题跋存录》等。王氏第三代王绪祖，深受"甲骨文之父"王懿荣的影响，极为重视甲骨收藏，编有《殷墟书契育英》2 卷。其子王维朴则对家族收藏进行了全面整理。有学者指出："诸城王家，王锡棨、王绪祖、王维朴祖孙三代和王懿荣、王崇烈父子的收藏，基本上代表了清中期以来中国金石碑版收藏的品味和审美取向，是金石拓片收藏的精华"（张志亮《王维朴藏陈介祺吉金杂拓册》，《东方艺术》2013 年第 12 期）。这些收藏虽被王氏第五代的不肖子变卖散出，但如郑爰居、王苍等转藏者也都视为珍宝，故多保存下来，为中国历史、学术史、文化史及书法、篆刻的研究提供了珍贵的实物依据，其价值非常高。遗憾的是，学术界对诸城王氏家族的研究，除少数讨论其收藏的文章外，对其四世代表人物都重视不够。《札记》从年谱、传略、家庭情况、交游圈、收藏及研究特点、金石释读等多方面，对王氏家族代表人物进行了较为细致的考证，研究内容已不仅仅限于金石收藏，而是兼及家族人物生平和家族文化、学术等，其价值超出了青岛人文资料整理和金石收藏的范围，因而具有更广泛、深远的意义。

　　《札记》超出收藏范围的一些工作，也是很有意义的。仅以王玮庆的研究而言，其《滮舲诗话》和《沧浪诗话补注》稿本即藏于青岛图书馆，但《滮舲诗话》迄今为止仅有 1 篇研究论文；他的《藕唐诗集》《藕唐文集》《沧浪诗话补注》及其妻单莅楼的《碧香阁遗稿》，尚未见有专文讨论。这些典籍与收藏均无直接关系，但仍不乏文学、史学等方面的价值，需要引起学者们的重视。就硕士生和博士生学位论文选题而言，也是值得关注的。这也是《札记》对王氏家族研究的启示之一。

　　总的来看，《札记》能在长期关注、广泛搜罗的基础上，立足藏品实物和第一手文献，对两位寓居青岛的名人及一个收藏世家做出开拓性的研究，不仅提供了"文化青岛"建设的新资源，为相关人物研究的冷落局面增添了生机，也为下一步研究的深化做出了有益的探索。

最后，笔者想对本文开头提到的"颇多感慨，也甚为感动"做一点补充说明。之所以感慨，是因为近十几年来笔者也在青岛文化研究方面零星地做了一些工作，对晚清以来寓居青岛或往来于青岛的文人、学者有所关注。在这些人物中，如王苍、吕美荪一样，当时不失为一时人杰，而今却几乎消失于历史烟云者不在少数。在中国历史上，像这样的现象不仅仅存在于青岛，也绝非发生于一时，而是相当普遍的。大词人辛弃疾有"风流总被，雨打风吹去"的话，可谓言简意赅说尽了时光的无情。回望茫茫五千年文明史，怎能不令人感慨系之！

李蛟龙会长本是一位成功的企业家和教育投资人，作为青岛华青教育投资有限公司党委书记、总经理，他在民办教育方面取得了突出的成绩，先后创办青岛新世纪学校、青岛新世纪市北学校、青岛大学附属中学（初中、高中）、青岛崂山新世纪等多所学校。李会长荣获"2022年山东省五一劳动奖章"，正是他在教育领域实至名归的见证。不过笔者在此想说的，还是与这部《札记》有关。李会长不是科班出身，按现在的学术规范，《札记》也许还有不足和改进之处，但笔者更看重的是他对文化传承的责任担当。对他而言，《札记》的完成出于自觉，这份责任担当发自内心而与功利无关，这才是最让笔者感动的。

城市文化的传承，离不开一代又一代学人薪火相续的不懈努力，民族文化的传承更不能例外。中华文化之所以能如浩渺长河一样，绵延不绝，从远古流淌至今，靠的也正是历代圣贤的责任担当和递相传承。如果能多一些像李会长这样有责任担当的有心人，曾颇受"文化沙漠"讥评的青岛，怎能不焕发出更迷人的人文光彩？除夕已至，新春肯定会有更多的美好让我们惊喜！

2022年除夕于青岛居实斋

民俗事象的文学性考察

——以《唐人小说与民俗意象研究》为例

郭倩倩*

　　摘　要：民俗意象是民俗事象的文学运用和文学创造，在唐人小说中，创作主体通过使用民俗意象参与小说叙事建构、表达自身审美趣味。《唐人小说与民俗意象研究》在探寻唐人小说民俗意象形成、演变的基础上，对民俗意象在小说中的人物塑造、情节建构、主题表达等多方面功能进行了深入阐释，是研究唐人小说与民俗意象的重要著作。以《唐人小说与民俗意象研究》为参照，探讨民俗意象在唐人小说中的文本生成与书写维度，可以为"唐人小说与民俗意象"话题提供视角的补充。

　　关键词：唐人小说；民俗意象；文本生成；书写维度

　　唐人小说不仅表达了士人的生活与情感，也反映了当时社会各阶层的时代风貌，其兴盛是中国文言小说走向成熟的重要标志，在中国古代小说史上具有重要意义，其中涉有的大量民俗内容，为研究唐代社会提供了文学与史学价值兼具的丰富材料。《唐人小说与民俗意象研究》选取唐人小说中典型的民俗意象，采用主题学、叙事学与美学等研究方法，探寻民俗意象在唐人小说中的形成、演变，分析其在人物塑造、情节建构、主题表达方面的功能，是民俗研究与文学研究相结合的重要著作。本文为《唐人小说与民俗意象研究》的读后作，阅读之余，笔者感叹于作者对唐人小说的旁征博引，书中所引唐人小说民俗意象材料之丰富，使阅读兼具学术价值与审美趣味。思虑良久，笔者拟从"民俗事象的文学表达——民俗意象"为切入点，结合书中关于唐人小说与民俗意象之述评，考察民俗意象在唐人小说中的文本生成与书写维度，为"唐人小说与民俗意象"话题提供一个可探讨的视角。

一、民俗意象的文本生成

　　从古到今，理论家们对意象的阐释与运用可谓十分复杂。① 《周易·系辞》有言："子曰：'书不尽言，言不尽意。'然则圣人之意，其不可见乎？子曰：圣人立象以尽意。"② "立象尽意"之说虽不直接指向文学，却以哲学和理念的方式勾连原始的象征思维，对后世文学"意象之说"产生重要的影响。第一次将意象用于文学理论研究的是刘勰《文心雕龙·神

---

　　* 　郭倩倩，中国海洋大学文学与新闻传播学院博士研究生，研究方向为中国历代民间文学与民俗文化。

　　① 　杨义《中国叙事学》第四章《意象篇》对意象概念及其演变有较为详细的论述。参见杨义《中国叙事学》，商务印书馆 2019 年版，第 355～450 页。

　　② 　王弼注，孔颖达疏《周易正义》，北京大学出版社 1999 年版，第 291 页。

思篇》："独照之匠，窥意象而运斤"①，指出创作过程中物象与心象的审美融合状态。清代诗论家叶燮对意象概念则有更高程度的综合，认为"必有不可言之理，不可述之事，遇之于默会意象之表，而理与事无不灿然于前者也。……要之作诗者，实写理事情，可以言言，可以解解，即为俗儒之作。惟不可名言之理，不可施见之事，不可径达之情，则幽渺以为理，想象以为事，惝恍以为情，方为理至事至情至之语"②。意象在创作过程中融合了作者的神思、才学、意趣，在原本的表象与意义之外发生变异与升华，其在作品中的广泛组构，深刻塑造着中国文学的审美品格。杨义认为，"'意象'一词也许是中国诗学中最具特征性的术语之一。尽管在古代诗评中使用得相当零散而不成系统，但它却渗透在诗人的血肉灵魂之中，渗透在他们感觉世界和表达世界的诗性智慧之中，几乎成了一种'文化的本能'"③。意象概念在诗歌与书画领域不断完善、深化的同时，亦渗透于在古代逐渐得到发展的叙事性文体中，进入小说等叙事文体的意象，可以视为诗学意象在叙事领域的扩展和艺术美学对叙事文学的泛化，同时，意象的精致组构，能够对作品的审美表达和完整呈现产生重要的内在影响——"意象分析理应成为有中国特色的诗学和叙事学的重要命题"④。

　　李剑国先生认为，"从整体上、本质上看，唐人小说属于士人文学，明显有别于通俗小说"⑤。唐人小说带有鲜明的文人创作的色彩，其民俗书写自有别于对现实民俗事象的白描，唐人小说中的民俗，是经过作者筛选而创造生成，经由现实"民俗事象"向文学"民俗意象"转化的民俗，正如《唐人小说与民俗意象研究》中提到的："……唐人小说中的这些民俗存在，有异于现实生活中的民俗，是小说故事结构不可分割的组成部分，经作者据小说的主题表达、人物塑造与叙事建构需要而增益、删减、截取，乃至提炼、改构，已经成为一种与小说故事情节密切相关的文学性意象了。"⑥注重民间习俗与民间信仰价值的民俗意象，在唐人小说中不仅具有特定的民俗文化意涵，更是作者表达特定情感的载体，具有特定的叙事意义。

二、民俗意象的书写维度

　　唐人小说中的民俗意象，既与现实生活中的民俗事象发生千丝万缕的联系，又因文人的创作呈现出鲜明的文学性，其书写维度可以从"稳定性"与"变异性"、"实写性"与"虚构性"两个层面加以考察。其中，"稳定性"与"变异性"侧重"民俗意象"的"意象"层面，体现出对民俗事象的创造性使用——如前文言，唐人小说中的民俗意象是经由文人创作发展而得的文学意象，在表达具体民俗事象特定含义的同时包含了创作者的主体情思，稳

　　①　刘勰撰，王利器校笺《文心雕龙校证》，上海古籍出版社 1980 年版，第 187 页。
　　②　文燮撰，霍松林校注《原诗》，《原诗 一瓢诗话 说诗晬语》，人民文学出版社 1979 年版，第 30～32 页。
　　③　杨义《杜诗复合意象的创造》（上篇），《中国文化研究》2000 年第 2 期。
　　④　杨义《中国叙事学》，商务印书馆 2019 年版，第 370 页。
　　⑤　李剑国《从现实生活到小说意象：民俗如何在唐人小说中呈现——熊明新著〈唐人小说与民俗意象研究〉评介》，《辽东学院学报》（社会科学版）2016 年第 4 期。
　　⑥　熊明《唐人小说与民俗意象研究·前言》（增订本），上海古籍出版社 2020 年版，第 2 页。

定发展的同时亦在发生变异;"实写性"与"虚构性"则侧重"民俗意象"的"民俗"层面,探讨作为"民俗"的意象在文人小说叙事中的特色呈现——唐人小说中的民俗意象既包含客观的意象,又包含虚构的意象,是民俗中物质实体与观念实体并存的体现。结合《唐人小说与民俗意象研究》一书对唐人小说民俗意象进行"稳定性"与"变异性"、"实写性"与"虚构性"的考察,有助于梳理民俗意象在文人小说中的文本呈现理路,进一步解锁民俗意象在文人小说中的叙事密码。

(一)民俗意象的"稳定性"与"变异性"

对民俗意象在唐人小说中稳定性与变异性的讨论,主要是围绕小说创作者对民俗事象的筛选、加工过程展开的。创作者对唐人小说中的民俗事象进行有选择的加工再造,使其成为特定的民俗意象的同时,也决定了民俗意象在小说中的"稳定"与"变异"情况,并对后世小说家运用民俗意象进行创作产生影响。

在小说创作过程中,创作者将某些具有典型代表性的民俗物象融于小说创作之中,使其成为一种具有稳定性、能够表达时代风貌与个体审美的民俗意象,这种民俗意象多包含有民俗物象约定俗成的含义,并容易在传播与接受过程中逐渐形成文化心理的深层联结,具有象征特定文化的符号价值。例如最早出现在唐人李复言小说《续玄怪录·定婚店》的月下老人意象,以"赤绳"系夫妻之足,掌"天下之婚牍"①,即是命定观念在婚恋领域的艺术化与形象化,而后多见于小说中,得以广泛传播,逐渐成为后世为男女姻缘牵线搭桥的姻缘之神;受佛教经典影响,唐人小说中的龙宫不仅是龙王居住的地方,亦藏有大量的宝货,尤以《洞庭灵姻传》柳毅入龙宫所见珍宝无数为后世熟知,龙宫也因此成为藏宝之宫,对后世《西游记》等神魔小说的创作产生深远影响……此类被赋予特定文化符号的民俗意象,在后世的文学沉淀与艺术呈现中形成稳定的象征意涵,即民俗意象的"稳定性"体现。

除此之外,作为"士人文学"的唐人小说,其中亦不乏作者对此前约定俗成的民间人物形象进行文学性改构的尝试。发生"变异"的民俗意象呈现出士人文学独有的艺术特质,表达作者独特的审美与艺术取向的同时,为小说主题增添了新的内涵。例如,中国传统文化中的织女本是爱情坚贞执着的化身,然而,在唐人张荐的小说集《灵怪集·郭翰》篇中,织女因"久无主对,而佳期阻旷,幽态盈怀,上帝赐命游人间"②,得遇郭翰与之结缘,并于七夕前后回到天上与牛郎相会,成为不专不贞的风流天仙;品级甚高的上元夫人在唐人裴铏《传奇·封陟》中纡尊降贵、卑微求爱却仍被"心如铁石"的封陟严词斥喝,最终感伤离去……唐人小说中不乏对忠贞、尊贵的女神形象加以改构的再创作,实乃文人呈竞才华、表达情感的手段,作者借意象的改构体现其主体意识,表达内心不便言说的幽微思绪。这种对原有民俗事象的"反动"性创作,使原有的民俗意象建构出新的象征意义,既挑战了传统民俗意象的稳定内涵,也开启了审视民间传统神仙形象的新视角,体现出

① 《续玄怪录》卷4《定婚店》,见李复言撰、程毅中点校《玄怪录 续玄怪录》,中华书局1982年版,第180页。
② 李昉等《太平广记》卷68《女仙十三·郭翰》,中华书局1961年版,第420页。

民俗意象在小说创作中的变异性特点。唐人小说所体现的民俗意象的稳定性与变异性，看似两种矛盾的创作理路，实则是文人通过意象的筛选和借位表达自身的一种方式，体现了唐人小说作为"士人文学"的创作主体性。民俗意象在其稳定性与变异性中进行意义的增叠与重构，亦对后世小说家筛选与使用民俗意象产生影响。

(二)民俗意象的"实写性"与"虚构性"

对民俗意象"实写性"与"虚构性"的探讨，主要是围绕"民俗"这一意象类别在唐人小说中的叙事进行的。古典诗歌多借助山水、花月等自然物象立意抒情，袁行霈认为，"意象是融入了主观情意的客观物象，或者是借助客观物象表现出来的主观情意"①，此处多意指诗人借自然景物等实体意象抒发内心情志的行为。然而，文体的差异亦会影响创作者对意象的选择，文人小说中所使用的意象与诗歌创作的意象多有不同，其意象的使用更多注重其叙事意义，其民俗意象既有体现民间趣味的实写的一面，又有表达作者创作妙思的虚构的一面，信仰、习俗、故事传说等民俗意象对情节等叙事产生影响，是文人小说中常见的意象选择。

钟敬文将民俗事象大略分为物质民俗、精神民俗、社会民俗和语言民俗四部分。②《唐人小说与民俗意象研究》对以上各类民俗意象皆有指涉，体现了作者研究视野之全面，其前言中即指出，"唐人小说中民俗意象的运用十分广泛，根据其来源的不同，大致而言，主要有三种类型：一是唐代社会民间普遍观念在唐人小说中经形象化与艺术化的处理而生成的民俗意象，可称之为观念型民俗意象；二是唐代社会民间习惯性社群民俗活动在唐人小说中经特殊化与典型化的处理而生成的民俗意象，可称之为风物型民俗意象；三是民间神话传说人物在唐人小说中经改构甚至重构而生成的民俗意象，可称之为人物型民俗意象"③。笔者拟将唐人小说中出现的意象分为"实写"与"虚构"两种，将能够在客观现实中得以反映的民俗意象，例如物质民俗、岁时节气、俗信风尚等定义为"实写"的民俗意象，而将经过文人想象、具有浪漫色彩的神仙传说等视为"虚构"的民俗意象。结合《唐人小说与民俗意象研究》中的意象分类观之，风物型民俗意象虽是经过作者特殊化与典型化的处理，在唐人小说的呈现亦多呈实写描摹之态，展示出唐人小说"唐代社会百科全书"的载录特点，而"月老"等观念型民俗意象与牛郎织女等人物型民俗意象融合了社会集体想象与文人的奇思妙想，具有一定的虚构性。纵览全书，除第三章《唐人小说与节庆宴聚习俗》多是对现实世情的"实写"外，其余各章皆在摹写婚恋俗尚、游艺行旅等

① 袁行霈《中国古典诗歌的意象》，《中国诗歌艺术研究》，北京大学出版社 1987 年版，第 63 页。
② 钟敬文在对民俗事象划分四大类之时，对其四类概念与下一级的包含事象进行了分类讨论。其中，物质民俗包括物质生产民俗、商贸民俗、饮食民俗、服饰民俗、居住民宿、交通民俗和医药保健民俗等，社会民俗包括社会组织民俗(如血缘组织、地缘组织、业缘组织等)、社会制度民俗(如习惯法、人生仪礼等)、岁时节日民俗和民间娱乐习俗等，精神民俗主要包括民间信仰、民间巫术、民间哲学伦理观念以及民间艺术等，语言民俗则包括民俗语言和民间文学。参见钟敬文《民俗学概论》(第二版)，高等教育出版社 2010 年版。
③ 熊明《唐人小说与民俗意象研究·前言》(增订本)，上海古籍出版社 2020 年版，前言第 3 页。

世俗风貌的同时,融合了冥幽沟通、异类婚恋①等叙事性的民俗想象,尤其"游戏女神""龙王龙女"等角色的设定及人与神、妖、鬼等幻想角色产生婚恋的情节,鲜明地展现出唐人小说民俗意象的虚构色彩,暗合了唐人小说"幻设为文"的创作特质。从小说史的角度看,鲁迅先生指出,"传奇者流,源盖出于志怪"②,汉魏六朝志怪小说一直被视为唐传奇小说的重要源头,是唐人小说民俗意象的"虚构性"呈现,体现出唐人小说创作的思多虚构、语出志怪的特点。

从叙事的层面看,"实写"的虚构意象与"虚构"的民俗意象虽都在唐人小说中有所呈现,但参与叙事的功能却多不同。"实写"的节庆、宴聚、医事等风物型民俗意象是非叙事性的意象,它们往往不具备叙事的功能,多为小说创作提供背景的支持;而"虚构"的观念型民俗意象、人物型民俗意象则多直接参与小说的叙事,其中,经形象化与艺术化处理的观念型民俗意象,在小说中往往以主人公的"辅助者"身份呈现,例如体现特定的姻缘、生死、幽冥观念的月老、道家仙君等往往具有上帝视角,通过制造难题或帮助主人公解决难题,推动故事情节的发展;人物型民俗意象则多为小说主角,对小说情节的发展产生决定性作用。

将《唐人小说与民俗意象研究》中所提到的观念型、风物型、人物型三种类型的民俗意象以"实写"与"虚构"的维度加以区分,能够更清晰地展现作为"民俗"的意象在叙事作品尤其是古代小说中所具备的特质。值得注意的是,呈现于唐人小说中的各类民俗意象,无论"实写"与"虚构",都交织、融会于作者的妙思之中,呈现出"你中有我、我中有你"的态势,以"月老"这一观念型民俗意象为例,在《唐人小说与民俗意象研究》中,月老因其背后蕴含着特定的民间信仰而被归类于观念型民俗意象,然而在小说的具体叙事中,月老意象与姻缘天定的民间普遍观念难以进行严格的区分,士人书写月老"以红绳定姻缘"行动的同时,表达着自身对理想爱情的憧憬与渴望。

三、余论

《唐人小说与民俗意象研究》在书写各项民俗意象时,并未将各类民俗意象截然分开,而是以划分典型主题的方式,对小说中涉及的民俗事象进行集中叙述,例如第六章《唐人小说与龙及龙宫俗信》将龙的神性、人性、物性与"储宝货"的龙宫意象加以统合,从"信"与"俗"、"人"与"事"的各个层面开展小说中的"龙"主题研究;书中所展示的部分民俗意象亦是数种不同类型民俗意象的交叠,具有多重民俗意义,如第一章第四节的"冥婚之俗",便是时代婚俗与幽冥观念的复合产物。列举各类民俗意象时,《唐人小说与民俗意象研究》不仅着眼于各类民俗意象呈现,更以历史的眼光,在梳理唐前文献所载民俗意象的基础上,追溯小说中民俗意象的形成过程,勾勒其演变轨迹,例如在论述第四章《唐

---

① 异类婚故事之"异类",是指创造于幻想手法的,虽与人相异却可以与人发生婚恋的配偶,异类婚恋,大体可分为现实视野中的与动植物的"物婚"与宗教视野中的与神仙鬼怪的"幻想婚"两类,《唐人小说与民俗意象研究》中的异类婚恋,以与神仙鬼怪的幻想婚恋居多。

② 鲁迅《中国小说史略》第八篇《唐之传奇文》(上),上海古籍出版社1998年版,第94页。

人小说与龙及龙宫俗信》时，将文献传说中龙的形象、神格与小说中的人格化"龙王"对应，缕析文献中伴随物形龙出现的雷电风雨与小说中相伴人形龙呈现的疾风暴雨之关系，讨论龙为水物、能生雨水等信仰观念在唐人小说中的延伸情况。

论述之余，笔者拟对该章第三节"龙宫与宝货"的民间信仰来源进行讨论。作者在追溯"龙宫宝货"的来源时，指出这一民间信仰与《佛说海龙王经》《大法炬陀罗尼经》等佛教经典密切相关，并运用丰富的材料予以论证。此外，笔者亦注意到，在我国古典文献典籍中，亦有"龙之居所存有宝藏"的相关论述。《庄子·列御寇第三十二》载，"河上有家贫恃纬萧而食者，其子没于渊，得千金之珠。其父谓其子曰：'取石来锻之！夫千金之珠，必在九重之渊而骊龙颔下。子能得珠者，必遭其睡也。使骊龙而寤，子尚奚微之有哉！'"①该故事载录了骊龙之渊藏有宝藏的情节，佛教传入以后，昔日于九重之渊获取骊龙宝珠的故事逐渐转换为一种新的话语，"龙王"信仰逐渐取代了"骊龙"叙事，龙之居所也由"九重之渊"逐渐演变为具有佛教色彩的"龙宫"，由历代有关龙居所藏宝的叙事演变而思之，《庄子》之载录是否可以视为龙宫取宝故事的本土源头，"龙宫存宝"的信仰是否由佛教经典叙事与中国本土叙事合流而塑，尚有待于进一步讨论。

在唐人小说中，"雅"与"俗"，本不是一个能够被截然分开的概念。结合《唐人小说与民俗意象研究》与本文"民俗意象的文本生成""民俗意象的书写维度"的论述，笔者认为，小说的创作不仅受民俗事象的广泛影响，也对民俗事象的形成施加着作用。在文学场域中，文人小说与民间故事具有千丝万缕的联系——小说与故事之间存在着深刻而复杂的影响机制，例如，民间"幻想故事"中的"异类婚"故事、客店奇遇故事等都是重要的民间故事类型，其故事类型转化为民俗意象时，在唐人小说中产生了鲜活的创造力。《唐人小说与民俗意象研究》以唐人小说中的民俗意象为考察对象，以主题形式串联唐人小说中的民俗意象，为读者呈现了一幅百科全书式的唐代民俗图景，正是作者对民俗意象的着意采笔，才使其研究侧重于民俗事象的文学运用、阐释和美学研究，其"见雅见俗"的论题在展示唐人小说民俗意象的同时，勾勒着人们的心灵世界。

---

① 王先谦集解，方勇导读、整理《庄子》，上海古籍出版社 2009 年版，第 335 页。

独辟新视角，开拓新境界

——《晚唐五代士风递嬗与古文变迁研究》读后

王瑞雅*

摘　要：在唐宋古文发展过程中，晚唐五代是重要的过渡期。《晚唐五代士风递嬗与古文变迁研究》一书立足文本，对这一时期古文观念及创作演变做了细致的分析。该书问题意识鲜明，采用立体化、多视角的研究方法，对于重新认识晚唐五代古文的文学史意义和深入理解唐宋古文运动，均颇有助益，是一部具有开拓性的著作。

关键词：晚唐五代；古文；士风；古文运动；新视角

"古文"之名出现较早，但作为一个相对明确的文体概念，是中唐时代才正式形成的，它指的是以单行散体为主要句式的文体。中唐韩愈、柳宗元等人抨击骈文空洞华丽的文风和过分形式主义的弊端，大力提倡这一文体，遂使古文革新在中唐时期蔚然成风，推动了唐代古文的发展。

纵观唐宋古文发展的整体进程，中唐和北宋中期是其中的两个高峰，大多数前辈学者的重要著作和经典论文集中于此。一方面，这是因为韩柳所代表的中唐和欧苏所处的北宋中期，确实是古文发展的繁荣期，不仅涌现出一批经典作家和作品，而且与古文相关的重要学术问题，也与这两个阶段有着千丝万缕的联系；另一方面，这一研究趋向也造成了对一些古文低潮期的忽视与遮蔽，形成了学术研究中的盲点。晚唐五代正是这样的低潮期。文学史著述中一般都认为此一时期是古文创作的低谷，缺少代表性作家和作品，因而后世的相关研究成果较少，尤其是针对晚唐五代古文进行全面深入研究的著作更是凤毛麟角。这不仅限制了对唐代古文认识的深化，不利于揭示唐宋古文发展的实际进程，也无法准确回答中唐古文衰落的历史根源和北宋中期古文复振的背景等重要问题。晚唐五代时期虽然骈文复盛，但古文的生命力并未完全消歇，韩门弟子在晚唐仍有很大的影响力，杜牧等古文大家还在不断开拓创新，甚至连李商隐这样的骈文经典作家也有不同流俗的古文作品传世，皮日休、陆龟蒙和罗隐等作家也非常活跃。这些都显示出晚唐五代古文与骈文的消长关系，及其鲜明的时代性、过渡性和复杂性特征。

基于上述古文研究的学术现状，李伟教授在《晚唐五代士风递嬗与古文变迁研究》（上海古籍出版社 2022 年版）一书中，打破常规研究视野，将"晚唐五代"和"古文"联系在一起，将这一时期的古文创作置于唐宋古文发展史的宏观视野中，进行深入考察。并结合科举制度、士风嬗变和思想观念等各种因素，提出并着力解决有关晚唐五代古文及其

---

*　王瑞雅，中国海洋大学文学与新闻传播学院古代文学硕士研究生。

历史影响的一系列深层次问题，从而填补了唐宋古文研究链条中的阶段性空白，更为全面而立体地揭示了唐宋古文发展的整体脉络。就笔者浅见，针对晚唐五代古文的研究，本书的立论视角和研究内容有以下几个特点。

一是从文道关系的嬗变切入，探讨晚唐五代"道"的内涵演变及其对古文的影响，展现这一时期古文创作的情况。葛晓音在论及唐代古文运动时曾指出："文体的革新取决于'道'的内涵的更新"①，作者循着这一思路，在厘清晚唐五代对"道"的理论认识的基础上，进一步从"文"的方面系统考察晚唐五代古文各阶段的发展，分析当时的古文家是如何处理文道关系和进行文体创新的。晚唐五代文章之"道"的内涵是多样的，值得关注的看法有两种：一是崇尚伦理教化、以典谟雅颂为典范的传统宗经观念，二是以"居安思危"的政治观为基础所形成的重视谏诤的文学观念。与"道"的观念相对应，晚唐五代时期的文章创作呈现出复杂多元的态势，形成颂美盛世与讽喻现实两种趋向，它们各有创作群体，并在不同的场合承担着迥然相异的功能。

为了更透彻地说明文与道的关系，作者引入"子学精神"，在道与文的转化中加进了创作主体这一中间环节，探讨"道"是以何种方式与古文写作发生联系。李伟在《汉唐文学的多维文化透视》一书中，已注意到古文运动与"子学精神"之间的内在关系，认为"与立言不朽具有密切关联的子学精神在中唐的复兴，为士人关注现实并在自己的创作中紧密联系时势提供了丰厚的思想资源，这也为此后的古文运动能沿着正确的道路前进作出了有益的启示"②。在该书中，作者颇为细致地论述了韩、柳等古文作家对以重视个性精神、具有现实关怀、要求成一家之言为特征的"子学精神"的继承，并以此为线索审视晚唐五代古文创作，发现韩门弟子李翱和皇甫湜割裂"文"与"道"的联系，对创作主体在由"道"及"文"过程中所体现的个性特征重视不够。而李商隐将早年的古文创作经验落实于表现自我思想，刘蜕在创作思想上表现出强烈的个性色彩，都继承了韩愈、柳宗元古文的文化精神。

二是从士人人格的精神趋向和士风递嬗切入，研究古文的创作和演变。韩愈在中唐时代以儒学转型带动古文革新，借此实现其政治革新的现实目的，他高扬孔孟儒学的心性传统，并以此作为士人安身立命的根基，正如韩愈在《答李翊书》中所言："仁义之人，其言蔼如也"③，这其实也是先秦儒家以个体修身作为士人从政及为文之必要前提的文明传统的复兴。韩愈的这一思想，对中唐士人的政治实践和古文创作产生了深刻影响。这一点在晚唐五代也得以延续，本书以唐末小品文和五代奏疏文章为例，做了很好的说明。学者们研究唐末小品文，多注意到鲁迅在《小品文的危机》中"正是一塌糊涂的泥塘里的光彩和锋铓"④的论断，而李伟则深入士人生活和社会文化背景，思考小品文的兴起，关注小品文的创作主体，发现他们多是典型的寒士阶层，因而对底层民众的生活和普通士人

---

①　葛晓音《汉唐文学的嬗变》，北京大学出版社 1990 年版，第 156 页。
②　李伟《汉唐文学的多维文化透视》，山东教育出版社 2021 年版，第 211 页。
③　韩愈著，屈守元、常思春主编《韩愈全集校注》，四川大学出版社 1996 年版，第 1454 页。
④　鲁迅《魏晋风度及其他》，上海古籍出版社 2010 年版，第 318 页。

的艰辛非常了解,其作品贴近社会现实,是唐末寒士文学的重要组成部分。作者还注意到,五代时期数量众多的奏疏类文章与当时的士风有着极为密切的关系。奏疏具有浓厚的论谏色彩,或论国之大事,或纠正时政之偏。以往观念认为五代时期是武人当道、文士寥落的时代,但谏议奏疏却透露出他们仍然有积极入世的士人精神。

作者重视"道""士风"与"文"三者之间的互动关系,于古文运动文道关系中,考察古文家的思想特点,并通过对晚唐前期士风讨论的分析,认为此时士人对"道"的理解,已与其主体人格有了直接的关联。五代奏疏类文章对谏诤品格的强调,不仅是"居安思危"理念影响的结果,也与这一新趋向密切相关。

三是将晚唐五代古文作为唐宋古文发展的中间环节和过渡阶段,探讨其与中唐古文的联系及对北宋古文的影响。作者认为,晚唐五代古文作为中唐和北宋中期两个古文高峰之间的过渡阶段,在思想和创作上具有新旧混融的复杂性。并从文道关系入手,不仅解释了古文在晚唐五代走向衰落的原因,也指出这一时期实际上也是北宋古文再次崛起的酝酿期。

对于晚唐五代古文与唐宋古文的联系,该书主要是从如下两个方面展开论述的。

首先,晚唐五代古文创作具有承上启下的时代意义和历史贡献。孙昌武先生认为,晚唐时期仍然是"古文运动"进一步发展和延续的时期,当时一些古文作家在思想观点与文学主张上大体与韩、柳一致。① 李伟进一步指出,以韩门弟子为代表的偏离文道合一传统的古文、以杜牧为代表的切中时弊的经世古文,以及以皮日休、陆龟蒙、罗隐为代表的抨击时代黑暗的讽刺小品文,与北宋道学家、政治家和古文家的三类古文有着明显的渊源关系。道学家继承的是李翱重道德性理的古文,司马光和王安石重视经世才识的古文深受杜牧古文的影响,欧阳修、苏轼等古文家则与李商隐、皮日休、陆龟蒙等人的古文思想一脉相承。

其次,北宋古文运动中的一些现象和思想倾向,可以在晚唐五代找到渊源。作者注意到,晚唐五代至宋代古文评点中,为数甚多的"韩、李"并称,与传统"韩、柳"并称不同,强调李翱在创作中继承了韩愈古文中"道"的因素,体现出这一时期对古文儒学道统意义的重视。在这一背景下,我们更能通达地理解王通在晚唐五代乃至北宋儒学道统中地位提升的深层文化原因。李伟从长时段的文化发展史中发现了儒学影响后世古文的新迹象,由此得出的结论颇有创见。

该书内容丰富,对晚唐五代时期古文发展的阶段性特征、重点作家作品、地域特色、文体演变及其与骈文对立消长之关系进行了更为深入的探讨。由于研究视角和理论方法的创新性,通过大量研读晚唐五代的古文作品,作者在书中形成了不少独到的见解。与前贤研究相比,本书开拓创新之处在以下三个方面表现得尤为突出。

其一,此前对晚唐五代古文的研究,或只关注个别重要作家和小品文,或采用传统文学史以时代先后为序、面面俱到地描述现象的方法进行梳理。该书完全摒弃了常规写法,抓住代表作家和颇具时代意义的文学现象进行深入剖析,然后以点带面,结合时代背

---

① 参见孙昌武《唐代古文运动通论》,中华书局 2019 年版,第 264~265 页。

景展开分析，从而对晚唐五代时期的古文变迁做出全面深入的阐释。如杜牧古文关涉制度、兵事和科举等问题，反映出他关注现实的经世致用之情。李伟认为，杜牧的古文与中晚唐学术思潮的持续影响密切相关，这为研究杜牧古文提供了一种新思路。中唐以来儒学思想中王道政治、礼乐之道因时势而发生变化，由此导致士人的人才理想由初盛唐推重文儒型到中晚唐重视吏能型的转变，这是杜牧古文重视用世精神，极力推崇具有实际干才官员的现实原因。除重要作家作品外，作者对晚唐五代墓志铭和厅壁记也做了详细研究，可以填补目前研究的空白。

其二，作者具有鲜明的问题意识，从晚唐五代古文中发掘出一系列深层次的理论问题，如"如何理解中唐古文经过韩、柳创作的高潮后却在晚唐五代迅速走向衰落？而处在晚唐五代骈文复盛时期的古文又是在怎样的发展历程中逐渐酝酿着在北宋再次崛起的生机？晚唐古文是否继承了中唐古文革新的精神？怎样辨清中唐古文衰落的真正原因，才能避免古文创作走入歧路？骈文与古文的文体对立最终对古文的未来发展产生何种影响？"①该书在每一章的开头，均先说明该章所要解决的问题，然后在后面叙述中做出回答。如第三章探讨韩门弟子的古文创作，先点明一般文学史著作认为这些作品代表古文走向衰落，然后提出他们的创作从哪些方面表现出古文衰落的迹象，以及其古文是否还有值得肯定之处两个问题，最后从文道关系出发剖析韩门弟子古文创作情况，并进行客观评价。一系列问题的提出和回答使著作思路更加清晰，也保证了全书观点的原创性。

其三，该书采用立体化、多视角的研究方法，对晚唐五代古文变迁及特点做了深入细致的研究。作者不仅用文学史流动的眼光将晚唐五代古文作为唐宋古文运动之间的过渡，而且注意到古文运动的本质是一场具有深远意义的思想和政治改革运动②，因而进行古文研究还要具备相关历史知识背景，从内因出发来寻找外因。如作者发现晚唐前期士风问题备受关注，且与现实政治有密切关系。李德裕、韦处厚等人提倡君子人格的文章，涉及科举取士和国家选贤任能两方面的问题。其背后原因可归结为当时科举选拔人才有"浮薄"的不良倾向和朋党之争中复杂的政治形势。"道"与"士风"是该书研究古文创作的重要视角，同时作者也非常重视文学不同体裁之间的互动，骈文与古文的对立消长关系以及唐末寒士诗人的刺世之作与小品文创作的关系，都是深入阐释晚唐五代古文发展情况的新角度。

总的来看，该书问题意识明确，在吸纳前人研究成果的基础上，采用新方法，引入新视角，对"热中之冷"的晚唐五代古文做了全新的开掘，努力沟通文学研究的内因和外因，提出并解决了若干理论问题，在晚唐五代古文研究方面多有突破，对于重新认识晚唐五代古文的文学史意义，深入理解唐宋古文运动，均具有重要的学术价值。

---

① 李伟《晚唐五代士风递嬗与古文变迁研究》，上海古籍出版社 2022 年版，第 11 页。
② 参见李伟《晚唐五代士风递嬗与古文变迁研究》，上海古籍出版社 2022 年版，第 37 页。

征 稿 启 事

　　《青岛文化研究》是中国海洋大学中国传统文化研究中心与青岛古典文学研究会联合主办的学术论文集,由中国海洋大学出版社出版。现将相关要求说明如下:

　　1. 立足青岛文化史,主要采用传统文化与古典文学、齐鲁文化、青岛文化研究方面的稿件。常设栏目有传统文化与古典文学研究、齐鲁文化研究、青岛文学研究、青岛历史文化研究、青岛文化名人、青岛文献研究等。

　　2. 稿件须为未刊稿,翻译稿须加附原文,并提供原作者同意翻译出版的授权证明。本书只接受 word 文档电子版,有特殊文字和图表等容易出错的稿子,请同时另付 PDF 格式稿。专题特稿可不超过 3 万字,其他稿件字数(含注释)请控制在 1.5 万字以内。

　　3. 论文题目应简洁,原则上不超过 25 字。为方便审稿,论文题目采用宋体三号加粗,以"标题二"格式居中;论文二、三级小标题以"标题三"格式左空两格,不居中。论文最多至三级标题。

　　4. 作者署名楷体 5 号顶格居右:【作者姓名*】,并在首页页下注第一行附:＊作者简介(姓名、单位、职称,主要研究方向);如论文为基金资助项目阶段性成果,请置于作者简介后,说明主持或参与基金项目的名称、来源、编号。

　　5. "摘要""关键词"5 个字黑体 5 号,摘要(300 字左右)与关键词(3～5 个)正文楷体 5 号;论文正文宋体 5 号,1.5 倍行距;正文中的大段引文,以楷体 5 号另起段排列,首行左空两格,第二行以下顶格书写。

　　6. 注释采用脚注(页下注)格式,所有引用文字的均应有完整详细的出处,不采取"同上",或前文已标注出版社等信息,后文只标书名及页码的做法。引文出处应包括:①〔朝代〕或〔国籍〕、作者及译者、书名或篇名,出版社或刊物名称,出版年份或发表年份,刊物期号等;②引自著作中的文字应具体到页码;所引为古籍,请注明版本和卷数。③不采用网络出处。④出版社之前不加"城市名",出版社与出版年份之间不加逗号。⑤大型总集、丛书等,需标注第几册。

　　7. 文末请附作者联系方式,包括电话、电子邮箱、通讯地址及邮政编码等,以便联系。

　　8. 投稿信箱:qdwhyj@126.com。

　　9. 采取双向匿名审稿,以文章质量为采用标准,不向作者收取任何费用。确定采用即通知作者,出版后赠样书 2 册。

　　10. 许可中国知网以数字化方式复制、汇编、发行、信息网络传播本书全文,所有署名作者向本书提交文章发表之行为视为同意这一声明。按中国知网要求,所有作者均需签署《论文著作权转让协议》。如有异议,请在投稿时说明,本书将按作者说明处理。